JN071677

旧制商業学校からの百年

語り継ぐ東邦学園史

東邦学園記念誌編纂委員会

東邦商業時代

名古屋市東区千種町赤萩にあった
赤萩校舎

1925（大正 14）年創部の
蹴球部（サッカー部）。
右端は指導した下出民義の
三男下出重喜

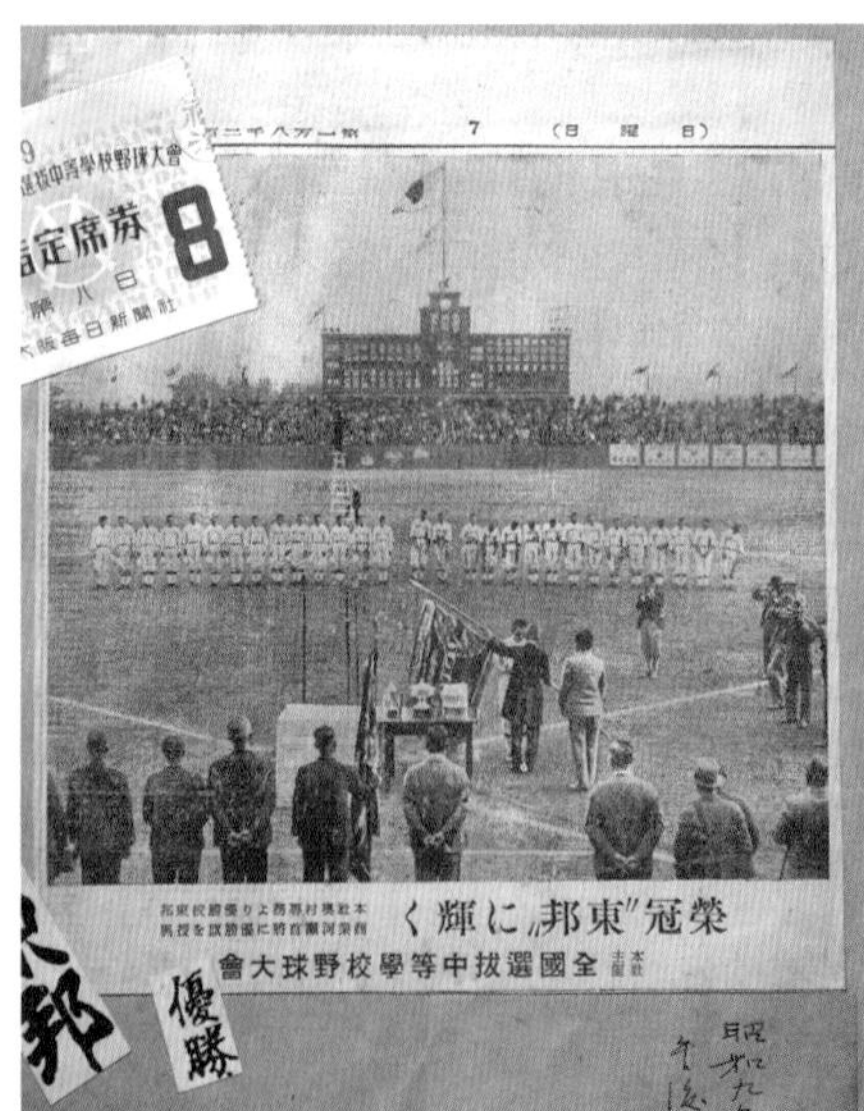
榮冠"東邦"に輝く
全國選拔中等學校野球大會

通学で近くの市電車道電停を利用する生徒たち
（1931 年卒業アルバム）

1934 年甲子園初優勝の表彰式
（河瀬主将の父虎三郎さん作成のアルバム）

関東方面への修学旅行では
横須賀で戦艦乗艦見学も
（1934 年卒業アルバム）

予科練入隊者の壮行行進を先導する
東邦商業バンド（1943 年 9 月 29 日）

東邦高校赤萩時代

1964 年に完成した本館西
側の壁画。安藤幹衛画伯作
で名古屋の観光スポットに
もなりました
（朝日新聞社提供）

男子校時代最後となった 1987 年卒業アルバム。黒色学生服の生徒たちは「カラス軍団」とも呼ばれました

平和が丘の現在地に統合された学園。手前が東邦学園短大、隣接北側が東邦高校（1973 年）

学園創立 70 周年の 1993 年に開設された美術科では募集 PR 対策もあり開設当初から中学生を対象に夏期美術講習会を開催（旧校舎素描室で）

1985 年から男女共学がスタート。
共学をアピールする 1988 年度入学案内

新校舎（現校舎）は中庭を挟んで 5 階建て普通教室棟と 4 階建て特別教室棟を配置。中庭では卒業式イベントも開催されました（2009 年 3 月）

2001 年第 80 回全国高校サッカー選手権大会開会式で宣誓する村松裕樹主将（国立競技場で）

東邦高校は平成元年に続いて平成最後の甲子園センバツで５回目の優勝。校旗が掲揚され、スクリーンには見守る選手が映し出されました（2019 年４月３日）

2017 年５月、中部国際空港での「セントレアスカイ・マーチング・フェスティバル」でパレードする高校・大学合同バンド。2018 年度から「TOHO MARCHING BAND 」に

創立 100 周年事業の一環とし高校の人工芝グラウンドが 2021 年３月に完成。秋の体育祭では１年生による伝統の花笠踊りも演じられました（2021 年 10 月）

コロナ禍の文化祭。「雨が降らなければ虹は出ない」という意味のハワイのことわざに基づき生徒会が企画した「アンブレラスカイ」（2020 年秋）

第 75 回秋季東海地区高校野球大会で優勝し、学園 100 周年の 2023 年春の甲子園に出場（2022 年 10 月）

第 101 回全国高校サッカー選手権大会愛知県大会で７回目の優勝（2022 年 11 月）

地下鉄本山駅、市バス終点の猫洞とキャンパスを往復したスクールバス（1968 年アルバム）

開学した 1965 年当時の東邦学園短大。左奥から本部棟、扇形校舎・B 棟。中央奥はクラブハウス、右端は食堂（現在の A 棟）

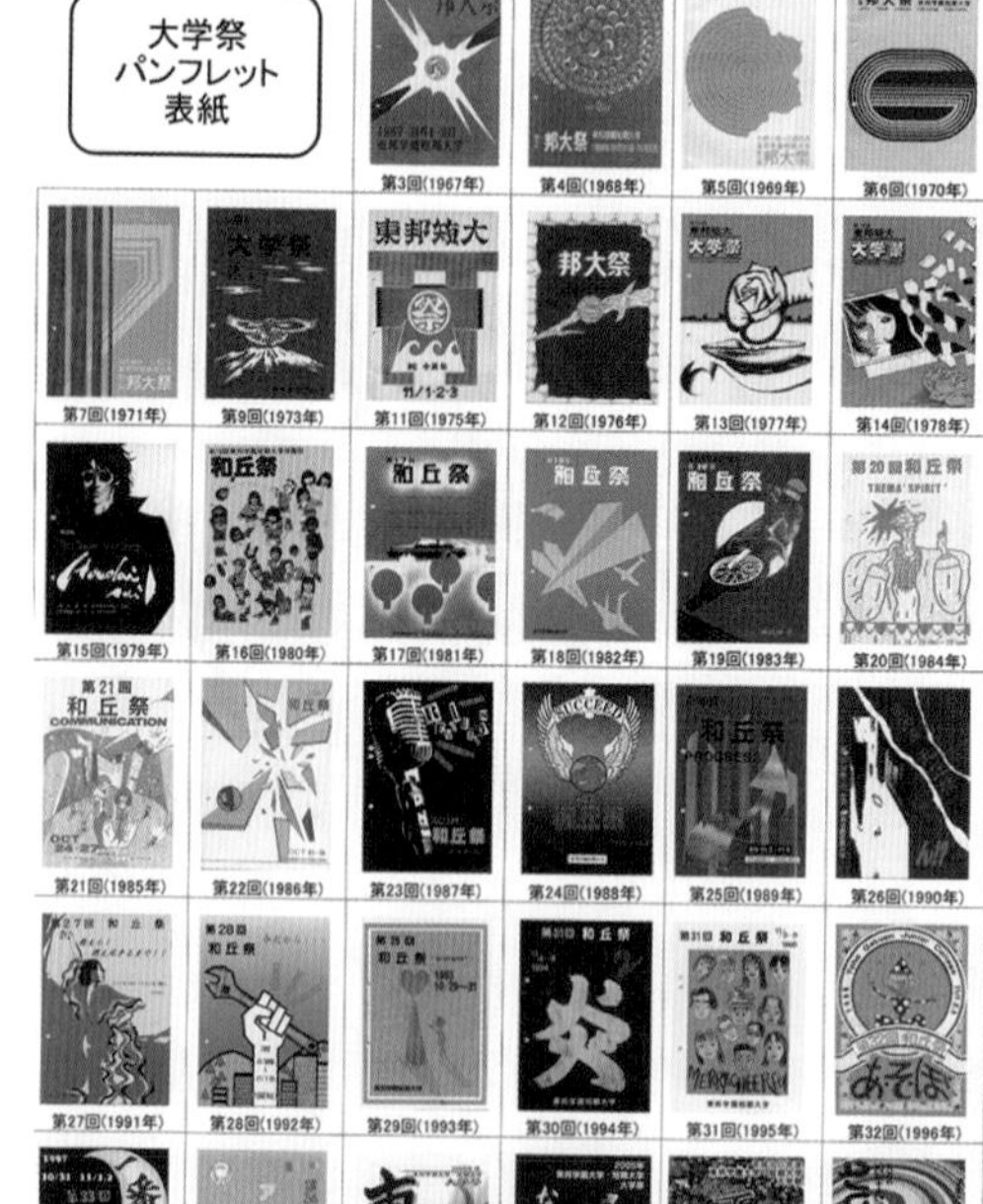

東邦短大時代の大学祭パンフレット表紙（「東邦学園短期大学の 43 年」に掲載。2001 年からは大学と合同開催）

開学 15 周年事業として完成した短大図書館。一部は現在の H 棟（1981 年 8 月）

1988 年に完成し、女子学生たちが行き交うスチューデントホール（S 棟）

東邦学園大学から愛知東邦大学へ

愛知県・三ヶ根山で開催された第1回就職合宿に参加した学生たち（2009年秋）

東邦短大と合同で行われた東邦学園大学の第1回入学式（2001年4月）

2010年5月に愛知東邦大学で開かれた「第6回名古屋小中学生将棋大会」で､小2の藤井聡太さん（前列右から2人目）が低学年の部で優勝。後ろは藤井さんが17歳11か月で最年少タイトル獲得記録を塗り替えるまでの記録保持者（18歳6か月）で、特別ゲストの屋敷伸之九段

初のインカレ出場を喜び合う女子サッカー部（2012年12月、日進グラウンドで）

軟式野球部は2012年11月、八王子市での第33回東日本学生軟式野球選抜大会で優勝。球場スコアボードに「優勝　愛知東邦大学　最高の仲間とでっかい花火打ち上げたったで！」の電光文字が輝きました

経営学部の宮本ゼミ３年生８人が、ミニ電気自動車システム（ハーモ）を利用して豊田市内観光を楽しむツアープラン作りに取り組み実車体験
（2016 年 12 月 9 日）

教育学部の学生たちが珉光幼稚園児を招き、ビニール袋にカラフルな紙片やテープ、紐などを張り付けた衣装作りを楽しんでもらう造形ワークショップを開催（2017 年 1 月）

戦火のウクライナに連帯の思いをアピールしようとライトアップされたＬ棟
（2022 年 3 月 15 日）

入替戦で４連勝し創部 22 年目で１部リーグ昇格を果たした硬式野球部
（2022 年 6 月 12 日）

旧制商業学校からの百年
語り継ぐ東邦学園史

目次

1993年3月	高校が定時制課程を廃止
4月	高校が美術科設置
1995年12月	高校が勤労動員での犠牲者を慰霊する「平和の碑」建立
1996年2月	高校が韓国元在校生13人に半世紀ぶりの特別卒業証書授与
5月	「東邦学園名東コミュニティーカレッジ」(TMCC)開講
7月	学園後援組織「フレンズ・TOHO」発足
1999年4月	高校が商業科を改組し情報、経理、グラフィックデザインの3コース設置
2001年1月	大学開学に向けA棟竣工
4月	東邦学園大学開学。経営学部地域ビジネス学科を設置
2002年10月	大学が地域ビジネス研究所(現在の地域創造研究所)開設
2007年3月	大学C棟竣工、日進市に野球、サッカー専用グラウンド完成
4月	東邦学園大学を愛知東邦大学に校名変更し人間学部開設。高校新校舎完成
2008年3月	東邦学園短期大学が閉学し43年の歴史に幕
2010年2月	100%子会社「株式会社イープロ」設立
2014年4月	大学が教育学部(子ども発達学科)開設。高校がユネスコスクールに加盟
12月	大学L棟竣工
2015年4月	高校普通科に人間健康コースを新設
2016年4月	大学が経営学部に国際ビジネス学科開設。「TOHO Learning House」オープン
2017年3月	高校が商業科廃止
4月	大学が人間学部を人間健康学部に名称変更
2018年4月	大学がブランディング諸活動をスタート
2019年4月	第91回選抜高校野球大会で5度目の優勝(平成最後も優勝)
2020年4月	新型コロナウイルス対応本格化。大学、高校とも入学式典中止
	高校普通科に国際探究コース開設
2021年3月	高校に人工芝グラウンド、テニスコート完成
2022年9月	大学硬式野球部が愛知大学野球1部リーグに昇格

東邦学園沿革

1923年4月	名古屋市中区南新町の中京法律学校を仮校舎に東邦商業学校開校
1924年3月	名古屋市東区赤萩町に新校舎完成
1934年4月	第11回選抜中等学校野球大会で初優勝（1939年、1941年も優勝）
1935年1月	名古屋育英商業学校を金城商業学校と改称し姉妹校に
1942年2月	財団法人下出教育報効財団を設立
1944年12月	三菱重工名古屋発動機への空爆で教諭2人、生徒18人が犠牲に
1948年3月	東邦商業学校廃校。新制東邦中学、東邦高校、金城夜間商業高校発足
1950年5月	東邦保育園設置
1951年3月	私立学校法の施行により、学校法人に組織変更
1958年11月	千種区猪高町（名東区平和が丘の現校地）に東山総合運動場完成
1965年4月	東邦学園短期大学（商業科）開学
1966年3月	東邦中学校休校（1974年1月廃校）
1967年4月	短大商業科に商業デザインコース、女子秘書コースを新設
1971年3月	東邦高校が現在地に移転
7月	愛知郡東郷町でグラウンド完工式
1977年8月	第59回全国高校野球選手権で夏の甲子園初の準優勝
1981年8月	短大で図書館竣工
1983年6月	校外活動センター「うるぎ山荘」竣工（長野県売木村）
1985年4月	高校が男女共学に転換し、女子1期生422人入学
1987年4月	短大が商業科を商経科に名称変更。商業実務、経営実務、秘書の3専攻に
1988年3月	短大にスチューデントホール完成
9月	高校が南京外国語学校と姉妹校提携（高校初の海外提携校）
1989年4月	第61回選抜高校野球大会で4度目優勝（平成で初、前年は準優勝）
1990年4月	高校が普通科に国際コース・理数コース新設
	短大が米国エベレット・コミュニティ・カレッジと姉妹校提携
1991年4月	高校普通科に美術デザインコース新設
1992年4月	短大が経営情報科を新設し2学科に

参考文献等からの引用にあたっては、明らかな誤りを除き、用語・用字や送り仮名等は引用元のままとした。英字のタテ書き・ヨコ書きについては特に統一せず、読みやすさを優先した。

プロローグ　熱田神宮の石灯籠

東邦学園創設者が寄進した2灯

熱田神宮東門からの参拝者を迎える民義翁寄進の左右対の石灯籠（2022年8月25日）

2022年夏。名古屋市の熱田神宮の杜で、東邦学園創設者である下出民義が寄進した石灯籠が長い歴史を刻んでいました。東門をくぐり、参道を進むとほどなく、左右一対のその石灯籠はありました。向かって左側の灯籠は108年前の1914（大正3）年に、右側の灯籠は84年前の1938（昭和13）年に寄進されました。いずれも下には「名古屋市　下出民義」の名前が刻まれ、「大正三年十二月吉日建之」の灯籠には「在住弐拾五年記念」と刻まれています。民義が大阪から名古屋に移り住んだ1889（明治22）年から25年を記念したものでした。

『下出民義傳』（東邦学園）や、『創意に生きる　中京財界史』（城山三郎、文藝春秋）は、民義が大阪での教員生活を経て名古屋で事業を始めることになった経緯を紹介しています。

民義は1861（文久元）年12月8日、現在の大阪府岸和田市に生まれました。15歳だった1875（明治8）年3月、堺県から四等助教を拝命したのを振り出しに、10年あまり教員生活を続けました。昼は大阪の安治川小学校の校長、夜は関西法律学校（関西大学の前身）で法律の勉強をしていたころ、安治川小学校の学務委員をしている西井直次郎と親しくなりました。西井の家は代々の石炭屋で、会社組織に変える法律上の手続きを民義に依頼したことがきっかけで、西井の「有限責任大阪石炭会社」に入り、事務一切を切り回していました。

民義は1889（明治22）年4月、29歳で9歳下の西井の妹あいと結婚しました。結婚まもなくして西井を訪ねてきた名古屋紡績支配人から「伊勢から石炭が出るそうだが掘ってみないか」という話が持ち込まれました。民義は西井とともに名古屋入りし、名古屋の官、財界人と会って協議しました。8月30日のことでした。9月、民義は名古屋紡績等から借財し、現在の熱田区内田町に石炭卸売・大口小売業「愛知石炭商会」の看板を掲げました。

「明治22年」は名古屋が市制を施行した年でもありました。人口15万7500人で、名古屋駅と栄町を結ぶ広小路通り建設工事も2月に完工し、栄町付近もようやく人家が群集し始めた年でもありました。鉄道の東海道線、新橋～神戸間もこの年7月1日に開通しています。

「明治22年」からの出発

「明治22年」は、民義が名古屋に腰を据え、あい夫人とともに企業人としてスタートを切った人生節目の年となりましたが、後に事業者として手を組むことになる福沢桃介が、アメリカ洋行を終え、恩師福沢諭吉の娘ふさと結婚式を挙げたのも明治22年でした。桃介は21歳、結婚後は月給100円という、当時としては異例の高給で北海道炭礦汽船に入社しました。

大正期の名古屋財界で活躍した民義はやがて、「電力王」と呼ばれる桃介の名古屋進出の導き役を務め、桃介が進めた数多くの事業に参加して桃介を支えました。『下出民義傳』で民義は、自分は名古屋での不在が多い桃介を支える「留守師団長」であったと述べています。

民義が熱田神宮に「在住25年」を記念し石灯籠を寄進した「大正3年」は、桃介が名古屋電灯（後の東邦電力、中部電力の母体）社長に、民義も常務取締役に就任した年でした。民義は1918（大正7）年には名古屋電灯の副社長に昇進し、桃介とともに木曽川の電源開発や周辺電気事業の合併、需要対策としての名古屋地区の工業化を推進しました。電気製鋼所（現在の大同特殊鋼）を始めとする十数社の設立や経営に参加し、中京財界に確固たる地位を占めるに至りました。

東邦商業学校の創設

民義は実業界での活躍を背景とし、これも青雲の志であった政治への関わりも深めていきました。1913（大正2）年の名古屋市会議員当選を出発点に、1920（大正9）年5月には衆議院に当選（愛知県第二選挙区）、さらに1928（昭和3）年8月以降は貴族院議員（多額納税者により選出）を務めました。1932年、1939年にも選出され、貴族院廃止（1946年4月）までその職にありました。

民義は、多年にわたる実業界、政界での活動の中で、学校創立の思いを膨らませていきました。その思いを実現させたのが、1921（大正10）年12月に名古屋電灯副社長を辞任した際の退職金を設立基金とした1923（大正12）年の東邦商業学校開校でした。民義が掲げた建学の精神は「真に信頼して事を任せうる人格の育成」。開校準備は長男下出義雄とともに進められました。義雄は校名の由来について、名古屋電灯の合併協議の際、後に後継会社となる東邦電力の商号に由来したことを、「東邦商業新聞」100号記念号（1939年5月31日）に掲載された座談会で明らかにしています。

開校15年で迎えた喜寿

民義が熱田神宮に2度目の寄進をした1938（昭和13）年は、灯籠には寄進理由は刻まれていませんが、民義が喜寿（77歳、数え78歳）を迎えた年でした。

「昭和13年」は東邦商業の開校15周年の年でもありました。同年4月発行の「東邦商業新聞」90号は1面トップ記事として入学式の様子を、「選ばれし本年度1年生　270名入学　春爛漫の4月1日」の見出しで伝えています。「東邦の名は既に全国的となり、中京に於ける私学の雄として自他共に許す本校は1000名に近い志願者が殺到したが、その中から選ばれた諸君のみが入学を許された」と誇らしげです。

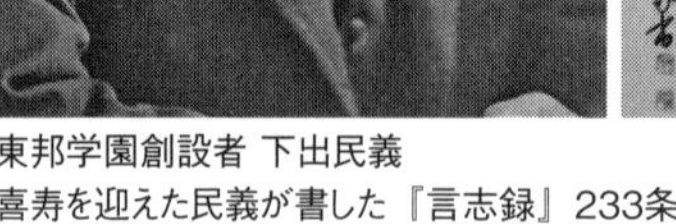

東邦学園創設者 下出民義

喜寿を迎えた民義が書した『言志録』233条

民義は開校3年目の1925（大正14）年7月に創刊された学校誌「東邦」創刊号に巻頭文「本校教育の理想」を書いています。

〈小生は過去数十年、実業界にあって或いは石炭、肥料を自営し、或いは電気、紡績、土地経営等各種の会社に関係して来たのであり、また市政にも多年参与し、選ばれて衆議院議員にも席を列した事もあります。最早追々老齢にも達したので、次第に後進に道を開くべく考えているのであるが、本校は、小生が晩年の事業として、過去の永き経験に徴し、現代社会の求むる信用ある実業青年を作り、以て社会報恩の一端に資する希望の下に創立したのであります。本校の理想はあくまで人格教育にある。商業学校は商業丁稚の代わりではない。又商業学校は将来、実業に従事する人の技術のみ習得せしめるに当たるのではなくて、之に従事するに必要なる人格を作る事が何よりも大切であ

る〉（冒頭要旨）

開校15年に迎えた喜寿。民義は、儒学者佐藤一斎の『言志録』に収められた233条の教えを「七十八翁民義書」として残しました。「能く子弟を教育するは一家の私事に非ず　是は君に事ふるの公事なり　君に事ふるの公事に非ず　是は天に事ふるの職分なり　七十八翁民義書」（読み下しは『東邦学園五十年史』による）

民義は掲げた「本校教育の理想」と重ね合わせながら『言志録』を書したに違いありません。東邦学園創立者下出民義が熱田神宮に寄進した2灯の石灯籠に思いをはせながら、関係者の証言を中心に振り返る『語り継ぐ東邦学園史』をまとめました。

一　東邦商業時代

東邦商業学校の誕生

入試・合格発表・入学式を1日で

東邦商業学校の文部省への設置申請は１９２３（大正12）年3月9日に行われ、3月31日に認可されました。認可翌日はもう新年度ですから、開校1年目はあわただしいスタートになりました。

開校期の記録集である『沿革細史』（東邦商業学校）によると、4月15日、午前中に１１２人の受験生に対して入学試験を挙行。国語、算術の2科目での試験結果により午後2時には合格者98人が発表されました。さらにこの日のうちに「下出義雄氏ノ臨席ヲ得、入学式ヲ挙行ス」とあります。入試、合格発表、入学式とすごいスピードです。さらに同日夜には「香川亭ニテ慰労ノ宴ヲ張ル」とありました。

開校は自前校舎ではなく、名古屋市中区南新町にあった中京法律学校の教室を借用してのスタートでした。中京法律学校の授業は午後6時から始まる夜間に行われたため、東邦商業の授業は昼間の空き教室を利用して行われました。生徒たちには「絶対に忘れ物をしないこと」が厳命されました。

『沿革細史』には新学期早々の4月25日、生徒たちによる机やいすの破損が多く、中京法律学校から苦情を受けたこと、このため年齢が上の高等科卒業以上の25人を「操行監督」に任命し、生活指導に当たらせたことが記載されています。

中京法律学校があったのは現在の名古屋東急ホテル（名古屋市中区栄4丁目）がある付近で、隣接して中京裁縫女学校、中京高等女学校（学校法人至学館の前身）がありました。

第1回生として入学したのは98人。入学資格は義務教育である尋常小学校（満6歳で入学の6年制）を卒業か、さらに高等小学校（2年制）で学んだ男子生徒たちです。修業年限は5年（設立認可時は4年）で、1年生は12歳か14歳、5年生は17歳か19歳が普通でした。『東邦学園五十年史』（以下、学園50年史）によると98人は尋常小学校卒47人、高等小学校1年修了23人、高等小学校卒20人、予科修了4、その他4人。半数近くが12歳での入学でした。

関東大震災で義援金

1回生たちはどんな学校生活をスタートさせたのでしょう。東邦商業、東邦高校の同窓会組織である東邦会が学園創立30周年を記念して1953（昭和28）年に発行した、卒業生やかつての教職員たちの寄稿集『追憶の記』に当時の学園生活の一端が紹介されていました。

1923年5月。入学したばかりの1回生たちは白線を帽子に縁付けし、黒の巻ゲートル姿で登校していました。校庭が狭かったので体操の時間は鶴舞公園で行われ、生徒たちは教員に引率されて早足で往復したようです。1回生の松本次郎さんは「2学期も終了するころには、クラス全体が実の兄弟のように馴染んでいった」と書いています。そして、この当時の1年生たち全員が心配していたのは、2年生から仮住まいの教室ではなく、自前の校舎で本当に勉強できるのかという点でした。

9月1日には関東大震災が発生しました。10万5000人余が死亡あるいは行方不明となった空前の被害に対し、

1回生たちも義援金を送っています。『沿革細史』には「9月19日　本校生徒一同、去る9月1日関東大震災救護会へ51円10銭也義捐」と記されています。一人当たり52銭ということになりますが、授業料が月4円50銭の時代でした。

10月20日には初の遠足が実施されました。同史には「午前9時より名古屋市東郊を経て龍泉寺山に遠足運動を為す」とあります。

そして、師走も押し迫った12月29日、名古屋市東区千種町赤萩での校地取得が実現しました。

名古屋市東区千種町赤萩に誕生した赤萩校舎

赤萩校舎の誕生

待望の自前校舎が完成した東区千種町赤萩は、現在の東区葵3丁目、JR千種駅のすぐ近くです。赤萩校舎の校地取得から新校舎開校までも迅速でした。1924年1月26日に地鎮祭が行われ直ちに着工。『沿革細史』は「3月27日　本校第一校舎落成ニ付キ、事務所ヲ新校舎ニ移転ス」とあります。

認可から開校までの時と同様、迅速に進んだように見える赤萩校舎の開校でしたが、下出義雄校長は「もっと早く移りたかったが、関東大震災があり、思うように材木が手に入らずに難儀した」と振り返っています。（1939年5月31日付「東邦商業新聞」100号記念座談会）

1回生たちが2年生に進んだ1924年4月からは、新入生も迎えて赤萩校舎での授業が始まりました。「仮校舎から新校舎に移った時は本当に肩身が広く感じて嬉しかった」。松本さんも「東邦商業新聞」100号記念座談会の中で振り返っています。

新校舎の東側を千種から大曽根に向かう国鉄（現在のJR）中央線が走っていました。松本さんは座談会で、「千種橋から学校を見下ろすと、北の隅に1棟の校舎があるだけだったので、グラウンドもとっても大きくみえて、これから大いに頑張ろうと思った」と、新校舎で始まる学校生活への期待を語っています。

夢を応援する教師

公立学校に負けるな

1回生の松本次郎さんが入学後間もなくして仲良くなった同級生の一人が坂柳太一さんでした。松本さんと坂柳さんはともに東邦商業を卒業後、名古屋高等商業学校（名古屋大学経済学部の前身）に進学。卒業後、松本さんは大同製鋼に勤務。坂柳さんは商事会社に就職しましたが、後に退社し、下出義雄校長の招きで母校教員に就任しました。戦争末期、教員が次々に応召、学校運営が困難を極めた時期には校長代理も務めました。

森常次郎教諭
（4回生卒業アルバム）

「オイ、物理化学の先生は富山薬専の出身だとさ」。1924年4月。新装なった東邦商業の南西角にあった2年生の教室では、松本さんや坂柳さんら生徒たちは、新任の先生のうわさ話で盛り上がっていました。最初の物理の授業に現れた先生は富山薬専（富山大学薬学部の前身）出身の森常次郎教諭でした。

「私が森常次郎です。若い諸君と心を一にして懸命に勉強して公立学校に負けない実力を身につけましょう。物理や化学は商業学校の生徒には、直接には役立たぬ様に思われがちな科目ですが、これからは科学の知識がなければ何事も判断が出来かねない時代になる。諸君はここに思いを致して、一緒になって愉快に研究しましょう」

1900(明治33)年2月12日生まれで24歳。三重県なまりがかなり強い森教諭のあいさつでした。松本さんは「まだ学生臭い、装飾しないお人柄がすこぶる魅力的に感じられた」と『追憶の記』に書き残しています。

森教諭の授業は始業の鐘とともに寸秒の差異もなく始まり、終鈴が鳴っても、休憩時間がなくなるほど熱心に続けられました。松本さんによると、お陰で商業学校の生徒たちにとっては不得意科目になりがちな物理や化学も人気科目になっていったそうです。

松本さんは、「特に化学の実験の時間などは、実験される先生の周囲に輪を作って愉快に学べた。全く先生の学問に対する真摯な態度が、さすがのわんぱく坊主どもをも沈黙させてしまった」とも振り返ります。

医師になった1回生

1回生の近藤博さん
(『安城市医師会史』より)

森教諭は上級学校進学希望者たちのための時間外指導にも熱心でした。名古屋高等商業学校に進学希望だった松本さん、坂柳さん、医師志望だった近藤博さんらは親身になって指導してもらいました。とりわけ医学部をめざす近藤さんに対する指導について松本さんは、「全く遅くまで、親身も及ばぬお世話をされている情景に接すること度々で、先生のモットーは〝頑張れ〟であった」と『追憶の記』に書いています。

1回生の卒業は1928年3月ですが、近藤さんは、名古屋大学医学部の前身である名古屋医科大学に1932年に入学しています。名古屋医科大学の入学資格には「高校卒か愛知医科大学予科修了」とあり、近藤さんの入学までのブランク4年は、この条件を満たすためだったのでしょう（実際にどの学校を経由したかの記録は探せませんでした）。

近藤さんは戦後、生まれ故郷でもある安城市で開業しました。『安城市医師会史』にその足跡が記されていました。1936年3月に名古屋医科大学を卒業。名古屋大学医学部斉藤外科（第1外科）に入局して日赤名古屋病院に勤務。1940年に応召、上海第二陸軍病院に勤務しました。1946年に復員。静岡県袋井市民病院院長を経て同年11月に安城市に近藤医院を開設しました。

安城市医師会の理事、副会長を務めたほか、同市南明治公民館館長、同公民館青年学級主事も務めました。医師としてだけでなく、地域の若者たちのために尽くした近藤さんでしたが1975年に療養生活に入り、1984年9月9日、73歳の生涯を終えていました。

2回生も元岡崎市民病院小児科部長

森教諭の教える化学が好きになり、1回生の近藤博さんに続いて医師になった東邦商業卒業生が2回生にもいました。斉藤正さんです。斉藤さんは小児科部長も務めた岡崎市民病院を1975年に65歳で定年退職。その後、岡崎市内で開業し、地域の医療に貢献しました。

2017年2月、105歳の斉藤さんを訪ね、「サイトウ正クリニック」を引き継いでいる、夫婦で医師である長男の吉人さん、晶子さんとともに東邦商業時代を語っていただきました。

1911（明治44）年11月7日生まれの斉藤さんは豊田市足助町出身。父親の吉三郎さんは地元で木炭の製造販売業を営んでおり、上質の炭を名古屋の料亭などに売り込むなど手広く商売をしていました。

当時の西三河山間部では、尋常小学校から上の学校に進む子どもたちはほんのわずかな時代でしたが、斉藤さんが東邦商業に進学することになったのは吉三郎さんの勧めでした。名古屋の情報に明るかった吉三郎さんが、名古屋経済界では名前が知られていた下出民義によって東邦商業が開校したことを知ったからでした。

1924年4月1日に行われた入試の前日。足助から乗り合いバスで名古屋入りした斉藤さんは、試験手続きのため中区の中京法律学校を訪れました。しかし、東邦商業はすでに赤萩に新校舎が完成し、試験も新校舎で行われることを知らされました。斉藤さんはその足で赤萩に向かいました。田んぼを埋めた一角に、2階建ての新校舎1棟が立っていることを確認した時はほっとしたそうです。

開校期の記録集である『沿革細史』によると合格発表は4月2日に行われ、160人の志願者中97人が合格しました。

2回生の斉藤正さん（2017年1月）

化学が大好きに

試験管や薬品を入れた箱を小脇に抱え、眼鏡を光らせながら教室から職員室に戻ってくる化学担当の森教諭。斉藤さんも森教諭の教える化学が好きになりました。「森先生は受け持ち（担任）だった。熱心でいい先生だったよ。僕も一生懸命に化学を習った」。90余年前の記憶を思い起こしながら斉藤さんはうれしそうでした。

斉藤さんは1学年上の近藤さんが、医師をめざして、森教諭に励まされながら頑張って勉強していたことを知っていました。吉三郎さんの仕事の関係で斉藤さんも近藤さんの出身地である安城市で暮らしたことがあり、親しみがあったのかも知れません。「近藤さんは優秀だった。彼が医者になると言っていたことで、僕も最終的に医者になろうと思ったんだ」と語る斉藤さんでしたが、斉藤さんの医師への道は紆余曲折をたどりました。

斉藤さんは東邦商業を1929年3月に卒業。浪人して東京薬学専門学校（現在の東京薬科大学）で学び薬剤師となりました。しかし、親類の勧めもありさらに昭和医学専門学校（現在の昭和大学医学部）で学びました。医師免許を取得したのは1942年3月。太平洋戦争の開戦で戦局は一段と厳しさを増していた時代でした。斉藤さんも召集されて軍医としてラバウルに従軍。大戦末期には本土からの支援物資が届かず、苦難の中で終戦を迎えました。復員で勤務した岡崎市民病院がやっと本格的な医師人生のスタートとなりました。

部活動の芽生え

斉藤さんは東邦商業時代、袋町通（中区錦）にあった親類宅から赤萩まで歩いて通学しました。熱田にも親類宅があり、熱田から市電を利用して学校に向かう時は栄町で乗り換えて車道で下車しました。当時、東邦商業の生徒たちがよく利用した車道停留所の写真を手にした斉藤さんは、「そうです。この停留所でよく乗り降りしたんです」と懐かしそうでした。

斉藤さんは1993年に発行された学園70年史に「草創期の学園生活」という一文を寄せていました。斉藤さんによると、斉藤さんが2年生となった1925年ごろから、東邦商業の部活が芽生えました。陸上部、蹴球（サッカー）部、籠球（バスケットボール）部が発足。部活だけでなく、夏の知多半島での水泳合宿、東邦健児団（ボーイスカウト）の結成。斉藤さんは「次第に部活が活発となり、かくして学園創立の目標達成へのハードおよびソフト面の諸条件が必要、かつ充分に整えられていった」と書き残していました。

自身が書いた文章を追いながら、斉藤さんは「ボーイスカウトは早くから出来ていましたよ。下出（義雄）さんが熱心だったから」と語りました。

三菱空襲で殉職した恩師

東邦商業で近藤さん、斉藤さんの医師への夢を応援した森教諭は44歳という若さで生涯を閉じました。1944年12月13日、三菱発動機大幸製作所が爆撃を受け、同僚で教え子でもあった村松俊雄教諭（3回生）と生徒18人とともに殉職したのです。森教諭は勤労動員の生徒たちを引き連れて三菱発動機に通っていました。夢に向かって羽ばたこうとする多くの教え子たちを応援し続けながら迎えた無念の最期でした。

『追憶の記』で、1930年に教員として採用され職員室仲間だった小川久通さんは「森常次郎先生を憶う」という追悼文を寄せ、次のように結んでいます。

「先生は太平洋戦争になってから、少年航空兵や海軍特攻隊等へ生徒に志願する様にと、時々校庭の教壇に立って声をからして、熱心に奨励し勧誘に努められた面影は、唯今でも私の念頭から離れぬ思い出であります。先生が空襲のために、勤労学徒と共に一瞬にして幽明境を異にされました事は夢かと疑った位でした。嗚呼！」

村松教諭は1930年3月卒の3回生ですが、静岡県の袋井商業から東邦商業2年生に編入しました。名古屋高商に進みましたが、「東邦商業新聞」100号（1939年）に収録された座談会では「東邦で4年間、高商で3年間勉強しましたが、印象に残るのはこの学校に在学当時のことだけです」と語っていました。

東邦商業新聞の発行

1927年発刊

「東邦商業新聞」は1927年5月から1940年10月まで、日本が太平洋戦争に突入していく前夜とも言える昭和時代前期の13年間にわたって発行されました。全国の大学でもすでに学生新聞が発刊されていましたが、旧制中学校や実業学校など中等学校での新聞発行は他にあまり知られておらず、「東邦商業新聞」は貴重な歴史遺産とも言えます。

学園に保存されている「東邦商業新聞」は第10号（1928年6月23日）から「廃刊の辞」が掲載された111号（1940年10月26日）までですが、欠号や破損ページもかなりあり、全部が保存されているわけではありません。タブロイド版（一般紙の半分）で、散逸を防ぐために5冊に製本され、長い間、学園倉庫に眠っていました。

1929年1月12日発行の第16号に掲載された、新聞部顧問の後藤保吉教諭が寄稿した「学生新聞としての本紙一大飛躍」という記事の書き出しです。

〈学生新聞は、帝国大学新聞、早稲田大学新聞、三田新聞、駿台新報等、数年前より帝大、早大、慶大、明大等をバックに活躍を続けるともに、大学生活に寄与してきたところすこぶる多い。上記の如く、大学程度の新聞は多数あるが、中等学校をバックにして、中等学校の生徒の生活に寄与する新聞はほとんどないと言っていい。東海地方に唯東邦商業新聞あるのみである〉

後藤教諭は、「東邦商業新聞は、限られたる一校の学生、生徒の新聞を目標とせず発展してきた」とも強調。これからも目標を「一般中等学生読者」に置くことで「一大飛躍をなすであろう」と宣言しています。

副校長だった下出義雄（1934年1月から校長）は神戸高等商業学校（神戸大学経済学部の前身）、東京高等商業学校専攻科（一橋大学の前身）で学びましたが、「東邦商業新聞」紙面には下出の主張も色濃く反映されました。後藤教諭は寄稿の中で「本紙は、教育評論、社会評論に力を致し、下出義雄氏の如き実業家として、教育家としても令名ある特別寄稿者を持って社会一般に寄与するところもけだし大なるものであろう」とも強調しています。

陸上部員も自ら執筆

第10号（1928年6月23日）は8面（ページ）構成ですが、1面と2面分のページは破損し残っていません。3面には、東邦商業のボーイスカウトが慰問袋を集めて、名古屋の陸軍歩兵六連隊から出動する兵士たちに贈ったところ、丁重な礼状が届いたという記事が、ボーイスカウトの4人の写真とともに紹介されています。

5面は運動面で、陸上競技の東海選手権大会で、6種目で選手権を獲得した東邦商業陸上部員の4人の活躍ぶりが紹介されています。2回生で医師となった斉藤正さんと同級生で、陸上競技部員だった恒川誠一さんが「T・S生」の署名で記事を書いていました。

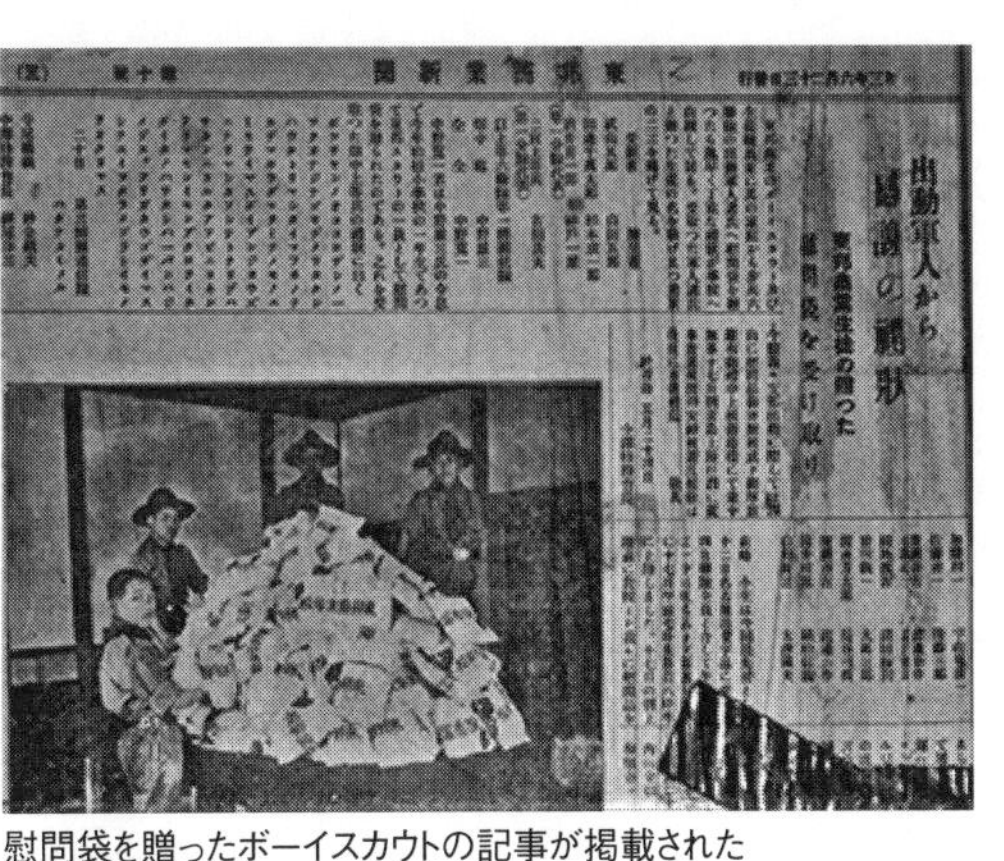

慰問袋を贈ったボーイスカウトの記事が掲載された「東邦商業新聞」10号

東海選手権大会は1928年4月28、29の両日、名古屋高等商業学校の校庭で開催されました。現在の地下鉄桜山駅近くの名古屋市立大学医学部付属病院がある所です。

5000mに出場した恒川さんも見事優勝しました。「かくしていよいよ私の活躍の時は来た。2、3日前からの腹痛なお癒えず、悩まされつつも、母校の栄光のため必勝を期して力走また力走。遂に五千米選手権獲得に漕ぎつけた時、腹の痛みも忘れていた」。当人が書いただけあって臨場感の伝わってくる記事です。斉藤さんは「恒川君も本当に真面目な人間だった」と懐かしそうに級友の印象を語ってくれました。

東京で学生生活を始めた卒業生も寄稿

6面は文芸欄で、東京の私大で学生生活を始めたばかりの1回生、鬼頭利之さんの投稿記事が紹介されていました。鬼頭さんは明治大学専門部に進学。7面に掲載された卒業生名簿での住所は「東京市麹町区三番町薩摩館」とありますから、現在の千代田区三番町という都心で学生生活をスタートさせたようです。鬼頭さんは「芝生にありて古巣の歌をきく」という文章を寄せています。記事の抜粋です。

〈懐かしい母校の新聞を出掛けに受け取った私は、ポケットに入れたまま、郊外電車にて村山の公園へ参りました。今、私の座っている四方は、気持ちの良い芝生です。東京の町の中では容易に小鳥の声を聞くことは出来ません。三面記事の豊富さを誇る街を離れてただ一人郊外へ、緑の空気と小鳥の和やかな歌を求めて来た私は只今、新聞を読み終えて大きな感激に打たれています。

古巣を巣立った私は再び古巣で生活することはできない。が、古巣の有様はどんなであるかとのぞきに行くことは出来る。此れが遠隔の地にある私の唯一の心慰めであります。かつて校庭に植えたバラはもう散って、今はツツジが咲き誇っていることであろう。諸先生、諸君の健在と御発展とのみを祈りて。（昭和3年6月3日）〉

鬼頭さんが郊外電車で訪れたのは現在の西武池袋線・西武球場前（当時は武蔵野鉄道・村山公園駅）であると思われます。都民の水がめとして埼玉県に村山貯水池が完成。公園としても人気が高まり、新聞には「明日の日曜は、新緑の村山貯水畔へ」という広告も登場するほどでした。鬼頭さんもひょっとしたらこの広告を見たのかも知れません。

鬼頭さんは東邦商業時代、弁論部で活躍しました。1回生の卒業アルバムに掲載されている名古屋市議会議事堂で開催された東邦商業主催の小学児童雄弁大会の記念写真には、中央に座る和服姿の校主下出民義や副校長の下出義雄、参加者たちの後ろに、「開会の辞　鬼頭利之」と書かれた垂れ幕も写っていました。

1回生「卒業生名簿」

7面では1回生として入学した98人のうち、5年の学びを終えて母校を巣立った63人の進路を、「第1回卒業生名簿」（5月1日調査）として特集しています。このページも破損がひどい状態ですが、判読していくと、33人が銀行や企業などに就職していることが分かりました。他に家業を継ぐなどの自営が4人、進学が6人。「受験準備中」（医師になった近藤博さん）や「病気療養中」の卒業生もいます。

就職先企業で目立つのは金融関係です。三菱銀行名古屋支店、百五銀行津本店、東京海上火災保険など、現在就活中の学生たちがあこがれそうなブランド力のある名前がズラリと登場します。

金融以外でも愛知電気鉄道、愛知石炭商会、三井物産、東邦電力、大同製鋼、東邦瓦斯、名古屋中央放送局など有力企業が目立ちます。愛知石炭商会は、東邦商業の創設者で校主であった下出民義が、大阪での小学校教員から志を一転して実業界に入り、名古屋に来て1889（明治22）年に29歳で創立した会社です。

上級学校への進学では名古屋大学経済学部の前身である名古屋高等商業学校に2人（坂柳太一さん、松本次郎さん）、明治大学2人、日本大学、中央大学各1人と、東京の私大専門部や予科に4人が進学しています。

卒業茶話会で笑顔満開の1回生たち（1928年）

浜松高工、帝大との対戦記事も

「東邦商業新聞」は籃球部（バスケットボール部）が創部4年目の1928

年、浜松高等工業学校（静岡大学工学部の前身）や帝国大学（現在の東京大学）など上級学校を相手に試合経験を積んでいた様子も伝えています。

10号に掲載された「対浜松高工籃球戦」の記事は、全国バスケットボール選手権大会東海予選の記事です。体力では劣りながらも東邦商業の選手たちの堂々たる戦いぶりが伝わってきます。試合は名古屋中学校（学校法人名古屋学院）のインドアコートで行われ、前半は東邦が18－13で終えましたが、後半はリードを許し22－25で敗れています。以下は記事です。

「浜高工と東邦とは体力において大いなる相違がある。結局、後半のスコアはこの相違を明瞭に物語るものである。パスやシュートははるかに東邦の方が上である。特に胸のすくようなクロージングシュートの姿態は体格の堂々たる浜高工には見られなかった。上に飛び上がってばかりいるパスも改善しなければ、浜高工は結局田舎チームにとどまり、恐らく中学チームにも勝つを得ざるに至るであろう」

大会は常勝軍である八高の優勝に終わりましたが、浜松高等工業学校チームとの試合でチームを引っ張ったのは5得点をあげた5年生の林伊佐武さん（元東邦会会長）、4得点をあげた主将の藤波日出哉さんでした。

13号（1928年10月1日）には、東京帝国大学との対戦記事が載っていました。夏休みを利用して犬山で合宿中の東京帝大籃球部は東邦商業と試合を行い、東邦が3－74で大敗したという記事です。名古屋でなかなか対戦相手が見つからないでいる中、東邦商業籃球部が申し入れを快諾し、ＹＭＣＡコートでの対戦に臨みました。

「東邦チームはベストメンバーで対戦し、火の出るような戦いを続けた。さすがは東都において六大学リーグ戦に早、商、立の三大覇者に肉迫している帝大チームのこととて、74対3で帝大が大勝した。帝大チームは最後の1秒まで真面目に元気に戦い、スポーツマンシップの発露は東邦チームに偉大なる感化を与えずにはおかなかった。元気に戦った東邦チームも紳士的で、センターの林君のジャンプは帝大のセンターも認むるところであった」。

２大臣が駆けた運動会

東邦商業学校からは２人の大臣が巣立っています。４回生（１９３１年卒）で労働大臣を務めた浦野幸男さん（１９１４〜１９７７）、６回生（１９３３年卒）で通産大臣、防衛庁長官などを歴任した江崎真澄さん（１９１５〜１９９６）です。

江崎　真澄　61（自民）当選11回
①自民党総務②建設政務次官・衆議院予算議運各委員長・自民党副幹事長・総務会副会長・第一次池田内閣第三次佐藤内閣各防衛庁長官・田中内閣自治大臣国家公安委員長北海道開発庁長官・自民党幹事長代理③愛知④日大経卒

浦野　幸男　62（自民）当選５回

①労働大臣②愛知県議三期・行政管理政務次官③愛知④東邦商業卒
〒471　豊田市神田町2-6
㈱0565(32)0048
赤坂議員宿舎　㈱03(583)0179

松野　幸泰　68（自民）当選３回
①衆院建設委員会委員
②岐阜県会議長・県農業会議県農協中央会自民党県連各会長・岐阜県知事・建設政務次官③岐阜④育英商業卒
〒106　東京都港区六本木7-1-3　青山議員宿舎　㈱03(402)0453
第２議員会館736号室
㈱03(508)7486

「中部読売年鑑」1977年版に掲載された３氏の略歴

「東邦商業新聞」第26号（１９３０年10月18日）には秋季運動会のプログラムが紹介されていますが、５年生の浦野さんは１００ｍ予選と拝借競争に、３年生の江崎さんは５０００ｍと支度競争にエントリーされていました。

浦野さんは現在の豊田市生まれ。猿投第二尋常高等小学校、東邦商業を卒業。中国北部に出征し、戦中から戦後にかけて食糧営団西加茂支所などに勤務しました。愛知県議３期を経て１９６０年11月20日に行われた第29回衆院選挙で愛知４区（当時）から初当選し、連続６期務めました。１９７６年９月の三木武夫改造内閣で労働大臣として入閣し、難題が多かった労働行政に向き合いましたが、１９７７年１月、心不全のため63歳で亡くなりました。

江崎さんは一宮市出身。高等小学校から東邦商業３年生に編入学しました。東邦商業職員を経て大同製鋼に勤務し、下出義雄社長の秘書を務めました。戦後初の１９４６年４月の第22回衆議院議員選挙に立候補し、最年少30歳で初当選。17期にわたり衆議院議員を務め、総務庁長官、通商産業大臣、自治大臣、防衛庁長官などを歴任。１９９６年12月11日、81歳で亡くなりました。

東邦商業が歴史を引き継いだ名古屋育英商業学校を１９２８年に卒業し国

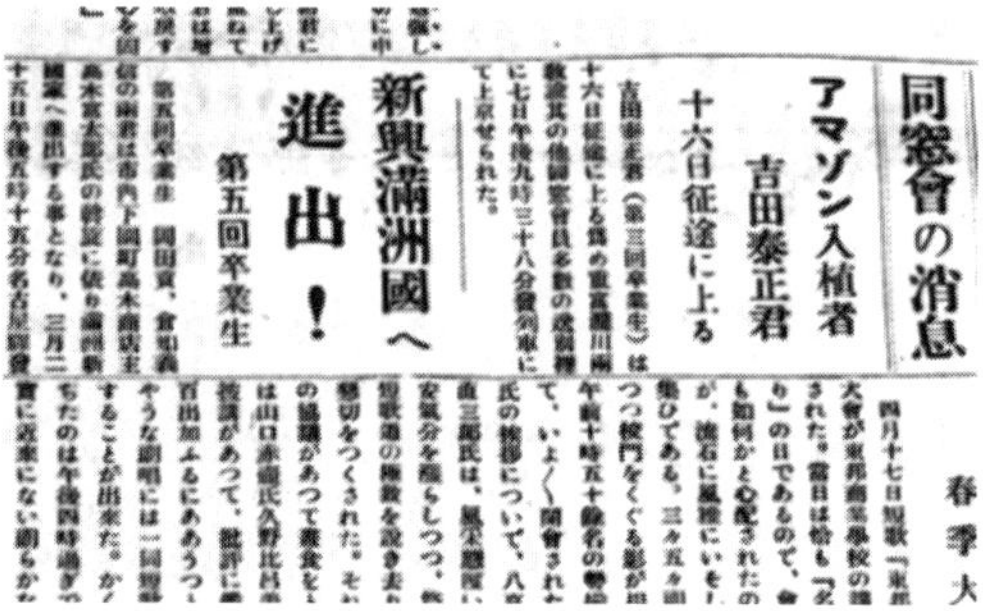

同窓會の消息

アマゾン入植者
吉田泰正君
十六日征途に上る

新興滿洲國へ
進出！
第五回卒業生

春季大

卒業生の動向を伝える「東邦商業新聞」34号

土庁長官などを務めた松野幸泰さん（１９０８〜２００６）も含めれば、羽ばたいた３人の大臣がほぼ同時代に学んでいました。

浦野さんも江崎さんも東邦学園評議員として母校の発展を応援しましたが、江崎さんは１９４７年から１９５６年まで東邦会初代会長も務めました。

3回生の絆

満州へブラジルへ

東邦商業学校2回生が卒業した１９２９年。ニューヨーク株式市場での株価大暴落から世界大恐慌が始まりました。１９３０年に卒業した3回生たちの就職先探しは厳しい状況に追い込まれていきました。4回生が卒業した１９３１年9月には関東軍により南満州鉄道の線路が爆破された事件に端を発した満州事変が勃発。5回生が卒業した１９３２年には「満州国」の建国が宣言され、社会、経済情勢は暗雲に包まれていきました。

「東邦商業新聞」34号（１９３２年4月30日）1面に「第5回卒業生就職の状況」という就職係の談話が掲載されました。

「何分にも連年の不景気に加うるに、当地方空前の金融恐慌があったため非常に困難なる状態に陥り、一時甚だ悲観していたが、下出先生始め、学校と直接間接の関係ある各位の多大なるご援助やら当局者の涙ぐましい活動により、4月15日現在、新卒業生の81％はそれぞれ就職して、社会人としての第一歩を勇ましくスタートを切ったことは誠に喜ばしい次第である」

「第5回卒業生就職の状況」を紹介した同じ34号紙面に、世相を映し出すかのような2つの小さな記事が掲載されていました。「新興満州国へ進出！」という満州に就職先を求めた2人の5回生を紹介する記事と、「アマゾン入植者吉田泰正君　16日に征途に上る」というブラジルに移住する3回生を紹介する記事です。

満州に就職先を求めた5回生は岡田貢さんと倉地義信さんです。1932年3月25日午後5時15分名古屋発下関行き急行で勇ましく出発する2人を、就職担当、運動部関係の教職員たちが見送りました。岡田さんは1930年に創部したばかりの野球部員、倉地さんもボーイスカウトに参加していたこともあり、見送りには多くの野球部員や学校関係者、家族たちも駆けつけました。

ブラジルに向けて同年4月16日に日本を航路で旅立つことになっていた吉田さんは4月7日午後9時38分、重富実造教諭、瀧川巳三教諭や多数の同窓会員の見送りを受けて名古屋発の列車で東京へ。東京から南アフリカのケープタウンを経由して南米に向かいました。「東邦商業新聞」37号（1932年7月18日）に吉田さんから新聞部に届いた手紙が紹介されていました。

「謹啓　其の後永らく御無沙汰致して居ます。私は今、南アフリカのケープタウン港に安着停泊しています。明5月22日午後5時、目指す目的地南米に向けて出帆致します。何卒紙面を通じて、同窓の諸君によろしくお願い申し上げます。また珍しいことは後便にて。では御機嫌よう。皆々様の御健在を祈る」

樺太の日露国境から

さらに「東邦商業新聞」38号（1932年9月30日）には、吉田さんと同じ3回生の樺太からの報告が掲載されています。名古屋の舘本時計店に勤務した加藤（旧姓井上）義一さんが、当時は日本領だった南樺太で、ロシアとの国境に近い敷香から新聞部に寄せた手紙です。加藤さんが手紙を書いたのは9月11日。その要約です。

〈紺碧の空を通し、西はシベリア、北はカムチャッカより吹き寄する身にしむ冷気は、最早内地の12月頃の気候です。此処は御国を七百里（２８００㎞）離れて、遠き樺太の日露国境敷香。社命を帯び、唯唯一人強く、正しく、雄々しく、自己の使命を果たすべく奮闘に次ぐ奮闘を以ってし、献身的努力を続けて居ります〉

営業職だったという加藤さんが、母校校訓である「真面目」の精神で仕事に打ち込んでいる姿勢が伝わってくる手紙はさらに続きます。

〈無人の荒野を疾走する自動車の車窓にはアザラシの遊ぶオホーツクの蒼海。見渡す限りのツンドラ地帯。ロシア国から流れてくる国際河川である幌内川で押し流される無尽蔵の木材。母校を出でてより満2年と有半。日本全土をまたに東奔西走する暇なき旅の生活を続けている私は大方皆さんにお会いする機会の極めて少ないことを嘆じている様です〉

3回生の入学者（１９２５年）は58人でしたが、卒業者（１９３０年）は56人。１回生から最後の21回生までの東邦商業卒業生総数は３８１１人。卒業回数別では1回生63人、2回生66人、3回生56人と2桁が続き、4回生の１２１人以降はほぼ3桁が維持され、ピークの13回生は２７８人でした。13回生の2割しかいなかった3回生の56人は最少でしたが、その分結束力は強く、卒業後も「邦友会」として親交を深めました。

3回生たちは卒業4年後の１９３４年12月1日、21人が集まって名古屋で忘年会を兼ねた第1回「邦友会」を開きました。恩師である重富実造教諭も招かれました。「卒業以来、全く消息を絶っていた同窓生、四方より集まり久方の談合に懐旧の一夜を過ごして10時半に散会」と「東邦商業新聞」54号（12月8日）は紹介しています。

正月4日に開かれた新年会には忘年会に参加できなかった加藤さんも駆けつけました。55号（１９３５年1月28日）記事には「当夜集まる者は12人。中には樺太、北海道地方出張の井上（加藤）義一君が勇壮な姿で登場。卒業後既に5か年を経て早くも結婚生活に入る者も少なからず」などと書かれています。

ブラジルの地で

アマゾンに向かった吉田さんの「邦友会」名簿上での連絡先は「守山市」（現在の名古屋市守山区）の、兄である吉田正夫さん方でした。正夫さんはすでに他界しており長男の吉田正和さん、妻陽子さんから話を聞くことができました。

東邦商業を卒業した吉田さんは拓殖大学専門部で2年間学んだ後、ブラジルでのアマゾン開拓を目指しました。しかし、開拓は予想以上に困難を極めました。吉田さんはサンパウロでの勤め人としての生活に方向転換します。陽子さんによると、採用された会社とは、拓殖大学時代にサッカーをやっていた縁もあったようです。

サンパウロで生活の安定を得た吉田さんは日本人女性と結婚し家庭を築きました。正夫さんには、「加工して財布に」と蛇の革を、野球少年だった正和さんが高校1年生の時にはグローブを送ってくれたそうです。

42年ぶりに帰国した吉田さん

吉田さんは1974年4月、42年ぶりに帰国を果たしました。弟の帰国を待ちわびていた正夫さんのアルバムには、「泰正帰国1974・4・9〜6・1」の書き込みとともに、赤いシャツにサングラス姿の吉田さんの写真がありました。61歳ころと思われます。吉田さんはその後4回帰国し、90歳を迎える前にサンパウロで永眠しました。

正和さんは「叔父は父に似て寡黙でしたがカッコ良かった。大きな夢を追い求めてブラジルをめざしたのでしょうが、経済的に厳しい当時の時代では家を出ざるを得ない次男という境遇もあったのかも知れません」と語ってくれました。

赤萩道場の伝説剣士

剣道部の誕生

熱気あふれる赤萩道場で練習に励む剣道部（1935 年）

剣道部は1928年に創部されました。同年の「東邦商業新聞」15号（12月1日）によると、11月1日午後、下出義雄副校長の方針により、創部を祝う「入門式」が厳かに行われました。大講堂に入門の生徒および職員、一般生徒の有志が入場し、厳粛なる空気の中、下出副校長が訓話。師範として迎えられた加藤六郎講師らが剣道の型を披露して式を終えました。

連日続く気迫あふれる稽古は「赤萩道場」と呼ばれるようになり、剣道部はやがて黄金時代と呼ばれる全盛期を迎えていきます。学園50年史によると1935年から1939年にかけての有力な大会で12回優勝。最も権威があるとされる全日本中等学校剣道大会でも1939年8月に大阪で開催された第10回大会で初優勝。この年は4月の野球部の甲子園全国制覇（2回目）に続く同じ大阪を舞台とした全国制覇となりました。全日本中等学校剣道大会では翌1940年の第11回大会と併せて2連覇を果たしました。1940年は12の大会に出場して全勝、全国制覇の年となりました。100人余だった入門式当時の部員は250人を超す一大運動部に成長していました。

伝説の剣士

この頃は硬式野球部も甲子園の選抜大会で3度の優勝に輝いており、東邦商業が全国に輝いた黄金時代でした。そして剣道部からは伝説の剣士も生まれました。11回生の杉浦末治さんと原勇さんです。

「杉浦君の出身国府小学校は、大変剣道が盛んであり、又、強い豆剣士がたくさん出た。剣道が飯より好きな彼は、剣道を本当に修業できる学校はここよりないと東邦商業へ進学した」。杉浦さんらを指導した近藤利雄教諭は『追憶の記』の中で杉浦さんの思い出を綴っていました。「生来小兵ながら精かん無類の彼は早くも3年ごろから東邦の名先鋒として名を挙げるようになった。以来連戦連勝。そして彼があるが為に、東邦は県下、近県は申すもおろか、あらゆる全国大会に負けたことなく、その優勝旗は広い校長室を埋めた」

杉浦さんの出身校である国府尋常小学校（愛知県豊川市の市立国府小学校の前身）の校史によると、同校は昭和初期、男子は剣道、女子は排球（バレーボール）を奨励し、剣道部は全国学童大会で優勝するなど何度も日本一に輝き、全国にその名をとどろかせました。

同校卒業者名簿によると、杉浦さんは「昭和9年3月20日」に高等科を卒業しています。東邦商業11回生が卒業したのは1938（昭和13）年3月ですから、杉浦さんは1934（昭和9）年に2年生に編入したものと思われます。

熱気の赤萩道場

15回生の村松廣人さん（名古屋市千種区）によると、村松さんが入学した1937年、剣道部は5年生の杉浦さんが主将、原さんが副将でした。村松さんは赤萩道場の熱気あふれる練習ぶりを『東邦商業剣道部思い出文集』（1995年、東邦剣友会）に書き残していました。

「八高の試合で優勝戦に敗れ、翌日の練習で杉浦先輩の強烈な体当たりで転倒し、脳震盪を起こして人事不省に陥った。その日の稽古の激しさも忘れることはできません。幾多の先輩の構築した輝かしい歴史と伝統、そして向かうところ敵なしの東邦剣道部の黄金時代に、鍛錬された我が身が今日あるを思えば又、感慨一入であります」

村松さんに電話でお話を聞くことができました。間もなく94歳を迎えるという村松さんは、「文集にも書いたように、先輩たちには本当に厳しく鍛えられました」。村松さんは強烈な印象として焼き付いている赤萩道場の熱気の中での体験を思い出してくれました。

杉浦さん、原さんのもとに、5年生の時、京都武徳会からそれぞれ三段、二段の免許状が届きました。「東邦商業新聞」87号（1937年12月15日）は「卒業を前にして、初めて無段より三段、二段へと一躍躍進を遂げたものであり、全国中等学校生徒の中に在学中三段を許された者は殆ど類がないほどで称賛の的となっている」と称えています。

「嗚呼杉浦君！」

杉浦さんは剣道部を指導していた近藤教諭の働きかけで卒業後も母校に教員（剣道師範）としてとどまりました。杉浦さんは当時、柔道とともに正課科目であった剣道部の授業も担当しながら、自らも剣士として全国剣道大会青年部での優勝に輝くなど活躍を続けました。しかし、間もなく応召で名古屋歩兵連隊に入隊し、ガダルカナルの戦地に向かいます。

出征兵士たちの行進に加わった杉浦さんたちを名古屋駅に向かう桜通で見送った隅山馨元校長は、『追憶の記』

に寄せた「戦争でなくなった先生方の思い出」という一文で次のように書いていました。

「先生くらい元気に私達に手をあげ、笑いをいっぱいにたたえて出かけた人は前後に見たことはありません。私は少なくとも杉浦先生だけは無事に帰られると信じました。しかし、ガダルカナルで転進の時、脚部に重傷を負った杉浦君は、戦友の出発の勧めを静かに断って動こうともしなかったそうです。戦友達が海岸に達したとき、杉浦君と数名の同士が洞窟で自爆したものすごい音を耳にしたそうです。嗚呼杉浦君！」

多かった特待生

17回生の後藤重三郎さん（東京都杉並区）も剣道部黄金時代の1938（昭和13）年に入学し、1年生の時から剣道部に入りました。杉浦さんには正課授業でも剣道の指導を受け、杉浦さんの出征の時は名古屋駅まで見送った一人です。150人を超した部員でしたが、大会に出場する正選手は限られていました。後藤さんは各学年から10人ほどの学年選手には選ばれましたが「正選手たちとの実力差は大きかった」といいます。

正選手は高等科出身が多く、ほとんどが授業料免除の特待生だったと言います。「野球部と同じで剣道部の特待生選手たちも学校の名前を高めるため、勝ち続けることが求められた。年齢的に離れていることもあってか、杉浦さんは大人びて、荒っぽく見えた」と話しています。

三島事件に遭遇した剣道部OB

〝伝説の剣士〟とも言われた11回生（1938年卒）の原勇さんが、社会に衝撃を与えた大事件に関わっていたことを知りました。1970年11月25日、作家の三島由紀夫が憲法改正を訴えて自衛隊決起の演説をした後、割腹自殺をした「三島事件」です。

向き合う原さん（左）と杉浦さん
（『赤萩道場の歩み』より）

原さんは戦後、警察予備隊を経て自衛官となりました。事件が起きた時、原さんは50歳の一等陸佐でした。三島が自衛隊市ヶ谷駐屯地のバルコニーで自衛官たちに演説した後、割腹自殺するまでの過程で、陸上自衛隊東部方面総監部業務室長の原さんは、日本刀で切りつける三島と木刀で対峙していたのです。

原さんは、拘束されている益田兼利総監を救出しようと現場指揮をとりました。その時の状況は裁判記録をもとにした書籍などでも紹介されています。日本刀で切りかかる三島に対して、自衛官では原さんだけが木刀で立ち向かいましたが、三島の刀で木刀が切り落とされ、総監室からの一時撤退を余儀なくされました。

民主主義下の自衛官に誇り

事件の第4回公判（1971年5月24日）の証人調べで原さんは、「私が総監をみるのと、三島さんが斬りかかってきたのが同時だった。腰を落とし、刀を手元のほうに引いており、本当に私どもの方に斬りつけてくるとは思わなかった」と証言。検事の「被害者として事件をどう思うか」という質問に対しては、「私は警察予備隊以来、民主主義下における部隊はかくあるべきだと信じ、歯を食いしばってやってきた。それを誇りにも思っている。いかなる理由があろうとも、暴力によってこのような事件を起こされたことはまことに残念でなりません」と答えています。

東邦会の同窓会名簿に記載されていた原さんの自宅は埼玉県志木市。電話番号はすでに使われておらず、自衛隊OB組織なども調べましたが原さんの所在は分かりませんでした。

東邦商業4年生の時に「2・26事件」

原さんも『東邦商業剣道部思い出文集』に寄稿していました。

〈私は東邦生時代の5箇年間（昭和8年4月〜昭和13年3月）、それまで病弱であった体を鍛えるべく、剣道部に席を置き、専ら心身の鍛錬に努めた。当時日本は、昭和の動乱期に入り、戦争への道をまっしぐらに進み始めていた。しかし、生徒である私たちは、巻脚絆（ゲートル）が義務づけられたものの、東邦の校訓である「真面目」をモットーとして、その本分を尽くしておれば非常時局といえどもまずは平穏であった。ところが、剣道部に入部した私たちはそうはいかなかった。授業後の稽古はことのほか厳しく、道場においては、誰も彼もが必死になり、竹刀を振りかぶっていた〉

戦争への足音が強まる中、原さんが4年生だった1936年には陸軍青年将校らによるクーデター未遂である「2・26事件」が起きました。国は国民の精神高揚のため武道を奨励し、全国各地で青少年を対象にした剣道大会が華々しく開催されました。東邦商業の剣道部もこうした時代の中で、上級生の打ち下ろす重い竹刀に激痛を走らせ、痣をつくり、豆をつぶしながら練磨を重ねることで黄金時代を築き上げていきました。

激動の時代を体験した原さんですが、文集のための原稿を依頼されたころは、穏やかな日々を送っていたようです。「残り少なくなった歯の幾つかを抜歯した。その後、ようやく激痛も去り、腫れもひき、老人とは残酷なものだなあ！　と苦笑していた矢先のことだった」。原さんが間もなく75歳を迎えようとしていたころでした。

野球部誕生への足踏み

生徒チームに打ち込まれた下出投手

1928年10月1日「東邦商業新聞」13号に「先生チーム惜敗」という見出しの小さな記事が載っていました。「9月20日、東邦商業学校の校庭では、先生チーム対野球部1、2年チームの一大野球戦が挙行された」という仰々しい書き出しです。

記事は、「児童ボールでもボールの一種に相違なく、応援の生徒は先生チームに超大なる応援をなすという盛況であったが、先生チームの打撃、相続いて三振、惜しくも11－0で5回コールドゲーム。近く第2回戦ある由」とあります。

先生チームは「惜敗」ではなくコールド負けでした。先生チームの投手は下出義雄副校長ら3人。生徒チームのマウンドに立ち先生チームを完封したのは1年生の加藤源幸さん（6回生）でした。

『東邦商業学校東邦高等学校野球部史』（1994年発行。以下野球部史）によると、下出副校長は愛知一中（現在の旭丘高校）、神戸高商（現在の神戸大学）、東京高商（現在の一橋大）を通じて野球選手として活躍しました。愛知一中時代はテニス部でしたが、練習中に転がってきた野球部のボールを投げ返した肩の強さを見抜いた、「マラソン校長」とも呼ばれた日比野寛校長によって野球部に引き抜かれ、レギュラー選手になったそうです。それだけに下出副校長は人一倍野球を愛し、関心を持っていたと言われていました。

東邦商業に硬式野球部が誕生したのは1930年5月です。13号の記事に登場する「野球部」は、「児童ボール」（軟球）を使用した軟式野球部でした。硬式野球をやりたくて入学してきた生徒が多く、教員チームが手が出なかった加藤投手も、硬式野球部が誕生するや、甲子園を目指すチームの初代エースとして活躍しました。

ひしめく赤萩運動場

「先生チーム対野球部」の試合が行われた1928年は第1回卒業生が巣立った年です。全校生徒数は1000人足らずでしたが、赤萩校舎の運動場は蹴球（サッカー）部、陸上競技部のほか、籃球（バスケットボール）部、排球（バレーボール）部、庭球（テニス）部などがひしめき合っていました。この年に発足した軟式野球部は運動場に割り込むのに苦労し、思うような練習はできない状態でした。

1930年当時の運動場（4回生卒業アルバムから）

部員は1、2年生が多く、練習日も限られていましたが、それでも日に日に活動を充実させていきました。「東邦商業新聞」16号（1929年1月12日）によると、1928年の年末には青年団チームと初めて練習試合を行い8－5で勝利しています。

野球人気は昭和時代の開幕（1926年）とともに沸騰していました。甲子園大会は旧制中学校や実業学校の球児たちのあこがれでした。夏の大会は1915（大正4）年から全国中等学校優勝野球大会（大阪朝日新聞主催）の名称でスタート。春の大会は1924（大正13）年に選抜中等学校野球大会（大阪毎日新聞社主催）として第1回大会が名古屋で開かれました。野球熱の高まりの一方で、中等学校が尋常小学校の有名選手を特別待遇で獲得する争奪戦も激しさを増していました。

愛知県では愛知一中が、1917（大正6）年の夏の甲子園で初優勝以来4年連続甲子園大会に出場するなど王者として君臨。東邦商業の開校と同じころ、私立実業学校が続々開校し、母校の看板を背負った野球部が甲子園をめざし猛練習を続けていました。やがて、中学校に代わって商業学校など実業学校の活躍が勢いづいていきました。

こうした中、東邦商業では硬式野球部の発足が足踏みを続けていました。ライバル校となる中京商業学校（現在の中京大中京高校）には7年も遅れを取ることになったのです。

鳴海球場の誕生

中京商業は東邦商業と同じ1923年に開校。創立者である梅村清光（1882〜1933）は建学の精神として「学術とスポーツの真剣味の殿堂たれ」を掲げました。梅村は創立の年の3月、愛知一中の合格発表日、同校正門に立ち、落胆する不合格者に、中京商業の発足を知らせ、入学を呼びかけました。東海地区を代表する進学校であると同時に野球伝統校である愛知一中を意識し、「強い野球部」の創設を掲げての開校でした。

甲子園球場での野球人気に便乗しようと、全国各地で電鉄会社が球場を建設。愛知県でも愛知電鉄（現在の名古屋鉄道）により、名古屋市郊外（現在の緑区）に鳴海球場が1927（昭和2）年に誕生しました。東京の神宮球場、大阪の甲子園球場に並ぶ大球場建設の気運が高まる中での誕生でした。東海地区の野球熱は一段と高まり、中京商業は1928年、同球場で開催された第13回東海中等学校野球大会で初優勝を飾りました。

中京商に追いつき追い越せ

東邦商業の硬式野球部発足が足踏みしたことについて野球部史は、下出義雄が野球を売名の手段として利用することを意識的に避けようとしたためと分析しています。しかし、現場教職員たちからは、「野球で強いと評判にならなければ生徒募集に不利」という指摘も相次ぎました。

野球部史は1929年当時の生徒募集のデータを持ち出しています。東邦商業は募集人員150人に対し志願者は219人（1・46倍）でしたが、中京商業は募集定員250人に対し578人（2・31倍）の志願者がありました。野球部史は、教員たちからの「同種校に遅れをとらないためにも野球部をつくった方がいい」という声に加え、生徒たちからも「硬式野球部をつくりたい」という要望が一段と強まっていたことを紹介しています。

野球部創設を望む声の高まりに応えた下出義雄の決断で、1930年5月、軟式野球部を母体にした硬式野球部（以下野球部）が発足しました。野球部史は、〈同年同月同日で全く同じスタートラインから出発した中京商業に対する特別な意識がないとすればうそになる。「中京に追いつき追い越せ」とでもいった思いは、よい意味でのライバル意識として盛り上がり、その練習には一段と熱がこもっていった〉と記しています。

鳴海球場での初陣（「東邦商業新聞」25号）

甲子園予選で初陣

野球部史によると、野球部の指導体制は隅山馨部長、酒井貞雄監督、小島鉄次郎コーチの布陣でスタートしました。主将は5年生で4回生の水野明さんが務めました。初の公式戦は1930年7月25日、鳴海球場で開幕した第16回全国中等学校優勝野球大会（夏の甲子園大会）愛知県予選。野球部はこの試合に備え7月19日から25日、20人が参加して合宿を行いました。

東邦商業は3日目の1回戦で、名古屋商業学校（現在の名古屋市立商業高校）と対戦し、2－7で敗れました。名古屋商業学校はCA（Commercial Academy）の愛称で市民に親しまれた伝統校で、1922年夏の甲子園にも出場しています。相手が甲子園出場の実績あるチームであったこともあり、野球部史は「創部初の公式戦としてはまずまずの戦績であった」と記しています。

「東邦商業新聞」25号（1930年8月19日）も、「予想を裏切られてファンも驚く戦績」という見出しを掲げて初陣での善戦を称え、以下の記事を掲載しました。

〈新進の野球部は初陣であり、その成績を予想し難く、案じられていたがコールドゲームにもならず、9回まで堂々と戦ったことは、非常なる心強さを覚えずにはおかなかった。正式に練習し始めて3か月を経ぬ野球部が予想外の好成績であったのは、出場を決定してからの猛練習と、部長始め、コーチ小島氏等の熱心な指導の結果である。下出副校長も、「出来た以上はやらねばならぬ」と力を入れているから、近き将来には、（野球部は）他の部と同様優秀なるチームに完成されるものと期待されている〉

甲子園初出場での栄冠

感激に校舎が揺れた

東邦商業学校野球部は創部から4年後の1934年春、ついに甲子園初出場を果たすとともに一気に頂点に駆け上がりました。第11回選抜中等学校野球大会決勝。0－1で迎えた延長10回裏、2－1の逆転サヨナラで浪華商業（大阪）を下し劇的な初優勝を飾りました。東邦はこの大会から戦争で中断される直前の第18回大会（1941年）まで春の甲子園に連続8回出場し3回優勝、夏の甲子園にも2回出場を果たしました。

初出場では、出場校選考に大きな影響を与える愛知8中等学校野球リーグで、東邦は中京商、享栄商に続く3位に終わりました。「出場は微妙ではないか」。関係者の期待と不安が入り混じる中で開催された大阪毎日新聞社での選考委員会では、中京商、享栄商の出場決定は早々決まりましたが東邦についての決定は遅れました。

野球部長の隅山馨は待ち続けた朗報が飛び込んできた時の感動を、「一度挫折しかけたチームを昨年8月に再組織し、せっかくやり直すならば天下のひのき舞台である甲子園に出場したいと、一同、深く決意していただけに、決意が水泡に帰するのではないかと心配した。選抜の光栄に浴し非常に感激し、ベストを尽くしてやるというほか、この際言葉がないほどでした」と振り返っています。（1934年9月東邦商業学校発行『春の甲子園に於ける初陣の優勝を顧みて』より）

10回生（1937年卒）の加藤義谷さんは戦後の1964年4月発行「東邦」（東邦高校生徒会誌）の第6号に、加藤さんが3年生になろうとする春、野球部の甲子園初出場が決まったときの感動を「全校生の感激に校舎が揺れ

昭和九年五月二十日發行　東邦商業新聞　第五十一號　（一）

東邦商業新聞

祝野球部優勝

荘嚴なる哉!!
吾等が野球部の凱旋
感涙に咽ぶ列席者一同
家庭的な美しき晩餐會の情景

優勝は全員の「一致協力の成果」
本校のモットーたる眞面目と不撓不屈の精神を十分發揮してくれて嬉しい
下出校主の味ふべき言

野球部優勝と職員室の緊張
萬歳の歡聲・拍手
ラヂオの前に抱き合ふ先生や神前に手を合せて謝する先生達

本校々史を燦然として飾る
一躍全國の覇者となった
榮冠輝く我等が野球部

初優勝を伝える「東邦商業新聞」51号1面

甲子園での初陣に挑む東邦商業（河瀬虎三郎さんのアルバム）

動いた」と振り返っています。

兄河瀬幸介を偲ぶ

第11回選抜中等学校野球大会の出場校は20校。東海地方が「野球王国」と言われた時代を象徴するように東邦商業とともに、出場校には中京商業、享栄商業、岐阜商業、静岡商業の5校の名前が並びました。出場選手には1回戦で堺中学を相手に17三振を奪う快投を見せた京都商業の沢村栄治（元巨人）、呉港中学の藤村富美男投手（元阪神）、中京商業の野口明捕手（元中日監督）、和歌山中学の宇野光雄（元国鉄、大毎監督）ら後にプロ野球で活躍した選手たちもいます。

東邦の主将でセンターを守った河瀬幸介（8回生）とエースの立谷順市（10回生）はいずれも関西出身で、甲子園をめざそうと「野球王国名古屋」の東邦に入学してきた選手たちでした。野球部史には2人の弟がそれぞれ兄たちの思い出を書き残しています。

河瀬の弟澄之介さんは2006年に80歳で他界していますが、奈良市に住む長男の宗一さんが東邦野球部の大ファンだった河瀬家の人たちの思い出を語ってくれました。

8回生（1935年3月卒）の卒業生名簿によると、河瀬の実家は兵庫県武庫郡本山村（現在の神戸市灘区）。宗一さんによると、祖父虎三郎さんは生地関係の事業で成功した資産家で、8人の子供のうち2番目が長男の河瀬、下から2番目が澄之介さんでした。東邦が甲子園に初出場した時、5年生の河瀬は数え年齢で19歳、澄之介さんは8歳の小学生でした。

野球部史への澄之介さんの寄稿によると、野球が何よりも大好きだった河瀬は大阪の中学校から東邦商業に転校しました。野球部史の記録には1933年3月22日の対中京商業戦から1番センターで出場しています。

虎三郎さんの名古屋の親友宅に寄寓した河瀬は野球に熱中。ほとんど神戸の実家には帰らず、澄之介さんには兄と一緒に生活した記憶があまりなかったそうです。それでも、たまに神戸に帰ってきた時は長男らしく皆にお土産を買ってきてくれ、弟や妹たちにはやさしい兄でした。

家族の中で、東邦の野球に最も熱中したのが虎三郎さんで、試合があるたびに神戸から名古屋に応援に出かけるほどでした。東邦初のセンバツ出場が決まった時は家中が大騒ぎとなりました。虎三郎さんは全試合8日間の連続切符を6枚続き番号で購入。母親は6人座れる長さ3mほどの座布団を作りあげ、ぐるぐる巻きにした座布団を家族交代で担ぎながら甲子園に通ったそうです。

河瀬家は灘中学校のすぐ近くにありました。東邦商業の練習が灘中校庭で行われた時は、河瀬家は大きなやかん2つに冷たい麦茶を入れ、大箱いっぱいの菓子パンとともに運び込みました。そして虎三郎さんは選手たちの宿舎である若狭屋旅館に、陣中見舞いとして毎日牛肉2貫目（7・5㎏）を贈り、食べ盛りの選手たちを応援しました。

母校に届いたアルバム

河瀬は東邦商業を卒業後、慶応大学に進み東京6大学リーグでも活躍しましたが、1944年11月、ニューギニアの北西部のビクア島で戦死しています。野球部史に寄稿した澄之介さんは、「東邦商業は甲子園に初出場して優勝するという偉業を成し遂げましたが、兄幸介が主将を務める栄誉を担うことができたのは、短かった兄の人生の最も幸せな出来事だっただろうと思っています」と書き残しています。

虎三郎さんは甲子園での感動の記録を一冊のアルバムに残していました。1934年3月28日から閉会式までの8日間の東邦商業の野球部に関する新聞記事の切り抜きなどの記録を収めたアルバムが、澄之介さんから東邦高校に贈られたのは1988年4月5日のことでした。

学園倉庫に保存されていたアルバムを開くと、最初のページに河瀬が優勝旗を受け取っている表彰式の写真が掲載された「栄冠東邦に輝く」という新聞の切り抜きが貼ってありました。「昭和9年4月7日午後4時」という虎三郎さんの書き込みがあり、この日（大会8日目）の入場指定席券、「東邦」「優勝」と書き込んだ紙片も貼られていました。ページをめくると優勝旗を受け取る瞬間の河瀬の表情を捉えた写真がありました。甲子園球場近くの若狭屋旅館でくつろぐ東邦の選手たち、勝ち進む東邦についての新聞記事、スポーツ誌の特集記事からの切り抜き、名古屋に凱旋後の校主下出民義、校長となった下出義雄らと選手たちとの記念写真なども収められていました。スタンドから声援し続けた虎三郎さんの「虎」の字が見える日の丸の扇子も貼られていました。

澄之介さんは灘中学、甲南高校から大阪大学に進学。日本光学（現在のニコン）と並ぶ光学機器メーカー東京光学（現在のトプコン）の技術者として同社初の一眼レフカメラ「トプコンR」を開発しています。光学機器の世界では著名な澄之介さんでしたが、東邦高校が戦後、センバツで4回目の優勝を勝ち取った1989（平成元）年春、澄之介さんも甲子園の東邦応援席から兄の母校への声援を送り続けました。

卒業生も泣いた

東邦の甲子園初出場、初優勝での感動を書きつづり、母校の新聞に投稿してきた卒業生もいました。「東邦商業新聞」51号（1934年5月12日）には2回生（1929年卒）の山田敏雄さんの投稿が2面に掲載されました。（抜粋）

〈ああ、とうとう我が校が優勝したか。ダークホースとして初出場の東邦商業、我が校が。享栄、中商を尻目に見て。勝った、勝った、勝った。我が校がしかも優勝だ。又よく中商、享栄2校の仇を討ち取ったのだ。我が心は躍り、目には嬉し涙がいっぱいにあふれている。無意識に又泣きたい様な気もした。否、実は泣いた。尊い涙が両頬をつたわった。
諸君！卒業生の僕としてこんなにうれしい事は今初めてだ。僕は出場の始めから我が校優勝を神に祈っていた。その甲斐が今現れたのである。何がして我が校をかくならしめたのか。それは他ならぬ、輝く東邦商業の不屈の精神だ。創立以来、綿々として伝わるその精神だ。創立日尚浅く、未だ歴史を有せざる野球部にして、かくあらしめたのだ。おおこの不屈の精神を永久ならしめよ。ああ輝く東邦商業よ！前途盛々光栄あれ〉

戦場に散った主将とエース

野球部史には立谷順市の弟唯夫さんも「我が兄を偲ぶ」という一文を寄稿していました。唯夫さんによると、兵庫県淡路島の尋常高等小学校のエースだった立谷は1931年に京都で開催された全国少年野球大会に出場しチームを準優勝に導きました。優勝決定戦の相手は一宮中学で下出義雄副校長が観戦しており、立谷は義雄に声をかけられて東邦商業に入学しました。硬式野球部創部には慎重だった義雄でしたが、有望な小学生選手獲得のため、創部翌年には自らスカウト活動に乗り出していたことになります。

甲子園での立谷について伝える新聞の中には「立谷君の父君は1週間前から仕事など手につかぬと、本職のミシン業を打ち捨て、勝利祈願の神参りやら応援団回りやら全く席の温まらない熱心ぶり」という記事もありました。記事は、立谷の試合日には淡路島から200人の応援団が駆けつける計画があることも紹介していました。

東邦商業から専修大学に進んだ立谷も東都大学野球リーグで活躍。1943年に卒業とともに、名古屋の東邦ガスに入社しましたが、間もなく応召。1944年3月、南方戦線のブーゲンビル島で戦死しています。

甲子園球場内の甲子園歴史館には春・夏甲子園大会の歴代優勝校紹介のパネルコーナーがあります。東邦が初出場、初優勝を飾ったセンバツ第11回大会の紹介パネルには、大会歌「陽は舞いおどる」が誕生したことなどを紹介

優勝旗を手にした河瀬とマウンドの立谷

しています。

河瀬と立谷が戦場に散ったのは東邦商業の甲子園初舞台の年から10年後、翌年には終戦を迎える戦争末期でした。

「名古屋松坂屋バンド」に先導されて

河瀬虎三郎さんの残したアルバムに貼られた大阪毎日新聞記事によると、甲子園初出場、初優勝を果たした東邦商業の晴れやかな校歌奏楽、場内行進の先導は名古屋の「松坂屋バンド」によって行われました。アルバムには「大会における名古屋松坂屋のバンド」の写真もありました。

松坂屋の史料を管理するJ・フロントリテイリング史料館によると、松坂屋は1924（大正13）年に名古屋の山本球場（八事）で開催された第1回選抜中等学校野球大会から開会式演奏を担っていました。「いとう呉服店（松坂屋の前身）少年音楽隊」として、詰襟に金縁をつけ、選手たちと一緒に行進していたのです。

センバツは第2回から甲子園に舞台を移しましたが、松坂屋による大会での演奏は第15回大会（1938年）まで続けられました。楽団名は松坂屋少年音楽隊（1925年5月1日〜）、松坂屋管弦楽団（1932年〜）などと楽団発展に合わせて変わりました。1938年12月1日には活動の拠点を東京に移し、日本最古のオーケストラとして知られる東京フィルハーモニー交響楽団（東フィル）へとつながります。

東邦商業が初出場した1934年の第11回選抜中等学校野球大会で、新聞に「松坂屋バンド」と書かれたバンドは、正式名称が松坂屋管弦楽団でした。松坂屋大阪店のものと見られる「阪営販売時報」（1934年4月1日号）

行進は松坂屋バンドに先導されて

には「名古屋松坂屋管弦楽団は例年通り第11回大会伴奏のため3月27日来阪、27日より連日甲子園野球場に於いて奏楽、並びにラヂオにて全国のファンへの妙音を送っております――」と書き残されていました。

第11回大会からは新しい大会歌「陽は舞いおどる甲子園」（陸軍戸山学校軍楽隊作曲）が誕生していました。第8回大会に誕生した大会歌に、「オール日本」「ヤング日本」の洋語が入っていることが、戦時色が強まっていく世相もあって問題視されたためでした。

紫紺の大優勝旗も松坂屋が寄贈

河瀬主将が授与式でしっかりと手にした紫紺の大優勝旗も松坂屋が製作して第1回大会で寄贈したものでした。大阪毎日新聞は河瀬主将が受け取った優勝旗を、「黄金の房重々しく濃紫紺の地に輝くVICTORYの金字と半月形の緑の月桂樹に、全国制覇の誉れに薫る大優勝旗」と書いています。縦90㎝、横135㎝、金糸、銀糸の総刺しゅう、金糸の房がついた豪華な優勝旗でした。

東邦商業が3度目の全国制覇を成し遂げた第18回大会が開催された1941年12月、太平洋戦争が開戦となり、甲子園での中等学校野球は中止となりました。東邦商業は戦後1947年に第19回大会が復活するまで6年間、紫紺の優勝旗を守り続けました。

東邦野球の黄金時代

全員野球で2度目の甲子園優勝

東邦商業は1939年春の第16回選抜中等学校野球大会では圧倒的な攻撃力で2度目の優勝に輝きました。1回戦では地元の浪商を20－1という大差で退け、2回戦では海南中（和歌山）を13－0、3回戦は北神商（兵庫）を13－1、準決勝では島田商（静岡）を6－1で制し前年に続いての決勝進出を決めました。決勝では岐阜商業に7－2で快勝し、準優勝で終わった前年の雪辱を果たしました。

主催した大阪毎日新聞社は「東邦の本大会に示した威力は大会開始以来の快記録であり、未だかつて攻守に整備されたチームはみられなかった」と大会総評で振り返りました。そして、優秀選手選考委員会は8日間19試合に出場した20校の選手中29人を表彰、優秀選手賞24人では東邦ナイン全員が選ばれました。

優秀選手賞に選ばれた東邦ナインは、投手の松本（後に木下に改姓）貞一（4年）、捕手の神戸晧昌（5年）、一塁手の長尾芳夫（同）、二塁手の服部一郎（同）、三塁手の竹内功（同）、遊撃手の猪子利男（4年）、レフトの崔玉（後に谷に改姓）義夫（5年）、センターの加藤幸一（4年）、ライトの久野欽平（5年）です。主将でもあった長尾は美技賞、生還打賞（12点）にも輝きました。

そして、抜群の成績と健闘に対して特別に与えられる委員賞（MVP）は大会新記録の猛打を発揮した東邦商業チームに贈られました。

委員賞の授与は5回目で、本来は個人表彰でしたが、選考委員全員一致で初めてチームに与えられました。5試合で総打数204、総安打73本、総得点59点（敵失による得点3）、チーム打率3割5分8厘は「前人未踏の大偉業であり、その快記録は永く大会史に印される」と絶賛されました。

優秀選手賞に選ばれた東邦ナインのうち、4年生（14回生）の松本は20歳で最年長でした。静岡県出身の松本は野球部史に寄せた回想記で、自分が「世にもまれな高年齢の中学生でした」と東邦入学までの経緯を紹介しています。

遅れてきた高年齢新人

父親の製糸業の破産で松本家の生活は苦境に陥り、松本の中学進学の夢は難しくなりました。3校もかわった小学校、高等小学校も休学を繰り返しました。浜松一中（現在の県立浜松北高校）を経て東邦商業に入学したのは17歳。普通なら同級生たちが中学校を卒業する年齢での入学でした。

しかし、松本は好きな野球をやれる充実感にあふれていました。2年生の時の第14回大会（1937年）から5年生の時の第17回大会（1940年）まで連続4年、選抜甲子園に出場し、優勝1回、準優勝1回、準決勝出場1回を体験しました。

初出場だった14回大会途中で松本は肩を痛めました。箸もとれない、顔も洗えないという重傷の肩で、涙を流しながら下手投げ一本槍で何とか準々決勝まで進出したものの、その後の野球人生に大きな影響を与えました。

松本は投手として生き抜くために超スローボールに活路を求め、キャッチャーに向かうだけでなく、ネットに、壁に向かって血のにじむ練習を続けました。優勝した第16回大会で東邦がチーム打率3割5分8厘という空前の記録を残し、チームとしてMVPを獲得したことについて、松本は回想記で、「自分のような投手がいたからではないか」と振り返っています。

「全力で投げられない主戦投手を抱えたわが東邦商業は、内外野の守備はもちろんですが、ただ打つ以外に勝つ方法はありません。野球は点取りゲームです。敵に取られる点数よりも取る点数が多ければ勝利は転がり込んできます。先手必勝で、いつも先攻でした。若き高木監督の大胆な作戦が功を奏し、弱投東邦の影は潜み、打撃を全面に押し出し、全国制覇を成し遂げた訳です」

オーバースロー、サイドスロー、アンダースロー。曲げる、落とす。変幻自在の超スローボールで全国制覇を成し遂げた松本でしたが、甲子園での自分の晴れ姿を家族に見てもらうことはできませんでした。赤貧のどん底にあった父、母、弟、妹を思い浮かべながら、松本は甲子園の浜で海に向かって号泣しました。

松本は東邦商業を卒業後、プロ野球がまだ職業野球と言われた阪神軍に入団。16試合に登板し4勝4敗を記録しましたが、翌年オフに退団。養子に入り木下姓となりました。戦後は1953年に名古屋ドラゴンズ（中日の前身）に入団しプロ復帰しましたが、主に代打で翌1954年オフに引退。瀬戸市で陶磁器製造業を営み2007年12月、同市内の病院で88歳の生涯を終えました。

新聞部指導教員はペンとカメラの二刀流

第16回大会は3月26日から9日間、20校が参加して開催され、愛知県からは第15回大会と同じく東邦商業と、前年、決勝戦で東邦を下しセンバツ初優勝の中京商業が出場しました。新聞部や写真部を指導した三宅貫一教諭は「東邦商業新聞」の甲子園特集号（1939年4月29日発行の99号）の発行に向けて5年生部員3人（13回生の平子喜久雄、西川良一、菅保）を「派遣記者」として引き連れて甲子園に乗り込みました。10ページの特集紙面で三宅は部員たちを指揮しながら自らも「従軍記」を書いていました。「刈田雷可」のペンネームです。カメラ好きな三宅が「借りたライカ」をもじったようです。三宅の書いた開会式の入場行進の記事です。（抜粋）

〈3月26日　いよいよ開幕の日だ。カメラ陣も張り切れ。筆陣も頑張れ。定刻、ラッパ鼓隊の先導で選手の入場だ。

選抜旗について「東邦商業」が現れる。拍手だ。歓呼だ。しかも厳粛な入場式だ。中京商石井主将の持つあの優勝旗も今年こそは我等のものだ。感激と興奮の中で、私も忙しい。ペンとカメラの二刀流だ。しかもその間に拍手の連続だ〉

決勝戦前日の4月2日夜半に名古屋から駆けつけた下出義雄校長が宿舎の若狭屋旅館に現れました。

〈4月3日　昨日の準決勝以来の雨空は、晴れの決勝戦を控えてもまだ判然とはしない。夜半来阪された校長先生が8時半頃合宿にいらっしゃる。「みんな元気か?」。誰もが「はい」と同様に答えられるほど張り切っている。準決勝にはご令息一同そろって応援に来られたが、今日は校長先生直々の声援とあっては、何條負けられるべきの気迫が選手の眉間にみなぎり渡っている。心配していた空模様も午前10時ごろからぼつぼつと明るくなってくる。一室に集合した選手らに、校長先生から事細かに、今日の試合方法、態度について御注意がある。12時、球場に向かふ〉

決勝戦を前に宿舎で選手たちに訓話する下出校長

決勝戦の相手は岐阜商業。7－2で9回裏岐阜商業の攻撃を迎えました。東邦の優勝はほぼ確実です。

〈瞬間、名古屋での喜びの有様が頭をかすめる。と、ファインダーを一心にのぞいている私の周囲から、どっと上がる歓声。「ウーウ」となるサイレンの響き。中島のサードゴロが一塁長尾のミットにおさまった瞬間だ。何たる感激。苦闘10日間、年々歳々の猛練習の結実の瞬間だ。5度揚がる東邦マーキュリーの校旗だ。脱帽、校旗を仰がれている校長先生の頬が高潮している。喜びの姿を早速スナップする〉

宿舎近くでキャッチボールを楽しむ部員たち

「東邦商業優勝アルバム」

センバツ高校野球の半世紀を振り返る『別冊1億人の昭和史・センバツ野球50年』（1978年、毎日新聞社）に、第16回大会で2回目の優勝に輝いた東邦商業の選手たちの表情をとらえた30枚の写真が掲載されていました。新聞部や写真部を指導した三宅教諭が撮影・製作した「東邦商業優勝アルバム」に収められていた写真です。

三宅は1936年6月8日に東邦商業に赴任。早稲田大学文学部英文科を卒業し、新聞記者志望だったこともあり新聞部の部長も引き受けていました。別冊では三宅が作ったアルバムを「軍国調が強まりつつあった当時の姿がうかがわれる」と紹介し、三宅の次のようなコメントも掲載されています。

〈優勝という千載一遇の好機会に恵まれながら、不馴れのカメラとそなわらない才幹とで記録致しましたこのささやかなアルバムを、専門的な見方からはお許しくださいまして、ほんの素人の絵空言とあらかじめ御含みの上で御覧願えましたならば幸せの至りで御座います。それにつきましても、この画帳を集録するに当たって、限りない御援助を下さいました校長先生を始めとし、松本同窓会幹事、鳥居野球部長、稲川久也氏、其の他の方々の御厚意を思いますとき、あまりにも私の力の足りなかった事を心からおわび致したいと存じます。昭和14年秋　三宅貫一〉

戦後、三宅は東邦商業を去り、三宅のその後の消息、優勝アルバムの存在を知る人も少なくなり、アルバムの原本は学園倉庫の中に埋もれたままになっていました。収められた写真は75枚。甲子園球場での熱戦の様子を写した写真、宿舎の旅館近くで、旅館の丹前姿でキャッチボールをする部員たちにレンズを向けた写真もありました。優勝後の大阪毎日新聞社に出向いてのあいさつ、凱旋した部員たちを名古屋駅で出迎える歓喜の市民、校主の下出民義と校長の下出義雄。校庭での優勝報告会など、カメラは様々なアングルで追いかけています。

選手宅にも眠っていたセピア色のアルバム

「東邦商業優勝アルバム」は第16回大会に出場した選手宅にも眠っていました。選手は外野手で5番打者として活躍した久野欽平です。久野は前年春の第15回大会でもエースとして5試合を投げ抜き、決勝戦では中京商業に0－1で敗れました。久野は15回、16回大会とも優秀選手賞に選ばれています。日本大学を経て、戦後は社会人野球の愛知産業で9年プレーをした後、生まれ育った愛知県大府市で少年野球の指導を続けながら市会議員も務め、1990年に71歳で亡くなっていました。アルバムは甲子園で優秀選手賞として贈られた2つのブロンズ像など数多くの栄光の記念品や思い出の品々とともに保管されていました。長男で、元大府市職員の雅史さんが父親の思い出を語りながら、アルバムを見せてくれました。

　アルバムの15ページ分に105枚の写真がのり付けされていました。タイトルも写真説明も一切ありません。三宅教諭から贈られた焼き増しした写真をそのまま貼り付けたものと見られます。撮影時から80年近い歳月を経たモノクロ写真。現像液の寿命とともに画像が消え入りそうな写真もあれば、セピア色に変色しかけている写真もありました。

100枚を超す写真が収められたアルバム

3回目の甲子園優勝

東邦商業は１９４１年春の第18回全国選抜中等学校野球大会で3回目の優勝に輝きました。初出場で初優勝した１９３４年の第11回大会での入場行進曲は、新たに制定された大会歌「陽は舞いおどる甲子園、若人よ雄々しかれ――」でした。2回目の優勝に輝いた１９３９年の第16回大会の入場行進曲は「大陸行進曲」、3回目優勝となった第18回大会は「国民進軍歌」が入場行進曲でした。日中戦争の拡大に加え、太平洋戦争に突入しようという緊迫が高まる中での開催でした。

第18回大会開会式は戦没将兵の英霊への黙とう、宮城遥拝の式次第で進められました。スタンドには国民服姿が目立ちました。選手たちのユニホームも新品ではなく、「欲しがりません勝つまでは」を地でいく大会でした。第18回大会は16校が参加して3月23日から28日まで開催されました。愛知県から選ばれたのは東邦商と一宮中学校（現在の県立一宮高校）です。東邦は1回戦、2回戦で和歌山県の海草中学、海南中学を、準決勝では熊本工を破り決勝進出を決めました。

決勝戦で対戦したのは一宮中学でした。東邦の打撃は初回から爆発して2回を終わって5－0。一宮は3回裏、東邦の玉置（後に安居に改姓）玉一投手から選んだ2四球を足掛かりに2点を返しましたが及びませんでした。東邦商業の選抜出場は8回目で優勝回数は3回となり、第17回大会で優勝した岐阜商業の3回優勝に並びました。

5年生最後の春の甲子園に7番右翼手として出場した曽波久男（15回生）は3年生の時から甲子園の土を踏み14回の勝利を体験しました。野球部史に寄せた回想記「思い出あれこれ」の中で、曽波は、「春の選抜大会で昭和14、15、16年と3回、夏の選手権大会で昭和14、15年の2回、計5回甲子園に出場し、春12回、夏2回の計14回、東邦の校歌を聞いた。これは思い出というよりむしろ誇りに思っています」と振り返っています。東邦野球の黄金時代を象徴する14回の校歌斉唱でした。

躍動する時代の光と影

春爛漫の1938年入学式

野球部が甲子園への連続出場を続けた1934年〜1941年は、志願者数も順調に増え、野球部以外の運動部や吹奏楽部の全国舞台での活躍も相次ぎました。東邦商業の躍動の時代でもありました。

「東邦商業新聞」90号（1938年4月23日）は1面トップ記事として入学式の様子を、「選ばれし本年度1年生270名入学　春爛漫の4月1日」の見出しで伝えています。記事も「東邦の名は既に全国的となり、その中京に於ける私学の雄として自他共に許す本校は、1000名に近い志願者が殺到したが、その中から選ばれた諸君のみが入学を許された」と誇らしげです。

文部省によると、この当時、尋常小学校卒業生のうち、中等教育機関（旧制中学校、高等女学校、実業学校、師範学校）への進学率は1935年で18・3%、1940年でも25・0%しかありませんでした。16回生を迎えた1938年入学式訓示で下出義雄校長は、「皆様のお友だちの中には、実務につき、或いは商店、会社、工場へ、或いは高等小学に進まれた方もありましょう。此処に集まられたる諸君は父兄の熱心な助力によりまして、上級学校へ進み得る幸福を得られました。上級学校に進みたいと思っても誰にでもできることではなく、諸君はかなり難しい難関を突破せられ、東邦商業学校の生徒としての第一歩を踏み出されたのです」と入学生たちを祝福しています。

強まる戦時色

学園が躍動する一方で、1937年7月7日には、長い日中戦争が始まるきっかけとなった盧溝橋事件が勃発し、学園にも戦争の影が急速に広がっていきました。東邦学園50年史に収められている「学校年表」などの1937年、1938年を見ても〝影〟の広がりが目立ちます。

1937年

4月28日　下出義雄校長、遣外経済使節として欧米訪問に出発
7月7日　日中戦争（支那事変）起こる
8月24日　国民精神総動員運動始まる。8月現在で在校生父兄57人が戦時動員（4・3％）
9月　八事運動場竣工。非常時局緊張週間の実施決定。登下校にゲートル着用
　29日　下出校長が講堂で生徒に帰国報告で訓示
10月　教職員5人が戦時動員
11月　卒業生51人が戦時動員（卒業生の4・4％）、卒業生6人戦死
12月12日　南京陥落祝賀行進。15日　軍用飛行機献納運動に参加

1938年

2月11日　熱田神宮へ参拝行進
4月1日　国家総動員法公布
6月9日　学徒集団勤労作業に関して通達
7月26日　勤労奉仕作業始まる（八事）
10月5日　浅井外吉教諭（体育）戦死。11月14日に追悼運動会

・修学旅行中止に

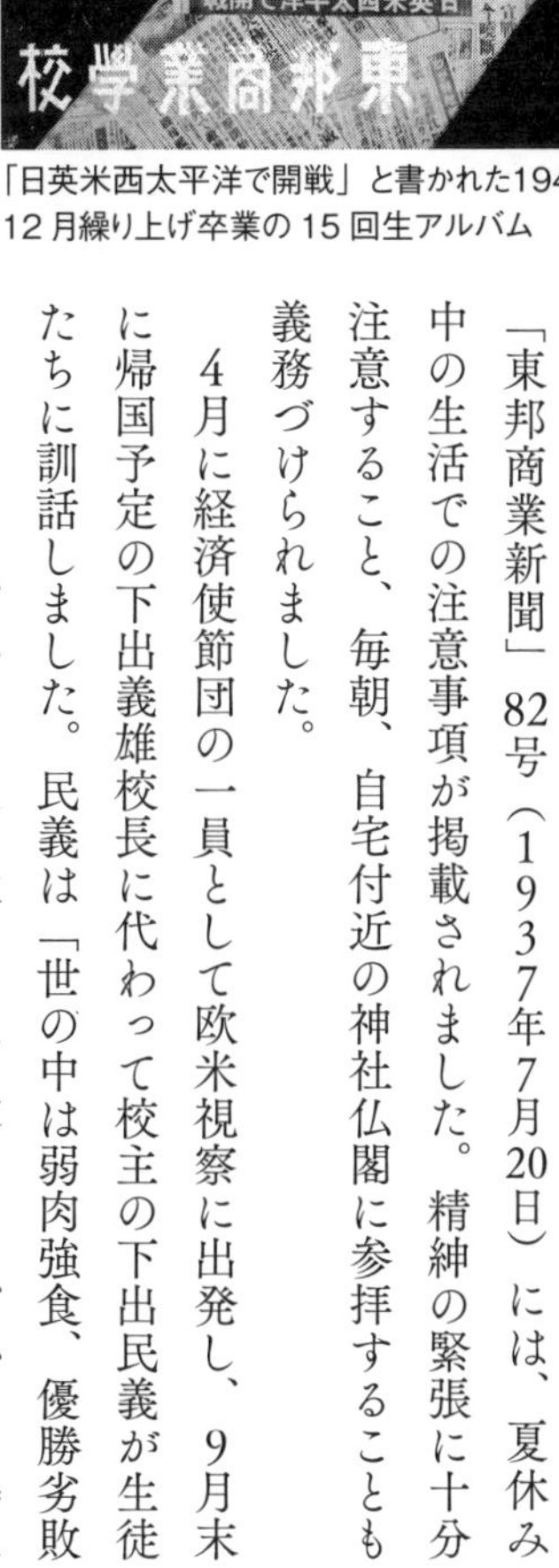

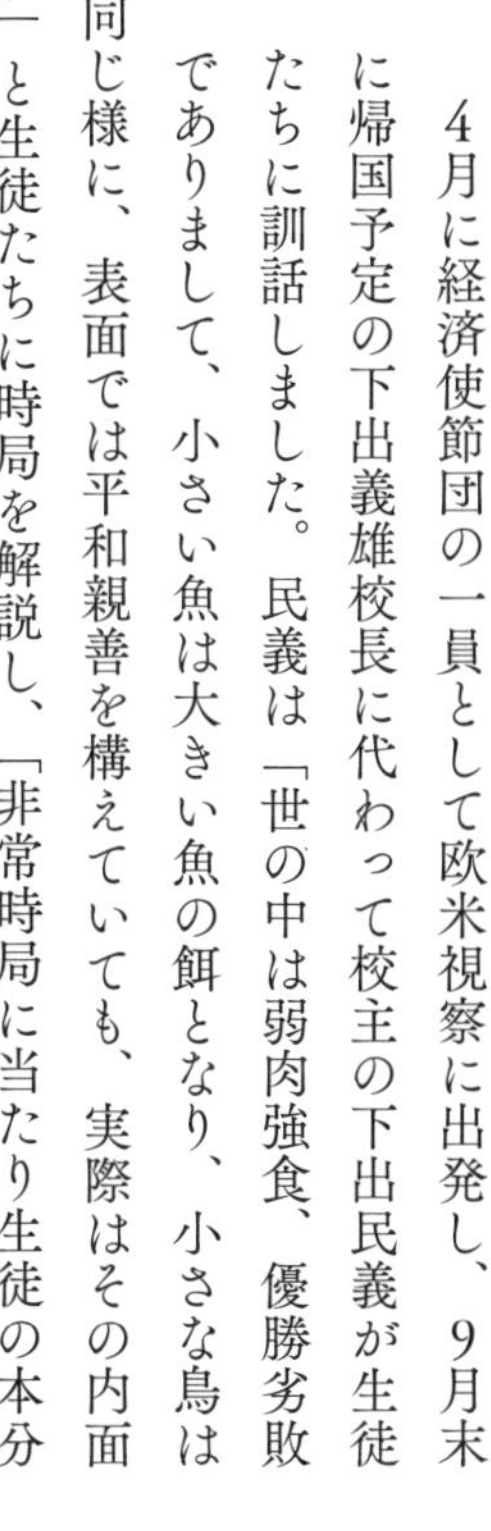

「日英米西太平洋で開戦」と書かれた1941年12月繰り上げ卒業の15回生アルバム

校主も非常時局で訓示

「東邦商業新聞」82号（1937年7月20日）には、夏休み中の生活での注意事項が掲載されました。精神の緊張に十分注意すること、毎朝、自宅付近の神社仏閣に参拝することも義務づけられました。

4月に経済使節団の一員として欧米視察に出発し、9月末に帰国予定の下出義雄校長に代わって校主の下出民義が生徒たちに訓話しました。民義は「世の中は弱肉強食、優勝劣敗でありまして、小さい魚は大きい魚の餌となり、小さな鳥は大きな鳥のとらえるところとなる。列国に於いても同じ様に、表面では平和親善を構えていても、実際はその内面においては互いに睨みあい争っているのであります」と生徒たちに時局を解説し、「非常時局に当たり生徒の本分を守れ」と訴えました。

同じ84号の3面では卒業生3人の戦死が伝えられました。4回生（1931年3月卒）の宮入正夫さん、6回生（1933年3月卒）の山田彦蔵さん、橋本勝治さんです。

17歳で卒業なら宮入さんは23歳、山田、橋本さん21歳。宮入さんの父は訪れた新聞部の記者に、「もともと戦死は覚悟の上。宮入家にとってもこれほど名誉なことはありません」と語っています。剣道部だった山田さんの家族も、「軍人として本懐です。出征の時、母親に貯金通帳を渡したがそれが形見になりました」と語りました。橋本さんは日本陶器勤務を経ての出征で、「両親はおらず、思い残すことはないから、お国のために精一杯やってきます」と健気に言い残していたと言います。

紙面は卒業生4人の「名誉の戦傷」も伝えています。5回生（1932年卒）の大矢信平、6回生の水野栄一、高橋新三、丹羽幸雄、4回生の加藤正二の皆さんです。高橋さんは野球部創部（1930年）当時のマネジャーでした。

下出校長の欧米視察

校長の下出義雄は1937年4月28日、商工業界を代表した日本経済使節団の一員として欧米旅行に出発しました。アメリカで各企業を訪問見学し、ドイツでの国際商業会議所会議に出席するのが主要任務でした。ドイツでの会議に出席後、ヨーロッパ諸国を歴訪して9月5日に帰国しました。日中戦争勃発は訪欧中のことでした。義雄は、帰国後まもなく母校講堂での帰国歓迎式に臨み、欧州滞在中に知らされた日中戦争の勃発について、戦争が長期にわたるであろうとの見通しを述べました。その内容は「東邦商業新聞」85号（10月30日）に「欧米より帰りて」として掲載されました。その署名記事の締めくくりの部分の要旨です。

〈遠く外国にいて事変を聞くのと、今、名古屋に於いて聞くのは全く異なっています。外国の新聞では支那軍が絶対優勢で連戦連勝し、日本軍が敗退していると記し、将来の情勢は計り知れないような記事が記載してありましたので、吾々も日本に帰ったら大いに腹帯を締めて、大いに努力せねばならぬと覚悟してきたのですが、神戸に着くと日本の空気は意外に冷静でしたので驚きました。

事変は日本軍が有力で、支那軍がさんざんと知りましたので大いに安心しました。しかし、それでも吾々は安心してはおられません。この事変が片付いたとしても戦いは1年、2年ではすみません。或いは5年6年と長引き、遂には10年も続くようになるかも知れません。近代戦は長期にわたるのであり、私は日清、日露の戦いよりも長く続くと思います。故に、吾々は腰をすえてしっかりしなければなりません。ヨーロッパ戦争に於けるが如く、現在、

中等学校の1、2年生が、壮丁として銃を取らねばならぬほど続くかも知れないと決心しなければなりません〉

義雄は、日本の「暴支膺懲」の戦いを支持し、「祖先の行わなかったより重大なる、より有意義なることをなしつつある」とも強調しました。

国防競技の記憶

1937年入学の15回生で、名古屋市北区、桶槽工業株式会社会長の稲垣鍵一さんは1年生だった当時の下出校長の帰国報告についての記憶はありませんでした。ただ、下出校長の帰国を祝う歌が作られ、歌ったことは覚えていました。稲垣さんの記憶の中では2年生以降、一段と強まった戦時色の中で、運動部の活動が国防競技中心となっていった思い出が鮮明に残っていました。

運動競技に代わって行われた国防競技
（稲垣さんの卒業アルバム）

4年生だった1940年には、第1回愛知県中等学校国防競技大会が開かれ、東邦商業は総合優勝を果たしました。5年生の時には静岡市の草薙運動場で東海大会が開かれ、稲垣さんも東邦の代表選手の1人として出場。手榴弾投げ競技、土嚢運搬、障害物競技、そりによる土嚢運搬、長距離マラソンでの合計点を競いました。「最後の全員銃を担いでの長距離走で、私はゲートルを強く巻きすぎて倒れ、私のせいで優勝を逃しました」と、稲垣さんは苦笑まじりに語ってくれました。

稲垣さんの同級生で、やはり名古屋市北区に住む水谷勝さんはラグビー部で、1年生の時に出来た広い八事グラウンドで、野球部と隣り合わせでラグ

廢刊之辭

編輯部

光輝ある東邦商業新聞も、本號を以て廢刊することになつた。回顧すれば、昭和二年五月創刊以來滿十四年半、發行の回を重ねること百十一回――東邦新聞が創刊になつてから生れた子供が、一年二年生の大部分であることを想へばいま感慨新なるものがある。

だが、世紀は回轉しつゝある。常に一は二に、二は三に發展しつゝあるのだ。古きのみが尊くはない。中等學校間唯一の存在を誇つてゐた東邦新聞ではあるが、時代の向ふ方向、國家の要求する方向に協力するのが、國民の當然の務めだ。皇民である誇りだ。さゝやかながらも、東邦新聞廢刊に依つて節約された用紙が、幾分でも新東亞建設の助けとなることになれば我等の幸はこれに過ぐるものなく、又、斯くすることに依つて、却つて諸君の時代認識が深まれば、いよ／＼幸である。

斯樣な方角に向つてこそ、始めて、「發展的解消」が有意味に成立し、諸君も亦皇民であることを誇り得るのだ。

十五年の歴史に終止符を打つ

第111号に掲載された「廃刊の辞」

ビーの練習に励みました。野球部では1学年下の14回生で、稲垣さんや水谷さんが3年生を迎える時の春の甲子園優勝投手である松本（後に木下と改姓）貞一、5年生を迎える時のやはり甲子園優勝投手だった16回生の玉置（後に安居と改姓）玉一のことは水谷さんの記憶にははっきり残っていました。「松本は名前が変わったが、亡くなったのはまだ最近（2007年）だよ」と懐かしそうでした。水谷さんは戦後、中警察署などで33年間、警察官としての人生を送りました。

「東邦商業新聞」の廃刊

硬式野球部の活躍は、創部当時から、「東邦商業新聞」によって詳しく伝えられてきました。しかし、3回目の優勝が決まる前年の1940年10月、「東邦商業新聞」は廃刊に追い込まれました。

「東邦商業新聞」は、硬式野球部の創部3年前の1927年5月に創刊され、全国の中等学校でも他に例を見ない活発な新聞発行を続けました。野球部、剣道部や吹奏楽部などの全国レベルでの活躍を始め、戦局が緊迫する中での学園の様子を紙面に刻み続けました。しかし、1938年、国家総動員法が制定され、1940年5月には内閣に新聞雑誌用紙統制委員会が設置され、用紙配給が制限されるようになりました。「東邦商業新聞」もまた、「貴重な紙が皇国のために役立つなら」と同年10月26日の111号に「廃刊の辞」を掲載、15年近い歴史に幕を下ろしたのです。

「中等学校間唯一の存在を誇っていた東邦新聞ではあるが、時代の向かう方向、国家の要求する方向に協力するのが、国民の当然の務めだ。皇民である誇りだ。ささやかながらも東邦新聞廃刊に依って節約された用紙が、幾分でも新東亜建設の助けとなることになれば、又、かくすることに依って却って諸君の時代認識が深まればいよいよ幸いである」「15年の歴史に終止符を打つ言葉としては簡単すぎるかも知れないが、諸君の一層の自重を祈って廃刊の辞とする次第である」

「東邦商業新聞」に代わって、第18回選抜中等学校野球大会での東邦3度目の全国制覇を伝えたのは「東邦商業学校校報」（1941年7月12日発行）でした。8ページ編集の「校報」では4ページ（3面〜6面）で甲子園の詳報がまとめられています。編集発行人は三宅貫一です。同じ紙面には、「東邦商業学校報国団規則」が掲載され、硬式野球部は「鍛錬部野球班」に、新聞部は「学芸部校報班」となるなど、部活動が「報国団」活動に組み込まれた記事が掲載されています。

第16回選抜中等学校野球大会での三宅教諭（1939年）

学校を去る教師たち

三宅の長女である水野綾子さんによると、三宅は1944年3月、商業学校不要論の高まりの中で、東邦商業も工業学校に移行することになったため東邦商業を退職、下出義雄が社長であった大同製鋼に勤務しました。三宅のように、東邦商業を去る教師は他にもいました。

三宅は戦後、父親を亡くした母親の面倒を見るため郷里である中津川に戻り、県立高校の教壇に立ちました。三宅が岩村高校（現在の恵那南高校）の教頭だったころは綾子さんも同校生徒でした。寡黙な三宅でしたが、女生徒たちは「金色夜叉」の間貫一を連想したのでしょう、「貫一お宮の色男」と人気があったそうです。

教員生活を終えた三宅は、地元住民から推されて中津川市議も務めました。綾子さんは三宅から、「自分は新聞記者になるのが夢だった」と聞かされていました。カメラも好きで、野球場のグラウンドにカメラを向けている三宅が写っている写真も長く自宅に残っていたそうです。

東邦商業時代、三宅は1938年には、関わっていた美術部の中に写真班をつくり、後の写真部として育てました。アマチュアカメラ誌への投稿も続けました。新聞記者として活躍する夢を果たせなかった分、三宅は夢に向かって羽ばたこうとする生徒たちを全力で応援していました。三宅は1992年3月15日、83歳の生涯を終えました。

予科練志願の夏

上級学校への進学に制限

国家総動員法（1938年）、国民徴用令（1939年）に続いて、東邦商業が甲子園で3回目の全国制覇を果たした1941年には、10月16日、実業学校の修業年限短縮の文部省令が出されました。大学、高校、専門学校等とともに修業年限が短縮され、1942年3月卒業予定の5年生の卒業が3か月早い1941年12月に繰り上がったのです。同じ中等学校でも中学校はこの時点では短縮の対象にはなりませんでした。当時、東邦商業5年生だったのは稲垣鍵一さん（元東邦会会長）、元東邦高校校長の浅井（旧姓林）静男ら15回生です。

実業学校は逆風にさらされていました。1940年12月9日に出された文部省実業局長通牒によって上級学校への進学が、学校長の推薦を受けた卒業生約1割に抑え込まれることになり、「生産に寄与しない」と商業学校不要論も起こっていました。

文部省の決定は、甲子園で活躍した野球部選手たちを受け入れていた私立大学にも衝撃を与えました。「法政大学新聞」(1941年1月5日)は、1940年12月9日の文部省発表について、「実業学校へ制限令」と題する記事を掲載し、進学制限が私立大学に与える影響の大きさを指摘しました。

記事は「実業学校の卒業生中、少しの期間でも学問をしようという学問的欲求から上級学校へ進学する者が近年、非常な勢いで増加している。その反面、産業界では生産の拡充等で人手不足、高度の技術者の不足を来たし、斯界の技術者の需要が急激に叫ばれている矛盾を緩和せんとする策に出たものである」と分析。そのうえで、「この新制度の実施の暁には運動選手の華々しい引き抜き合戦は過去の夢となって流れ去るわけである」と学生記者の立場から分析しています。

国防部滑空班で訓練する生徒たち(15回生アルバム)

さらに記事は、「新制度で最も打撃を蒙るのは私立経営の大学であろう」と指摘。「文部省当局の通達に対し、学校当局としては、文部省に協力し善処しようと思っております」という大学側の見解で締めくくられています。

東邦野球部史には、1940年12月25日「新愛知」(現在の中日新聞)に掲載された記事として、東邦商業野球部出身者によって結成されたチーム「東邦倶楽部」のメンバーが掲載されています。甲子園で活躍した部員たちの多くが東京の私立大学に進学していることが分かります。

▽投手　立谷(専修)、久野(日大)▽捕手　渡辺(日大)、神戸(中大)▽一塁手　村上(法政)、長尾(慶應)▽二塁手　服部(法政)▽三塁手　安井(日大)、前島(中大)▽遊撃手　池田(法政)▽左翼手　長坂(法政)▽中堅手　伊藤(中

大）▽右翼手　熊谷（中大）、後藤（法政）

愛国志願の連鎖

１９４３年、全国の中等学校には、足りない飛行兵を補うために甲種飛行予科練習生（予科練）など志願兵依頼の圧力が強まっていました。7月5日、愛知一中では、校長や配属将校たちに煽られるように、熱くなった生徒５６０余人がこぞって予科練に志願するという事態が起きました。

新聞には「愛知一中の快挙　全4、5年生空へ志願」などの記事が掲載されました。熱病が感染するように岡崎中学校でも7月6日朝、総決起大会が開かれ3年生以上の５６６人が志願。そして「愛国の志願」は、明倫、東海、中京、東邦などにも広がりました。

5年生だった17回生の後藤重三郎さん（東京都杉並区）は、「私たちのE組は進学クラスでしたが、愛知一中のニュースが新聞に大きく載った日の休み時間、〝俺たちもやろう〟と一人が言い出したら、あっという間にクラス全員が賛成した。これをきっかけに5年生の他のクラスや4年生、3年生たちからも志願者が続出していきました」と語ります。

後藤さんと同級生だった加藤久雄さん（名古屋市千種区）も、「進学クラスの生徒たちは〝上級学校への進学など非国民だ〟みたいなことも言われ、〝そんなことを言われるなら予科練に行こうではないか〟とE組全体が予科練志願になびいていった」と振り返りました。

生徒たちの背中を押すべきかどうか、親や教師たちは揺れました。志願を貫こうとする者と取り止める者との間で溝が広がっていき、重苦しい時が流れていきました。学園50年史に収録されている「陸海軍への志願」での１９４３年11月13日報告によると、東邦商業の在籍生徒数１３４２人で、3年生以上は７７６人。甲種飛行兵受検有資格者502人のうち受検者は107人、合格者は33人でした。

説得した教師

父親を早くに亡くし、母子家庭で育った後藤さんは、母親の猛反対にあいました。父親代わりだった伯父にも叱り飛ばされました。「学校の仲間たちみんなとの約束だから」と言っても全く聞き入れられず、志願に必要だった判は母親によって隠されてしまいました。相談した担任の酒井佐一教諭からは、「お国のために役立つ方法はいくらでもある。思い直した生徒もかなりいるぞ」と説得されました。「一緒に志願した仲間を裏切ることになる」という後ろめたさを感じながら、後藤さんは志願を断念せざるを得ませんでした。

加藤さんも酒井教諭から「加藤、お前は目が悪い。受かれせん。やめとけ」と一蹴されました。「酒井先生はアメリカでの留学経験があり、あの戦争で日本が勝てるなんて思っていなかったのでしょう。直接的な言葉には出しませんでしたが、言葉の節々にそういう思いがにじみ出ていました」と加藤さんは語ります。

気象技術官養成所へ

17回生たちは1943年12月に繰り上げ卒業しました。加藤さんは上級学校への進学が制限される中、中央気象台付属気象技術官養成所（現在の気象大学校）への進学を果たしました。加藤さんが東邦商業に入学したのは1939年。「学校は中等教育で十分」という父親の方針で、3歳上の兄も工業学校で建築を学んでいました。ところが、学年が進むにつれて、「中等学校卒だけでは不十分」という風潮に変わっていき、上級学校への進学志向が高まりました。

加藤さんは、やっと父親に折れてもらい、名古屋高等商業学校（名古屋大学経済学部の前身）への進学を決めました。東邦商業で成績がトップだと名高商には無試験で進学でき、記憶力のよかった加藤さんはずっと首席でした。しかし、卒業を前にした1943年10月に閣議決定された「教育に関する戦時非常措置方策」によって、文科系学生の徴兵猶予が停止され、名高商に進学してもすぐに徴兵されることになりました。

父親がすでに高齢だった加藤さんは、お金のかからない学校を探しました。見つかったのが東京の中央気象台付属気象技術官養成所でした。倍率は20倍近くもありました。しかし、入学すれば気象台幹部候補生として準公務員となり、徴兵も延期されます。加藤さんは、兄が使っていた工業学校の教科書を使って必死に受験勉強に打ち込み、難関を突破しました。

電波技術員養成所へ

後藤さんも進路を180度変えて工業系の学校を必死に探しました。義務教育が小学校6年間だけだった後藤さんらの世代では、中等学校への進学率は20%ちょっとしかありませんでした。貧しい母子家庭でしたが、小学校の恩師は「これからの時代は高い教育が大切。商業学校や工業学校ではなく中学校に進学させなさい」と母親を説得してくれました。しかし、商人だった亡父のあとを継がせたかった母親は頑として譲らず、後藤さんは東邦商業に入学。そして、戦局が緊迫する中で、母親は、息子を戦争に取られたくない一心で工業系専門学校への進学を認めてくれました。

すでに商業学校には進学制限令が実施されており、進学は1割以内しか認められなくなっていました。数学や理科の教科書や参考書も自由に買えない中での受験準備でした。後藤さんは新設された旧制の愛知県立工業専門学校(現在の名古屋工業大学)を受験。しかし、学科試験は通ったものの面接と身体検査の2次試験で不合格となりました。「面接では、〝どうして商業学校生が受験するのか。徴兵逃れだろう〟みたいなことを言われました」と後藤さんは振り返ります。

後藤さんも授業料不要の学校を探して、東京の電波技術員養成所（東海大学の前身）に入所し、1年学びました。電気通信の下級技術者として就職しようと思っていた矢先、召集され、陸軍兵士として従軍しました。戦後、東京の理科系の専門学校に再入学して数学教員の資格を取得、東京の中学校で教員生活を送りました。

「夢奪われた妻が不憫」

加藤さんは気象技術官養成所2年生の夏、現場実習として配属されていた名古屋気象台で終戦を迎えました。8月15日の玉音放送は、気象台の庭で40人近い職員たちと一緒に並んで聞きました。雑音ばかりでよく聞き取れませんでしたが、台長はすでに敗戦を知らされていたようで落ち着いていていました。

3年制の養成所を卒業した加藤さんは気象庁の職員となり、1947年に養成所が気象大学校に昇格したのを機に学生として再入学。卒業後は気象庁に勤務し、最後は気象大学校教員として学生課長も勤めました。60歳で定年退職後は名古屋に戻り、名城大学で5年間非常勤講師を務め、理工学部で球面三角形の講義もしました。

加藤さんは、東邦商業での学校生活を「大変な時代だった。教練では理不尽に殴りつける教官もいたが気象技術官養成所ではそういう教官はいなかった。でも東邦はいい学校でした。自分は新聞部でも活動したし、いろんな体験ができた」と振り返りました。そして、3年前（2014年）に他界した1歳年下の妻久子さんについて、寂しそうに語りました。

「女房は名一（名古屋市立第一高等女学校。現在の菊里高校）を出ているのに、軍事工場に動員され、爆弾づくりばかりさせられていて、全然勉強をする時間がなかった。文学で有名な話とかでも全然知らず、本当にかわいそうだった。それに比べれば私らはまだ勉強ができていた」。わずか1学年の差だけで、高等女学校生としての夢や学ぶ機会の大半を奪われた久子さんが心底不憫そうでした。

吹奏楽日本一から軍楽隊へ

東邦吹奏楽にあこがれて

東邦の吹奏楽にあこがれた稲垣信哉さん（名古屋市千種区）が18回生として東邦商業学校に入学したのは1940年4月でした。東邦商業は東海吹奏楽コンクールで毎年優勝していました。稲垣さんが音楽部に新入部員として加わった年である1940年11月の第1回大日本吹奏楽コンクールで東邦商業は惜しくも2位で優勝を逃しました。

吹奏楽を指導していたのは神納（じんのう）照美教諭でした。神納教諭は軍楽隊養成校でもある陸軍戸山学校出身。名古屋市役所勤務を経て東邦商業に迎えられると、東邦健児団（ボーイスカウト）の中に音楽部の前身である音楽隊を結成し全国有数の実力バンドに育てあげました。

稲垣さんが東邦商業の吹奏楽にあこがれたのも、明倫小学校6年生の時、神納教諭に鍛えられた東邦音楽隊が、出征兵士たちの先頭に立ち、力強く演奏しながら桜通を行進する雄姿に魅せられたからでした。

稲垣さんが2年生となった1941年11月、音楽部は前年の雪辱を果たし、名古屋市で開催された第2回大日本吹奏楽コンクールで優勝を飾りました。音楽部はこの年から「東邦商業学校報国団学芸部音楽班」に名称を変えていました。野球部が「鍛錬部野球班」となったように部活動も戦時色が一段と強まっていました。

「東邦商業学校校報」第4号（1941年12月24日）に「報国団記録」として「音楽班の全国制覇」という記事が掲載されていました。

〈大日本吹奏楽連盟、朝日新聞社共同主催の「第2回全国吹奏楽大行進大競演会」に本校音楽班は堂々東海予選に群雄を退け、去年惜敗した恨みを晴らさんと、新嘗祭の23日、勇躍これに参加しました。（略）実にその間、一日として休む時もなく、朝早くから朝礼前まで、又、授業後夕方遅くまで熱心に練習された賜だと思います〉

甲子園応援へ

稲垣さんの記憶では音楽部が全国優勝に輝いた１９４１年当時の部員は30～35人。第2回大日本吹奏楽コンクールでは、鶴舞公園から栄町を経て広小路通を市中行進し、その後、舞台演奏を競いました。沿道を埋め尽くした数万の名古屋市民からは、地元ということもあって、東邦商業の行進に万雷の拍手が送られました。

行進する東邦商業音楽部（1941年12月卒業アルバム）

稲垣さんはユーフォニュームを担当していました。この当時の音楽部の行進風景の写真が、１９４１年12月に繰り上げ卒業した15回生の卒業アルバムに掲載されていました。学生帽、学生服にゲートル姿ですが、年齢差に幅があるせいか、身長や体格の差も目立ちます。

１９４１年春、甲子園球場では戦前最後の大会となった第18回選抜中等学校野球大会が開催され、東邦商業は3度目の優勝に輝きました。全国でもトップ級の演奏力を誇った東邦商業音楽部も応援に繰り出しました。

「僕が入学した年（１９４０年）は準決勝進出だったが、翌年の大会には音楽部も応援に行きました。野球部員とも仲はよかった。甲子園出場校で吹奏楽応援が行われたのは東邦が最初ではなかったかな。多分そうです。30人くらいは行ったと思います。今のようなバトンやチアガールと一緒になっての華やかなものではなく、校歌や応援歌を演奏するだけでした」。稲垣さんは遠い記憶をたどりながら語ってくれました。

陸軍戸山学校軍楽隊

稲垣さんが3年生だった1942年6月、各中等学校長のもとには名古屋地方海軍人事部長から、「甲種飛行予科練習生奨励に関する依頼」の書簡が届きました。青少年たちに軍人志願を求める動きは陸軍でも活発化し、学園50年史には、東邦商業からも陸軍士官学校、陸軍幼年学校、陸軍戦車学校、陸軍戸山学校等への志願者・入学者があったことが記されています。

稲垣さんも3年生の終わり、陸軍戸山学校に軍楽隊として入学しました。この当時、生徒向けに発行されていた『音楽家になるには』(職業指導研究会編、東京三友社発行)という本では軍楽隊について次のように説明されています。

「軍楽隊は軍人の士気を鼓舞し、軍人精神の涵養を計るために設けられたものであって、之は全く金がかからないので、然もある見習い期間が経つと相当の手当てを支給されながら音楽の修業をすることができます。但し、非常な健康体でなければ駄目です」「管楽器を吹くに適応した色々の条件が備わっていなければ採用されません」「軍楽隊は音楽家と言うより、むしろ帝国軍人であるとの念を忘れてはいけません」

東京市牛込区(現在の新宿区)にあった陸軍戸山学校軍楽隊は、被服、食料、手当が支給され、修学期間は1年。卒業後は陸軍楽手補となり、5年間の服務が義務づけられました。

「戦争鼓舞の学校でしたが、一つの音楽学校であり、上野の音楽学校(現在の東京藝術大学の前身である東京音楽学校)からは芥川也寸志も移ってきました」と稲垣さんが語るように、戸山学校には音楽を続けたいという若者たちが集まっていました。

広島の閃光

稲垣さんは1944年、出来たばかりの広島の軍楽隊に配属されました。30～35人の編成で、広島に半年ほど滞在しましたが、原爆が投下された1945年8月6日の直前、出張で岡山県内にいました。

その〝運命の日〟の朝、稲垣さんは広島の方角が光ったのを鮮明に覚えています。「本当は広島にいなければいけなかったのに、たまたま岡山県に来ていたことで救われました」。稲垣さんは、〝運命の日〟を生き延びることができた経緯を静かに語ってくれました。

ユーフォニュームを手に語った稲垣さん
(名古屋市千種区希望ケ丘の自宅で)

稲垣さんら軍楽隊はその後、陸軍第11師団が置かれ、四国最大の軍都でもあった香川県善通寺市に移動し、終戦を迎えました。隊は広島には戻ることもできずに東京に帰り、解散となりました。

しかし、終戦とともに終わるとばかり思っていた吹奏楽活動には続きがありました。軍楽隊の仲間たちは全国に散りましたが、稲垣さんら50人近くに「禁衛府（きんえいふ）」という、宮内省に置かれた皇宮警察の前身組織に加わるよう召集がかかりました。終戦直後、陸軍軍楽隊（陸軍戸山学校軍楽隊）は禁衛府皇宮衛士総隊奏楽隊となったのです。「昭和20年9月11日」の「官報」（第5600号）には、禁衛府編成規定により、第一皇宮衛士隊に特別儀仗隊、第二皇宮衛士隊に奏楽隊が置かれたことが掲載されていました。

東邦吹奏楽の復活

「Imperial Police Guard」と訳された禁衛府が存在したのは1945年9月10日から1946年3月31日までの半年余でした。終戦直後、あわただしく「軍楽隊」から「奏楽隊」に名前を変えての「音楽活動」を体験した稲垣さんは1948年、新制高校として再出発したばかりの母校東邦高校（東区赤萩町）に教員として戻りました。

稲垣さんは音楽部の再建に奔走しました。楽器はほとんどが焼失しており、残った楽器は大太鼓、コントラバスなど大型の楽器7個でしたが、他校から借用した楽器を合わせて何とかバンドを編成し、活動を再開しました。戦前は全国大会優勝2回という伝統に加え、名古屋で唯一の吹奏楽団ということもあって、東邦高校音楽部には公的行事への出演依頼が相次ぎました。

散り散りになった戸山学校時代の仲間との再会もありました。東邦高校生徒会誌「東邦」2号（1960年3月）に音楽部長として稲垣さんが寄せた「本校音楽部の10年間の回顧」によると、1950年ごろには、愛知県警音楽隊の前身である名古屋市警察音楽隊隊長に、戸山学校先輩の佐々木千万亀氏が就任。瑞穂グラウンドで開催された第5回国民体育大会では天皇・皇后両陛下をお迎えしての開会式で、東邦高校バンドは名古屋市警察音楽隊等との100人を超す大編成バンドで演奏を行いました。

1951年からは全日本吹奏楽コンクールも開催され、全国大会の会場では、教員として生徒たちを引率してきた戸山学校時代の同期生たちの再会も相次ぎました。「おう、お前の所も来ているのかという感じでうれしかったですよ」。稲垣さんは懐かしそうに振り返りました。

稲垣さんは母校の音楽部を全国屈指の吹奏楽部に育てあげるとともに1954年には東海吹奏楽連盟理事に就任、その後も長い間、愛知県や全国の吹奏楽連盟の組織作りや活動の推進に尽力しました。

最後の東邦商業学校生

21回生の入学

東邦商業学校最後の卒業生となったのは1943年4月に入学した21回生です。勤労動員に明け暮れ、戦火を生き延びて卒業を迎えたのは戦後の1948年3月でした。201人の卒業生名簿（五十音順）の最後に名前があった鰐淵（わにぶち）幸彦さん（名古屋市昭和区）に、東邦商業時代の5年間を振り返ってもらいました。

鰐淵さんは葵国民学校（現在、名古屋市東区にある葵小学校）出身。父親の勧めもあり、建築関係の仕事をしたくて県立の工業学校をめざしましたが受験に失敗し、自宅からも近かった東邦商業に入学しました。東邦商業は、幼い時から運動会や学園祭、仮装行列などを身近に見てきた親しみのある学校でした。

入学した1943年には甲種飛行予科練習生（予科練）志願が全国の中等学校に呼びかけられました。愛知一中の生徒560人余がこぞって志願し、東邦商業でも5年生たちの間に志願の動きが広がるなど騒然としました。それでも鰐淵さんたちはこの年は、まだ勤労動員に駆り立てられることはなく学園生活を送ることができました。

鰐淵さん宅には、当時ではまだ高価だった写真機があったこともあり、写真部にあこがれました。しかし、「金がかかるから」と父親に反対されて美術部に入りました。写真部は1938年に、新聞部長で美術部の指導もしていた三宅貫一教諭によって、美術部から独立して誕生し、活動を続けていました。

写真部だった天知茂さん

鰐淵さんらの同級生には、後に俳優として活躍した天知茂（本名・臼井登）さん（1931〜1985）もいました。天知さんは東邦商業を卒業後、１９５１年、新東宝の新人発掘オーディションで選ばれて入社。同期の高島忠夫、左幸子、久保菜穂子らには出遅れましたが、１９５４年に「恐怖のカービン銃」で初主演し、１９５７年の「暁の非常線」では〝悪役俳優〟として注目されました。以後、個性的な二枚目役とし映画、テレビで活躍しました。芸名はプロ野球人気にあやかり、ドラゴンズの天知俊一監督と巨人の水原茂監督に由来すると言われています。

　天知さんの兄である臼井薫さん（１９１７～２０１０）は、写真集『戦後を生きた子供達』などでも知られ、名古屋市北区上飯田で活躍した写真家でした。兄の影響もあったのでしょうか、天知さんは東邦商業では写真部に入っていました。鰐淵さんは5年生のとき、天知さんと同じクラスでした。口数の少ない天知さんは、休み時間も教室に残り、校庭で駆け回る同級生たちに視線を送っていました。天知さんと一緒に教室に残ることが多かった鰐淵さんは、「将来、役者になりたいとか、そんな話は聞いたことはありませんが、人間を観察することに興味があるんだなと思いました」と振り返ります。鰐淵さんの妻秀子さんと、天知さんの妻で同期の俳優だった森悠子（旧姓本名・森田純代）さん（１９３２～２００７）は名古屋の栄小学校時代の同級生でした。鰐淵さんは天知さんと卒業後も年賀状を交換し合い、御園座や名鉄ホールなどでの公演には夫婦で出かけて天知さんを応援し続けました。

「22回生」は大同工業学校生

　鰐淵さんや天知さんたち21回生が2年生に進級した１９４４年4月、東邦商業には22回生となる1年生たちの入学はありませんでした。代わって東区赤萩町の校門をくぐって入学してきたのは、南区にある大同工業学校の分校となった「大同工業学校北校舎」の1年生１００人でした。

　１９４３年10月12日、戦局が一段と緊迫する中で、生産力向上を迫られた国は、「教育に関する戦時非常措置方策」という閣議決定を行い、男子商業学校は１９４４年度から工業学校、農業学校、女子学校に転換することが決まっていたためです。東邦商業に対しても、愛知県内政部長名で転換計画提出要求があり、東邦商業では工業学校への転換を決定せざるを得ない状況になっていました。

「実業教育振興中央会」からの照会に対して、東邦商業は1944年1月14日付の隅山馨校長名で、東邦商業学校を工業学校に転換し、新年度は金属工業科約100人を募集すること、商業科は在校生が卒業するまでは継続することを回答していました。しかし、商業科を工業科に転換するとなると、専門教員の配置、実験教室の整備など大きな負担が伴いました。回答では「工業学校の経営は相当費用を要すべきにつき、私学に対しては年に相当額の助成金交付方を文部省当局に進言せられたし」と訴えました。

しかし、目指した「東邦工業学校」への転換は認められず、代わって大同工業学校（現在の大同大学大同高校）の「北校舎」生を受け入れることになったのです。

校長だった下出義雄は1931年6月に大同製鋼の第4代社長に就任しており、企業活動に専念するため、すでに1941年に東邦商業の校長を退いていましたが、東邦商業学校での体験を生かした工業教育にも力を注いでいました。

下出は1939年1月には財団法人大同工業教育財団を設立し理事長に就任。2月には文部省認可の甲種工業学校として名古屋市南区道徳新町に大同工業学校を開校し、校長には倉敷工業学校から菅毅郎を迎えていました。東邦商業赤萩校舎で授業を開始した北校舎も菅校長のもとで運営されました。

東邦商業と同時代を歩んだ中京商業は「中京女子商業学校」、享栄商業も「享栄女子商業学校」に、滝実業学校は農業学校に転換していました。中京商業では在校生としては上級生の男子生徒が大半であったため、新入生たちは「女子部」と呼ばれたと言われます。

国民服を着用した下出義雄

動員先工場が教室に

鰐淵さんによると、同じ赤萩校舎で学んでいるとはいえ、2年生から5年生までの東邦商業学校生たちと、1年生工業学校生たちとの交流はほとんどありませんでした。葵国民学校時代に顔を知っていた後輩も何人かいましたが、学校生活は本校（南区）主導で行われ、1年生たちの授業の様子を知ることはありませんでした。

東邦商業学校の生徒たちの授業がそれなりに続けられたのは1944年度の1学期まででした。2学期からは工場への勤労動員が強いられ、生徒たちは学校に登校する代わりに動員先の工場に直行し、工場の一角が教室となっていきました。4年生、5年生は大曽根の三菱重工業名古屋発動機製作所、3年生は西区の神戸製鋼、2年生は高辻の岡本工業などへ動員されていました。教員たちも大同工業学校に移ったり、新たな職場を求め東邦商業を離れていきました。

臼井薫さんが撮影した幼いころからの弟の写真集でもある『天知茂』（1999年、ワイズ出版）によると、天知さんの父親が名古屋で始めていた寿司屋が戦争で営業できなくなり、家族は母親の実家がある瀬戸市に疎開。天知さんも一時、瀬戸の学校に転校し、終戦後に東邦商業に戻りました。鰐淵さんは、「2年生から天知さんとはクラスは別々でしたが、一時姿を見かけない時期がありました」と記憶をたどってくれました。勤労動員先が異なれば、同級生同士の消息さえわからなくなっていた時代でした。

『大同製鋼年50年史』に1944年1月に撮影された国民服姿の下出義雄の写真が掲載されていました。1943年末に制定された軍需会社法により、主として航空機製造に関係する150社に対する軍需会社第1次指定が行われました。大同製鋼も第1次指定を受け、生産責任者が会社を代表することになり、社長の下出義雄が生産責任者に就任しました。国民服は生産責任者であることの象徴でした。

旧交を温めた21回生

あまりにも大きな代償を払った戦争が終わり、東邦商業の授業が再開されたのは1945年2学期からでした。鰐淵さんや天知さんら東邦商業学校最後の21回生が卒業したのは1948年3月。同年4月からは新制東邦高校もスタートし、東邦商業21回卒業生の中には東邦高校3年生に編入し、

天知さんのビデオを手に語る鰐淵さん

1949年3月に東邦高校1回生として卒業した生徒もいました。

鰐淵さんや天知さんら21回生17人が、卒業から17年後の1965年10月31日の日曜日、名古屋の中華料理店に集いました。参加者の多くが34歳前後の働き盛りでした。口数が少なく、酒は飲めない天知さんが差し出そうとした高額な会費を、幹事役の同級生が「きょうはみんな平等だから」と笑顔で押し返していたやりとりを、鰐淵さんは懐かしそうに話してくれました。

映画、テレビで大活躍した天知さんは1985年7月27日、くも膜下出血のため亡くなりました。享年54。鰐淵さんが2年がかりでそろえたという天知さんが主演した映画のビデオは25本。「江戸川乱歩の『黒真珠の美女』が一番いいですよ」などと語りながら、鰐淵さんは若くして先立った旧友を偲びました。

哀しみの青春

先陣切った東邦商業生の深夜作業

1944年6月23日「中部日本新聞」（現在の中日新聞）に、「学徒の深夜作業、東邦商業を先陣にきょうから実施」という記事が掲載されました。名古屋市東区大幸町の、現在のナゴヤドーム付近にあった三菱重工業名古屋発動機製作所（三菱発動機）で6月22日午後7時半から翌朝7時まで続く深夜作業に取り組んだ東邦商業4年生（19回生）たちを紹介した記事です。「深夜作業に敢闘する東邦商業生」という写真も掲載されました。

學徒の深夜作業
東邦商業を先陣にけふから實施

深夜作業に敢闘する東邦商業生

東邦商業生の深夜作業を伝える「中部日本新聞」

記事によると、深夜作業にあたり同工場では、4、5年生に対して付属病院で綿密な身体検査を実施。工場に入ってから体重が2kg以上減った者など、深夜作業に不適当と見られる生徒を除いた8割を従事させせました。生徒2人の感想も紹介されています。松本幸男さんは「物量を誇る敵米がサイパン島に押し寄せたと聞き歯ぎしりした。何が何でも兵器増産に全力を打ち込まなければならぬ。いよいよ二直（二交代勤務）の突撃命令は下され、家を出るとき武者震いを禁じえなかった」と兵器増産への決意を述べています。

高原茂さんは「初めての徹夜作業で何だか嬉しい。家なら両親が早く寝ろと叱るのですが、今晩は大威張りだ。友だちと道道、〝夜なさも伝わってきます。

行軍に行くようだネ〟と話し合ってきた」と、初体験の深夜作業に加わる喜びを語っています。少年らしいあどけ

深夜作業に駆り出された19回生は15、16歳。1928年の辰年生まれか1929年の巳年生まれで、卒業後、同期会は「東邦辰巳会」と名付けられました。高原さんが述べているように、普通なら親に「早く寝ろ」と叱られるはずの深夜に、少年たちは飛行機増産のために12時間近い深夜勤務に駆り立てられました。そして少年たちには過酷とも言える深夜労働を新聞は美談として仕立て上げていました。

本格的な学徒の戦時動員が実施されたのは1943年6月の閣議決定からです。1944年7月には文部、厚生、軍需省次官通達により、動員された学徒たちの1日10時間勤務、交代制深夜作業も始まりました。愛知県では全国に先駆けて学徒たちの深夜増産作業が始まり、その先陣を切ったのが東邦商業の生徒たちでした。

三菱発動機製作所の作業風景（『愛知県史資料編 30』より）

20人の犠牲者

1944年7月、サイパン島が米軍の手に落ちたことで、日本全土が米軍の空襲圏に入りました。とりわけ、航空機産業の拠点であった名古屋市を中心にした愛知県下への空襲は12月から始まりました。エンジン工場である三菱発動機は12月13日に、機体組み立て工場である三菱航空機（三菱重工名古屋航空機製作所、港区大江町）は12月18日に、それぞれ最初の空襲を受けました。空襲は翌年4月にかけて、三菱発動機では7回、三菱航空機は2回と続きました。

三菱発動機への1回目の空襲となった12月13日、B29による爆弾投下が午後1

名古屋空襲犠牲者を悼む碑（東邦高校内）

時ごろから始まりました。１８１トンの爆弾が降り注ぎ、３３０人の命を奪いました。動員されていた東邦商業の生徒18人と教員２人の20人も犠牲となりました。

犠牲になった教員は森常次郎と村松俊雄。生徒は５年生（18回生）の小沢竜雄さん、４年生（19回生）が17人で青木肇、浅井健一、荒井量一、伊藤英夫、今井昭、遠藤保、小川清、奥村昇造、小山田重威、清宮茂、居松幹雄、鈴村一義、長江昇三、船橋賢一、韓守備（箕本守洽）、毛利弘、八木卓二の方々でした。

三菱発動機に動員された学徒数は１９４４年６月現在で２１５８人に及びました。八高１０５０人、東邦商業４３９人、愛知県工業学校１８０人、同中川工業学校１９０人、名古屋市立第一工業学校１５０人、同航空工業学校１４９人です。

（東邦辰巳会発行『思い出』より）

情報統制の中で

4年生だった岡島貞一さん（名古屋市西区）は12月13日、三菱発動機での動員作業は午後5時から翌朝7時までの夜間勤務でした。１週間前の12月7日には、三重県尾鷲市沖を震源とするマグニチュード7・9、最大震度6が観測された東南海地震が発生し、岡島さんら三菱発動機に動員されていた東邦商業生たちも防空壕に避難するなど恐怖の体験をしたばかりでした。

死者・行方不明者が１２２３人に及んだ巨大地震。停電の中、岡島さんは出荷前のプロペラシャフト３００本近くが、音をたてて倒れていくなかを出口に走り、防空壕に駆け込みました。しかし、どれくらいの規模の地震で、どれほどの被害や犠牲者が出たのかは全く分かりませんでした。太平洋戦争末期の戦時下では、情報が厳しく統制されていたからです。軍需工場が集積する東海地方で大きな被害が伝わることで、「軍部が国民の士気低下を恐れたため」とも言われています。

12月13日夕、自宅から三菱発動機の工場に着いた時、岡島さんが目にしたのは〝地獄図〟でした。奥の食堂に犠牲者の棺が安置されていましたが、まだ木に引っかかっている死体や衣服もありました。そうしている間にも警戒警報のサイレンが響き、同級生たちとともに矢田川に懸命に逃げました。

この世の地獄図

12月13日の三菱発動機での空襲体験を、18回生の吉野常雄さん（2014年死去）が、東邦会発行『追憶の記』（1953年）に記していました。（抜粋）

〈相変わらず藁埃（わらぼこり）や異物混じりの黒い玄米食と冷凍鰊（ニシン）の食事を、村松、森、坂倉（謙三）、伊藤（鉄太郎）先生らと共にして、30分の休憩を終わり、職場に戻ってすぐだった。

突如として鳴り響く空襲警報。所定の防空壕へ職場ごとに学友がまとまり入る間もなく、高射砲の炸裂音が聞こえたと思うやB29の編隊が姿を現した。当地方としては、本格的な空爆は経験したことがなく、壕より顔を出して眺めているほどの不用意さだった。炸裂し続ける高射砲弾、4条の飛行雲を引きつつ、1波、2波、3波と同一コースで迫ってきた。耳をつんざく高射砲弾の中に爆弾落下の音、崩壊する工場、地殻を揺るがす爆裂。私どもの入っていた壕も、太い梁（はり）が至近段弾で飛び散ったコンクリートのためにへし折れたほどだった。

工場のスレート屋根、ガラス窓は粉々に乱れ飛び、電柱は倒れ、電線は垂れ下がり、山積した資材は散落し、その中を我先にと、工場から一歩でも遠のかんものと、或は覚王山方面へ、或は矢田川へと逃げる人の群れ。まさにこの世の地獄図である。もう先生の指示を仰ぐことも困難となり、空襲後、工場に集合することを約して学友とともに矢田川をめざして走り続ける。既に敵機は第2波が頭上に迫って来た。橋を渡る余裕がなく、堤防を下りてそのまま川を渡らんとするも爆弾の落下音。川底のへこみに思わずつっ伏した。無我夢中で生きた心持ちはない。至近弾に石や砂をかぶり、あちらこちらと死体の転がる中を、少しでもへこんだ所をと右往左往するのみだった――〉

大同製鋼社長室にも鳴り続けた電話

9回生で野球部の選手、監督として甲子園での優勝経験もある高木良雄は、1943年2月に経理担当の将校として北京に駐屯し、戦後は母校に簿記教員として勤務、野球部長や東邦学園事務局長などを歴任しました。

三菱発動機に爆撃があった12月13日、たまたま軍の公用で日本に戻っていた高木は、所用で立ち寄った愛知県庁近くで正午ごろ、けたたましい警戒警報のサイレンを聞きました。高木はいったん逃げ込んだ防空壕を出て、遥か東方から銀翼を連ねて姿を現したB29の機影を確認しました。7機、8機と機体の数は増えていきました。

高木はとっさの判断で近くの滝兵ビル（当時の西区御幸本町）に駆け込みました。滝兵ビルには大同製鋼の事務所が移転してきており、社長室には東邦商業の理事長でもある下出義雄や顔見知りの友人たちもいるはずです。すでに、三菱発動機のある大曽根方面から立ち上る煙が見え、周囲の人々が「三菱の工場が攻撃されている」と叫んでいました。

社長室に飛び込んだ高木は、下出に温かく迎えられましたが、やがて社長室の電話がけたたましく鳴りました。三菱発動機への爆撃を知らせる第1報でした。電話は鳴り続け、東邦商業から犠牲者が出たことが明らかになりました。社長秘書だった江崎真澄（6回生、戦後は衆院議員となり防衛庁長官などを歴任）も赤萩の学校に向かいました。「職員4人、生徒10人が亡くなった」。この時点で高木が知りえた詳報でした。実際には教師2人、生徒18人という犠牲者について知ったのは戦後の1946年11月の帰国後でした。

高木は学校に駆けつけるべきかどうか迷いに迷いました。しかし、部隊に帰任しなければならず、夕暮れの早い冬の広小路を後にしました。高木も、一生忘れることはないであろう、この日の悪夢のような体験を『追憶の記』に書き残していました。

三菱工場から逃げて犠牲に

東邦高校正面入り口前には「平和の碑」とともに、名古屋空襲による犠牲者を悼む碑が建てられています。碑には1944年12月13日、三菱重工名古屋発動機製作所で犠牲になった教員2人、生徒18人と、別の空襲で亡くなった2年生2人の計22人の名が刻まれています。

14歳という若さで散った2年生は21回生の田島三郎さんと野村幸作さんです。田島さんは最初の三菱への空襲から9日後の12月22日、2回目の三菱空襲で犠牲になりました。12月13日の空襲後、三菱では、警報が発令されると全員に工場外への待避命令を出していました。田島さんは仲間とはぐれて一人で逃げ、矢田橋東側の守山町（現在の名古屋市守山区）で爆撃の犠牲となりました。瀬戸市の陶生病院に運ばれましたが、もう手のほどこしようがなく翌23日に息を引き取りました。

当時教員だった山中英俊は、東邦辰己会が三菱空襲で犠牲になった19回生たちを偲んで発行した『思い出』にその時の様子を寄稿していました。「『飛行機増産』の文字を染めた日の丸の手ぬぐいを鉢巻にした少年田島君の最後の言葉は、『先生、こんなことになってもう飛行機は作れなくて残念です』の一言でした」。三菱で配られた「神風」の文字と日の丸が入った手ぬぐい鉢巻は同じ21回生の伊藤幸一さん（名古屋市昭和区）も大切に保管していました。

同じ21回生の鰐淵幸彦さんは田島さんとは1年生から一緒に授業を受けた同級生でした。鰐淵さんは「田島君のあだ名はターキー（七面鳥）だった。すぐ赤くなるやさしい性格でした。酒井佐一先生が教える英語の授業で、みんな習った単語を何でも言ってみたい時期でした」とあだ名の由来を話してくれました。「本人には悪いのですが、クリスマスとターキーが一緒になって思い出になっています。よりによってクリスマスの時期に逝ってしまうとは」。

学校に駆けつけた防空要員生徒

深刻な労働力不足を補うため、中等学校以上では生徒や学生たちは「学校報国隊」として軍需産業や食糧生産に動員されました。東邦商業学校では1年生の入学が途絶えた1944年度、2学期からは2年生（21回生）たちの勤労動員が始まりました。3年生以上には夜間作業も強いられましたが、自宅が安房町（あわまち）（現在の東区葵2丁目）だった鰐淵さんを始め、学校から半径2㎞ほどに住む生徒たちは「防空要員」を命じられました。

昼間に工場に動員されていても、空襲の警戒警報が出されれば直ちに赤萩の東邦商業に駆けつけなければなりませんでした。夜間は自宅から直ちに学校に参集しました。15人近い防空要員の中心となったのは鰐淵さんら葵国民学校（現在の葵小学校）出身の生徒たちでした。警報とともに駆けつけ、防火態勢に入りましたが、警報解除とともに解散となりました。駆けつけた生徒たちにはカンパン1個が配られました。

12月13日の三菱空襲の際、鰐淵さんは同級生の水谷助五郎さんとともに大幸町の三菱工場から走って東邦商業をめざしました。5分ほど走り、千種区鍋屋上野町付近に差しかかったころ、B29爆撃機から三菱工場に向かって次々に落とされていく爆弾の束を見ました。「爆弾に小さなプロペラがついているのでしょう。スルスルという音が聞こえました。爆弾は斜めに落ちていきました。水谷君と手をつないで懸命に学校に走りました」。鰐淵さんと水谷さんが赤萩の学校に駆け込んだのは三菱工場を飛び出して約30分後でした。

おんぼう車引く父

1945年になると空襲は一段と激化しました。「ピースあいち」（名古屋市名東区）が作成したブックレット『名古屋空襲と空爆の歴史』によると、1月には3日に97機、14日、23日に各73機のB29が名古屋上空に出撃してきました。名古屋空襲による犠牲者を悼む碑に、田島さんとともに名前が刻まれた野村さんが犠牲になったのは1月23日早朝から始まった空襲でした。

『追憶の記』などによると、東邦商業で当直だった坂倉謙三教諭は午前4時ごろ、警報サイレンの音に目を覚ましました。その後、百雷が落ちたかのような衝撃があり、学校中の何千枚というガラスがこっぱみじんに飛び散りました。白々と明けてきた校庭に目をやると、校庭に直径2mほどの穴が開き、器械体操の鉄棒が切断されていました。コンクリート塀にはあばたのように穴が開けられていました。破壊力のすごい新型小型爆弾でした。

この日、B29機は広小路の電車通りの北約220m沿いに栄町、東新町、車道、赤萩（東邦商業校庭）、今池、池下、覚王山の8か所に爆弾を投下しました。今池北寄りに落とされた爆弾で犠牲になったのが野村さんでした。防空要員の使命感に燃えた野村さんは、家族の止めるのも聞かず、防空頭巾をかぶり学校に向かい犠牲になりました。爆弾破片は野村さんの臀部肉片をそぎ、野村さんは気を失いました。通り合わせた地区の救護隊長の歯科医師に発見され、近くの内山小学校の裁縫室に寝かされた後、病院に運ばれました。東邦商業から教員たち、父親らも駆けつけましたが野村さんはその夜10時ごろ、息を引き取りました。

「父親や家族がおんぼう車（遺体を運ぶ車）を引いていた。かわいそうだったよ」。同級生で、車道に下宿していて、やはり防空要員だった藤井昭吾さん（三重県いなべ市藤原町）は、73年前の記憶をたどりながら、友の死を悼みました。鰐淵さんも本来なら防空要員として学校に駆けつけなければなりませんでしたが、この日は家を出ませんでした。「虫の知らせというか、家を出るのが怖くてじっとしていました。あとで、同級生が犠牲になったことを知りました。それが野村君でした」。鰐淵さんにはつらい、哀しい思い出でした。

戦火から守られた選抜優勝旗

名古屋空襲は一段と激しくなりました。1945年2月15日には117機、3月12日と19日には310機のB29が飛来しました。3月12日の空襲からは、それまで昼間に高高度から軍需施設や工場を狙って行われていたのが、夜間に低空からの無差別爆撃に変わりました。3月19日の空襲で東邦商業は体育館を全焼しました。焼夷弾は校長室にも降り注ぎ、当直だった坂倉謙三教諭は布きれで焼夷弾をつかみ窓の外へ放り出し、間一髪、校長室を焼失の危機から救いました。

校長室には学籍簿など重要書類のほか、戦前の甲子園では最後の開催となった選抜中等学校野球第18回大会(1941年)で東邦商業が手にした紫紺の優勝旗がありました。防空要員として車道の下宿から駆けつけた藤井さんたちも夢中で校長室にあった選抜優勝旗や四商リーグ優勝旗などを運び出しました。

「優勝旗は東邦が甲子園で最後に優勝した時の旗であることは知っていたので、何としても守らなければと思った。予想以上に重く、野球部の選手たちはよほど力が強いんだなと思いました」。藤井さんは途切れ途切れの記憶を必死につなぎ合わせるように、選抜旗を運び出した時の体験を語りました。

青春のつぼみのまま逝った1000人

鰐淵さんや藤井さんと同じ1930年生まれで、愛知県史の調査執筆委員も務めた佐藤明夫さん(愛知県半田市)は、2004年に『哀惜　一〇〇〇人の青春~勤労学徒・死者の記録』という本を風媒社から発刊しました。佐藤さんによると、全国で推定1万4000人(沖縄学徒を含む)の勤労学徒が戦争災害の犠牲となり、愛知県では全国最多の1096人が青春のつぼみのまま命を奪われました。

佐藤さんは愛知県内の学校ごとに、犠牲となった生徒たちの最期を、新聞や学校史、同窓会記録史などをもとに丹念に調べ続け、埋もれていた事実を明らかにしていきました。学校別の戦災死亡者数では最も多かったのは中京商業の98人で愛知時計、愛知航空機で犠牲となりました。多い順では17番目の東邦商業は21人。名古屋空襲による犠牲者を悼む碑に刻まれた20人と、1943年1月8日に軍作業奉仕中に土砂崩れの下敷きとなって死亡した4年生の加藤長正さんを加えた犠牲者数です。

愛知県の犠牲者の大半が空襲によるものですが、野村さんは唯一の「防空要員　空襲」として紹介されていました。

佐藤さんは大垣市生まれ。病気のため1年遅れで旧制の岐阜中学に入学しましたが、学校に近い岐阜市内に住んでいたため、防空要員でした。警戒警報が鳴れば学校に駆けつけ、校長室に集まった経験が2、3回ありました。防空要員の大きな役目は御真影（天皇陛下の写真）を守ることでしたが、実際に担うのは教師で、生徒たちは補助役でした。

東邦高校を訪れ、「平和の碑」の前に立ったこともある佐藤さんは「野村さんは私と同じ昭和5年生まれ。不運でした」と声を落としました。

佐藤さんは防空要員について、「記録を焼失している学校が多く、どれだけの学校で実施されていたかはつかめませんが、どこでも御真影を安全な所に避難させるのと初期消火が任務だったと思われます。岐阜中学もそうでしたが、防空要員は1年生、2年生で、3年生以上は報国隊として勤労奉仕に専念させられました」と話しています。

鰐淵さんは「学校に集合した時は、最初に担架10人分くらいを校庭に並べる仕事もあったので、救助要員の役割もあったのかも知れません」とも話しています。

インパール行軍からの帰還

ジャングルで拾った新聞に母校の記事

東邦高校元校長の久野秀正さんは、校長だった三十数年前の東邦商業卒業生との出会いが忘れられません。出会ったのは1989（平成元）年9月。東京で開催された東邦会関東支部の懇親会でした。久野さんは、その時の強烈な体験を翌年1990年2月発行のPTA会誌「栂木」18号に学校長として書き残しています。（抜粋）
〈9月9日、東邦会の関東支部会が100人程の出席で開かれ、招かれて上京した。その席上、昭和15年卒の方が私のところにこられ、学校の近況を聞き、また、一段と母校への思いが募ったと言われ、さらに、「私は戦時中、ビルマのインパール作戦に従軍しました」と話された。この作戦は第2次大戦の末期、数多くの餓死者、病死者を出した無謀極まる作戦であっただけに、「よくご無事でお帰りになりましたね」との私の質問に、強烈な母校愛の根源にかかわると思われる体験を語られた。

それは、まさに死の行軍で、次々に多くの戦友が倒れていった。ある日、ジャングルの中をさまよい歩いていたところ、古新聞が落ちているのを見つけた。なんとそれは、郷土の中日新聞であった。赤茶けて読みづらくなっていたが、貪り読んだ。とそこに、わが母校の記事が出ているではないか。（これは、東邦商業学校が工業学校に転換されるという内容。ただし実際には実現されなかった）。

絶望的な死の森ジャングルの中で、東邦商業の名に出会った瞬間、まるで電気に打たれたように、身も心も硬直してしまった。その後、その新聞を折り畳み、内ポケットにしまった。私が生きて帰国できたのは、自分は母校東邦と一緒にいるのだ、生きて母国の土を踏むのだと、自分を励まし続けてきたからです。もうよれよれになって、活字も読み取れなくなっているが、今でもその新聞を後生大事にお守りとして保管していますよ、と。非常にご苦労されたためであろうか、年より老けておられるが、このことを話された時の目は、若々しく輝いておられたのが印象的である〉

「教育決戦態勢」の商業学校

「昭和15年卒」の卒業生は東邦商業13回生にあたりますが、久野さんは残念ながらその方のお名前を記憶しておらず、Aさんと呼ぶことにします。卒業者名簿で13回生は278人いますが、該当者らしい人は探せませんでした。

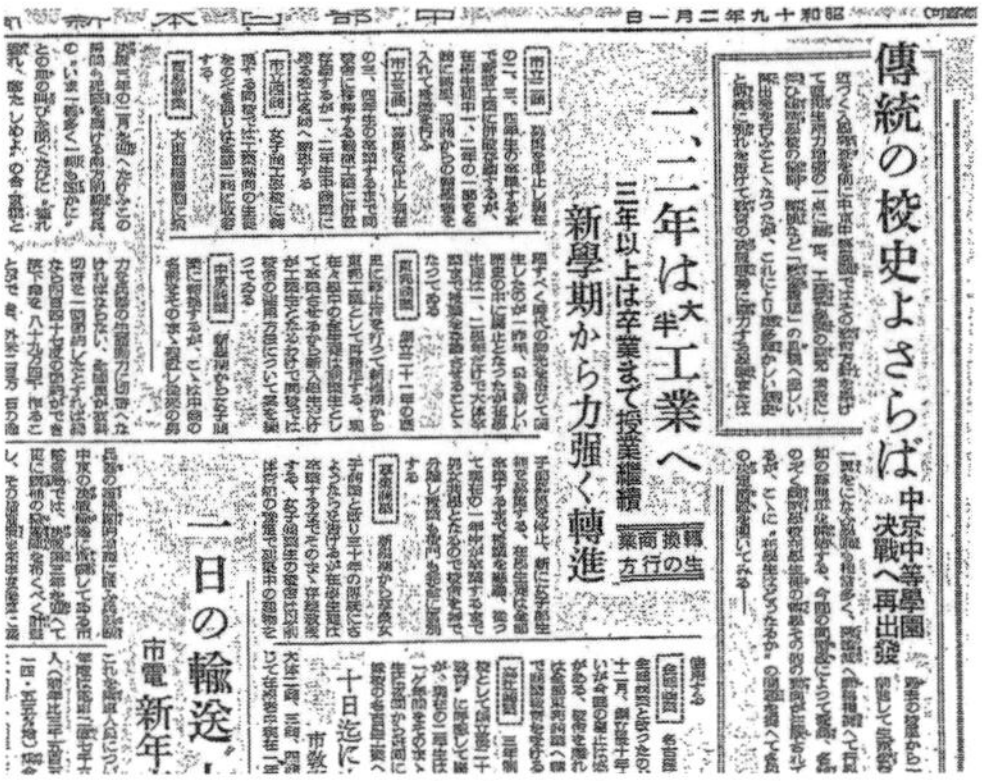
中部日本新聞　昭和十九年二月一日
傳統の校史よさらば
中京中等學園 決戰へ再出發
轉換商業生の行方
一、二年は大半工業へ
三年以上は卒業まで授業繼續
新學期から力强く轉進
二日の輸送
市電 新年

商業学校の転換を伝える記事（1944年２月１日）

名古屋市昭和区の鶴舞中央図書館で該当記事を探しました。1944年2月1日「中部日本新聞」（中日新聞の前身）に、Aさんが手にしたと思われる記事が掲載されていました。「伝統の校史よさらば　中京中等学園決戦へ再出発」の見出しの記事です。愛知商業、名古屋商業を除く商業学校が、工業科への転換を図る〝教育の決戦態勢〟への動きがまとめられていました。

岐路に立たされる母校

記事は、「転換商業生の行方」として、名古屋市の市立二商、市立三商、市立四商、貿易商業、東邦商業、中京商業、享栄商業、金城商業、高辻商業の9校の転換の見通しを特集していました。東邦商業と金城商業（東邦商業の姉妹校）に関する記事は以下の通りです。

東邦商業　創立21年の歴史に終止符を打って新学期から東邦工業として再

発足する。現在、在学中の全生徒は商業生として卒業させるから、新入生だけが工業生となるわけで、同校では校舎の使用方法について案を練っている。

金城商業　名古屋育英商業が金城商業と改まったのが昭和9年12月。創立後10年の歴史は浅いが、今回の廃止は感慨深いものがある。校舎を離れる在学生徒は全部東邦商業へ転学、卒業まで商業教育を受けることとなった。

市民から親しまれた「東邦」が消える

さらに、当時の「中部日本新聞」の紙面を追っていくと、1か月後の3月2日付でも「姿消す東邦商　校舎は大同工へ」という記事がありました。

〈21年の歴史と伝統を誇り、市民から親しまれた学園東邦の名が、教育態勢決戦化に伴い、中京学園（編注：中京地区の学園）から発展的解消する。さきに時局の要請に応じて、工業学校に転換決定した東邦商業は、着々開校の準備中だったが、姉妹校の大同工業との関係から、県当局とも懇談の結果、大同工業定員百名を二百名に増募し、東邦工業の新設をこれに代えることに決定。現在の東邦商業の校舎は大同工業校舎となるはず。なお、在学生は商業生徒として卒業させる〉

生きる力与えてくれた母校

Aさんたち13回生が卒業したのは1940年3月。4月には赤萩校舎に、「紀元二千六百年記念」として、初代校長の大喜多寅之助が「母校愛」の文字を刻んだ碑が贈られました。現在は名東区平和が丘にある東邦高校敷地内に移されています。碑の裏面には建立した鏡味徳次さんを始め第1回卒業生33人の名前が列記されています。Aさんら13回生は「母校愛」碑が建立される直前には母校から巣立ちましたが、Aさんは、母校愛が灯してくれた生きることへの執念で奇跡的な生還を果たしました。

Aさんに祖国に帰る力を与えた「中部日本新聞」記事が1944年2月1日の記事だったのか同3月2日の記事だったのかは不明です。Aさんにとって母校「東邦」の2文字は、死の淵から見出した希望の光であったに違いありません。

旧制時代の終焉

廃墟からの再出発

廃墟の中、国民が天皇陛下から終戦を告げられたのは1945年8月15日正午からの玉音放送でした。東邦商業20回生で4年生だった水野和彦さん（名古屋市南区）は一宮市萩原町の橋本毛織の工場庭で、30人くらいの同級生たちとともに頭を下げながら聞きました。

橋本毛織は、戦闘機用の弾倉を造っていた名古屋の工場が空襲から逃れて疎開してきて弾倉工場に変わっていました。勤労動員された東邦商業の生徒約50人も寮生活を続けながら弾倉の生産にあたっていました。

雲一つない炎天下。すでに命令する立場の人間もいない工場。やがて水野さんら動員学徒たちは、「もう帰ってもいいぞ」という声を聞きました。夕方、寮に戻り、荷物をまとめて家に帰る支度をしました。

21回生で3年生だった鰐淵幸彦さん（名古屋市昭和区）は熱田にあった大同製鋼工場で、200人近い同級生たちと一緒に玉音放送を聞きました。「昔のラジオなのでガーガー雑音が入ってよく聞こえなかったが、やがて鋳物に使う砂の運搬作業にあたっていた朝鮮人たちの間から、「マンセー」（万歳）の声を上がり、日本が負けたのだと分かり、こっちはしょんぼりしてしまった」。

机もなかった教室

終戦を迎えた時の東邦商業の在校生は4年生と3年生の約430人だけでした。本来なら5年生であるはずの19回生は繰り上げで卒業し、1944年度、1945年度は募集が行われなかったためです。やがて、生徒たちはそれぞれ東区赤萩の母校に足を運びました。鉄骨だけが焼け残った体育館。窓ガラスもなく、机もいすも戦災を避けて持ち出されていました。

生徒たちは授業再開に備えて清掃に励みました。水野さんと同じ20回生の村瀬益雄さんは「75年史」に、「木造校舎は消失を免れ、10日間ほど教室を清掃してから授業に入りました。勉強には長らく遠のいていたので戸惑いを覚えました」と書き残しています。

授業が再開された時期について水野さんは「9月中旬だったと思う」と記憶をたどります。鰐淵さんは「最初、教室には机もなく、先生が黒板に書いていることを、板塀に帳面をあてて書き写していた」とも語りました。

毎朝の朝礼も復活しました。やっと屋根の応急修理が終わった、鉄骨むき出しの体育館前。集まった生徒たちが、最上級生である4年生の級長がかける「整列」の号令に従っていた朝の校庭風景。千種橋に近い畑から撮影されたと思われる写真が、1947年3月卒業の水野さんの卒業アルバムに収められていました。

授業が再開された当時の朝礼風景（20回生アルバム）

赤萩校舎の大同製鋼本社分室

終戦時、勤労動員のため生徒がいない東邦商業の赤萩校舎には大同製鋼本社分室が置かれていました。社長は東邦商業理事長でもある下出義雄。本社分室はそれまで西区御幸本町にあった滝兵ビルに置かれていましたが、1945年3月19日の名古屋大空襲で被災したためです。

『大同製鋼50年史』によると、玉音放送から半月後の8月30日、大同製鋼の戦後第1回役員会が東邦商業学校内で開かれました。

〈席上、悲壮な面持ちで立った下出社長は、会社の実情を吐露するとともに、非常事態に処する緊急対策につき、いくつかの方策を開陳し、役員会の了承をとった。すなわち、先人から受け継いできた伝統ある会社を、あくまで守り抜くために、ただちに可能な範囲で生産を再開して企業の再建を図ることに一決した。そして具体策の実行があげられた。

終戦時3万3154名を算していた従業員は、敗戦による工場生産の一時停止により、応徴士、動員学徒の即時退社、引き続き一般従業員の離職も相次いだが、再建に立ち上がるために当社は、9月30日付でいったん全従業員を退職させ、改めて必要最少人員をリストアップして、翌10月1日付で再採用の措置を取った。およそ5000名をもって再スタートしたのである〉

『大同製鋼50年史』巻末に収録されている「事務所沿革一覧表」によると、東邦商業内に仮住まいしていた本社分室（本店事務所）は10月、南区星崎町に移されました。東邦商業の授業は、大同製鋼本社分室の撤退と入れ替わるようにして再開されました。

やり場ない怒りが爆発

水野さんによると、授業は再開されたものの4年生たちの間では、やり場のない怒りにも似た不満が高まっていきました。

「軍国主義から民主主義になり、価値観が180度変わり、全く逆になった。今まで命がけでやれと言われてやってきたことは何だったのか。その不満をどこにぶつけたらいいのか分からなかったんです」。水野さんはそう振り返ります。終戦を境に、極端な変身ぶりが目立った教師が、南京袋をかぶせられ、袋叩きにあう〝事件〟も起きました。

陸軍主計予備少尉でもあった校長の隅山馨は1942年9月に召集され、中国に出征していました。隅山の帰国は1946年1月ですが、4年生たちからは「戦争責任のある将校でもある校長が、そのまま学校に復帰するのはおかしい」という声も上がりました。4年生たちは、「2学期の期末試験はボイコットし、白紙答案を出すように」と呼びかけました。3年生だった鰐淵さんは「教室のそばでは4年生たちが監視しており、呼応せざるを得なかった。白紙の答案を出したら0点で採点されました。ただ、進学組である理科クラスの教室では4年生たちの監視はなくノータッチだった」と振り返ります。

生徒たちの行動を学校側が配慮したのか1946年5月、隅山校長に代わって和服の江戸文学者で、生徒たちに人気があった教諭の尾崎久弥が校長に就任しました。

73年後の東邦校歌

水野さんら20回生259人は1942年4月に入学しました。鰐淵さんら21回生275人の入学は1943年4月です。5年間の修業年限は戦争非常時ということで1945年3月から4年間に短縮されました。しかし、GH

活動を再開した美術部。上着姿が鰐淵さん（千種駅近くで）

Q（連合国軍最高司令部）のもとで、新学制への改革の動きが始まる中、1946年3月、中等学校修業年限延長の措置がとられました。東邦商業学校も5年制に復活することになりました。卒業目前だった20回生は、4年で卒業（1946年3月卒業）するか、5年で卒業（1947年3月卒業）するかは生徒たちの希望に任されました。

4年生237人の進路はほぼ半分ずつに分かれました。水野さんら125人は5年生での卒業を選びましたが、4年生で卒業した同期生の友たちを送るための卒業式にも出ました。「最初の卒業式はさながら〝お別れ式〟でした」と水野さんは体験した2回の卒業式を振り返ります。

鰐淵さんは、修業年限延長を複雑な思いで受け入れました。名古屋市の都心にあった鰐淵さん宅は1945年3月25日の空襲の直撃を受け、父親と弟が犠牲になりました。7人兄弟の長男でもあり、1年でも早く卒業して家族のために働きたい事情があったからです。

鰐淵さんら21回生が卒業したのは1948年3月ですが、4月には学制改革により新制高校が発足。希望すれば開校した東邦高校3年生に進むことも出来ましたが、鰐淵さんは迷うことなく東邦商業学校最後の卒業生となり、名古屋市内の塗料店で働きました。

水野さんは卒業後、国家公務員試験を受けて郵政省職員として熱田郵便局を振り出しに55歳の定年まで東海地方の郵便局に転々と勤務。定年後は東邦商業珠算部で磨いた技を生かして珠算塾の運営に関わりました。

2018年5月19日。名古屋市中区のホテル名古屋ガーデンパレスで、東邦学園創立95周年を記念した東邦会総会が開かれました。350人近い参加者の中に水野さん、鰐淵さんの姿がありました。世代を超えた後輩たちと、歌詞は変わったものの同じ旋律の懐かしい校歌を歌った水野さんは89歳、鰐淵さんは87歳。廃墟から再出発して73年の歳月が流れました。

学園史つないだ旧制東邦中学校

1948年の6・3・3制改革により、旧制東邦商業学校は新制東邦高校として生まれ変わりました。戦時中、商業学校不要論が高まるなかで、東邦商業学校はすでに1944年度から募集が行われていませんでした。

東邦商業の最後の卒業生が送り出される1948年3月での廃校が迫る中、1946年4月に急きょ開校されたのが旧制東邦中学校でした。翌年の募集は行われず、1948年4月にスタートした新制東邦高校・中学校にバトンを引き継ぎました。旧制東邦中学校は、東邦学園の歴史をつなぐ、〝緊急登板〟とも言える開校でした。

1946年4月、赤萩校舎では東邦中学1年生272人と、東邦商業の4年生213人、5年生125人の計610人の生徒たちがやっと訪れた平和な新学期を迎えました。東邦中学の校長には東邦商業1回生OBでもある坂柳太一が就任。東邦商業の校長は戦地から復員した隅山馨から同年5月、尾崎久弥にバトンタッチされました。1947年当時の学園風景が収められた東邦商業21回生卒業アルバムの写真を拡大してみると、東邦中学生たちと思われるあどけない生徒たちの姿がありました。

東邦商業の先輩とともに

東邦中学1回生で、商業学校生たちと学園生活を共にした牧順さん（東京都多摩市）は、懐かしそうに入学当時を振り返りました。

〈クラブ活動は東邦商業の先輩たちと一緒にしました。実は私も東邦商業の野球部はあこがれでした。ただ、小学校を出たばかりの1年生にとって、上級生たちの体格は大人と子供のような差がある。投げるのは大人のボールで、その速さにびびってしまいました。野球部はあきらめ、入ったのが水泳部でした。東邦中学とは言っても、実際には東邦商業に入ったような気持ちだったので何の違和感もなく先輩たちに鍛えてもらいました〉

牧さんが、さらに、東邦中学時代の楽しい思い出を語ってくれました。

〈赤萩校舎のプールはひどい状態でした。焼夷弾を落とされているので、注意しなければけがの心配もあった。排水バルブが壊れていて、いくらバケツで汲み出してもらちがあかない。どこからかパイプを探してきてみんなで吸って排水しました。水を入れる時も大騒ぎになったことがあります。校舎の正門前に消火栓があって、そこから校舎の廊下を経てプールまでホースを引っ張って入れました。みんなで力を合わせてね。ところが、ホースにはあちこちに穴が開いていて廊下が水浸しに。しまいには水を吸った廊下が盛り上がりぐちゃぐちゃになった。怒られたなあ〉

水泳部のエネルギー源は交換してもらったパン

牧さんは、製麺業シマダヤ（本社・東京都渋谷区）の社長、会長、特別顧問を歴任しました。東邦中学生時代、自宅は昭和区川名にありました。水泳部では部員たちに大喜びされたことがあります。父親が経営していた製麺工場から小麦を持ち出して、パン屋でパンに換えてもらって部に持ち込んだのです。戦後のひもじい時代。パンは部員たちのエネルギー源でした。

水泳部の部長は後に東邦高校校長になった林（後に浅井に改姓）静男教諭でした。東邦商業15回生（1941年12月卒）で、東京物理学校（現在の東京理科大学）を卒業して母校教壇に立って間もない林は、牧さんら生徒たちからは〝ハヤバン〟と呼ばれ人気がありました。20回生アルバムには、1946年当時の水泳部員たちの写真の中に、林の姿がありました。

旧制東邦中学の1回生入学者は272人でしたが、1949年3月には、242人が新制東邦中学校を卒業しました。東邦会発行の同窓会名簿（1959年版）は、242人中、東邦高校進学者132人を除いた110人の氏名を「中学校第1回」として掲載しています。東邦高校進学者の顔ぶれは1952年3月卒の第3回卒業者名簿の中に見つけることができました。

牧さんは卒業とともに父親が昭和区に設立した「株式会社島田屋」に入社。開校したばかりの菊里高校定時制に4年間通いながら、新発売ゆで麺「栄養玉うどん」の製造、販売に追われました。菊里高校を卒業後は上京し、島田屋の東京進出の一翼を担いました。

東邦中卒の作曲家

牧さんとともに、110人の「東邦中学校第1回」の卒業生の中に、富安昭次さんの名前がありました。富安さんも東京を舞台に、テイチクレコード専属の作曲家「野崎真一」の名前で活躍しました。2014年1月27日に82歳で亡くなりましたが、1月30日日本経済新聞の訃報は、野崎さんが故石原裕次郎さんの「夜霧の慕情」などを作曲したことを伝えていました。

野崎さんは東邦学園75年史に、「戦後の窮状にも心の教育」という東邦中学時代の思い出を寄稿しています。通学途中の名古屋駅の待合室や食堂街の地下には戦災者や浮浪者があふれていたこと、物資不足でガラスの補充が出来ない赤萩校舎では、ベニヤ板を打ちつけた薄暗い教室で授業が行われたことなどを紹介。その反面、先生と生徒の間には温かいふれあいがたくさんあったと振り返り、印象に強く残っている恩師として、兄貴のようだったという林教諭や音楽部の稲垣信哉教諭の思い出を書いていました。

〈当時私は音楽の基礎もわからず、ただ音楽大好き人間であったが、先生との出逢いで、初めて音楽的な面で数多くの事を学び、吸収することが出来た事が、今日の私の仕事につながり、今も生きている〉

牧さんは、「野崎君とはお互いに東京に出て来た同級生ということで付き合いが続きました。シマダヤの商品をPRするため、彼のお弟子さんにお得意さんの店頭で歌ってもらったこともあった。仕事柄、無理もしたんだろなあ」と、先立った同級生を偲びました。

坂柳校長の追悼会（21 回生アルバム）

悲しみの追悼会

牧さんや野崎さんらの中学生生活の1年目が過ぎようとしていた1947年3月21日、学園に悲報がもたらされました。校長だった坂柳の死です。坂柳は、1942年には隅山馨校長の出征に伴い校長代理に就任。商業学校の工業学校化などでの対外折衝、勤労生徒たちの保護、監督など激務が続きました。空襲が激しさを増すなか、赤萩校舎に仮住まいしていた大同製鋼社員で、東邦商業同級生だった松本次郎に協力を求め、校長室にあった幾多の優勝旗やカップを、手配してもらったトラックで知多市長浦の下出義雄宅に運び込むことが出来ました。

しかし、激務がたたり坂柳は1945年5月14日、名古屋が空襲に見舞われた日の夕、動員先から帰宅して病床につきました。中学校校長時代も病勢は回復せず、40歳（数え年）という若さで他界してしまいました。

21回生アルバムには校内で執り行われた坂柳の追悼会の写真も収められていま

した。壇上の坂柳の遺影を背に、〝紋付き先生〟と呼ばれた東邦商業校長である尾崎久弥が参列した生徒たちに語りかけていました。坂柳の校長業務は坂倉謙三が事務取扱として引き継ぎました。

四半世紀の旧制時代に幕

1948年3月、東邦商業学校は21回目の卒業生201人を送り出し、1923年4月の開校以来25年、四半世紀の歴史に幕を閉じました。卒業台帳に基づく卒業生数は3811人。卒業回数別に最も多かったのは13回生（1940年3月卒）の278人。最も少なかったのは3回生（1930年3月卒）の56人でした。

1948年4月からは新制の東邦中学校、東邦高校がスタート。東邦商業など5年制の旧制中等学校卒業生は、新制高校3年生に編入し、新制高校第1回卒業生になりました。新たなスタートを切った東邦高校の第1回卒業生（1949年3月卒）の37人の卒業生中24人は東邦商業21回生でした。

二　赤萩からの再出発

26歳校長の船出

1年生は混合小集団

１９４８年４月の６・３・３制のスタートで、新制東邦高校と東邦中学校が名古屋市東区の赤萩校舎で開校しました。東邦高校の募集定員は普通科２００人、東邦中学校は１００人でしたが、高校は54人と定員４分の１ほどしか埋まらず、中学も85人の入学者にとどまりました。

高校は1年生と3年生（旧制東邦商業卒業生らの転入生）でのスタートとなりました。終戦の年である１９４５年度は募集がなかったこともあり2年生はいませんでした。このため、スタート時の3年生が1回生、１年生が2回生として卒業することになりました。

2回生で東邦高校教員でもあった小林知生は、70年史に「六・三・三制発足のころ」という入学時の思い出を寄稿しています。

「2回生は総勢で1クラス。それも変な言い方だが、生粋の東邦生ではなく、私もその一人だが、他高校からよんどころない事情で流れ込んできた、いわばモサたちの混合小集団であった。当時、県内から転校も自由であったから、おそらく3年次は7、8校の県立、私立の高校から集まったサムライたちがクラスを構成していたと思う」

硬式野球部の戦後初代キャプテンを務めた鶴田辰夫さん（名古屋市天白区）も2回生です。「新入生は少なく、再募集とか編入生をかき集めて何とか1クラスにした形だった」と振り返ります。父親の勤務地の関係で、終戦前に旧制横須賀中学（神奈川県）から名古屋の南山中学に転校。新学制スタートを迎え、「東邦なら好きな野球が出来そう」と東邦高校入学を選びました。

青年下出貞雄の校長就任

東邦商業学校最後の校長で、江戸文学者の尾崎久弥からバトンを引き継ぎ、東邦商業時代からでは第5代となる東邦高校校長に就任したのは下出義雄の長男である貞雄でした。貞雄は1921年7月25日生まれ。26歳の青年校長の誕生でした。

26歳で校長に就任した下出貞雄

貞雄は旧制南山中学校を1939年3月に卒業し、同じカトリック系の上智大学経済学部予科に進みました。東邦商業が甲子園で2度目の全国制覇を果たした春です。学徒出陣で応召、1945年10月に復員して大学に復帰。学生の身分のまま、1946年5月、父義雄に代わって24歳で財団法人下出教育財団（後の学校法人東邦学園）の理事に就きました。同年9月に上智大学を卒業。11月には東邦商業学校教諭となっていましたが、1948年4月の東邦高校、東邦中学校校長就任まで、大学卒業後、1年半しか経っていませんでした。

貞雄の校長就任は、父義雄が1941年11月に第2代校長を退いて以来7年ぶりの下出家からの校長就任でした。

東邦学園の50年史、70年史、75年史、90年史などでは、貞雄の校長就任についてはいずれも「28歳の青年校長」と記載しています。これは年齢表記が「数え年」で行われたためです。創設者である下出民義（1861年12月8日～1952年8月16日）も満年齢90歳で亡くなりましたが、各学園史は「92歳」としています。

商業の神マーキュリーから平和の鳩へ

東邦高校としての新たなスタートに伴い、校章、校歌の変更が行われました。東邦商業学校では、ローマ神話に登場する商業の神マーキュリーの杖に2匹の蛇が巻き付き、羽ばたく翼が校章として使われました。「マーキュリー」の校章は下出義雄の母校で、一橋大学の前身である東京高等商業学校でも、東京商業学校から昇格した1887（明治20）年に制定されました。蛇は英知を表し、常に蛇のように聡く世界の動きに敏感であることを、翼は世界に羽ばたき、五大州に雄飛せんとする意気ごみを示しました。

校名から「商業」の文字は消えたとはいえ、「古い校章のイメージも残したい」という貞雄らの強い意向もあり、東邦高校の校章は、東邦商業校章の原形を生かし、平和の象徴である鳩をあしらったデザインとなりました。校歌も東邦商業校歌の旋律がそのまま使われ、尾崎久弥によって歌詞が新制高校らしく改められ、新しい息吹が吹き込まれました。

東邦高等学校
（昭和23.4～）

東邦商業学校
（大正12.4～昭和23.3）

マーキュリーの杖から鳩のデザインに

上智大学時代は野球部にも

貞雄とは南山中学、上智大学時代からの友人だった元東邦高校教諭の酒井真彦は、生徒会誌「東邦」（1965年第7号）に貞雄との思い出を書き残していました。

酒井によると、貞雄も父義雄に似て大の野球好きでした。野球専門誌『野球界』を毎号欠かさず見ていて、当時のラジオの人気クイズ番組「話の泉」に出ても立派に合格できるほどの知識を持っていたそうです。

しかし、3歳ごろから喘息に悩まされ、それが持病になり、南山中時代は自らスポーツをする機会はあまり訪れませんでした。2年生の時、クラス対抗試合に一度、投手で、アンダースローを駆使してプレートを踏んだことがありました。「もし健康体でしたら、ボールを追って、中学時代を心ゆくまで楽しんだことと思います」と酒井は書いています。

上智大学時代には、健康も安定し、貞雄は酒井とともに、野球を楽しみました。始業式の後、「後楽園（現在の東京ドーム）にプロ野球を見に行こう」と酒井が貞雄から誘われたことから始まり、2人は上智大学野球部に入部。貞雄は主に一塁と外野を守り堅実なプレーを見せました。

しかし、社会情勢の変化もあって野球生活は1年半ほどで終わり、貞雄はグライダー部に入部し、空への雄飛を試みました。そして22歳だった1943年12月、第1回学徒出陣に加わりました。中学、大学時代、そして職場まで貞雄と一緒に行動を共にした酒井は、貞雄について、「一級品を非常に好み、私に一級品の良さを教えてくれた得難い友人の一人でもありました」と書き残しています。

「新しい社会のパイオニアに」

戦後、生徒会新聞部によって発行された「東邦新聞」第13号（1953年10月30日）1面に、貞雄の新時代への教育への熱い思いが綴られた記事が掲載されました。創立30周年にあたって、「我々は新しい社会のパイオニアとなるべきではなかろうか」と訴えた記事の抜粋です。

〈30年の校史はいうまでもなく、創立者を始めとして、数多くの先輩諸賢たちの粒々辛苦の努力によって出来上がったものであり、後を継ぐ我々には、この伝統、功績に報いることをこの機会に新たに誓い、将来に備えねばならないと思う。民主教育を根底に横たえて、今、新生の道程にある母校東邦のバトンを握っている我々は、創立者の遠大なる抱負を、如何に現代に生かすべきかに心を尽くさねばならないであろう。

創立者民義は、自己のパイオニア的経験から、完成された社会（資本主義的に）には、学校を出てすぐ役立つ人材、それも技術的にすぐれた実務家がどしどし必要になることに着目し、私財を投じて商業学校を創設した。その頃、他にも多く生まれた外の実業校と大きく異なる建学の理想は、単なる実務家養成に終わるのではなく、卓越せる技術に加えるに、幅広い識見と豊かな教養を持つ商業人を育てるにあった。

東邦高校、東邦中学校の看板が掲げられた校門（1952年アルバム）

この目的完遂のため、事実上の本校の育ての親である父義雄は、当時としては型破りの教育指導を行ったのである。即ち、全校ボーイ・スカウト加盟、ブラス・バンド編成、短歌部、新聞部を通じての文化活動等々、数え上げればなお多くの特別教育があったのだが、これ等の教育の成果がどんなであったか、卒業生の幅広い各層における活躍、動向を見れば自ら歴然と証明されるであろう。

しかし、やはり、そこには旧商業学校としての限界があった。（軍国主義に向かった学園背後の日本の社会情勢と旧教育制度がそうさせたのであり、誰の罪でもあるまいが）それは、もう一歩突っ込んだ物の見方、考え方をする教育、言い換えれば科学的に物を考え、社会的に物を見抜く目を養う教育に力を注げ得なかったから、権力に迎合し、時勢に順応する小細工の利く者も生まれて来る恐れもあったようだ。

これでは、時代の先駆者であった創立者の意図を曲解したことになる。創立者が日本の資本主義発達のパイオニアであったならば、この社会制度の末期に住む我々は、この新しい社会のパイオニアとなるべきではなかろうか。民主教育をかつての皇国教育とすりかえて、お題目だけ唱えている官製教育でなく、どんどん実践に移すのが私学東邦の、現在の、そしてまた今後の教育であらねばならぬ。我々は過去の人が成し得なかった、真に役立つ人材、商業技術に優れるとともに、どんな職場にいても世界の平和を願い、そのことが自分のためにも、他の人のためにも最後の幸福をもたらすことを知る人間を作りあげたい。

東邦学園の歴史は今日も明日も絶え間なく、これから刻み込まれて行くであろうが、こうした新しい時代にふさわしい意欲に燃えた〝前方をみつめる人々〟の養成に明け暮れ、学園自身も明るい前途に向かって進むであろう〉

愛知県教育委員に最年少当選

発足した東邦高校、東邦中学校の校長に26歳という若さで就任した下出貞雄はこの年1948年10月には、日本が初めて体験した教育委員選挙に出馬し愛知県教育委員に最年少当選を果たしました。

公選による教育委員会制度は、戦後の民主化政策の一環としてアメリカの制度をモデルとして導入されました。第1回選挙は1948年10月、全国の都道府県と名古屋市など5大都市ほかで行われ、教育委員会が発足しました。下出貞雄は愛知県教育委員選挙（定員6人）で15人の立候補者の一人として選挙戦を戦い抜き、最下位ながら最年少当選を果たしました。

「中部日本新聞」（10月7日）に掲載された選挙結果では、数え年を採用していたため貞雄も「28歳」となっています。満年齢は27歳になったばかりでした。私立学校関係票と父義雄が社長を務めた大同製鋼の支援票が後押ししたようです。

新聞に掲載された貞雄の当選の弁です。「これからの教育は新時代にふさわしい青少年を育てることが第一である。今までの教育は、あまりにも大人の世界に独占されすぎていた。私は青少年の心を心として、教育行政に進歩的役割を果たすことを念願としている。この選挙に枕を並べて落選した進歩陣営の人々の代わりを私がやりたい」。

貞雄陣営の選挙戦を支えたのは東邦商業ＯＢたちでした。「中部日本新聞」紙面で紹介された喜びにわく貞雄の選挙事務所の写真で、貞雄の手を握って祝福しているのは衆院議員になったばかりの江崎真澄（6回生、東邦会初代会長）です。選挙管理委員会への立候補届け出の推薦人には東邦商業2回生の林伊佐武（林物産社長となった東邦会第2代会長）の名前もありました。

県下を巡る遊説を振り返って貞雄は、「卒業生や在校生の父兄の方から直接激励を受けたのは大変心強くうれしかった。（下出家）3代にわたる教育への情熱が深く根を下ろしているのをしみじみと感じ、教育の喜びを改めて味わった」と振り返りました。貞雄は1950年4月に副委員長として承認されたものの10月で任期を終えました。

「中部日本新聞」記事と江崎真澄の祝福を受ける下出貞雄

園児たちの歌が聞こえた

東邦保育園の開園

1950年5月、赤萩校舎内に「東邦保育園」が開園しました。1947年に制定された児童福祉法に基く児童福祉施設であり、財団法人下出教育財団

（現在の学校法人東邦学園）によって、1950年4月30日の理事会で設置が決まり、定員70人でスタートしました。

東邦保育園は東京の「民主保育連盟」の補助を得て開設されました。「民主保育連盟」は、敗戦直後の1946年10月、荒廃した焼け跡の中から、新しい保育施設をつくることを目的に、「婦人之友」記者などを務めた羽仁説子を代表に組織されました。連盟規約では、「目的」として、「乳幼児を完全に守り、正しく教育するに必要な新しい保育施設を作り広めることに務め、保育にあたるものの教養を高め、その社会的地位を守ることを目的とする」と宣言しました。

連盟機関紙「民主保育ニュース」16号には、「地方の動き」として、神奈川、山梨とともに名古屋で開園して間もない東邦保育園の動きが掲載されていました。

〈東邦高等学校の一部を開放して、東邦保育園が5月に開設された時、人々はいぶかった。なぜ幼稚園にしないのかと。県教育委員である園長S氏は、「まず、幼稚園と保育園の違いを分からせることが目下の重要な仕事ですよ」と言われる――〉

「S氏」と紹介された園長とは下出貞雄校長のことです。貞雄は、昔からのしきたりが古い名古屋では、保育の内容でも厳しいしつけが求められること、家庭の負担が大きい幼稚園に比べて、保育園は、経済的困窮者が行くところという目で見られていることを指摘。子どもを保育園に預けて女性が働くことがまだまだタブー視されている中で、まず、そうした偏見から変えていくことこそが重要で、そこに東邦保育園を開園した意義があることを訴えていました。

記事は、東邦保育園開園にあたっては、東京都北区の労組が主体となった「労働者クラブ保育所」から主任保母として岩本愛子さんが転出してきたこと、岩本さんが、早くも名古屋弁を覚えて「新しい発展に苦心している」ことも紹介されています。

定員の120%に及んだ措置児

岩本さんはその後結婚し、出産のために東邦保育園を退職しました。代わって1952年5月から、主事（園長代理）には下出貞雄の求めで、佐藤宗夫さんが就任しました。佐藤さんは後に伴侶となった保母の操さんと一緒に、東邦保育園の運営に全力投球しました。佐藤さんの著書『ほほえみにつつまれて～佐藤操追悼集～』（1985、メルヘンハウス出版部）には、東邦保育園が果たした、名古屋の保育運動における先駆的な取り組みの数々が紹介されています。

この当時は、市町村が措置（行政処分）として、保育に欠ける児童の入所を決定する仕組みでした。東邦保育園（東邦高校内）は、交通アクセスの良い千種橋のそばにあり、福祉事務所から懇願される形で、東、千種、中の3区から措置委託された児童が定員の120%に達するほどでした。

1階に保育園が入っていた校舎と運動会での園児たち（1954年10月）

母親たちが働かなくては生活が苦しい時代。福祉事務所に保育所入所を申し込みに行き、「定員に空きがない」と断られると、「働かなければ食べて行けないから」と子どもを置いていく母親もいました。福祉事務所からは「預かってほしい。措置委託するから」という依頼が相次ぎ、「受け入れは定員の60%ぐらい」という時代に、その倍も受け入れることになったのです。

佐藤さんが赴任した当時の東邦保育園では、乳幼児用の施設がなかったため、保護者会は公立保育園開設運動を進めていました。保護者の要望を受けて名古屋市への陳情が続けられ、市立東保育園が開園したのは1952年8月。公立の東保育園が出来たことで、低所得層の措置児を中心とした東邦保育園児の3分の1

ほどが、公的援助が受けられる東保育園に移りました。東邦保育園では名古屋では初の長時間保育も開始されました。

名古屋の保育運動の先達として

佐藤さんは、私立保育園の団体では全国初となる名古屋私立保育連盟（私保連）の組織化も実現させました。下出貞雄から、「幼稚園は私学協会があって団結しているのに、保育園は団体を持たないから助成されない。保育園の団体を作ってはどうか」との助言を得たのがきっかけでした。下出貞雄は私保連幹部となる人たちを説得してくれ、結成式ではその必要意義を説いてくれました。

佐藤さんは全国組織（後の全国私立保育園連盟）作りにも奔走し、初代組織部長に就任。操さんも、東区の保母会の結成、名古屋私保連保母会結成の中心となりました。

『ほほえみにつつまれて』の中で佐藤さんは、１９５９年3月に閉園した東邦保育園について、「名古屋の保育運動の先達としての役目を充分果たして幕を閉じた」と振り返っています。そして、「私たち夫婦が東邦保育園で学んだものは保育運動であったし、新しい保育をめざしての保育内容の芽生えでした。下出さんや東邦保育園の存在がなかったら、私たち夫婦の人生はそれぞれ変わっていたはずです」「東邦時代は、下出さんから託された園を精一杯守り通して来た私たち夫婦の人生の輝かしき1ページでもありました」と記しています。

東邦保育園の閉園が決まった時、下出貞雄は佐藤さんに、東邦高校の事務局職員としてのポストを用意しましたが、佐藤さんは辞退し、操さんとともに中川区に保育園「みどり子どもセンター」を開園しました。１９８６年には操さんの遺志をついで、その跡地に「みどり子ども図書館」を開館し２００１年からは講演活動などで、絵本の楽しさを語り続けて生涯を終えました。

「仕事が暇になったら、東邦の応援に甲子園に連れてってやる」

東邦高校は２０１９年春のセンバツで優勝し、甲子園では平成最初に続いて平成最後も優勝で飾りました。4月19日「中日新聞」の「くらしの作文」というコーナーに、「東邦高校の優勝に思う」という投書が掲載されました。佐藤宗夫さん、操さん夫妻の長女小野洋子さん（62）からの投稿でした。（抜粋）

〈今から65年ほど前、私の両親は東邦学園が経営する東邦保育園に勤めていて、それが縁で二人は結婚。私と弟が生まれた。そして両親は、自分たちの理想の保育園をつくろうと仕事に熱中し、私たち子どもの世話は父方の祖母に任せっきりだった。

そんな父に関する唯一の思い出は、東邦高校が甲子園に出場するたびに言っていた言葉だ。「仕事が暇になったら、東邦の応援に甲子園に連れてってやる」。何度もそのチャンスはあったはずなのに、そのたびに「今度な、仕事が暇になったらな」と。

ついに一度も連れていってもらうことなく、父は8年前に亡くなってしまった。こんな経緯から、私は東邦高校優勝のニュースを聞いて、すぐに父の顔が頭に浮かんだ。「お父さん、平成は東邦の優勝で始まり、東邦の優勝で終わりましたよ」と、天国の父に伝えたい〉

東邦保育園に響いた平和の歌声

「東邦保育園では夜間、名古屋青年合唱団の若者たちが練習していましたよ」と高校時代の思い出を語ってくれた卒業生がいました。１９５３年に普通科に入学して１９５６年に卒業した7回生、河合清文さん（刈谷市）です。

『名古屋青年合唱団団史（1）』（１９９４年、以下は「団史」）によると、合唱団は1期生を募集するにあたって、交通が便利で使用料が安い練習会場を探していました。利用できることになったのが東区赤萩町の東邦高校でした。

国鉄千種駅のそばで交通アクセスもよく都心にも近かったからです。1950年5月から東邦高校講堂を借りて練習が始まり、間もなく、開園したばかりでオルガンもある東邦保育園が練習拠点となりました。

生徒会長を務める一方で、苦学生でもあった河合さんは、今でいうアルバイトのような形で東邦高校の夜間警備をした経験がありました。「夕方になると仕事を終えた若者たちが40人、50人と集まって来ていました」と河合さんは振り返ります。

団史には〈園児用の小さな椅子に恐る恐る腰かけて、「村祭り」「エルベ河」「泉のほとり」などを習った〉という団員たちの思い出も書かれていました。

閃光とごう音の8月6日広島

名古屋青年合唱団の創設時のメンバーに話を聞くことができました。名古屋市守山区の堀三郎さん、俊子さん夫妻です。

堀さんは大曽根の高等小学校を卒業して三菱電機に入社。1944年暮れに予科練に合格したものの入隊するはずだった東京の飛行場が使えなくなり入隊延期に。名古屋の三菱重工が爆撃されたことで1945年6月に広島県の三菱工作機械工場に養成工としての勤務となりました。

原爆が投下された8月6日朝は、爆心地から6㎞離れた工場で朝7時から作業をしていました。8時15分。ものすごい閃光の後、ドカーンという、工場がつぶれてしまったのではと思わせるほどのごう音に体が揺さぶられました。堀さんがこれまでに体験したことのない大音響でした。

工場の外に出ると、広島市中心地の上空に「きのこ雲」がもくもくと盛り上がっていくのが見えました。堀さんは、青年学校の生徒や養成工らで編成された数班の救援隊の一員としてその日のうちに地獄絵と化した広島市内に入りました。

堀さんたちは8月14日まで救援活動を続けた後、列車で名古屋に向かいました。岡山で降ろされて一泊し、8月15日昼、大阪駅の地下道に並ばされて終戦の玉音放送を聞きました。その日、名古屋の実家に戻り、「これでもう戦争には行かなくてもいい」と思ったそうです。

歌声運動で噛みしめた平和の尊さ

合唱団の思い出を語った堀さん夫妻（守山区の自宅で）

三菱電機に復帰した堀さんは、平和のありがたさを噛みしめるように歌声運動に参加し、組合役員にも選ばれました。しかし、社会情勢は急変し組合活動はレッドパージの対象となり、堀さんも解雇されました。「〝レッド〟ではなかったのにパージされた。大好きな歌を歌って文句を言われるのなら、もっとうんと広げてやろう」。堀さんは、運送屋、自動車修理工と職場を変えながら、名古屋青年合唱団の設立に加わり歌声活動に関わっていきました。

東邦保育園での練習では、堀さんがガリ版刷りで、その日覚える歌を書き込んだ「ピース」というチラシが売られ、運営費にあてられました。

俊子さんは1953年11月に合唱団に8期生として入団し、堀さんと出会い、1958年10月に結婚しました。

開園5年目の東邦保育園

俊子さんは1954年の半年間ほど、姉が東邦高校職員だった友人の紹介で、東邦保育園で保母として働きました。開園5年目の東邦保育園では実質的な園長だった佐藤宗夫さんのもとで100人ほどの園児を預かっていました。年少の「さくら」、年中の「たんぽぽ」、年長の「ぽぷら」の3組があり、最も多かったぽぷら組には40人近い園児がおり、俊子さんの受け持ちは3歳児もいるさくら組でした。

東邦保育園勤務時代について俊子さんは、「幼稚園のスタイルに近い保育園はちょこちょこあるものの、しっかりした保育園はまだ少ない時代でした。自由契約の園児はほとんどが地域の子どもたちでしたが、半分以上は役所から依頼されて来る措置児たち。援助金が出る関係で監査が行われ、その厳しさに驚きました」と振り返ります。

冬は園児たちが登園する前に、朝早くから出勤して、石炭ストーブで部屋を暖かくしておかなければならなかったそうです。

保育園のある教室は1階にあり、2階の教室は高校生たちが使っていました。「2階からバケツの水を降らせるなどやんちゃな生徒もいましたよ」と、俊子さんは楽しそうに語ってくれました。

7年続いた東邦保育園での合唱練習

名古屋青年合唱団は1955年からは、指導者に愛知学芸大学（現在の愛知教育大学）を卒業したばかりの熊谷賢一さんを迎えました。幅広い合唱ファンを受け入れるために、日曜日には「みんな歌う会」を始めるなどして活動の輪を広げました。熊谷さんは後に、NHK名古屋放送局制作の「中学生日記」の音楽なども手掛けた作曲家として知られることになりました。

団史には〈「指が3本入るくらい大きな口を開けて。言葉をはっきり」と、いつも熊谷先生はご自分の口に指を入れて教えてくれた〉という団員の思い出も書かれていました。

しかし、熊谷さんの病気による活動の中断もあり、名古屋青年合唱団の東邦保育園での活動は1957年で終わり、その後、活動場所は中区の幼稚園に移されました。

7年間続いた東邦保育園での合唱団活動について堀さんは、「自前の練習場がない時代、あれだけ交通の便利な保育園を使わせていただき本当にありがたかった。校長の下出貞雄先生には感謝の気持ちでいっぱいです」と語ります。

現れた東邦保育園卒園生

1950年から1959年まで赤萩校舎内に開園していた東邦保育園の第8回卒園生が「卒園アルバム」を持ち込んでくれました。卒園生は安井一行さん（犬山市）。東邦高校の21回卒業生（1970年卒）です。安井さんは1956年4月に入園、2年保育コースで1958年3月に6歳で卒園しました。

アルバムを手に思い出を語る安井さん

アルバムはA4版より一回り小さい横長サイズで21ページ。紺色の厚紙表紙には、左上に「おもいで」、右下に「東邦保育園」と金色で印字されています。保母の先生たちが心を込めて書き綴ったガリ版刷りの文章が続いていました。

1ページ目は東邦学園初代理事長である下出義雄の夫人サダさんの「おいわいのことば」です。「とうほうほいくえん　しもいでさだこ」と役職名は書かれていませんが、園児や職員たちからは「園長先生」と呼ばれ慕われていました。〈4月からは小学生です。明るく、たのしく、しっかり勉強して、お父さん、お母さんに負けない人になってください。そうしたら、〃日本のくに〃も、皆さんが大人になるころには、きっと、もっともっとりっぱなくにになることで

安井さんの担任だった近藤操先生と園児たち

しょう〉

2ページ目からは、保母さんや職員の寄せ書き、卒園までの出来事の一覧、知多での臨海保育、東区の保育園合同での犬山遊園地への遠足、運動会など行事の思い出が書かれています。カットの絵は園児たちの作品です。園児が覚えたばかりの字で書いた自分の名前と顔の絵もあります。

東邦高校では安井さんが入園した翌年の1957年4月、最初の鉄筋校舎として4階建ての1号館が完成しました。木造校舎からコンクリート校舎へ、施設の近代化が始まっていました。同年7月、国鉄（現在のJR）中央線に近い校舎にあった東邦保育園は、1号館建設のために解体された建材を使い、桜通り近くに移転しました。運動場は狭くなりましたが、高校生たちのボールが飛んでくる心配はなくなりました。

安井さんによると新しい園舎に移ってからの園児は少なく、2クラスで40人ほどだったそうです。「おもいで」の卒園者名簿には39人の名前があります。安井さんを始め、東区車道を中心に保育園に近い住所が目立ちます。

大男にまじっての運動会

園児の描いた絵をもとにした東邦高校との合同運動会の思い出のページもありました。

〈10月31日、とうほうのおにいちゃんと、ほいくえんの、ごうどうのうんどうかいでした。ゆうぎをしたり、たまいれ、つなひきもありました。かけっこもしてごほうびをもらいました〉

「東邦新聞」26号（1957年11月4日）にもこの運動会の記事が掲載されていました。「大男に混じって保育園児

安井さんが描いた砂場やブランコのあった新園舎

による遊戯、球入れもなかなかの色ぞえであった」と高校生記者は書き込んでいます。

GHQと生徒会

占領軍の申し子として

東邦学園は1953年に創立30周年を迎えました。生徒会新聞部発行の「東邦新聞」13号（10月30日）の1面には「祝　東邦学園創立三十周年」の協賛広告も掲載されました。東邦商業2回生の林伊佐武さんが社長の「林物産」を始め卒業生たちが関わる6社の社名広告です。

協賛広告すぐ上の「天・地・人」というコラムに、戦後の生徒会発足をめぐるエピソードが紹介されています。学園50年史によると、1948年に「高校・中学合同の生徒会発足」とありますから、生徒会が誕生して6年目の時に書かれたコラムです。以下抜粋です。

〈わが生徒会は占領軍の申し子として産声をあげた。戦時中の軍国主義教育をやめて、生徒に自主的に物事を考えさせる教育の一つとして生徒会が重視され、本校においても占領軍の強力な指示の下に設立された。平岡先生を初代生徒会顧問に迎え、第1期の生徒会役員選挙が行われたが、役員に当選したのは主に下級生で、下級生役員の下に上級生がはたして協力するだろうか、下級生は上級生を指導していけるだろうかと関係者一同はやきもきしたが、運営は極めて円滑で、関係者も安堵の胸をなでおろしたという――〉

第1期生徒会の会長を務めたのはこの「東邦新聞」13号発行の前年（1952年）3月に卒業した3回生仁田英夫さんでした。顧問に就任したのは後に校長（1965年1月〜1970年7月）を務めた平岡博です。仁田さんも、平岡もすでに故人ですが、それぞれ、当時を回想する記録が残されていました。

愛知軍政部の講習会

仁田さんは生徒会誌「東邦」2号（1960年3月5日）に「生徒会発展に寄せて」という思い出を寄稿していました。仁田さんは終戦翌年の1946年4月に東邦中学（旧制）に入学。そのまま新制高校となった東邦高校に進みました。6年間の東邦学園での学びを終えたのが1952年3月でした。

連合国による日本占領の終わりを告げるサンフランシスコ平和条約の調印も1951年9月であることから、仁田さんは、自分たちが東邦中学・高校に在学した時代について、「政治史の角度からみると〃占領の時代〃であった」と書いていました。そして、生徒会誕生を、「占領の時代の民主化ブームを象徴する出来事」として受け止めました。

仁田さんは、生徒会誕生がGHQ（連合国軍最高司令官総司令部）の後押しがあったことを思わせる事例として、「生徒会の初代顧問となられた平岡先生が、県主催の会に出席され、生徒会の会則ひな形や、議事の進め方のパンフレットを手渡され、米人のガイダンスを受けられたという」と書き残しています。

仁田さんの指摘した「米人のガイダンス」とは、GHQの地方における占領教育政策を担う愛知軍政部担当官による講習会のことです。愛知県立旭丘高校の愛知一中時代からの100年史である『鯱光百年史』には、1948年7月23日に、「愛知軍政部による自治会講習会が県下高等学校、中学校、小学校の生徒、教官を富士中学校（名古屋市東区）に集めて開かれ、生徒会の骨格となる内容が半ば強制的に指導された」と記されています。

GHQは日本の学校に、アメリカ流の校内自治組織・生徒会を根付かせようと、全国で同様な講習会を開催していました。千葉県では1948年11月に、GHQによって関東各地の高校生たちが集められ、生徒会の仕組みや自主的な活動の在り方が教えられました。（「毎日新聞」2017年2月5日長野県版）

愛知軍政部講習会に出席した平岡は50年史にその決意を回想しています。

「生徒を正しく指導していくには、まず、生徒会を育成することだと考えて、教務主任をやめ生徒係の仕事を進んで引き受けた。生徒会規約も最初、私が作り、講堂で生徒大会を開くまでにこぎつけて活動が始まった。苦しかったが新しい息吹の時代でした」

鑑賞映画も生徒が決定

仁田さんは、「米人ガイダンスの内容は平岡先生しか知らないものの、生徒会規約の母体となったGHQ作成のパンフレットは理想的な色彩を強く持っていた」と振り返っています。

仁田さんから生徒会長を引き継いだ同期生の新海（旧姓小山）明敏さんも同じ「東邦」2号に「生徒会創設期の想い出」として、動きだした生徒会活動の事例を挙げていました。

新海さんによると、校内に於ける諸行事の大部分は生徒会自身によって企画、運営されました。例えば映画鑑賞は、生徒会によって、選定、交渉、鑑賞という手順で行われました。戦前なら、東邦商業学校に限らず旧制中等学校の生徒たちが、映画館に一人で入ることすら厳禁でしたから、生徒たちには画期的な出来事でした。

学校生活での風紀上での取り締まりも生徒会が行いました。長髪問題で生徒会が開催されてその是非が論議され、決定に基づき、生徒会によって服装点検も行われました。「野球部の黄金時代を築こう」という合言葉のもとに、7校リーグ戦が開催された大須球場に繰り出して、全校一丸となって応援しました。厚生部門ではパンの販売までも生徒会が引き受けて担当したそうです。

新海さんは「生徒会の自治活動は学校側から一切干渉されることなく、自由に、しかも、のびのびと活動できたことも特筆されよう。当時の生徒会顧問には初代平岡博先生、二代には林（後に浅井に改姓）静雄先生と、組織の発足から育成に大変な努力を払われ、我々青二才どもをどこまでも信頼され、指導された功績は誠に偉大なものであると思っている」と回想しています。

上級生の反発

仁田さんは、在学中に生徒会長のほかに弁論部長、そして1951年に創刊された「東邦新聞」の新聞部長も務めました。卒業後は早稲田大学を経て帝国石油、石油連盟に勤務しました。仁田さんは2007年12月19日に亡くなりました。74歳でした。新海さんは愛知大学を経て名古屋市職員となりましたが、連絡を取ることはできませんでした。

2人と同級生で3回生の石原啓治さん（名古屋市千種区）から話を聞くことが出来ました。石原さんは愛知大学を卒業後、愛知県庁に7年間勤務した後、父親の家業を継ぎました。「中学、高校と東邦で学んだが、新進気鋭の下出貞雄校長のもとで、いろんな新しいことをやった。自由奔放な時代でもありました」と振り返ってくれました。

仁田さんが、中学3年生で会長に当選した1948年度当時、東邦学園は中学部と高校部合わせて443人以上の生徒がいました。終戦、学制の切り替えで、高校2年生、中学2年生は在籍せず、中学生357人（1年生85人、3年生272人）に対し高校生は86人（1年生49人、3年生37人）だけでした。人数は50年史に掲載されている東邦中学、高校の回数別卒業生数のため、実際の在校生数はこれを上回っているはずです。

役員選挙で生徒数の多い中学部の生徒が当選するのは当然の成り行きでした。しかも、立候補した中学3年生たちは、仁田さんを始め、ほとんどが弁舌さわやかな弁論部員で占められていました。

石原さんは、「上級生である高校部の生徒たちからは反発がありましたよ。講堂の檀上で理路整然と主張を訴える仁田君には相当ヤジも飛びました。上級生たちには、〝中学生のくせに生意気な〟という思いは当然あったわけですから」と苦笑しました。

長続きしなかった「干渉されない生徒会」

しかし、学校側から一切干渉されることのない生徒会活動は長くは続きませんでした。1953年「東邦新聞」13号のコラム「天・地・人」の記事後半は、GHQの生徒会育成の方針が、1950年6月の朝鮮戦争勃発でアメリカの反共政策が強化されたことなどを背景に、「高校生の生徒会活動は、占領軍、政府にはあまり歓迎されなくなったようだ」と筆を進めています。「日本の高校生は有形無形に加わる生徒会への圧迫を一生懸命はね返している。考えてみると東邦の生徒会も一肌脱がねばならぬ時期に来ているようだ――」。

生徒会で立って発言する仁田さん。左は新海さん（1952年アルバム）

仁田さん、新海さん、石原さんら東邦高校3回生たちの卒業アルバムには、生徒会執行部として会議を仕切る仁田さん、新海さんの姿がありました。さらにクラブ活動を紹介する新聞部のページには、仁田さんと新海さんも登場する1951年10月16日の「東邦新聞」5号の記事も紹介されていました。

1951年に創刊された「東邦新聞」で、保存されているのは創立30周年記念号でもある1953年の13号以降で、5号は残っていません。アルバムに掲載された5号紙面は、1951年9月23日に旭丘高校で開催された全国高等学校新聞連盟（高新連）東海総局の第1回名古屋地方大会での熱い論戦の様子を紹介。「劈頭火を吐く本校代表の質問」の見出しで、新海さんが「93校に招待状を出したのに21校しか参加しておらず、どうしたら多数校が参加できるか論議すべき」という動議をめぐり、仁田さんも加わった東邦高校と旭丘高校との間で「十数回猛烈な激論が戦わされた」と報じられていました。

東邦新聞
第5号
高新連東海総局（第一回）
名古屋地方大会開催さる
劈頭火を吐く
本校代表の質問

仁田さん、新海さんの名前も登場する「東邦新聞」5号

30周年前に創立者逝く

東邦高校は1953年に開学30年を迎えました。記念事業として戦災で鉄骨むきだしだった体育館の修復も行われました。戦火をくぐった鉄骨を骨組として再建された木造体育館でしたが、当時の愛知県下の学校体育館では初の蛍光灯照明ということで、写真付きで報道する新聞もありました。

東邦会も30周年賛助記念事業として『追憶の記』を発刊しました。戦争末期の1944年12月、三菱発動機製作所で空襲の犠牲となった20人の生徒・教員を始め、戦火に散った級友や恩師らに寄せる追悼記念文集でした。序文を寄せた初代理事長の下出義雄は、「想えば30年の歴史は多くの追憶をはらんで流れ去った。戦争の大きな激変もその流れの一つであった。人の一生も三十を而立という。いよいよ一人前となった東邦学園の前途を祈ってここに序文とする次第である」と書いています。

30周年を目前にした1952年8月16日、創立者下出民義が亡くなりました。享年90（満年齢）でした。『追悼の記』で、校長の下出貞雄は晩年の民義について書き残しています。

江戸末期から明治、大正、昭和を生き抜いた下出民義

「死去2、3年前ごろから、傍観の境地にあった祖父からは、〝俺が死んだら学校でぜひ葬式を頼む〟と遺言めいた言葉を聞かされていた。折よく昨年夏、懸案であった体育館の復旧がなり、狭い講堂を使わず、葬儀場として使用ができた。朝野の名士を始め、一般の方多数に参列していただき、盛大な校葬を催し、故人の意思に副いえたことで、責任の一端を果たしえた気がして自らを慰めている」

悲憤の金城商業学校史

「金城商業」最後の卒業アルバム

東邦高校が新制高校として第1回卒業生を送り出した1949年3月、赤萩校舎正門に掲げられていた「金城商業学校」の看板が下ろされました。最後の卒業生となった豊明市に住む奥村秀二さんに卒業アルバムを見せていただきました。

表紙を開くと、正面に向かって左側門柱に「金城商業学校」の看板が掲げられた写真がありました。看板横の壁には「衆議院議員候補者」の氏名が並んでいます。可世木文雄、赤松勇、宮崎賢一郎、太田政市。1948年12月23日の解散で、年明けの1月23日に行われた第24回衆院議員選挙愛知県第1区（中選挙区で定員5）に立候補した20人の一部でした。

「第14回卒業記念アルバム」の印刷文字とともに、星野克磨校長、隅山馨ら8人の「先生名簿」、154人の卒業

金城商業最後の卒業アルバム

最後の卒業生となった奥村さん

生名簿も収められていました。145人のうち55人の名前は3年後、1952年3月卒の東邦高校第3回生卒業生名簿にもありました。

金城商業学校最後の卒業生たちは、1946年4月に旧制金城商業学校（5年制）に入学。学制改革の中で新制中学校（3年制）としての卒業となりました。その大半が東邦高校に進学するか、新たに東邦高校内に開校した「金城夜間商業高校」（4年制）に進むかの道を選択していました。

奥村さんは金城夜間商業高校に進学しましたが、3年生になった1951年4月から、校名は「東邦夜間商業高校」に変わりました。「私にはもう一冊卒業アルバムがあるんですよ」と、奥村さんが見せてくれたもう一冊のアルバムを開くと、「東邦保育園」と並んだ「東邦夜間商業高等学校」の看板が掲げられた正門風景がありました。

日比野寛と一中魂

官報によると、金城商業学校の前身は1922（大正11）年4月、名古屋市東区松山町に実業学校として開校した名古屋育英商業学校です。しかし、そのルーツは1908（明治41）年、当時、愛知一中校長だった日比野寛（1866〜1950）が、「不遇な者の育英」を提唱し有力者の賛助を得て設立した「育英学校」にさかのぼります。

日比野は愛知一中、一高、東京帝国大学を卒業。1899（明治32）年7月に農商務省役人から、母校でもある愛知一中校長に就任しました。生徒たちが教師排斥、ストなどに走り、無秩序状態に陥っていた愛知一中の正常化を図るため、愛知県や文部省から託されての就任でした。

日比野は荒れる母校再生のために運動を重視しました。「病める者は医者へ行け。弱き者は歩け。健康なる者は走れ。強壮な者は競争せよ」と、生徒たちのエネルギーを勉強だけではなく、野球、庭球、漕艇、マラソンへと向かわせ、明朗快活の気風のもとに勉学にいそしむ〝一中魂〟を浸透させていきました。

日比野は愛知一中には1899（明治32）年7月から18年間校長として在籍。1917（大正6）年3月には、校長を辞任し4月の衆院選挙に立候補し最高点で当選しました。パリ、アムステルダムオリンピックにも参加し、国内外に「日比野式」と呼ばれる独特の走法を広め、「マラソン王」とも呼ばれました。

瑞穂陸上競技場前に立つ日比野寛の銅像

1930（昭和5）年6月21、22日付官報に名古屋育英商業学校の生徒募集広告が掲載されていました。「学校ヲ選択セヨ　体育第一主義ノ名古屋育英商業学校　名古屋市東区松山町　監督　日比野寛」。日比野の信念とも言える「体育第一主義」を掲げての生徒募集でした。
しかし、名古屋育英商業学校は経営に行き詰まり、日比野は私学経営から撤退。経営は1934年に半田市の富豪である中埜半左衛門に移り、中埜から友人である下出義雄に託されました。1935年、下出は校名を「金城商業学校」に改称して東邦商業の姉妹校とし、1937年からは東邦商業から隅山馨を校長として送り込み再建を図りました。

教え子人脈

官報によると、名古屋育英商業学校設置者は文部省告示により1934年3月6日、中埜半左衛門に変更されています。中埜は下出義雄と同じ愛知一中31回生。日比野が校長時代の1907（明治40）年3月に卒業、早稲田大学に進み、半田市長（当時は町長）なども務めました。東条英機内閣によって1942年に行われ、「翼賛選挙」と呼ばれた第21回衆議院議員選挙では、下出が愛知1区から、中埜が愛知2区からそろって当選しています。

隅山も愛知一中の37回生。さらに、下出、中埜と同じ31回生である東邦商業教員の尾崎久弥もまた金城商業の教壇に立ちました。日比野の一声でテニス部から野球部に転部した下出のみならず、隅山、尾崎には日比野に対する特別な思いがありました。

隅山は愛知一中2年生の時に、日比野からボートの選手になることを命じられました。毎日、熱田の海での猛練習に打ち込み、3年生の夏には琵琶湖全国大会にも出場しました。

江戸文学者として知られることになる尾崎にとって日比野は恩人でした。生徒たちの苦境を敏感に察知する日比野は、愛知一中から國學院に進んだ尾崎が、家庭の事情で学資が途絶えていることを知り卒業生篤志家らに支援を募りました。奨学金制度のない時代、尾崎のように日比野の恩恵を受け、後に名をなした卒業生は他にもたくさんいると言われています。

甲子園大会史に刻まれた足跡

『東区史』（名古屋市東区史編さん委員会）によると、名古屋育英商業学校が金城商業学校と改称された当時の生徒数は少なく、5年生が5、6人程度までに落ち込んでいました。隅山は校長に赴任してからの様子を学園50年史で振り返っていました。

〈率直に言えば、当時は校舎も校庭も、生徒までが（特に上級生）荒廃した姿であったが、勇猛心を起こして校舎の改修、校庭の修理はもちろん、下出（義雄）先生にもお願いして校舎の増築を進め、生徒の教育指導まで刷新した。私も犠牲を払い、昼となく夜となく（夜間部もあった）専心努力したが、教職員一同一致協力した。生徒も真面目に勉学し、心身の鍛錬に励んだので、実に意外に早く復興し、数年後には各学年定員165名ずつ、しかも入学志願者は数倍押し寄せる状況となった〉

名古屋育英商業学校（育英商）、金城商業学校（金城商）の学校生活の様子を伝える記録は空襲で焼失して残っていません。かすかな足跡が『全国高等学校野球選手権大会70年史』（朝日新聞社）の夏の甲子園地方予選の記録として刻まれていました。

育英商は1922年から1928年までの間に6回出場。1924年の第10回大会1回戦で岡崎師範に19－2で勝利した以外は全て1回戦敗退。1929年以降は出場していませんでした。

金城商は1936年から戦争による中断を挟み1947年まで出場。7年間で10試合を戦い3勝7敗の成績を残しています。常滑工からの2勝、名古屋二商（現在の西陵高校）からの1勝でした。1930年に初出場した東邦商と金城商の〝姉妹校対戦〟は実現しませんでした。

双鯱の校章と「金城」

金城商業学校は1945年3月の空襲で校舎を失い、東邦商業学校に身を寄せました。同居は終戦後も続きました。

奥村さんが大切に保管していた金城商業学校卒業アルバムに印刷された校章は、左右に向き合った鯱と「商」の文字をデザインしたもので、名古屋育英商業学校の校章の「育」を「商」に変えて継承されました。一方、もう一

金城商業校章

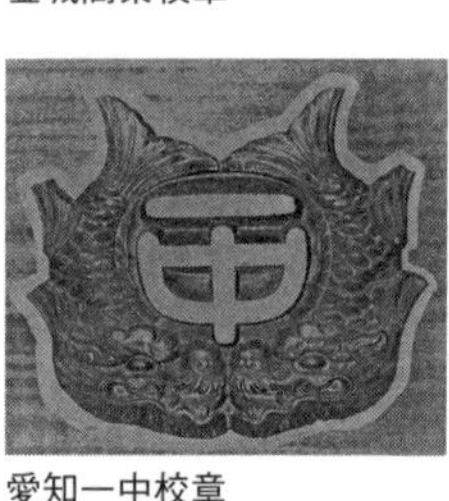
愛知一中校章

東邦夜間商業高校校章

冊のアルバムに印刷された東邦夜間商業高校の校章は、平和の象徴である鳩をあしらった東邦高校校章の「東邦」を「TOHO」に変えたものでした。

　双鯱はもともと愛知一中の校章でした。『愛知一中物語（上）』（中日新聞本社）によると、育英学校の校長を兼務していた日比野によって育英の校章としても使われました。愛知一中では絶大な人気を誇った日比野だけに不問にされたようです。名古屋育英商業学校を東邦商業学校の姉妹校として引き継いだ下出義雄が、校名に名古屋城の異名でもある「金城」を用いたのは、日比野があえて校章として使った名古屋城の象徴である双鯱への思いを汲んだのかも知れません。

　東邦夜間商業高校は1957年4月からは東邦高校定時制となり、1964年3月、最後の卒業生を送り出して休校となりました。隅山は50年史への寄稿で、この時、思い立って日比野の墓前を訪れたことを記しています。隅山は、墓石にラテン語で「Mens sana in corpore sano（健全なる精神は健全なる身体に宿る）」と刻まれていることに気づき感慨無量でした。寄稿は「ここに金城商業学校の歴史は閉じられたのである」と締めくくられていました。

保存されていた入学案内

　金城商業学校の1936年度「入学案内」や1937年から1940年にかけて発行された校友会誌などの資料が愛知東邦大学図書館所蔵の「東邦学園下出文庫」に保管されていました。金城商業は空襲で校舎が焼失、所蔵資料も失われました。「東邦学園下出文庫」には、戦前から戦後にかけての産業や軍事、学園などに関する文献や資料約1万４０００点が保管されています。膨大な資料の存在が明らかになったのは２００７年4月でした。東邦高校の旧校舎解体工事の際、旧本館屋上の倉庫に段ボール箱１５７箱に保管されているのが見つかりました。

「入学案内」には学校創立が１９２０（大正9）年3月と記載されています。名古屋育英商業学校は１９２２（大正11）年に実業学校として文部大臣から認可されていますが、その2年前、１９２０年に開校した昼間の「商業育英学校」の開校をもって創立としていました。

１９３６年度「入学案内」では金城商業の教育方針として「真剣で確実な、積極的で責任感の強い人格の養成」を掲げるとともに、「正しくて明るい徳育」「愉快で穏健な体育」を掲げています。これに対し、１９３６年度の東邦商業の入学案内は、「真に信頼し得る人物を養成するため、『真面目』の一語をもって教育の根本精神とする」という「教育のモットー」を掲げています。

金城商業学校の1936年「入学案内」

金城商業「入学案内」には校主が中埜、校長が日比野から名古屋育英商業学校校長を引き継いだ高橋斯文、下出義雄が名誉校長として紹介されています。募集人員は昼間部1年生１２０人、夜間部1年生１００人。校舎、武器庫、図書館、標本室、授業風景、野球部、庭球部の活動や教練の様子の写真も紹介されています。

校友会誌「金城」

金城商業は名古屋市東区松山町にありました。現在の東区泉二丁目、三丁目および東桜二丁目にあたります。東邦商業では野球部長も務めた隅山馨が、下出義雄校長の命を受けて金城商業校長に転出したのは１９３７年1月でした。

「東邦商業新聞」76号（1937年1月26日）に「隅山先生ご栄転　金城商業学校長に」という記事が掲載されています。隅山は「金城商業は本校の弟のようなものでありますし、私も1週に数回はこちらへ伺わせていただきますから、全くお別れするわけではありません」と述べています。

「東邦学園下出文庫」に保存されている金城商業関連資料の中に、1937年から1940年にかけて発行された校友会誌「金城」3冊がありました。2号（1937年12月25日発行、130ページ）、3号（1938年12月30日発行、104ページ）、4号（1940年2月15日発行、100ページ）です。誌名題字「金城」は下出義雄の筆によるものです。誌面は世相を反映し、次第に戦時色が強まっていきますが、各号とも東邦商業校主の下出民義、東邦商業校長の下出義雄らの巻頭記事が掲載され、東邦商業の教育方針の浸透が図られました。

2号巻頭で、東邦商業校主である下出民義は、金城商業顧問、貴族院議員として金城商業の教育方針について明確に主張しています。（冒頭を抜粋）

〈私の後継者たる下出名誉校長が経営の任にある金城商業学校の教育方針は姉妹校たる東邦商業学校と同一轍の下にあらねばならぬ。私は青年時、多少教育に従事した事もあり、後、転じて実業界に入り、五、六の会社に関係し、また、帝国議会にも参ずる次第になったが、今、顧みて痛切に感じるのは「堅実なる人物」の必要である。世に役立つ人物、利巧な人物は済々としてある。併し安心して事を任せ得る人物、事を共にする人物、安心して取引の出来る人物が少ない。故にこういう思想の堅実な、併せて体力の優秀な人物を作りたいの念願のもとに東邦商業学校を設立した所以である。今日の時勢に鑑み、ますます自分の希望が必要緊迫なものであることを切実に感じている次第である〉

巻頭文には名誉校長である下出義雄の「南京陥落を前にして」、校主で半田市長に就任したばかりの中埜半左衛門の「所感」も掲載されています。いずれも口述を筆記したものですが、編集後記には「本号を飾るにふさわしい顧問の下出民義先生、名誉校長の下出先生、校主の中埜先生の談話は隅山馨校長先生がご自身で頂いて来て下さいました」と記されています。

緊迫する戦況

2号の巻頭グラビア写真2ページには生徒たちの部活動を紹介する6枚の写真が掲載されています。「君は清流を汲み吾薪を拾わん」のキャプションがついているのは「健児部」(ボーイスカウト)。野営風景の写真ですが、本文中の「各部報告」(部報)欄には、「8月10日より14日まで5日間にわたり中津川栗山に於いて東邦合同長期野営を行う」の報告もあります。

「金城」2号(右)と4号(左)のグラビア写真

「明朗スポーツ」と紹介されているのは籠球部(バスケットボール部)。校庭での練習を開始したのはわずか半年前で、部報は「赤ん坊が母から離れて一人歩き出来かけたような段階」と伝えています。校庭の花壇の手入れをしながら咲きほこる花を抱える笑顔の部員を紹介した園芸部の写真もあります。

部報欄では野球部、剣道部、庭球部、卓球部、籠球部、健児部、美術部、弁論部の8クラブの活動が報告されています。創部したばかりの野球部は部員8人の声を紹介しています。「中商(中京商業)とは言わないがAクラスと対立の出来る程度になりたい」と書いている3年生部員もいます。

4号の「学校日誌」欄には、甲子園選抜で2回目の全国制覇を果たした東邦商業野球部の凱旋を祝うため、「第6限後、東邦商業野球部出迎ノタメ出向」の記事もあります。3号、4号のグラビア写真では軍事教練、参拝行軍、勤労奉仕、慰霊祭の写真で埋まっています。4号では1939年12月3日に校庭で行われた5人の卒業生戦死者慰霊祭の写真2枚が掲載されています。校庭で行われたのは「本校出身支那事変（日中戦争）戦死者慰霊祭」。5人は「聖戦散華五勇士」として同窓会欄に軍服姿の写真、略歴とともに掲載されています。1928年、1930年、1931年、1932年、1933年の卒業でいずれも名古屋育英商業時代の卒業生です。

「金城商業学校報国団」の収支資料

1940年秋、文部省から「学校報国団ノ組織ニ関スル要綱」が出され、ほとんどの学校で1941年4月前後から校友会は「学校報国団」に改組されていきました。剣道部は剣道班、書道部は書道班など運動部も文化部も報国団のもとに班となりました。

「東邦学園下出文庫」の保管資料の中には1943年12月末現在の「金城商業学校報国団」の「経常部収支勘定表」も残されていました。

報国団に所属する班名には射撃、戦場、銃剣術、喇叭、剣道、角道、通信、体操、海洋、書道、珠算、修養、吟詠、図書、救護、農耕、配給、勤労と戦時色を反映した名前が並んでいます。1万5000円の予算を組んだ戦場班は11月までにすでに1万8761円が使われています。12月の出費も3420円で支出累計は2万2181円となり、班では唯一の赤字として7181円を計上しています。班以外の「滑空機積立金」は10万円の予算額に対して累計12万9224円となり、2万9224円上回りました。

戦争の傷跡えぐり出した卒業名簿作成

金城商業は1945年3月18日の名古屋空襲で全校舎を焼失し、東邦商業に同居し終戦を迎えました。空襲前、すでに金城商業の校地、校舎は軍に接収され、生徒たちは勤労動員に駆り出されていました。

母校を失い卒業生同士の連絡も取れないまま全国に散った金城商業卒業生たちが1977年8月末、戦後32年を経て卒業生名簿発行にこぎつけました。10回生（1945年3月卒）有志が名簿作成委員会を作り、1年余をかけて1400人近い卒業生らの氏名をまとめました。

1回生（1936年3月卒）から14回生（1949年3月卒）まで1300人弱の名簿では住所、勤務先などの空白が目立ちます。住所が判明したのは1回生で11人中2人、2回生も15人中2人だけ。7回生は133人中60人の所在地と19人の物故者が分かっただけでした。

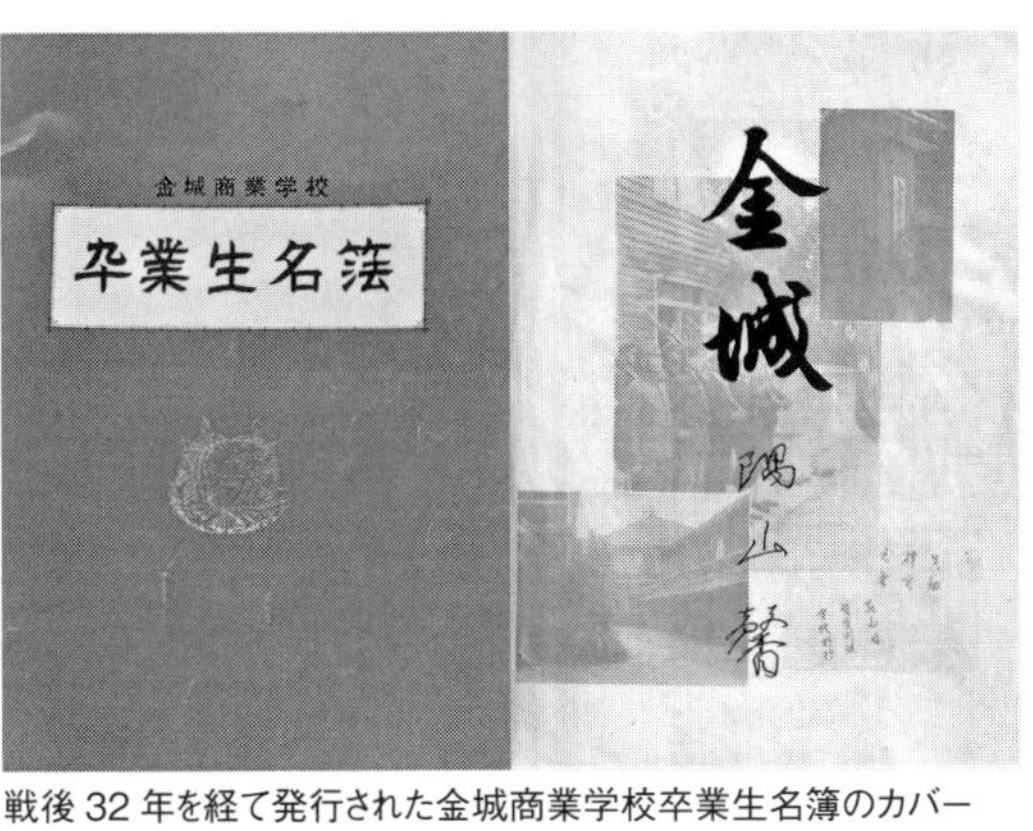

戦後32年を経て発行された金城商業学校卒業生名簿のカバー（左）と隅山が署名した表紙

10回生でも150人中83人の所在地と4人の死亡確認にとどまり、住所が確認できたのは全体でもほぼ半分だけでした。作成委メンバーたちが消息を追う中で、5回生の3分1が戦争の犠牲になっていることが分かりました。勤労動員中に空襲で亡くなった卒業生もいました。

名簿には前身の名古屋育英商業学卒業生はごく一部しか記載されていませんが、「金城」2号に寄稿した同校第1回卒業生（1925年3月卒）の横井勉氏は「現在（1937年）の卒業生は昼間部、夜間部で約1500人」と書いています。

金城商業卒業生たちの名簿作りは「空襲とともに消えた〝幻の母校〟32年ぶり卒業生名簿づくり」として1977年8月19日「中日新聞」に紹介されました。校長だった隅山馨による寄稿も含めると60ページに及ぶ名簿の「あとがき」で名簿作成委員会は、「名簿発刊は戦争の傷跡をえぐり出す作業だった」と、万感の思いを込め、戦争に翻弄された母校の歴史を書き綴っています。以下、全文です。

【戦争に翻弄された悲憤の母校史】

わが母校、私立金城商業学校は、いまはない。敗戦の年の3月18日未明、幾度目かの大空襲によって灰燼（かいじん）に帰し、わが母校金城商業学校は再建のメドもたたず、事実上消滅した。痛恨のきわみである。だが、今も母校を愛し、恩師を慕い、亡き友を偲ぶ卒業生らの手によって、卒業生名簿が発刊される運びとなった。金城商業学校創立以来、初めてのことである。

思えば昭和10年、育英商業学校から金城商業学校に衣替えし、新しく創立されてから事実上崩壊するまでの過程は、建学の精神とは無関係に、若人らを戦場に駆り立てるための養成機関という悲憤の歴史でもあったと言える。

生徒らの向学の志も軍事教練と勤労動員に変わり、卒業生の多くが中国、ビルマ、フィリピン、あるいはブーゲンビル、ラバウルなどに転戦し、散った。特に5期生の犠牲者は最も多く、卒業生の3分の1が散り、内地においても勤労動員された10期生の諸君が空爆で散るなど、その苦しみの血と悲しみの涙が、今もなお我々の深層に傷跡として残っている。

わが母校、金城商業学校を語るとき、戦争の体験を抜きにして語ることはできないのもそのためである。現にこの卒業名簿の原本である学籍簿にしても、空爆の激しい中、恩師らの手によって土中に深く埋められ守られてきたのであり、それだけに恩師の苦悩も深いものだったと推察する。

再び平和がよみがえってきた。戦中、戦後、我々は多くを体験してきたが、それも風化しようとしている。

しかし、人間にとって断じて忘れてならないものがある。その一つが戦争であることを確信している。平和への願いは戦争の傷跡と惨禍を掘り起こすことによって、より強固なものになる。

卒業生名簿の発刊作業はある意味では戦争の傷跡をえぐり出す作業であるともいえる。わが母校、私立金城商業学校卒業名簿の発刊にあたっては、隅山馨元校長先生を始め、齋藤義雄先生、外山駿平先生らの助言を得たのを始め、10期生の諸君らを中心に、各期生有志の皆さんの協力を得たことを付記し、発刊のあいさつにかえる。

野球部復活へ長かった道のり

18年ぶりの甲子園

東邦高校が戦後初の甲子園出場を果たしたのは1959年春の第31回選抜高校野球大会でした。戦前の東邦商業学校の甲子園出場は春8回（3回優勝）、夏2回の計10回を数えましたが、1941年の第18回選抜優勝以来、戦後の初出場まで18年の歳月を要しました。

第31回大会を前に発行された4ページ建ての「東邦新聞」31号（1959年2月25日）の1面に野球部長の高木良雄が、「18年振りの夢、甲子園」という喜びの手記を寄せていました。高木は東邦商業の9回生（1936年卒）。創部まもない野球部に入部し、甲子園初出場で初優勝に輝いた第11回選抜第大会（1934年）、第12回大会（1935年）には選手として出場し、2回目優勝の第16回選抜大会（1939年）には青年監督として全国制覇の指揮を執りました。

〈一口に18年というが、余りにも長かった。この辺で一度出なければもうどうにもならぬところまできていた。一つの目標を立て、夢を懐いて努力精進し、十余年（戦時中の空白時を除いても）も時を空費したということ、それはもう野球の問題ではないのである。野球という一つのスポーツを通じて、それに携わっている者の人間（といってもそれは我々のことだが）が問われているのである〉

高木の手記には、待ち焦がれた歓喜の時を迎えるまで18年を要した葛藤が滲んでいました。

東邦高校として初の甲子園出場を喜ぶ野球部と下出貞雄校長

グラウンドは八事から平和が丘へ

東邦高校では戦前の野球部黄金時代でもあった1939年から、専用グラウンドとして、現在はイオン八事店に近い、住宅地となっている一角に、八事グラウンド（東邦八事球場）を保有していました。しかし、周囲の住宅開発が進み、赤萩校舎が手狭になってきたこともあり、グラウンドの総合化が検討されました。

1958年5月、現在の東邦高校、愛知東邦大学がある名東区平和が丘（当時は千種区猪高町）に3万6300㎡の用地を購入し、同年11月、硬式、軟式野球場、多目的運動場を備えた東山総合運動場を完成させました。

18年ぶりに甲子園の舞台に挑むための練習は、誕生したばかりの東山総合運動場で行われました。赤萩校舎から東山総合運動場への移動のために、名古屋市バスの払い下げを受けた専用バスが導入されました。グリーンとクリーム色のツートンカラーに塗り替えられた専用スクールバスで、市内のスクールバスはまだ極めてめずらしかった時代でした。

野球部長の高木の手記が掲載された同じ「東邦新聞」3面の「輝く甲子園出場」という記事では、硬式野球部の練習ぶりを新聞部員がルポしています。

〈硬式野球部は紫紺の優勝旗獲得を目指して毎日猛練習を続けている。東山総合グラウンドでは、薄暗くなるまで、若い力のこもった声が満ちている。「18年ぶりの甲子園出場だ。大いに暴れて来い」というのは真の声であろう。新聞部は1月31日土曜日の放課後、グリーンのスクールバスに野球部の連中と乗り込み、一路東山グラウンドに向かった。星ヶ丘の静寂はバスから降りた選手たちの歓呼によって破られた――〉

野球部時代の思い出を語る久野さん

赤萩からスクールバスで移動

東山グラウンド誕生当時は1年生部員だった久野耕平さん（東海市）が思い出を語ってくれました。久野さんが1958年4月に東邦高校に入学した当時の野球部員は約50人。まだボールや用具が貴重品だった時代でした。皮が破れたボールを裏返し、授業の合間に縫い合わせていました。ヘルメットもなく、帽子の下に厚い革バンドを巻いて打席に入りました。

八事グラウンドで行われていた練習は11月からは東山グラウンドに変わりました。赤萩からバスで30分くらいかかりましたが、自慢のスクールバスとはいえ、古くて狭くて全員乗れませんでした。久野さんら1年生たちは、東山まで市電に乗り込み、そこからグラウンドまで歩きました。

東邦学園短期大学が開学した1965年当時の、東山グラウンドが写っている写真が残されています。周辺には、切り開いた山肌がのぞく丘陵地が続いています。久野さんによると、短大キャンパスが開設された付近は、軟式野球部員たちの練習が行われた一帯でした。

3塁側ベンチ近くには2階建てクラブハウスがあり、2階には管理人家族が住んでいました。伊勢湾台風が大きな被害をもたらした1959年9月、2年生だった久野さんは東海市（当時は知多郡上野町）の自宅から通えなくなり、同様な三重県出身の生徒5、6人とともにクラブハウス1階に寝泊まりしました。

久野さんは、自宅が復旧する年末まで、朝の通学はレフト側から淑徳学園前を通って30分近く歩いて星ヶ丘まで出ました。そこから市電を車道まで乗り継いでの通学を続けました。整備された道ではなく、雨が降ればぬかるみの道路で、グラウンド周辺には鶏小屋が立ち並んでいたそうです。

名古屋から自転車で甲子園に向かった生徒たちも

18年ぶりに甲子園の土を踏んだ東邦高校は、4月2日の1回戦で倉敷工業高校と対戦し10－3で快勝しました。学校は春休み中でしたが、母校を応援しようと、名古屋から自転車で甲子園に向かった生徒3人がいました。1年生の時に久野さんと同じ商業科J組だったクラスメイトたちで、古橋徳一さん、伴野好正さん、川船敏郎さんです。

名古屋市昭和区に住む古橋さんが思い出を語ってくれました。3人は、東邦―倉敷工の試合を、金山の同級生宅に集まった仲間5、6人でテレビ観戦していました。まだ、各家庭にテレビ受像機が普及していなかった時代ですが、全国放送アナウンサーの、「甲子園に帰ってきた伝統校」「野球名門校の復活」という心地よい響きの中継に煽られるように、3人は自転車で甲子園に応援に向かいました。

4月3日朝に名古屋を出発した3人は、4日午後、甲子園球場の応援スタンドにたどりつきました。しかし、この日第3試合として予定されていた2回戦の東邦―長崎南山の試合は雨のため5日に順延となりました。応援スタ

戦後初出場となった第31回大会の東邦応援席

ンドの3人を新聞記者が取材していました。4月5日毎日新聞（中部本社版）に掲載された記事です。

〈3人は3日朝名古屋を出発、4日午後球場に現れた。四日市から鈴鹿峠を越え、草津、大津を回って夜半に京都山科につき、そこで野宿。4日はまだ夜の明けないうちに山科を出て大阪梅田まで自転車行脚を続けてきたもの。雨が降ってもいいようにと、雨具の用意も忘れなかったといい、「どうせ4日夜もどこかで野宿するつもりだったからこの試合を見届けてから帰ります」と、試合延期にもめげず元気に球場を出ていった〉

順延となった5日の長崎南山戦は、前夜来の雨が雷を伴ってグラウンドをたたきつける最悪のコンディションの中で行われました。東邦高校は惜しくも0－1で敗れました。

「グラウンドコンディションさえ良かったら、得意の足を使った野球が出来たと思う。やはり悔しかったです」。エースとしてマウンドに立った山本雅巳さんは後の毎日新聞の取材で悔しさを語っていました。

下出義雄の死

東邦高校が18年ぶりの甲子園出場を決めたのは1958年11月8、9日に行われた中部地区高校野球大会での準優勝でした。東海4県から8校が参加したこの大会で、東邦は決勝戦で岐阜商業に0－1で敗れたものの翌春の甲子園切符を手に入れることになりました。

この年1月20日、学園の父として慕われてきた元校長、理事長の下出義雄が逝去しました。67歳でした。下出義雄は父民義の事業を継ぎ、名古屋財界で活躍する一方で、東邦商業学校の教育、そして野球部の育成に情熱を注ぎ続けてきました。

18年ぶりの甲子園出場を前に、義雄の長男で校長の下出貞雄は、創刊された生徒会誌「東邦」1号（1959年2月）に掲載された祝辞で、父子で語り合った東邦高校の野球部について書き残しています。（要旨）

〈去年死んだ僕の父は学生時代、野球の選手でもあり、野球を何よりも愛した。戦前の東邦の野球が強く盛んだったのもそのためであった。その子である僕もまた野球を愛することにおいては劣らないつもりである。

この野球好きの2人が戦後間もなく、東邦の野球について語り合ったことがある。それは、野球は今後きっと盛んになるだろう。しかし、これからの東邦は、野球といわず、スポーツばかりに力を入れては駄目だ。考える人間の養成、物事を真にじっくり考える人間を教育することを第一とし、野球を始め、スポーツはこれに平行して随行して行えばよいのではないだろうか。

戦前、文部省に野球統制令を出させたような学生野球は真の学生野球ではない。戦後は、派手な見せる野球、勝敗に狂奔するスポーツはプロに任せよう。本当に野球を愛するものだけの学生野球。東邦の野球は、アマチュアスポーツに許された限界を守って人間教育の場としてやろう。そうした上で強くなろう。強力な立派なチームに育てよう。そう話し合い、この線に沿って今日まで来たのである。ついに我々も栄光の道に歩みよった。18年は長かったが、本筋を歩いて、絶えず〝真面目〟に前進を続けて得た今度の成果こそ誠に貴重なものではないだろうか〉

【新制野球部初代主将の鶴田辰夫さんに聞く】

旧制東邦商業学校から新制東邦高校に生まれ変わった1948年。夏の第30回全国高校野球選手権大会愛知予選1回戦で、東邦高校は成章高校に1－2で惜敗しました。指導者も野球用具ない苦難の中での再出発でした。この年に東邦高校に入学し、名門野球部復活という重い責任を背負ってキャプテンを務め、卒業後は硬式野球部OB会の初代会長も務めた鶴田辰夫さんに2018年7月、野球部再出発当時の思い出を名古屋市天白区植田西の自宅で語っていただきました。

「野球がやれる喜びが原動力になった」と語る鶴田さん

雑草刈りから始まったグラウンドづくり

私たちは新制東邦高校に入学した最初の1年生でした。2年生はおらず、旧制東邦商業学校を卒業生したばかりの先輩たちが3年生に編入学していました。東邦高校卒業年次としては当時の3年生が第1回、1年生だった私たちが第2回になりました。

卒業名簿によると第2回卒業生は47人ですが、入学時ははるかに少なく、途中入学みたいな生徒たちで何とか埋まっていった感じでした。学制移行の混乱期だったのでしょう。私も父親の転勤で神奈川県の旧制横須賀中学から名古屋の旧制南山中学に転校。卒業と同時に新制に変わった東邦高校に入学しました。中学時代の親友が、「おまえ、ここ（南山）の野球部に入っても優勝は無理。東邦に行った方がいいぞ」と勧めてくれたこともありましたし、2年先輩で、後に東邦高校の野球部監督になられた近藤賢一さんと家が近所で、一緒に草野球をやっていて、誘ってもらったこともあります。

硬式野球部も1年生と3年生を合わせて15人ほどでのスタートでした。車道の赤萩校舎は練習をするには狭いので、まずは八事にある学校のグラウンド整備から始めました。雑草の原っぱを広げて、マウンドをつくりました。草むしりが面倒になり、火をつけたらものすごく燃え上がって大騒ぎになったこともありました。

あらゆる物資が不足していた時代で、野球用具も〝ないないづくし〟でした。バット2本、ボール数個で公式戦に出たこともありました。縫い目の破れたボールを不器用な手つきで、縫い合わせるのも日課でしたし、折れたバットもテープをぐるぐる巻きして使いました。

今から思えばよくやったと思います。それでも毎日が夢中でした。もちろん、伝統ある東邦野球部の名前を消してはならないという強い思いはありました。

初の甲子園予選は成章に1－2で敗退

学制改革に伴い甲子園の野球大会名も中等学校大会から高校野球大会に変わりました。私たち野球部が最初に挑んだのは1948年7月に鳴海球場で開幕した第30回全国高等学校野球選手権大会愛知予選。1回戦では成章高校と対戦し1－2で敗れました。こちらはチームの形を整えるのがやっとで、入部してすぐレギュラーになれるほどの寄せ集めの戦力で、その後も苦戦が続きました。翌春のセンバツにつながる秋の大会には不参加でした。

2年生からキャプテンになりましたが、夏の第31回大会愛知予選も1回戦で名古屋文理高校（現在の名城大学附属高校）に0－3で敗退しました。優勝して甲子園に出たのは享栄です。

監督は1年生の時は山中英俊先生、2年生からは甲子園経験もある安田（旧姓田島）章先生でしたが、安田先生は復員して母校の教員になったばかり。八事のグラウンドには1週間に1回来るか来ないかでした。

そんな状態ですから、八事のグラウンドでの練習は選手だけでやりました。日大に進学していた近藤賢一先輩が、夏休みで帰省した時に指導してもらうか、1939年の第16回選抜大会で全国優勝した時のメンバーで、日大を経て社会人野球の愛知産業でプレーをしていた久野欽平さんが時おり顔を出してノックをしてくれる程度で、やはり指導体制が確立していなかったのは致命的でした。

そういうわけですから、練習はほとんどが選手任せ。野球に関する情報もないなかで、自らの努力でひたすら練習をして力をつけるしかありませんでした。

金田投手の享栄にコールド負け

この当時の愛知県下の高校野球は、瑞陵、享栄、犬山高校などが甲子園を争っていました。享栄にはプロ野球の国鉄（現在のヤクルト）や巨人で活躍した金田正一投手がいました。

3年生だった1950年の第32回大会愛知予選の2回戦で、東邦は金田と対戦しました。1回戦は南山高校を7－5で下して挑んだ享栄との対戦でしたが、0－9で7回コールド負けを喫しました。キャプテンの私はレフト4番の右打者でしたが打てませんでした。高校生ばなれした速球とドロップ（落ちるカーブ）にチーム全体で8三振を奪われ完敗しました。

この当時、享栄は国鉄八事球場で練習していました。私たち東邦は授業が終わると市電で車道から今池、大久手を経て八事に向かいましたが、途中の安田の電停から金田ら享栄野球部が乗り込んできました。金田たちは半増坊で降り、東邦は八事まででしたので、市電の中では互いに顔見知りでもありました。

金田は三振を奪う数も多くすごい投手でした。しかし、一方で四球も多かった。打ちに行っても打てないし、ストライクも打てないが、立っていれば四球を選べるピッチャーでした。結局、この年の夏、甲子園への出場切符をつかんだのは優勝候補の享栄ではなく瑞陵高校でした。

「野球部史上、最弱だった時代」

東邦高校野球部の戦力が整い始めたのは私らが卒業するころでした。先輩たちの尽力もあり、有望な新人たちが次々に入って来るようになりました。そして、戦後初めて甲子園の土を踏んだのは2年先輩の近藤さんが母校監督に就任してからの1959年春。3回目の全国優勝した1941年以来、18年ぶりのことでした。近藤監督時代の東邦は5回も甲子園出場を果たしました。

私たちの野球部時代は、伝統ある東邦の野球部史の中で、一番弱体だった時代だったかも知れません。ただ、こういう時代があったればこそ、栄光ある東邦野球部の伝統が守り継がれたのだという自負もあります。同期部員の中には投手だった桜井隆光君のように頑張ってプロの中日に入団した選手もいます。

戦後の何もない時代に、何であれだけ夢中になって野球をやったのかよく分かりません。多くの少年たちがまだ簡単にはグローブも買ってもらえない時代に買ってもらえたうれしさもあったかも知れませんが、好きな野球をやれる喜びが原動力になっていたのでしょうね。

卒業後は日通名古屋支店に入社。1962年には監督として都市対抗野球で全国準優勝を果たしました。日通を定年退職後も社会人野球の審判は10年もやりました。おかげ様で野球人生を全うでき、悔いはありません。世代もすっかり変わってしまい、OB会でも知っている皆さんの顔ぶれも少なくなりました。

伊勢湾台風と甲子園連続出場

戦後最多の犠牲者

1959年9月26日、超大型台風15号（伊勢湾台風）が和歌山県潮岬に上陸し、伊勢湾岸を襲いました。上陸が名古屋港満潮時間とほぼ重なったことで、すさまじい暴風雨とともに3mを超す高潮が押し寄せました。死者・行方不明者は5098人に及び、1995年1月17日に阪神・淡路大震災が発生するまで、戦後の自然災害では最多の犠牲者となりました。東邦高校からの犠牲者は出なかったものの恐怖と向き合う体験をした生徒たちは少なくありませんでした。

商業科2年生で硬式野球部員だった久野耕平さん（12回生）の自宅は知多郡上野町名和新屋敷（現在は東海市）の天白川左岸にありました。右岸は名古屋市南区です。深夜、天白川は伊勢湾に近い方から土手が決壊し家屋が次々に水にのまれていきました。

「地区には70軒ほどの家屋がありました。私の家のように堤防に接していた家は何とか無事でしたが、堤防土手から離れて建っていた家が流され70人近くが犠牲になりました」と久野さんは声を落としました。

2階建ての久野さんの家も階段の最上段まで水につかりましたが、かろうじて2階は浸水を免れ両親や弟ら家族7人は無事でした。2階から土手にはしごを渡しての出入りとなりましたが、家が大きかったこともあり、親戚たちが次々に避難してきました。家族も含めて17人での避難生活が始まりました。

干潮になれば水は引くものの、満潮になれば水があふれてくる。水浸し状態は天白川の堤防が復旧するまでずっと続きました。電車は約1週間後に一部動き始めたものの完全復旧ではありませんでした。翌春の甲子園選抜大会につながる秋季県大会はすでに9月24日に開始されていました。大会がいつ再開されるか分からないものの、久野さんは、前年に開設された東山総合運動場の管理事務所（合宿所）に寄宿させてもらい、朝はここから東区赤萩町の東邦高校への通学を続けました。

伊勢湾台風の体験を語る大堀さん

屍の被災地を自転車で学校へ

伊勢湾台風が襲来した9月26日は土曜日でした。翌27日の日曜日、赤萩校舎には下出貞雄校長を始め教職員が続々と集まってきました。名古屋市南部を中心に被害の甚大さが判明してきました。週明けの28、29日は臨時休校とすることが決まりました。

久野さんと同じ商業科2年生だった大堀道之さんの自宅も伊勢湾が目の前に広がる知多市にありました。海辺の家屋は壊滅状態で、大堀さんの家もあと100mのところまで水が迫りましたが、かろうじて難を逃れることができました。

大堀さんは月曜日の28日、交通手段がないなか、自転車で28km先の東邦高校を目指しました。音楽部（吹奏楽）のレギュラーメンバーで全国コンクールを控えていたこともあり、「部としても練習を休むわけにはいかないはず。何としても駆けつけなければ」と思ったそうです。

「野球部の久野さんも同じ思いだったと思います。野球部や音楽部など伝統のある大所帯の部では、全国大会が近づくと、レギュラー部員は、レギュラーになれなかった部員の分まで絶対に頑張らなければならないと思う。だから私は、そうすることが当然のような気持ちで学校に向かいました」と大堀さんは語ります。

名古屋市南区に入って大堀さんが見た光景はまさに地獄絵でした。柴田町、大同町は一面水没地帯と化していました。至る所で家屋が流され、家畜の死骸が浮いていました。天白川にかかる千鳥橋の欄干脇は遺体収容所と化し、人間の死体が山積みされていました。

大堀さんは自転車をこぎながら、さらに恐怖の体験をしました。後ろから遺体を山積みした軽自動車が迫って来たのです。「大府にあった飛行場跡に設けられた火葬場に運ぶ途中だったのでしょう。あたかも材木を運搬するように死体をひもで縛っているんですが、茶褐色の手足が硬直してはみ出しているんです。狭い道路でしたから、触らないよう思わず後ずさりしました」。

帰宅自転車にロウソクを積んで

大堀さんは、水浸しの道では自転車を背負って進み、約6時間かけて千種駅そばの学校にたどり着きました。居合わせた教員たちは「よくぞ知多から来られたな」と驚きながら、大堀さんの無事を喜んでくれました。

大堀さんは午前3時に家を出ての自転車通学をしばらく続けました。実家は衣料品、生活雑貨販売の店を営んでおり、帰りには大須の問屋でロウソクを仕入れて荷台に乗せて運びました。被災地では停電が続き、地域の人たちにとってロウソクの明かりは生活に欠かせなかったからです。

「ロウソクは必需品でした。仏壇用の小さなロウソクではすぐなくなるが、大きなロウソクなら1本あれば一晩持ちました。幸い、心配してくれた大須の伊藤伊三郎商店という有名な問屋が、毎回、1箱に10本入ったロウソクを10箱分用意しておいてくれました。1箱手に入れるのも大変な時でしたので本当にありがたいと思いました」。大堀さんの大須経由での帰宅は半月近く続きました。

その後、担任だった山田敏雄教諭が見かねて「うちに泊まれ」と声をかけてくれました。大堀さんは千種区に間借りしていた山田教諭の家から通学させてもらいました。山田教諭は朝の通学時だけでなく、毎日、大堀さんの吹奏楽の練習が終わるまで待っていてくれ、オートバイの後ろに乗せて帰ってくれました。奥さんと一緒に暮らしていた二間のうち、一間に寝泊まりさせてもらっての生活が10日ほど続きました。

大堀さんは、「私だけではなく、先生や職員の方々それぞれが、様々な形で被災した生徒たちを励まし、応援してくれていたのだと思います」と振り返ります。

土のう造りのボランティア活動をする東邦高校生たち

被災現場でボランティア活動

伊勢湾台風では多くの高校生や大学生たちが被災地区に乗り込んでボランティア活動に参加しました。愛知県や名古屋市からの要請もあり、東邦高校でも延べ９４７人の生徒らが救援奉仕活動にあたりました。

東邦学園50年史に記録されている「生徒の救援活動一覧表」によると、ボランティア活動は9月27日から11月3日まで行われました。関わった作業別では、輸送運搬１６９人、土のう、石のう造り５１４人、防疫２３６人、その他28人で、10月8日には３０１人が土のう、石のう造りに参加しました。

久野さん、大堀さんと同じ商業科2年生だった古橋徳一さん（名古屋市昭和区）がこの時のボランティア体験を語ってくれました。

「生徒たちは名古屋城北側の名城公園に集められました。自衛隊のトラックに乗って、南区で石灰をまく活動をしました。初めてヘリコプターに乗って、弥富とか蟹江の方にも行きました。作業には1週間くらい従事した気がします」

やはり商業科2年生で、生徒会長も務めた小中健次さんも東邦学園75年史に体験を寄稿していました。「通信網、交通網のマヒで情報が入らないため、腰まで水に浸りながら南区の白水地区へ安否を尋ねて行きました。南区役所の庭に並べられていた多数の水死体の姿が今でも忘れられません。私達も被災地での土のう造りや、消毒作業に参加しました。また、募金活動や特集誌の発行などをしました」

海抜0m地帯からの帰還

やはり商業科2年生だった村上照夫さんは、海抜0m地帯である三重県長島町（現在は桑名市長島町）の自宅に濁流が押し寄せ、家族5人で3日間、屋根の上で救助を待つ体験をしました。学校に復帰したのは10月中旬でした。教科書もノートもかばんも、みんな流され、衣類も救援物資に頼っての学校復帰でした。クラスでは最後となった村上さんの帰還を、仲の良かった同級生たちは、「よう命があったな」「安否の確認が取れるまで、ひょっとしたらお前だけだめだったかとも思っていたんだぞ」と安堵の笑顔で迎えてくれました。

伊勢湾台風での体験を語った村上さん

多くの住民にとって、台風情報はラジオが頼りでしたが、停電によって情報は遮断されてしまいました。「停電していますから真っ暗。今のように防災無線があるわけではない。猛烈な勢いで流れ込んでこようとする水を防ごうと、父親は懸命にかんぬきのついた戸を両手で支えた。しかし、かんぬきが外れると同時に、滝のように水が流れ込んできた。家族5人が2階に避難したが2階の畳も浮き始めたんです」。村上さんは、父親の宇一さんが懸命に戸を押し返そうとする様子を再現しながら、恐怖の体験を語りました。

「これはあかんぞ」。宇一さんは家族全員で屋根の上に逃げることを決めました。着物などを入れる長持2個が重ねられ、その上に乗った宇一さんが棒で屋根をぶち抜き、這い上がりました。村上さん、母親、弟、妹も引き上げられ屋根の上に出ました。周囲に全く明かりの見えない暗闇の中、家族5人は強風とたたきつける雨の中で恐怖の夜を過ごしました。

台風一過の翌朝。屋根から見下ろす周囲は一面が水でした。平屋だった近所の家は姿を消していました。

通学の足奪った近鉄線の寸断

屋根の上の村上さん父子を舟で激励に訪れた親類
(1959年9月29日撮影)

台風直撃から3日後の9月29日、屋根の上の村上さん父子が撮影された写真が残っていました。撮影したのは近所に住む村上さんの中学時代の1年先輩である加藤高明さんという人でした。加藤さんの家は土台が高かったため水害を免れていました。

写真は、近鉄長島駅北側に住む親類2人が、屋根の上に避難している村上さん一家を心配して、舟に乗って玄米のおにぎりとお茶を持って励ましに来てくれた時の写真でした。親類宅は床下浸水だけですみましたが、村上さんの家が大変なことになっていると心配して訪れてくれたのです。屋根の上の白い帽子姿が村上さん、下が宇一さんです。宇一さんも、親類も農家ですが、当時の農家はどこも荷物を載せて水路を移動するための小舟がありました。

村上さんのアルバムには、この写真のほかにも加藤さんからもらった何枚もの写真が残されていました。長島駅付近から名古屋方面を望む近鉄線路を撮った写真では、線路上には流木などが散乱し、架線支柱が折れ曲がっていました。台風により長島町の堤防は15か所にわたって切れ、人口8700人のうち383人が死亡。名古屋からの道が寸断され、自衛隊の救助が入り始めたのは2日たってからでした。

村上さんが通学に利用していた近鉄名古屋線の長島～蟹江間が開通したのは11月27日でした。このため、村上さんは名古屋市中村区の親類宅に、弟と妹は桑名市内の親類宅にそれぞれ避難しながらの学校復帰でした。村上さんによると、当時、近鉄線で東邦高校に通学していたのは村上さんだけでしたが、三重県からは名古屋電気、愛知、大同、名城大附属、中京商業などの私立高校に通学する男子生徒が多かったそうです。近鉄名古屋線が使えないため、桑名から養老線で大垣に出て国鉄に乗り換えて名古屋に出る生徒もいました。

伊勢湾台風を特集した生徒会誌「東邦」

生徒会誌「東邦」2号（1960年3月発行）では43ページを割いて「伊勢湾台風特集」が組まれました。生徒の被害調査のほか、写真クラブ、社会科研究クラブ、科学研究クラブ、法規研究クラブによる調査、分析、研究結果の特集記事です。

163件に及んだ生徒家庭の住居被害調査では、全壊17件（高校16、中学1）、半壊139件（高校133、中学6）、流失7件（高校7）に及んだこと、床上浸水による被害は153件（高校150、中学3）に達したことなど10月23日時点での学園調査結果が掲載されました。

社会科研究クラブの記事は23ページに及んで、台風前の備え、被害と復興状況、国の政策、課題などの研究結果がまとめられました。序文では「あの日、通信網、報道網はいち早く台風ニュースを伝えた。が、その日の電波は、明日に控えた大相撲秋場所千秋楽に向けて、スイッチを入れられていたのではないだろうか――」と、多くの市民の超大型台風への〝油断〟が指摘されています。

特集号は、集団研究、個人論文も含め東邦高校生徒たちの手になる密度の濃い内容として学園内外から高い評価を得ました。写真クラブは、中日新聞社に提供してもらった写真も含めて、被害状況の写真を特集しました。このグラビアページの最後を飾ったのは村上さんから提供を受けた、屋根の上の村上さん父子の写真でした。

村上さんは、東邦高校時代は部活動には関わりませんでした。ただ、伊勢湾台風での自分の体験や被災現場の風景を多くの人たちの記憶に焼き付けてもらおうと、加藤さんからもらった写真を級友たちにも見てもらいました。台風翌年に卒業した11回生（1960年卒業）の卒業アルバムに収録された「伊勢湾台風」のページで使われた7枚の写真のうちの3枚は村上さんから提供された写真でした。

欧州から届いた見舞いの手紙

「東邦」2号には、伊勢湾台風被害を気遣うヨーロッパからの手紙（日本語訳）も紹介されていました。国際共通語エスペラントを使って諸外国の同世代の若者たちと文通交流をしていたエスペラント研究部員たちに寄せられた手紙です。

伊勢湾台風を心配するフィンランドとイタリアから届いた手紙を受け取ったのは、硬式野球部員の久野耕平さんでした。久野さんは1年生の時からエスペラント研究部にも入っていました。10人近いヨーロッパの同世代の男女高校生たちと手紙の交換をしていて、伊勢湾台風の様子も書き送っていました。

▽フィンランドから

1959年11月5日。お手紙ありがとうございました。あなたの家と村が壊滅したそうですが、本当にお気の毒だと思います。私は日本を襲った台風のことについてはフィンランドの新聞で読みました。今、あなたのお手紙を受け取るまで、あなたが溺れてしまったのではないかと心配で心配でたまりませんでした。フィンランドでは台風は全然ありません。昨日、当地では雪が降りました。もう冬です。日本ではもう雪がふりましたか。

▽イタリアから

親愛なる友。あなたの手紙を受け取る前に、大台風について知りました。その時、すぐにあなたとあなたの家族のことを考え、どうか、あなたの家は災害を受けていないようにと祈っていました。あなたの手紙を読んだ時には、書いてある災害の大きさに本当に驚きました。まもなく私たちの市の近くの山に雪が積もり、人々がスキーに行く季節になります。あなたもスキーをやりますか？

甲子園連続出場を喜ぶ久野さん（左から２人目）ら野球部員たち

特例措置でセンバツ甲子園連続出場

伊勢湾台風が去ったあとも浸水が引かない地区では野球などできる状態ではありませんでした。このため、秋の高校野球愛知県大会は中断されたままで、野球関係者や世間では、「愛知県からのセンバツ出場は見合わせるべきでは」という空気が強まっていました。

しかし、愛知県高野連は11月11日の理事会で、中断されたままの県大会の締めくくりとして各地区代表校による試合を行うことを決定。同21、22日に名古屋地区は東邦高校、東三河地区は豊橋商業、西三河地区は岡崎高校、尾張地区は滝実業、知多半田地区は半田農業の5校によるトーナメント大会が初冬の刈谷球場で行われました。そして東邦高校が決勝戦で豊橋商を4－3で破り優勝。結局、この結果をもとに東邦にとっては2年連続10回目となる１９６０年春の

第32回選抜高校野球大会への出場が決まりました。

久野さんは、自宅が復旧する年末まで帰宅できず、ほとんど東山総合運動場の管理事務所で寝泊まりし続けました。久野さんが、アルバムに収められた野球部時代の写真の中から、苦笑まじりに、「高野連からセンバツ出場決定の知らせがあった時の写真です」という写真を見せてくれました。実は高野連から正式に下出校長あてに電話連絡があった後、部員たちがふざけながら受話器を耳にあてて撮った記念写真でした。受話器を手にしているのは同じ2年生だった投手の日比野直行さん。日比野さんの肩に手をかけている左が久野さんです。

第32回選抜大会で東邦は、1回戦は大鉄高校（大阪・現在は阪南大学高校）と対戦し6－3で勝利。第1、第2試合とも延長戦となったため第3試合であるこの試合は5回から大会初のナイターとなりました。久野さんは3番レフトで出場し、5打数3安打3打点に加えてホームスチールも決めました。しかし、やはり雨中のナイターとなった2回戦は3－5で慶応高校（神奈川）に惜敗しました。

「本来なら、センバツ出場は愛知、岐阜、三重、静岡代表による中部地区大会を勝ち抜かなければならなかったが、伊勢湾台風被害の特別措置ということで変則的に愛知県大会だけで出場が決まった。台風では大変な思いをしましたが、東邦野球部にとっては幸運だったかも知れませんね」と久野さんは語りました。

新聞部OBの思い出メモ

正顧問は下出貞雄校長

東邦高校11回生（1960年卒）の山崎宗俊さん（愛知県大治町）にとっての高校時代は、新聞部とともに駆け抜けた3年間でした。2018年5月に喜寿(77歳)を迎えた山崎さんは高校2年生の孫娘に、「おじいちゃんは高校時代、どんなクラブ活動をしていたの」と聞かれたのをきっかけに、高校時代の思い出をメモとしてまとめました。パソコン画面と向き合い、山崎さんが、よみがえる記憶の場面、場面を振り返って「思い出メモ」を作りながら再認識したのは、新聞部に入部して間もなく声をかけてもらった、校長であり理事長だった下出貞雄の存在の大きさでした。

山崎さんは1957年4月に普通科に入学し新聞部に入部しました。当時の東邦新聞は2ページ建てで、年に3回ほど発行していました。正顧問は下出校長、副顧問が大橋彰教諭でした。部員たちが書いた論説などの記事は、下出校長や大橋教諭が目を通しましたが、検閲というほど厳しいものではありませんでした。ところが、山崎さんが1年生の時に発行された24号(1957年7月8日)に掲載された「原水爆実験に思う」という生徒たちの意見を特集した記事では、山崎さんの記事に〝待った〟がかかりました。「どちらかと言えば実験には賛成したいのです」という内容に、大橋教諭が、「これはまずいだろう」と指摘したのです。

当時、原水爆実験は遠洋マグロ漁船第五福竜丸がアメリカの実験による〝死の灰〟を浴びたこともあり反対運動が高まっていました。東邦新聞では、原水爆実験について、3年生5人、2年生2人、1年生3人の意見を掲載しました。山崎さんを除く9人は実験に反対でしたが、山崎さんは、恐ろしい戦争をなくすには強い国防力を持つ国による秩序が必要ではないかといった趣旨の考えを書きました。

「これはいかんだろうなあ。校長の判断を仰がなければ」。困った顔をした大橋教諭は下出校長に判断を委ねました。下出校長は山崎さんの決意を確認するように、「君はこの記事をどうしても出したいんだろう」と声をかけました。「はい」と答える山崎さんに下出校長は、「ならばしょうがないだろう。ただ、原水爆実験に対する世論を冷静に直視した特集記事だということが分かるようにまとめなさい」と注文をつけて掲載を認めました。

特集記事は「我々はこの世論をどう思うのか?・」のサブ見出し付きで1面左肩を飾りました。山崎さんは、「全員同じ意見を並べるより、よく分からないなりにインパクトのある記事が読まれると思ったんです。下出校長はボツにするとか、こう直せとかについては一切言われませんでした。この特集記事は他校新聞部からも注目され、中日新聞でも紹介されるなど話題を呼びました」と振り返りました。

下出校長の訪ソ

山崎さんが作成した「思い出メモ」のファイルには、新聞部で取材した数々の思い出の場面が書き込まれていました。

2年生の時、山崎さんは新聞部長になりました。同級生で副部長だった冨田武彦さんとともに、下出校長から「東山に造ることになった総合運動場予定地を見せてやろう」と声をかけられ、新車のトヨペットクラウンに乗せてもらい、まだ山ばかりだった現在の平和が丘を案内してもらいました。

東邦中学出身で大相撲の世界に飛び込んだ代官山を取材するために、名古屋場所に合わせて、滞在する春日野部屋を訪れて、横綱栃錦に歓待してもらったことも記念写真とともにメモに書き込まれました。3年生春には、硬式野球部の戦後初の甲子園出場を、11月には九州での全国大会に出場した音楽部(吹奏楽部)を同行取材しました。

1959年6月3日、日ソ協会愛知県連合会理事長だった下出校長は、ソ日協会の招待で、ソ連・中国訪問旅行に出発しました。山崎さんは冨田さんとよくコンビを組んで取材をしましたが、下出校長の羽田空港での帰国取材は特に忘れられない体験でした。

日ソ協会愛知県連合会は、1957年10月8日、名古屋の丸栄ホテルで設立総会を開催しました。すでに同年6月には東京で日ソ協会が設立され、前年の1956年に首相として日ソ国交回復を実現させた鳩山一郎が初代会長に就任していました。

同連合会発行の『愛知県日ソ親善運動三十年史』（1979年11月1日発行）によると、会長には尾張徳川家第19代当主の徳川義親氏が、理事長には下出貞雄が就任しました。

県連理事長である下出らの訪ソについて同三十年史は、「ソ日協会より日ソ協会に対して、初めて6名の代表を招待するとの申し入れがあり、愛知県連からは下出理事長が代表に選ばれ、6月3日、神戸港より貨物船でナホトカに向かった。一行は国交回復後間もない勝手の分からないソ連で、入国手続きや乗物などにとまどいながらモスクワに着き、温かい歓迎を受け、グルジア共和国を訪問し、中国を経て7月14日帰国した」と記しています。

山崎さん、冨田さんは坂倉謙三副校長に直訴して、羽田空港での帰国取材を敢行。「東邦新聞」33号（1959年7月21日）1面で帰国特集紙面を組みました。

東邦新聞

人類の平和に貢献し帰国

「共産圏も平和を求めて」

44日間の大旅行を終えて

下出校長 ソ中教育状況を視察

訪ソ

岩瀬のパン

下出校長帰国を取材した33号紙面

羽田空港で帰国取材

「人類の平和に貢献し帰国」「44日間の大旅行を終えて」「ソ中教育状況を視察」などの見出しが躍る特集紙面前文の一部です。

〈我らが東邦高校校長、下出貞雄先生がソ日協会（外務省対外文化連絡国家委員会）からの招きでソビエトへ発たれてから丁度一か月半。去る7月14日、校長先生は日焼けした元気な顔で帰国された。我々東邦新聞部は18日の終業式に新聞発行を控え、切迫した気持ちになりながら、羽田空港に校長先生を迎えることになったのである――〉

帰国訪ソ団一行は予定時刻より2時間半も早く羽田空港に降り立ちました。山崎さん、冨田さんはペンを走らせました。〈陽に焼けた元気な顔で、片手に風呂敷包みを持った傑作なスタイルでタラップを降りてこられた。校長先生に対して我々は「御苦労様」とアイサツ。校長先生からも我々に「御苦労様」。我々も先生も喜びを顔に出さずにはいられなかった〉

新橋の第一ホテルでの家族と一緒の食事に招かれた2人は、下出校長に、さっそく「44日間の訪問を終え、どんな点に利益があったのか」とインタビューで突っ込みました。下出校長は、「無駄と思ったことは一つもない。むしろ、見るもの全部が良く考えさせられた」と訪問の意義を熱く語りました。

「ソ連の工業は予想外に急速に進歩している。今や世界一の工業国となるのも遠い夢ではない。それだけに、学校系統も理工科が本格的で、校舎こそ本校と同様だが、中に設備されている機械たるや立派なもので生徒はすごく熱心」「訪れた時、学校は試験シーズンで、廊下に立ち、片手に本を持って勉強していた」「服装は自由だそうで、アロハシャツで授業を受け、マンボズボンを着用している者もチョイチョイ見られる」

インタビュー記事は、「彼らは戦争という恐ろしいものを良く理解し、他国との親善を図っている。まだ話せばいろいろあるが、祖国をいつも思い出し、あらゆることに対して、比較検討していた」という下出校長の旅行中の思いを紹介し締めくくられています。

「思い出メモ」のファイルを手に新聞部時代を語った山崎さん

東海道線車中で原稿作り

インタビューを終えた山崎さん、冨田さんの労をねぎらうように、下出校長は2人に、「明日は東京見物をしてから帰りなさい」と5000円を渡しました。

しかし、原稿の締め切りが迫っていました。お金を受け取ったものの2人は翌日、寄り道せずに名古屋に帰る列車に駆け込みました。新幹線開業は1964年ですから6年前の東海道線です。2人は車内で原稿作りに追われました。もらった「東京見物代」は後日、校長室に返しに行きました。「東京見物ができたのにもったいないと思われるかも知れませんが、初めて訪れた羽田空港では、不安いっぱいでした。緊張の連続の中での取材を通してたくさんの貴重な体験ができましたのでそれだけで十分満足でした」と山崎さんは振り返ります。

「思い出メモ」には、下出校長が、「帰国して初めて見た顔がうちの生徒とは。本当にうれしかったと、何度も言われた！」とも書き込まれていました。

山崎さんは卒業後、創業したばかりのマツダオート名古屋に就職。新聞部で鍛えたフットワークを生かして、目玉車種だった「マツダ・R360クーペ」の売り込みに打ち込みました。販売実績を積み上げ、管理職、役員に上り詰めた山崎さんはマツダ一筋の会社人生を終えました。

東邦中学出身の代官山に取材

山崎さんらが新聞部時代に取材した元十両の代官山（本名は水野康宏さん）は、東邦中学第2回生ですが、新制中学に切り替わった最初の入学生でした。1951年に卒業し1954年に初土俵を踏んでいます。東邦高校を1987年に卒業し角界入りした立浪親方（元小結旭豊、本名は市川耐治さん）より33年早い角界デビューでした。1968年の名古屋場所を最後に引退するまで14年間の土俵生活では、十両在位も2場所だけ。幕下時代が長かった土俵人生でした。

息子である東洋大学社会学部教授の水野剛也さんによると、代官山は、東邦中学を卒業後、現在の名古屋市東区代官町にある実家のお好み焼き屋で手伝いをしていました。「体格が良い」との評判を耳にした出羽海部屋関係者から、稽古を見にこないかと誘われたのが入門のきっかけでした。しこ名は、実家のある「代官町」に由来するそうです。

得意技は「喰らいつき」で、小兵であったため、あらゆる手段を駆使して大きな相手に立ち向かいました。十両を2場所勤めた後、当時の横綱・佐田の山晋松（出羽海親方）と同時に引退することを決め、その後は出羽海部屋でちゃんこ長を務めたといいます。

1968年名古屋場所を最後に引退した代官山

東京、大阪、九州についで本場所として名古屋場所が始まったのは1958年からです。初の名古屋場所で代官山は幕下80枚目でした。東邦高校の新聞部2年生だった山崎さんら3人は、「先輩訪問」として代官山にインタビューしようと、出羽海部屋が同居していた春日野部屋に乗り込みました。

当時の春日野部屋の看板力士は横綱栃錦でした。「代官山関の後輩です。きょうはよろしくお願いします」と山崎さんらがあいさつすると横綱は「ごくろうさん」と、笑顔で応じてくれました。横綱は、たばこを一服しながら、山崎さんらのインタビューに応じた後、部屋の幕内力士たちを自ら紹介してくれました。

しかし、肝心の代官山のへの取材はできませんでした。代官山は、先輩力士たちの食事の準備や掃除など忙しく動きまわっていました。「まだ取材を受ける身分ではないので」と断られました。写真撮影もやんわり断られました。

山崎さんら新聞部員たちは3年生になった翌年の1959年の名古屋場所で、「先輩訪問」に再チャレンジしました。代官山は東幕下54枚目に上がっていました。写真なしですが、「東邦新聞」33号（7月21日）2面に「再度代官山を訪ねて」という記事が掲載されました。

〈さる7月11日、我々新聞部員3人は、下前津にある長栄寺の出羽海部屋に居る先輩代官山を再度訪ねた。代官山関は以前と比べると非常に大きくなり、ひげも立派なものになったと冗談を飛ばしていたが、ただ、身長が伸びないのがたまにキズとこぼしていた。なお、今場所の成績は何枚か上がったにもかかわらず、立派な星で、3勝3敗の五分である。前に一度訪ねたことがあるので、かなり親しく話すことができた。先輩の望んでいる相撲部はまだ建設されていないが、それに興味を持っていればきっと出来ると思う。また、先輩は「これまで（幕下まで）出世したのも皆さんの陰の力があったの一言です」と語った〉

カレーうどんにどんぶり飯の「ちゃんこ」

「父は2003（平成15）年に心筋梗塞で亡くなりました。残念ながら、生前に東邦中学時代の思い出などは聞いていません。母校から連絡があれば喜んで話をしたはずです」

息子の水野さんがメールで、ありし日の代官山関の写真とともに、自身が父親の相撲人生を偲んで新聞に書いたコラム記事を添付して送ってくれました。2013年6月20日「新潟日報」生活面に掲載された「甘口辛口」というコラムで、「ちゃんこもいろいろ」というタイトルがつけられていました。

〈突然ですが、「ちゃんこ」はそもそも「食事」を意味することをご存じですか?元十両の力士で、引退後は相撲部屋で料理長をしていた父親からよく聞かされた話です。

「ちゃんこ=鍋」と思い込んでいたでしょう?無理もありません。多人数の大食漢の腹を満たすため、いきおい食事のほとんどは巨大な鍋料理になるからです。しかし、本来の意味からして、今日のちゃんこは「カレー」や「スパゲティ」も可能なのです。外食だってあり。関取や親方が気分を変えて、なじみのレストランに足を運べば、それもちゃんこです。
番付の低い若い衆などは、今日のちゃんこは「なし」の場合も。下積み時代の父は、しばしば兄弟子たちに鍋の汁まで食べ尽くされ、仕方なく近所の食堂に駆け込んだといいます。定番メニューは、カレーうどんにどんぶり飯。まず、うどんをすすり、残ったカレー汁をご飯にかける。店がサービスで大盛りにしてくれて、100円でおつりがくる。そんな「ちゃんこ」だったそうです〉

1960年6月に完成した2号館屋上にはネオンも登場

校舎鉄筋化と壁画校舎

急増する生徒と建設ラッシュ

戦後の高校進学率は急激に伸び続けました。文部科学省の学校基本調査によると1950年度の42・5%は1965年度に70・7%、1974年度には90・8%に達しました。団塊世代ともいわれる第1次ベビーブーム世代（1947年～1949年生まれ）の中学生たちは1963年度から1965年度にかけて高校に押し寄せました。愛知県下の高校生の4割、名古屋市内の6割を収容している私立高校にとっては、受け入れ態勢の問題が突きつけられることになりました。

東邦高校志願者も増加の一途をたどりました。学園50年史によると、1957年度に1000人の大台を大きく上回り1422人。1962年度には2000人、1963年度には3000人突破と増え続け、1964年度には3903人と愛知県内では最高の志願者数を記録しました。

多くの高校で生徒収容数の増加が迫られました。東邦高校の在校生数も、1955年度に947人でしたが、1965年度には2985人と10年間で3倍強に膨れ上がっていきました。東邦高校初の鉄筋コンクリート校舎である1号館（4階建て）が完成したのは1957年4月。1960年6月15日には屋上に「東邦学園」のネオンサインも輝いた2号館（5階建て）が完成しました。

1958年4月入学の古橋徳一さん（名古屋市昭和区）や、大堀道之さん（知多市）ら12回生が入学当時には、栄から池下に延びる地下鉄工事が始まっていました。運動場を横切って進む工事。「運動場が半分しか使えなくなりました。ただ、校庭端での工事でしたから、騒音はそれほど苦になりませんでした」と古橋さんは振り返ります。

1960年6月開業の地下鉄千種駅には「東邦学園前」のプレートも

50年史には、「運動場を斜めに横切って板囲いが行われ、見るも無残な状況になった。栄～池下間延長工事であったが、本校付近は同時に行われる国鉄中央線立体交差と千種駅改装工事が重なって、沿線では最も大規模な工事の一つであった」と記されています。

地下鉄開通で傘いらずの通学

東邦高校の通学アクセスに大きな変化をもたらしたのは1960年6月15日の地下鉄東山線栄～池下間の開通でした。生徒たちは名古屋駅から4駅目の千種駅で下車し、地上に出ればもう東邦高校の運動場でした。

これまで知多市から名鉄電車で名古屋に出て、市電で20分以上かけて車道で下車して、赤萩校舎まで歩いて通学していた大堀さんは、「それはもうめちゃくちゃ便利になりましたよ」と振り返ります。「地下鉄駅から地上に出ると体育館の真ん前。体育館の中を通って教室に向かうと雨の日でも傘いらずでした」と語ります。

誕生したばかりの千種駅ホーム壁面には「東邦学園前」の案内プレートも掲げられ、東邦高校と東邦中学校の下車駅であることが乗降客にPRされました。

大堀さんによると、地下鉄千種駅構内にはパン屋もオープン。「ジャムとかクリームとか4種類くらいの中から選んで塗ってもらえる食パンが大人気で、休み時間には地下鉄の上まで東邦高校の生徒たちの行列が続きました。こんなおいしいものがあったのかと思いました。毎日、きょうは何を塗ってもらおうかとわくわくして並んでいました」と大堀さんは懐かしそうでした。

東邦高校の通学アクセスの便利さは翌年さらにアップしました。国鉄（現在のJR）中央線千種駅が北に400mほど移転し、地下鉄と接続した新駅が1961年9月1日に開業したのです。これによって東邦高校生たちの通学エリアは飛躍的に拡大され、名古屋市内の学校では群を抜く便利さとなりました。

蒸気機関車の煙が教室に

1963年3月には3号館が完成しました。5階建ての2号館東側に背を並べる形で3号館が完成したことで、赤萩校舎の木造校舎はほとんど姿を消していくことになりました。校舎と中央線との距離が接近したことで新たな問題も起きました。煤煙や騒音問題です。

「東邦新聞」50号（1963年10月26日）は中央線を走る蒸気機関車から教室に流れこむ煤煙問題も取り上げ、国鉄千種駅長にインタビューをしていました。その抜粋です。

――本校に煙が入ることについては国鉄の方では何か対策のようなものはないのでしょうか。

煙が授業中、教室などに充満して授業に差し支えがあるということは非常に申し訳ないと思っています。現在のところは、客車のディーゼル機関車を除いて、65台の列車は蒸気機関車なので、吐き出す煙が東の風によって、ほとんど東邦高校の方へ流れて行ってしまいます。しかし、もうすぐ千種～大曽根間の貨物列車が全部、守山の方に行ってしまうため、この千種駅は自然、客車専用駅となり、蒸気機関車の量もグンと減る予定であります。完全な電化となる国鉄第3次5か年計画に基づき、昭和45、46年ごろになれば、煙もほとんど、見えなくなるでしょう。それに、来年3月（少し遅れるかも知れない）には、複線化が予定され、貨物車はサッポロビール～千種駅間の専用列車だけになるわけです。

待遠しい中央線の電化
煙に包まれ悩まされる生徒
上り線に多い煙

煤煙問題を特集した「東邦新聞」50号

また、来年には現在のプラットホームが千種橋の所まで延ばされて、今年の10月から着工予定の、錦通りの架道橋が出来上がれば、上り線の煙は絶対といっていいほど、東邦高校に迷惑はかからなくなるでしょう。

――本校から上がる煙を見ていますと、時々煙の量が違っていたりしますが、そういうことはどうでしょうか。

上り本線と下り本線の列車の煙を見てもらえれば分かるように、上り線の方が煙の排出量がずっと多いようです。それは、発車してからしばらく行った所が坂になっているため、発車する前から余分に石炭をたいていなければならないためです。その点、下り本線の場合はほとんど無力でも坂を滑りおりて、後は平地ですから、それほど石炭を必要としないので、煙の量も自然少ないわけです。

本館西側に完成した壁画

新校舎建設締めくくる壁画校舎

軟式野球部員だった普通科19回生の岡島和幸さん（日進市）が入学したのは1965年4月。卒業名簿によると岡島さんはN組でしたがL組には春日井市から通学していて、卒業後は俳優となった奥田瑛二さん（本名は安藤豊明さん）もいました。A組からT組まで20クラスあり、商業科はA組からG組までの7クラス347人、普通科はH組からT組までの13クラス666人でした。

岡島さんや奥田さんが入学する前年の1964年の在校生は、商業科の1296人に対して普通科が1434人となり、初めて普通科が商業科を上回りました。1965年は普通科1809人、商業科1296人とその差は一段と開きました。

木造校舎が姿を消し、鉄筋校舎が立ち並ぶ赤萩校舎で、岡島さん、奥田さんたち新入生を迎えたのは5階建て本館の西側に描かれた大壁画でした。下段に働く人たち、子供を抱いた母、中段から上段にかけて笛を吹く若者、運動する学生、勉強にいそしむ若者たちが描かれ、右上には二つの太陽を配した雄大な構図です。

壁画は前年5月に完成していました。1964年5月7日「中部日本新聞」（現在の中日新聞）に掲載された「日本最大の外壁画　東邦学園新校舎　勤勉、希望など表現」という見出しがついた記事の抜粋です。

〈近く完成する東邦学園（東区赤萩町）新校舎の西側道路に面した外壁に6日、立派な壁画が出来上がった。制作は二科会の安藤幹衛画伯で、縦14メートル、横24メートルにも及ぶ大きなもの。名古屋ではもちろん、日本でも最大の壁画で、学校の外壁画としてもこれが初めてだと言われる。

安藤さんが東邦学園の理事長・下出貞雄氏から壁画制作を依頼されたのは昨年4月。「新校舎に一つ壁画を」ということで、テーマ、題材などいっさいが安藤さんに一任された。すぐ構想をねり、下絵を描き上げたのが昨年暮れ。今年の3月から壁画作業にかかった。

壁画といっても、これは直接筆をとるというのではなく、外壁のコンクリートにモザイク（新装品のガラス・タイル）を張り付けたもの。安藤さんの指導で、数人の作業員が、それぞれの色、線に応じモザイクを割り、ひとつひとつ張り付けてゆくわけだが、細かい仕事に加えて、雨の日も多かったため、意外に手間取り、作業開始1か月でやっと完成した。

安藤画伯の話　テーマは〝青年よ、大志をいだけ〟が狙い。外国生活から帰った時、一番痛感したのは、日本の若者が島の中にだけに目を向け、余りにも外を知らなさ過ぎるということだった。だから、もっと世界に目を向け、海外雄飛をという狙いで描いた。外壁画は初めてだが、幸い下出さんから全てをまかせてもらったので、思う存分仕事ができた。これが近代建築の冷たさを救い、暖かく血の通ったものとなれば本望だ〉

壁画は名古屋市民の話題を呼び、テレビ、新聞でも紹介され、観光バスが停車し、ツアー客たちがガイドの説明に聞き入る光景もありました。（東邦学園50年史）

鉄筋校舎化の最後となった本館建設

本館は学園創立40周年記念事業として建設されました。1964年5月12日、本館完工式と壁画除幕式が行われました。理事長の下出貞雄は、記念パンフレットで、「馬鹿正直」という言葉も使いながら、本館建設にこぎつけるまでの道のりを振り返っています。（抜粋）

〈率直に申し上げて私自身、只今遂に学園本館の完成を見ることが出来たかと月並みな感慨無量の思いでいるとともに、私を代表とする東邦マンはなんと馬鹿正直であったことよと苦笑する始末です。去る7年前の昭和32年春、

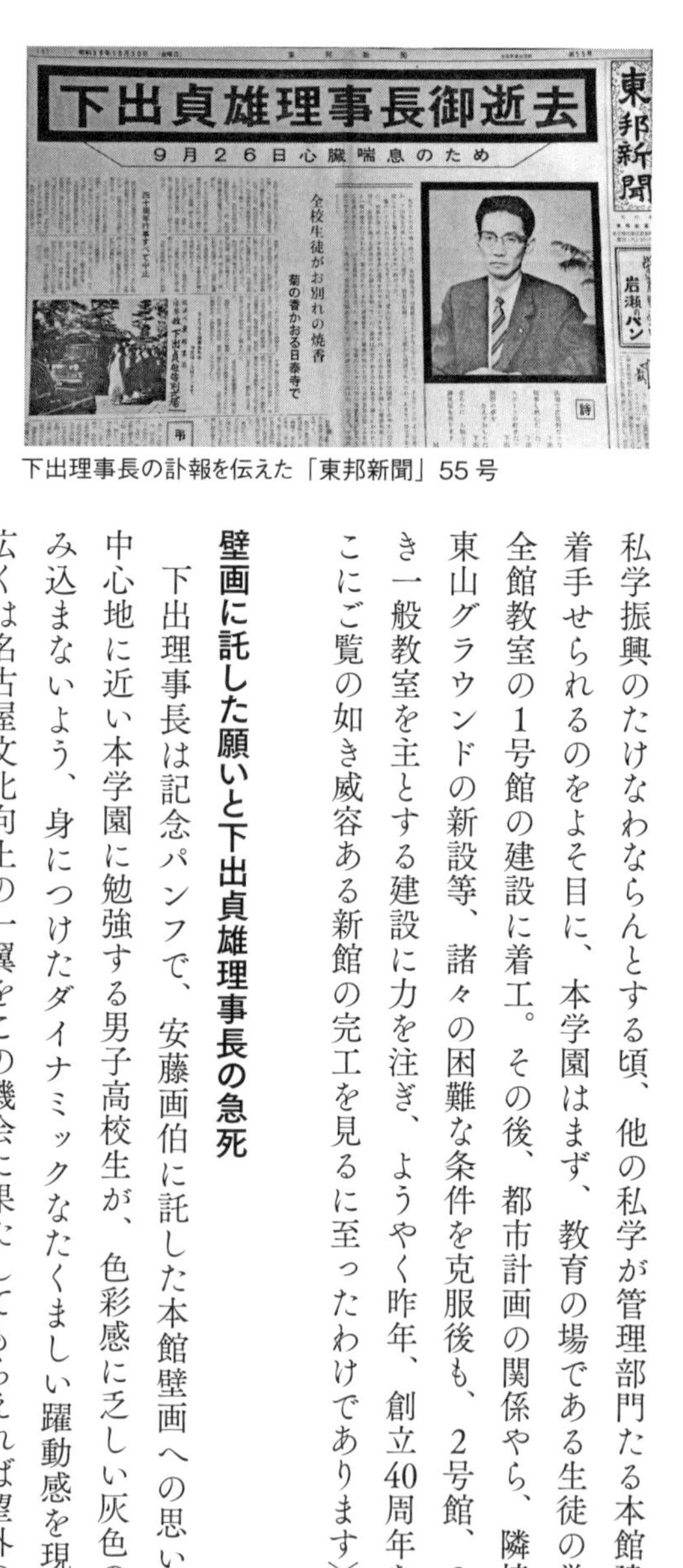
東邦新聞

下出貞雄理事長御逝去

9月26日心臓喘息のため

全校生徒がお別れの焼香
菊の香かおる日泰寺で

下出理事長の訃報を伝えた「東邦新聞」55号

私学振興のたけなわならんとする頃、他の私学が管理部門たる本館建築を真っ先に着手せられるのをよそ目に、本学園はまず、教育の場である生徒の学舎を第一にと、全館教室の1号館の建設に着工。その後、都市計画の関係やら、隣接地の買収やら、東山グラウンドの新設等、諸々の困難な条件を克服後も、2号館、3号館と引き続き一般教室を主とする建設に力を注ぎ、ようやく昨年、創立40周年を期として、ここにご覧の如き威容ある新館の完工を見るに至ったわけであります〉

壁画に託した願いと下出貞雄理事長の急死

下出理事長は記念パンフで、安藤画伯に託した本館壁画への思いを、「大都会の中心地に近い本学園に勉強する男子高校生が、色彩感に乏しい灰色の学園生活に沈み込まないよう、身につけたダイナミックなたくましい躍動感を現したく、また、広くは名古屋文化向上の一翼をこの機会に果たしてもらえれば望外の幸せと思いました」と述べています。

下出理事長はこの完工式直後に倒れ、1964年9月26日、心臓性喘息のため43歳という若さで逝去、学園に衝撃が走りました。10月末には本館建設で1年遅れていた学園40周年記念式典が予定されており、その準備が大詰めを迎えていた矢先でした。

下出理事長は1960年3月で校長を坂倉謙三に引き継ぎ、短大創設のため東奔西走していましたが、8月上旬に病に倒れたまま、帰らぬ人となってしまいました。9月29日には哀しみの中、隅山馨を葬儀委員長とする学園葬が覚王山日泰寺で執り行われました。葬儀に先立ち、棺は故人の最後の遺品となった学園本館の大壁画に永遠の別れを告げ、霊場に向かいました。10月28日開催の理事会では、貞雄の弟である下出保雄の第4代理事長就任が決定されました。

東邦高校は1971年3月、平和が丘に移転、新校舎を建設し、赤萩校舎の歴史は閉じられました。赤萩の校舎跡はオフィスビル街として再開発され、旧校舎の痕跡は残っていませんが、下出貞雄の願いが込められた壁画の原画は、東邦学園短期大学（1965年開学）に隣接して建てられた東邦高校校舎の図書館に飾られました。2007年に完成した現在の校舎となってから、原画は正面入り口に近い特別棟1階廊下に飾られ、生徒たちを見守り続けています。

東邦スクールバンド黄金時代

ご成婚祝賀で栄パレード

戦前は出征兵士行進も先導するなど名古屋で行われるパレードに駆り出された東邦商業音楽部の吹奏楽隊。東邦高校となった戦後も甲子園を沸かせ、名古屋まつりパレードを盛り上げるなど市民に愛され続けました。カリスマ的存在でもあった指導者の稲垣信哉教諭は音楽部を「スクールバンド」と呼び、その育成に情熱を注ぎ続けました。

東邦中学・高校時代の1956年4月から1962年3月までの6年間、音楽部に所属した中路正郎さん（名古屋市千種区）は「一番の思い出は、皇太子殿下（現在の上皇陛下）と美智子妃殿下とのご成婚を祝い、栄をパレードしたことです」と振り返ります。中路さんが高校1年生に上がった1959年4月の時で、蝶ネクタイ姿の稲垣教諭を先頭にしたパレードの様子が卒業アルバムに収められていました。

栄・広小路通でのご成婚祝賀パレード。右下は先導する稲垣教諭

中学・高校6年間のスクールバンド時代を語った中路さん

1960年2月23日には現在の天皇陛下が誕生。東邦高校の卒業アルバムにも名古屋市公会堂で開かれた「親王さまご誕生お祝い音楽会」で演奏する東邦高校スクールバンドの写真が収められていました。「普段の活動では交響楽的な演奏に取り組む一方で、大きなイベントがあると、東邦高校のバンドと県警音楽隊の出番でした」と中路さんは言います。

東邦高校は戦前から東海地区代表として全日本吹奏楽コンクールに連続出場を続けました。野球部は戦前の甲子園で3度優勝しましたが、音楽部もまた稲垣教諭が部員だった時代に2度の全国優勝に輝きました。戦争によって中断されたコンクールは、中路さんが東邦中学に入学した1956年に日本吹奏楽連盟と朝日新聞社の主催によって再開されました。

中路さんはクラリネットを担当。練習は空いている教室を使ってパートごとに行われ、帰宅は午後8時を過ぎる時もありました。中路さんは中学3年生の時、レギュラーになることができ、名古屋で開催された第6回全日本コンクールに出場しました。「中学生には出場資格はありませんでしたが、稲垣先生が〝内緒にしとけよ〟と言って出してくれました」。中路さんは懐かしそうに振り返りました。

カリスマ指導者に会いたい

中路さんより1学年上で、伊勢湾台風後、知多市の自宅から自転車で28㎞先の東邦高校を目指した大堀道之さん。大堀さんには、伊勢湾台風前の中学3年生の時、稲垣教諭の自宅があった名古屋市千種区から33㎞を歩いて知多市の自宅に帰った経験もありました。

大堀さんによると、当時、東邦高校では秋に、主に中学校の吹奏楽部員らを招いて「招待音楽会」を開いていました。大堀さんも知多市立八幡中学校卒業前の2月に参加しました。赤萩校舎体育館で開催された音楽会はスクールバンド演奏によって締めくくられました。「稲垣先生の指揮で演奏されたのは『寺院の前を通る行列』という曲でした。東洋的な雰囲気の曲で感動しました」と大堀さんは語ります。

音楽部は日曜日も練習していると聞いた大堀さんは、その後間もないある日曜日、名鉄電車と市電を乗り継いで東邦高校を訪れました。しかし、到着した時には練習は終わっていました。「吹奏楽の練習風景を見させてもらい、稲垣先生にお会いしたくて知多市から出てきました」と事情を話す大堀さんに同情した職員は千種区希望ヶ丘の稲垣教諭宅の住所を教えてくれました。

地理に不案内だった大堀さんはタクシーを利用しました。運転手にポケットの有り金を全部見せ、「どうしても会いたい先生がいます。お金はこれしかありませんが何とかなりませんか」と頼みこみました。運転手は「しょうがないなあ」とぼやきながらも大堀さんを稲垣教諭宅まで送り届けてくれました。

稲垣教諭は「遠い所から良く来てくれたね」と大堀さんを迎えてくれました。その日はたまたま早めに練習を切り上げたことを説明し、「悪かったねぇ」と大堀さんの話に耳を傾けてくれました。

大堀さんは音楽会での感動を語り、「どうしても東邦の音楽部に入りたいと思っています」と思いをぶつけました。稲垣教諭は、部活は勉強との両立でなければならないこと、通学時間のかかる知多からの通学なら相当な覚悟が必要であることを語りました。「朝は一番電車に乗ります。帰宅は夜8時、9時になりますが頑張ってやります」。決意を語った大堀さんに稲垣教諭は目を細めながら和菓子を勧めてくれました。

「両口屋の千なりというお菓子を3つ出してくれました。この時私は、所持金を使い果たしていたので知多まで歩いて帰ろうと決めていました」。初対面の先生にお金を借りるわけにも行きません。千なりを平らげると、大堀さんは稲垣教諭宅を後にしました。

以前、親に連れられて栄町（中区栄）まで来た経験だけを頼りに、希望ヶ丘から栄町に出て、市電線路沿いに歩き神宮前へ。そして知多に向かいひたすら歩き続けました。我が家にたどり着いたのは朝でした。

「家は大騒ぎになっていました。ただ、近くの駐在所さんが、あの子ならそのうちに歩いて戻ってくるだろうと話していたそうですよ」。大堀さんは苦笑まじりに稲垣教諭宅から自宅まで33㎞を踏破した中3時代の冒険談を語りました。

NHKコンクールとダブル優勝

全日本吹奏楽コンクールは1943年、戦争の激化により中断されました。稲垣教諭が東邦商業学校4年生の時でした。生徒たちは軍事工場に駆り出され、稲垣教諭も3年生の終わりには陸軍戸山学校に軍楽隊として入学しました。東邦商業音楽部の楽器のほとんどが空襲のため焼失し、音楽部は事実上消滅しました。

稲垣教諭は戦後の1948年に、母校の教壇に戻り、OBとして音楽部の再建にも取り組みました。まだ、社会的にも経済的にも余裕がない時代。再建は容易ではありませんでした。

「チューバ、ユーフォニュームなど大きな楽器が7つ残っていましたが、小さな楽器が全然ない。自分の小遣いをつぎ込んで楽器を集め、15人ほどのバンドを編成しての再出発でした」。（稲垣さんへのインタビュー）

楽器は少しずつ買い足されていきました。しかし、満足に練習できる音楽室もなく、放課後の練習はパートごとに分散して行われ、合奏は体育館で行われました。学校周辺の住民からは「騒音」へのクレームもありました。「家に病人がいるから楽器の演奏はやめてほしい」などの苦情が持ち込まれるのは一度や二度ではありませんでした。新聞社に投書する住民もいたほどでした。

戦後の全日本吹奏楽コンクール再開は1956年の第4回からですが、東邦は戦前の第1回から戦後の第12回まで12年連続でコンクール出場を続けました。戦前を第1次黄金時代とするなら第2次とも言える東邦スクールバンド黄金時代の到来でした。

「スクールバンド」旗を背にした音楽部。左端が稲垣教諭

東邦高校が戦前から数えると3回目の優勝に輝いたのは1963年11月に岐阜市で開催された第11回コンクール。この年春には待望の音楽室が完成していました。稲垣教諭は1964年4月に発行された生徒会誌「東邦」6号にその感動を書き残しています。

〈夢にまで見続けてきたあの優勝旗を手にしたその時は、嘘のように思われ、目頭が熱くなるのを感じた。ただ、嬉しい気持ちでいっぱいであった。特に昨年は、北海道まで出かけて、本校としては最高の演奏をしながらも思いがけない成績（6位）に終わってしまった。その苦い経験の後だけに、まさか優勝出来るとは思いもよらず、せめて入賞（第3位まで）さえできればよいと、気軽な気持ちで大会に臨んだのだが――〉

さらに東邦高校はこの年12月に開催された第2回NHK全国学校器楽合奏コンクール高校の部でも優勝に輝きました。

「東邦」6号への寄稿で稲垣教諭は、「吹奏楽も年々盛んとなり、各団体の技術進歩も著しいものが見られるその中にあって、今回のダブル優勝（日本一）は感動ひとしお深いものがある」とも書き残していました。

【東邦吹奏楽の全日本吹奏楽コンクールでの成績】（1968年「東邦」10号より）

第1回　1940年度　大阪朝日会館　第2位
第2回　1941年度　名古屋市公会堂　優勝
第3回　1942年度　九州福岡中学校　優勝
（戦争により中断）
第4回　1956年度　大阪府立体育館　第3位
第5回　1957年度　東京国際スタジアム　第4位
第6回　1958年度　名古屋市公会堂　第2位
第7回　1959年度　九州八幡市民会館　第3位
第8回　1960年度　大阪フェスティバルホール　第2位
第9回　1961年度　東京台東体育館　第3位
第10回　1962年度　室蘭富士製鉄体育館　第6位
第11回　1963年度　岐阜市民センター　優勝
第12回　1964年度　高松市民会館　第3位
第13回　1965年度　長崎市公会堂　東海第2位
第14回　1966年度　宮城県民会館　東海第2位
第15回　1967年度　東京厚生年金会館　第3位

全国大会への険しい道

第11回大会出場メンバー40人は3年生8人、2年生23人、1年生9人。クラリネットを担当した10人の中の1人が2年生だった森庸全さんです。森さんは中学校吹奏楽では知多市八幡中学とともに名門校の犬山中学出身です。「稲垣先生は、人の上に立つには2倍、3倍の努力と練習量が必要、特に音楽は量をこなさなければ、という考えでした」と森さんは振り返ります。森さんは3年生の時は部長を務め、第12回全日本奏楽コンクールに出場、優勝は逃しましたが堂々の3位でした。

第13、14回大会で東邦はいずれも東海大会2位に終わり、全国舞台連続出場の記録は途絶えました。稲垣教諭は「東邦」10号(1968年3月)にその無念の思いを書き残していました。

「敗れたその年は、目の不自由な人が頼りのツエを失ったかの如く、全く暗い日々を送ったものである。一口に全国大会出場とはいうものの、県大会・地区大会と勝ち抜いて、その地区で唯一の団体だけの出場がいかに険しい道であるかは、この2年連続の敗退で思い知らされた感がある」

リベンジに燃えた稲垣教諭率いる東邦スクールバンドは1967年に東京で開催された第15回大会に13回目の出場を果たし3位に輝きました。

カリスマ恩師逝く

稲垣信哉さんは2018年9月24日、亡くなりました。

稲垣さんが亡くなる1か月前、大堀さんは恩師である稲垣さんを訪ね、東邦高校音楽部時代の思い出や卒業生たちの活躍ぶりなどを語り合いました。「稲垣先生は、吹奏楽はオーケストラに近づくべきだという考えでしたが、出張演奏を頼まれればよほどのことがなければ引き受け、パレードではいつも部員たちの先頭に立って歩きました。

怠け者はきらいで、軍隊式ではあったが優しかった。稲垣先生を語らずして東邦音楽部は語れません」。大堀さんは残念そうに恩師を偲びました。

軟式野球部の全国大会初出場

硬式野球部母体としての歴史

軟式野球の球児たちにとっての全国舞台は全国高等学校軟式野球選手権大会（日本高校野球連盟主催）です。第1回大会は1956年に「全国高校軟式優勝野球大会」として大阪府の藤井寺球場で開催されました。

東邦高校軟式野球部は戦前の東邦商業学校時代の1925（大正14）年にはすでに「野球部」として活動していました。当時の校友会誌「東邦」3号には、「大正14年度校友会会計報告」として、野球部に部費18円が計上されたことが記されています。東邦学園50年史年表には当時の「野球部」は軟式であったと書かれています。

さらに1929（昭和4）年4月22日発行の東邦商業新聞19号には「人気の中心野球部　入部希望の新入生沢山」という記事が掲載され、「上手でも下手でも野球だけはやろうと入部希望者が押し寄せるので5年生の桑原君などは1年にも15、6名の入部者があったとにこにこ顔である」と書かれています。

『東邦商業学校東邦高等学校野球部史』には、「昭和4年、当時5年生の桑原喜代一君（3回生）や4年生の水野明君（4回生）が熱心に部員を勧誘して設立した軟式野球部が、翌年に硬式野球部として発足したのである」と、硬式野球部発足の経緯が紹介されています。活動を硬式野球部にバトンタッチした軟式野球部のその後の活動ははっきりしませんが、『東邦高等学校軟式野球部史』（軟式野球部史）には、戦後の軟式野球部誕生について「19

50年から1951年の間に同好会的組織から部への脱皮を図ったのではないか」と書かれています。

東海大会で静岡商破り悲願達成

甲子園をめざす硬式野球部の華やかさに対し、軟式野球部の活動は地味でしたが、部員たちは野球を楽しみながら全国舞台を目指し続けました。悲願の全国大会出場を果たしたのは1969年8月に開催された第14回全国高校軟式優勝野球大会でした。

毎日新聞の8月8日付名古屋市内版に、東邦高校軟式野球部が全国大会出場報告のため、朝日新聞とともに後援する毎日新聞の中部本社を訪れた記事が掲載されていました。

第14回大会開会式と入場する東邦高校（軟式野球部史）

訪れたのは酒井真彦部長、大西一郎監督、3年生の武市清主将、山倉紀和副主将。副主将の山倉さん（卒業後に山下と改姓。故人）は東邦高校、早稲田大学、巨人で活躍した山倉和博さんの兄です。

記事では、大西監督が、東海代表として全国大会初出場の意気込みを語っています。「これまで4度、静岡商と決勝を争い、やっと念願を果たすことができた。それも硬式と同じように最終回の逆転勝ちでチームの意気は上がっています。一戦一戦全力を尽くし勝ち抜いていきたい」。

東邦高校では、軟式野球部が悲願の全国大会出場を決めたこの年、硬式野球部も2年前の1967年に就任したばかりの阪口慶三監督のもとで夏4回目となる甲子園大会に出場しました。愛知県大会準決勝の中京戦では0－1で迎えた9回裏、横道政男主将（後に愛知東邦大学硬式野球部監督）が左翼席に豪快なサヨナラ2点本塁打を放ち劇的な逆転勝利を決めました。

阪口監督の就任と非情の猛練習

硬式野球部の近藤賢一監督の教え子で、愛知大学を卒業と同時に母校に教員としてもどり、近藤監督からバトンを引き継いだ阪口監督は就任1年目の苦闘ぶりを1968年3月発行の生徒会誌「東邦」10号に書き残していました。（抜粋）

「勝負の世界の厳しさをつくづく味わった。それは、この3月まで学生であった者に選手は絶対的な信頼を寄せるかという疑問を抱いていたからだ。だから、2か月先の大会で勝つという作戦を考えるより、選手に、監督を一日でも早く信頼させるように持っていくことの方が勝利に導く近道だと信じ、無言の指導をした。選手は私の行動を注視しているから、これを利用しようと思い大学時代に戻り、打ち、走り、守った」

しかし、夏の大会の前哨戦といわれる1967年県大会1回戦は津島商工に4－5で敗退しました。

「監督第1戦（大きな大会）はどうしても勝ちたかったが、勝利の女神は微笑まず惜敗した。今になって考えてみると、選手の性格もはっきりわからず、ましてや選手も監督の人柄を知らずにどうして勝てよう。試合後、監督とはこんなにも疲労するものなのか（全身の力が抜けていた）と、身をもって知らされたものだ。毎日ノックの雨を降らし、また徹底的に走らせ打たせた。非情と思えたが、精神力で闘い抜く夏の大会にはこうでもしなければ勝てない。合宿も監督と選手の気持ちが通じ合うよう1か月前から始めた。その成果が日に日に現れ優勝ムードとなった（大学時代優勝したムードと同じだった）」

戦闘モード全開で挑んだ阪口監督の初陣となった夏の甲子園愛知県大会。東邦は準決勝で中京に0－4で敗れました。新チームで臨んだ秋の県大会も3回戦でまたも中京に2－3で敗れ去りました。

阪口監督が就任した1967年に入学した横道政男さんは、阪口監督のもとでの3年間を振り返ります。「練習はきつく、阪口監督は後に、〝鬼の阪口〟と言われたほど。東から昇った太陽が西に沈むまでと言っていいほどノック漬けの日々でした。同期で40人が入部しましたが、選手として最後まで残ったのは4人だけです。練習が行われたのは今の高校や大学がある東山グラウンドですが、僕の汗と涙はまさにこのグラウンド、キャンパスにしみこんでいます」。

硬式野球部から軟式野球部に移った選手たち

軟式野球部にとって初の全国大会となった1969年夏の第14回全国高校軟式優勝野球大会に出場した主力選手たちは横道さんと同じ1970年卒の21回生たちです。軟式野球部OB会名簿に記載された21回生は12人で、その1人である加古均さん（大府市）によると、12人中6人が阪口監督の率いる硬式野球部からの転部組でした。

加古さんは副主将を務めた山倉さんとともに大府中学出身。全国大会出場を決める東海予選では場外本塁打を放ち、全国大会後の長崎国体決勝戦でもホームスチールを決めるなど活躍しました。2人とも1年生の終わりに硬式野球部を退部しました。

「阪口監督の就任1年目の時、僕らも1年生。阪口監督の指導は確かに厳しかった。僕もランニングや腕立て伏せ、筋肉トレーニングなどハードな練習に耐えて頑張った。しかし、阪口監督の眼中にあるのは横道君のような最初から目をかけていた特待生選手だけ。準特待生だった僕などはフリー打撃練習の機会は3回しかなかった。いくら頑張っても先はないと思いました」と加古さんは振り返ります。

一緒に体験を語ってくれた富田一三さん（知多市）も1年生夏に硬式野球部を離れました。中京高校との練習試合中にボールの直撃を受けて聖霊病院に担ぎ込まれたのがきっかけでした。「硬式ボールが怖くなってきてあきらめました。硬式での練習の厳しさは半端ではありませんでした。みんな経験したことですが、のどがカラカラになって、ボウフラの湧いている水を飲みました」。加古さんによると山倉さんの退部は突き指での負傷が引き金となりました。

山倉さん、富田さんは2年生の春から軟式野球部に移りましたが、加古さんが移ったのは夏の大会が終わり新チームに切り替わった秋からでした。「そのまま軟式に入部したら、僕と入れ替わりにレギュラーから弾き出される選手が出ると思ったからです」。加古さんは秋まで、授業後は母校である大府中学校に足を運び、後輩たちの指導にあたりました。指導した選手には山倉さんの弟で、東邦高校に入学して活躍した和博さんもいました。

全国大会出場を果たした軟式野球部員たち

全国舞台へスクラム

加古さんら6人の元硬式野球部員たちを迎えた軟式野球部新チームは、キャプテンとなった武市さんを中心にがっちりスクラムを組みました。東山グラウンドで硬式野球部と背中合わせでの練習に明け暮れながら全国舞台出場へのモチベーションを高めていきました。軟式野球部史に掲載されている、初の全国舞台大会出場を実現させた1969年の活動記録です。

〈全国大会愛知県予選まで1敗という強力なチームが出来上がった。そして県予選準決勝で最大の難関、強敵中京と対戦した。3回に中京が先取点をあげ、9回表まで3－2と中京がリードした。最終回、東邦は先頭の武市が一塁エラーで生き、続いて山岸は投手前への内野安打で無死ランナー1、2塁で、8番的田が3球目をうまく右中間に打ち、1、2塁ランナーが生還して逆転、東海大会へと駒を進めた。東海大会決勝では、昨年と同じ相手静岡商と対戦したが、見事打ち破って全国大会出場を勝ち得た〉

第14回全国高校軟式優勝野球大会で使用された球場は大阪府富田林市のPL学園野球部グラウンドと藤井寺球場でした。東邦は初戦の2回戦で札幌商を5－0で下し、準々決勝でも仙台商に6－4で勝利しました。藤井寺球場での準決勝で萩商に1－2で敗退。残念ながら決勝進出はなりませんでしたがベスト4入りしたことで、10月に開催される長崎国体への出場権を得ました。

硬式野球部とともに初出場した1964年の新潟国体に次いで2回目の国体出場となった長崎国体。軟式野球部は花巻商業、平安高校を破り決勝に進出。札幌商業に敗れましたが、堂々の準優勝に輝きました。

一方、硬式野球部もこの年、阪口監督のもとでは初めて、東邦高校としては通算4回目となる夏の甲子園出場を果たしました。しかし、1回戦で富山北部高校に4－6で敗れ、阪口監督は甲子園での初陣を飾ることはできませんでした。

駆け付けた応援団

「それはうれしかったですよ。硬式のような派手さはないし、あまり注目もされませんでしたが、全国舞台ですから」。加古さんは、第14回全国高校軟式優勝野球大会、長崎国体出場の思い出を嬉しそうに語りました。

富田さんも「一番嬉しかったのは家族が新聞を切り抜いていてくれたことです。親たちも本来なら甲子園での活躍を期待していたのでしょうが、地味な軟式野球に移ってからも温かく見守ってくれていたんですね」と懐かしそうでした。

軟式野球部としては初の全国大会出場でしたが、加古さんによると学園全体では大きな盛り上がりにはならなかったようです。宿敵である中京に劇的な勝利で予選を突破し、甲子園に乗り込んだ硬式野球部への期待が大きく膨らんだためでした。それでも、加古さんによると、軟式野球部の全国大会出場が決まると、それまで限られた数しかなかったバットが新たに揃えられ、一人が1本ずつ選べるようになりました。

甲子園での応援のようにブラスバンドは来ませんでしたが、応援団が来てくれ、校旗を掲げて応援してくれました。応援スタンドは閑散としていましたが、果たせなかった全国大会出場の扉をついにこじ開けた後輩たちを応援しようと軟式野球部OBたちも駆けつけてくれました。

軟式野球部時代を語った富田さん（左）と加古さん（右）

加古さんや富田さんたちより2学年上の19回生で、当時愛知学院大学準硬式野球部員だった岡島和幸さん（日進市）も名古屋から車で乗り込みました。「駆け付けたOBは10人もいませんでした。甲子園とは比べるのは恥ずかしいほど応援席はがらがらでした」。岡島さんは苦笑まじりに語ってくれました。

軟式野球部の指導教員は全国大会出場時に監督だった大西教諭、部長だった酒井教諭のほか松島元教諭、可児光治教諭らです。OBたちは酒井、松島、大西、可児教諭のイニシャルを並べた「SMOK（スモーク）会」を作り親交を続けています。

加古さんは「練習でも監督や部長の先生がグラウンドに顔を出すのは1週間に1度くらい。岡島さんらOBの3人くらいがノックをしに来てくれました」と振り返ります。「監督が試合で采配を振るうのはバントのサインくらい。大半は選手任せでした」「あまり細かいことは言わず、行け行けどんどんでしたから」。加古さんと富田さんは懐かしそうに目を細めました。

さらば赤萩

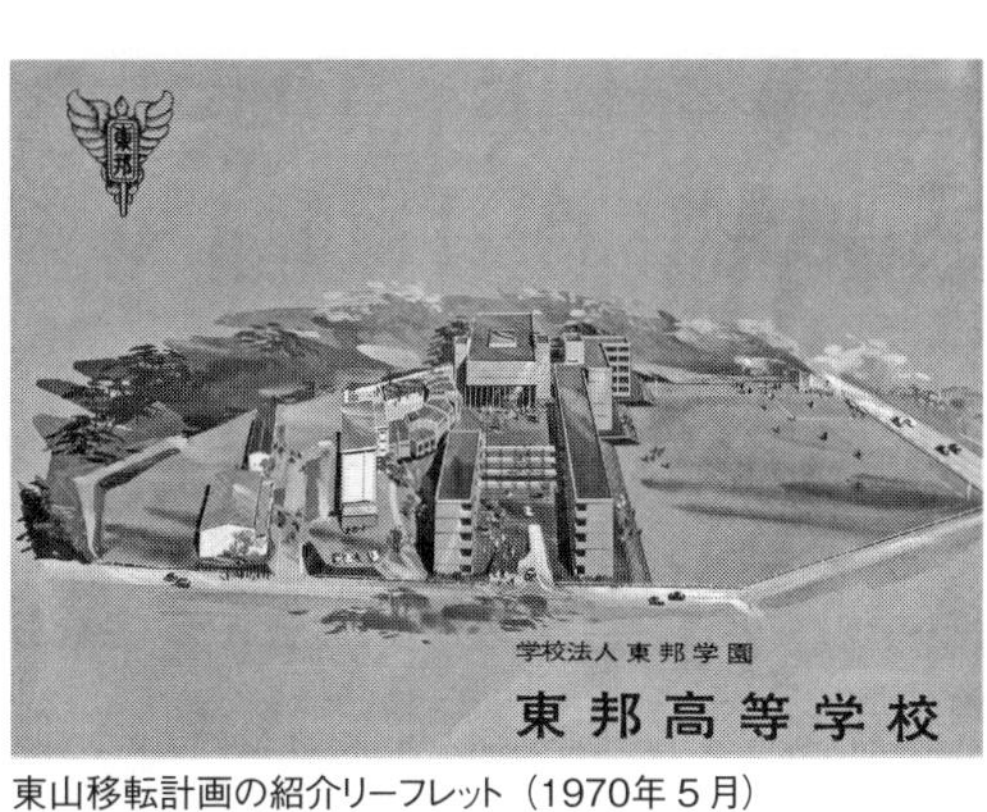

東山移転計画の紹介リーフレット（1970年５月）

平和が丘に統合キャンパス

東邦高校では、東邦短大がすでに開校している千種区猪高町（現在の名東区平和が丘）に移転する計画案が1970年5月1日のHRの時間に、放送を通じて平岡博校長から全校生徒に発表されました。5月12日の開校記念日には、生徒全員に新校舎の完成予想図入りのカラー刷りリーフレットが配られました。1971年4月からは「平和が丘台地」とも呼ばれた地に、東邦短大と東邦高校からなる東邦学園の統合キャンパスが誕生することになりました。リーフレットは「学園拡充・高校移転計画」のあらましを以下のように説明しています。

〈創立50周年を目前に、本年度より数次にわたる学園の拡充計画が決定しました。昭和45年（1970）度中に第一の計画として、高等学校を東山グラウンド敷地内に校舎を建設して移転させます。

昭和44年（1969）度中に、かねて東山グラウンド周辺で進行していた広大な住宅地造成工事が終了し、名古屋市は東山総合公園再開発計画を立て、平和公園の整備に着手、本校グラウンドの近辺の道路、交通、環境は一変してきました。今回の本学園の計画は、このような変化に相応し、自然に恵まれた環境の中に、近代的な施設を誇

立体交差が完成した中央線沿いの赤萩校舎（1965 年ごろ）

る学園を建設しようとするものです。移転は校舎建設が完了する来年3月に実施し、昭和46年4月より新校舎を使用します〉

猪高地区の土地区画整理は1962年からスタート。〝猪子石砂漠〟とも言われた丘陵地でブルドーザーがうなりを上げ続けていました。リーフレットに紹介された新校舎所在地は「千種区猪高町大字猪子石字栂廻間34番地」。字名の「栂」は、マツ科常緑高木であるツガの木の自生する谷間であったことに由来しているのでしょう。

リーフレットでは赤萩校地から東山校地への移転の意義や必要性、厳しい財政の中、目処が立つに至り、昭和45（1970）年4月の理事会（嶋田健吉理事長）で実施を決定した経緯についても述べられています。

『名古屋の街〜戦災復興の記録』（伊藤徳男、中日新聞本社開発局）という本に、「立体交差が完成したJR中央線」という千種駅上空から撮影した1965（昭和40）年ごろの写真が掲載されています。東西に走る道路は下から広小路通、錦通、桜通。錦通と桜通の間に東邦高校が写っています。地下鉄東山線と錦通が一体的に整備されたことで、校庭が3分の1に削られた様子が分かります。東邦高校の移転跡地には現在、住友生命千種ニュータワービルがそびえています。写真にはJR千種駅前のロータリー、その下には河合塾の看板も見えます。

巣立った1万6000人

移転を目前に控えた1971年2月に発行された生徒会誌「東邦」13号では、1970年7月に、平岡校長からバトンを引き継いだ浅井静男校長が、「赤萩を去るに当たって」の思いを書いていました。

〈1923年、まだ水田の散在するちくさの一角に、本学園が創設されてより47年、移りゆく環境の変化と共に、校庭せましとボールを追ったり、時には覚王山、猫ヶ洞の山野を、うさぎ狩りに息をはずませたこともあったり、はたまた口から泡を飛ばして世相を論じたりしながらの半世紀で1万6000余名の卒業生を送り出すことになりました。

創立時の苦心、少人数で、本当に親子以上の教育愛のみを唯一の武器としての揺籃時代から、戦時中、学徒動員に加えて商業学校生徒の募集停止（この間は大同工業と連携）から終戦を迎え、寒風と共に粉雪の舞う窓枠すらない教室で再発足した東邦中学の再建時代を第二の難関と致しますと、今度の平和が丘台地への移転は飛躍的な発展と言うことが出来ます――〉（抜粋）

浅井校長は寄稿の最後に、「歴史の一端を知ってもらう参考に」と、年次別卒業生の表を掲げました。

東邦商業学校卒業生　3837人
東邦中学校卒業生（東邦高校に進学せず中学のみで卒業）　223人
東邦高校卒業生（1971年まで）　商業科7468人、普通科4611人
総計　1万6139人

さらば赤萩の学び舎

「東邦」13号には「さらば赤萩」という特集ページも設けられ、教員たちがそれぞれ赤萩の思い出を寄稿しています。「東邦俳句会」の教員たちも惜別の句を寄せました。

登校の子ら声高に息白く／教卓に菊生けてある授業かな（渡辺泰造）

残りたる木造館の冬日かな／舞う雪や母校の庭の小さかり（和田悟）
赤萩の校舎に鳩の日向ぼこ／凧小さく天にとどまり平和墓地／赤萩に生き続けいよ寒椿（小林知生）
鉛筆をけずり採点夜長く／梅雨暗く職員会議長びけり（大西一郎）
赤萩の壁画よさらば春寒く／大寒や句会に惜しむ赤萩の地／赤萩の学び舎さらば春惜しむ（萩野幸枝）

東郷グラウンドの開設

東邦高校が赤萩に別れを告げた1971年3月、硬式野球部は第43回センバツ甲子園に通算14回目出場を果たしました。夏の甲子園にも1969年の第51回大会、1970年の第52回大会、1971年の第53回大会と連続出場し、移転した1971年は春夏連続出場となりました。

移転先となった東山グラウンドは硬式野球部の練習拠点であったため、学園側は新たに東郷町諸輪の愛知池に面した山林用地を確保し、東郷グラウンドを開設しました。1970年8月に買収契約、1971年2月に着工、5月末にほぼ完成しましたが、この間、硬式野球部は練習場を求めての放浪が続きました。

元中日ドラゴンズ投手、ピッチングコーチの水谷啓昭さん（23回生）は、1969年に入学した1年生の時から春夏4回の甲子園を体験しました。3年生だった1971年にはエースとして春、夏甲子園のマウンドに立ちました。水谷さんは練習場を失った時の苦境を野球部史に書き残していました。

〈校舎の移転に伴い、練習場がなくなりました。名古屋学院大、東邦ガス、日通のグラウンドなどを借用してのジプシー生活を3年生夏の愛知大会予選直前まで余儀なくされました。

昭和46年に待望の新しいホームグラウンドが完成して、いよいよ喜び勇んでピッチング練習を始めた矢先、土がまだ固まっておらず、柔らかい所に足を取られ、悪い態勢で投げたのが原因で、大事な大会前に肝心の肩を痛めました。目の前が真っ暗になり、先生（阪口慶三監督）からすごい剣幕でどやしつけられました。家に帰る途中、このまま何処かへ行ってしまおうかと思ったこともありました。あらゆる治療に挑戦し、どれだけ走ったことか。辛い毎日でした。雨で大会が延期になった時は思わず神に感謝し、黙々と球場の周りを走り続けたこともありました。苦しみながらも3年連続の代表権を勝ち取ることができ、チームメートにも迷惑をかけずに済み、内心ホッとしました〉（抜粋）

吹き荒れた高校生たちの反乱

東郷グラウンドでノックする阪口監督（野球部史より）

１９６０年代後半は、全国の大学、高校で学園紛争の嵐が吹き荒れた時代でした。東邦高校でも授業料値上げに反対する一部の生徒たちの行動が先鋭化しました。

東邦高校の授業料値上げは１９６８年4月25日の職員会議で平岡博校長から表明され、5月6日のホームルーム時に校内放送を通じ説明が行われました。これに対し、大半のクラスが反対を決議。5月10日には生徒会の呼びかけによる授業料問題集会が授業後の運動場で開かれ、値上げが行われた場合の「授業放棄」「修学旅行ボイコット」での対応を決議しました。「東邦新聞」70号は「一方的な値上げ額」の見出しを掲げ、値上げの白紙撤回を求めて校庭で集会を開く生徒たちの行動を写真付きトップ記事で掲載しました。

学園では１９６７年6月に下出保雄理事長が辞任し、嶋田健吉理事長が就任していました。嶋田理事長は学校、教員組合、ＰＴＡ、生徒代表で構成する「四者

卒業式場を一時封鎖
東邦高で反対叫ぶ生徒
金魚の出番
弥富　威勢よく初市

東邦高校での「卒業式粉砕」騒ぎを伝える「中日新聞」

懇談会」を発足させ、「四者懇」の場での解決を図りました。しかし、生徒たち約50人が6月18日午後、テレビ塔前広場で青空集会を開くなど活動は先鋭化していきました。

学園50年史はエスカレートする生徒たちの行動について吐露しています。

〈彼らには「原則的には反対だがやむをえない」といった意識はなく、「絶対反対・阻止」という率直明快な理論構造しかない。それ以外はごまかしであり敗北である。かくして一部生徒の教育不信、教員不信は、校長が、教員が誠心誠意教育を守る努力を行っているそのこととは全く関わりない次元で、身勝手に執拗にいぶり続ける〉

「卒業式粉砕」のヘルメット集団も

1970年2月21日に行われた卒業式では、明け方、3人の生徒によって式場が封鎖されました。椅子、机を積み重ねた形ばかりの〝バリケード〟で、式開催には影響ありませんでしたが、始まった式では、実行委員会によって承認されていた送辞・答辞が、学校を批判した内容のものにすり替えられていました。この騒ぎを報道した「中日新聞」によると、差し替えられた「答辞」は、「3年間の教育は受験体制と産業社会に従属する形で自由がなかった。教師は僕らの疑問に答えなかった」という内容でした。記事は「大部分の生徒は整然としていたが一時騒然とした」と伝えています。

校門前では他校生と見られる30人余のヘルメット集団が「卒業式粉砕」を叫んでデモの隊列を組みました。荒れた卒業式前日に発行された生徒会誌「東邦」12号（1970年2月20日）の巻頭ページで嶋田理事長が生徒たちに呼びかけていました。

〈君達が何事にでも批判出来るのも、過去数年にわたり、先人達の業績を組織的に順序正しく学んだ結果である。また、色々と問題はあるにせよ、現代社会機構のおかげである。君達はこれら文化の継承者であり、且つ一層この社会を発展させる任務を持っているのである。といっても誰もが学問一筋に生きよ、という訳ではない。この複雑な社会機構の中にあって、いろいろの分野に専念活躍する人こそ本当に求められているのである。君達が自分の適性を見出し、好きな道を選び、社会機構の一員とし後世の人々に、より偉大な文化を継承して貰いたい。そこにこそ学校教育の意義を見出すことが出来る。そのためにも一層の勉強、スポーツ、クラブ活動に励み、充実した高校生活を悔いなきものにするようにおすすめします〉

三　平和が丘からの飛躍

平和が丘で迎えた50周年

嶋田理事長の死去と下出保雄理事長の復帰

東邦学園では東邦学園短大創設に意欲を燃やした第3代理事長の下出貞雄の急逝に伴い、1964年10月からは弟の下出保雄が第4代理事長に就任していました。しかし、保雄は父親である下出義雄（初代理事長）が創立した株式会社菱喜商会（現在はエレックヒシキ株式会社）の取締役として経営に関わっており、実務を担う学園専務理事として1967年1月からは嶋田健吉が迎えられました。

嶋田は学園創立者である下出民義の四男ですが、民義の姉・種の婚姻先である嶋田家の養子となっていました。北海道電力監査役から学園専務理事に迎えられ、下出保雄に代わって1967年6月に第5代理事長に就任。「教育関係の経験はないが、60歳以後の人生の再出発をしたい」と決意を述べていました。

学園は1973年5月12日、創立50周年を迎えました。しかし、記念すべき節目の年を前に、東邦高校と東邦学園短大の学園統合をめざした嶋田理事長を失いました。嶋田は1971年早々から体調を崩し病床につき、岩井良太郎短大学長が理事長代行を務めました。同年9月、嶋田は理事長を辞任し、10月17日、平和が丘の台地に誕生した統合キャンパスを見ることなく他界しました。まだまだ働き盛りの64歳。学園追悼式は10月30日に営まれました。

嶋田は寄附行為の改正など学園運営の近代化、財政収支の改善に奔走し、東邦高校の赤萩からの移転を成し遂げました。嶋田の理事長辞任により、下出保雄が4年ぶりに理事長に復帰しました。1971年9月から第6代理事長として再び学園を率いることになった下出保雄の直面する課題は平和が丘の統合キャンパスの施設と教育の充実でした。

1973年当時の学園風景。手前が東邦短大、奥が東邦高校

体育館完成

東邦高校は1972年、体育館建設に着手しました。在校生数が第1次ベビーブーム世代の1965年度には2985人に達するなどで、全校生徒が着席できる新体育館建設は赤萩時代からの悲願でした。名古屋市公会堂など外部施設を使って入学式、卒業式を行う状態がずっと続いていたからです。

体育館竣工式は創立50周年の1973年5月に行われました。柔剣道場、バスケットコート2面分の広さを持ち、トレーニング室、シャワー浴室も備わり、中2階には東邦会の事務室・応接室も置かれ、当時の高校体育館としては最先端の体育館の完成でした。

学園50年史は「体育館の完成は直接的には体育科の授業内容に大きな改善の保証をするとともに、生徒の学校生活の流れにも大きな変化をもたらした。赤萩時代の狭い運動場から、赤萩時代の全敷地の約2倍に相当する現運動場へ移っただけでも生徒ははち切れるような青春のはけ口を見つけたようであった」と書き込んでいます。

「東邦PTA」1号が紹介した完成した体育館と第24回卒業式

竣工式を待たず、1973年3月には第24回卒業式が新体育館で行われ、708人（商業科227人、普通科481人）が平和が丘から巣立ちました。

50周年を機に創刊された東邦学園PTA発行の「東邦PTA」1号（1973年6月）で浅井静男校長は、「教育環境も体育館の完成をもって一応整備完了しました。移転3年目にして、砂漠的眺望はみるみる住宅地的様相へと転化してきました。然し、隣接する東山総合公園の新緑は一段とその清新な若々しさを与えておってくれます。それは学園を大きく包み、はぐくんでいるかのようであります」と書いています。

短大生の一部から反発も

体育館建設をめぐっては最初、東邦短大の一部学生から反発もありました。現在は東邦高校の人工芝グラウンドを挟んで北側に東邦高校、南側に短大を引き継いだ愛知東邦大学がありますが、1971年の高校移転当時は、高校校舎が短大の北側に隣接していました。短大学生側からは、それでなくても狭いキャンパスであるため、高校体育館建設で短大敷地が奪われていくのではないかという不安が高まりました。

当時、短大助教授だった中西達治氏は、「高校生が短大の敷地に入ってきたと言って、学生たちが騒ぎ出すこともあった」と言います。1971年11月11日の「中日新聞」には、「東邦短大でスト　高校の体育館建設に反対」という記事が掲載されました。

〈東邦短大（名古屋市千種区猪高町猪子石、岩井良太郎学長）の商業デザインコース1年生の学生約70人が、東邦高校の体育館が短大キャンパス内に建てられるのに反対して、10日午後から12日までストに入っている。スト派の学生の話だと、「短大と高校とは独立経営であるのに、高校の体育館が学生に何の説明もなく短大敷地内に建設される話が進み、短大の教育環境が侵害される。また、短大の設備面も不備な点が多く、経理も不明朗だ」と言っており、12日には全学集会を開き、全学的なストに持ち込む構え。短大側では「体育館の建設場所は理事会で決定するが、最終的にはまだ確定していない」と言っている〉

短大では施設の充実は急務でした。学生たちによる本館封鎖騒ぎ（1969年）の教訓もあり、厚生施設やクラブ活動の場を保証する「学生会館」の建設の具体化が突きつけられていました。教授会が発足させた拡充整備委員会が、校地の整備と学生会館・食堂の建設を中心とする案をまとめ理事会に提出しました。

短大に「下出記念館」誕生

短大に待望の学生会館が竣工したのは1973年5月でした。理事でもある岩井良太郎学長は学園50年史に、厳しい財政難の中、突き付けられた学生会館建設要求が実現できた〝幸運〟について書き残していました。岩井氏によると資金が確保できたのは、嶋田理事長の時代に購入していた岐阜県可児町（現在は可児市）の土地が「野外民族博物館リトルワールド」の建設予定地に含まれ、1971年12月、名古屋鉄道との間で売買契約が成立したからだといいます。

〈教授会が作った短大整備計画を突き付けられた。総費用は3億円くらいだったと思う。無い袖は振れない。就任3年目、嶋田理事長が永眠され、下出理事長に代わった。青い鳥が飛び込んできた。嶋田氏が買っておいた犬山近くの土地が、2億円余の純利益を得て売れた。財政にゆとりが出た。新理事長の決断で整備計画は8、9割が実現された。学生会館（4号館）は下出記念館とした。教授会で学長一任というのでこの名を選んだ。珍しく（?）全

員賛成だった〉（抜粋）

学園創立50周年を記念し、創立者である下出民義の名前に由来して命名された「下出記念館」は、現在の愛知東邦大学A棟のある敷地に建てられました。「東邦PTA」1号によると、1階に食堂と集会室、2階に講堂、3階には演習室4室とクラブ室16室が設けられました。同誌は「各階とも近代建築の粋を集め、インテリアについては本学デザイン担当教授陣の創意が反映されるなど、女子学生の増加に対応して華やいだ雰囲気に仕上げられている」と紹介しています。隣接する私有地も購入され、テニスコート、ゴルフ練習場などキャンパスの拡充も実現しました。

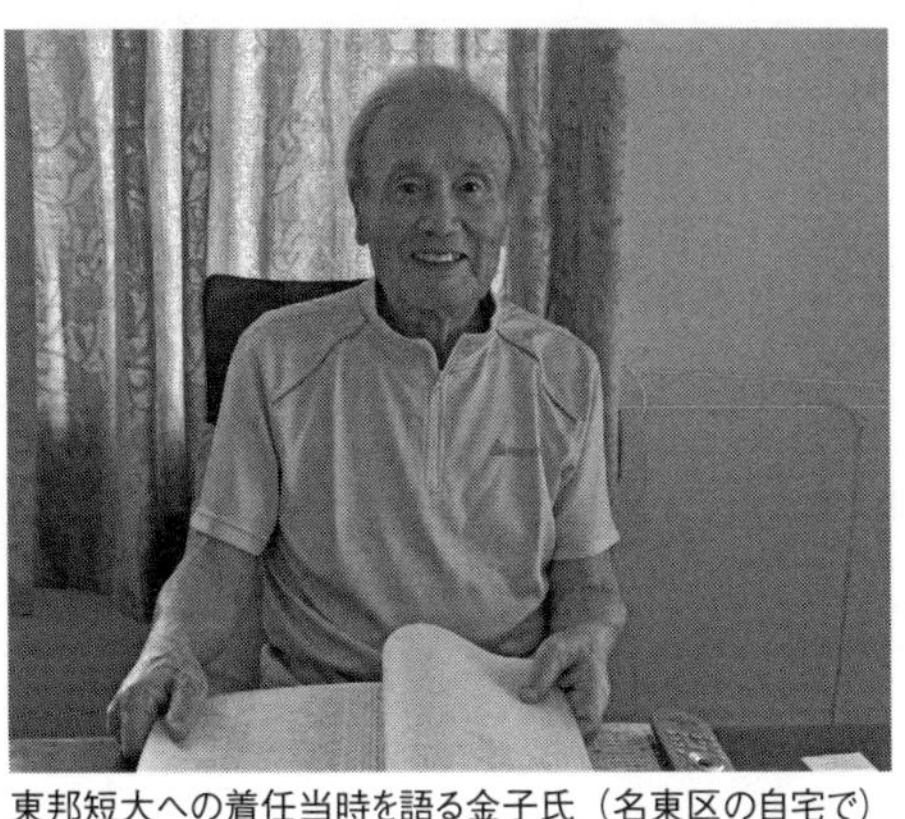

東邦短大への着任当時を語る金子氏（名東区の自宅で）

支え合う高校と短大へ

短大助教授だった中西氏によると、岩井学長は「こんな小さなキャンパスで高校と短大がいがみ合ってもしょうがない」とよく語っていたと言います。岩井氏は教員人事でも高校に協力を求めました。

後に短大副学長に就任し、名誉教授第1号ともなった金子勤吾氏（後に学園参与）は1972年4月、東邦高校の体育教員から短大助教授に異動しました。金子氏は日本体育大出身。東邦高校の運動クラブ育成を目指していた下出貞雄校長が東京の明治学院高校で体育教員をしていた金子氏をスカウトし、1954年度から東邦高校教員に迎えました。

金子氏は赤萩校舎の医務室の半分を宿舎代わりに、若さに任せて陸上、バレー、柔道、バスケットボールなどの高校運動部育成に努めました。短大教員への異動の話が舞い込んだのは東山移転の翌年でした。短大の「保健体育」科目は東邦高校の体育教員が兼務していましたが、金子氏に専任教員としての就任要請の話が舞い込みました。「岩井学長は僕と同じ埼玉県出身ということもあり、やってみようかと決めました」と金子氏は振り返ります。

金子氏は、「東邦短大の開校当時、東邦高校の教員たちには、同じ東邦学園として短大を盛り上げていこうという空気はあまりなかった。東山への移転の時も、〝あんな山奥に生徒が通えるか〟と職員会議でもめたほどでした。しかし、すでに、近隣に開校した愛知高校や愛知淑徳高校には生徒が集まっていたこともあり、〝山奥でも何とかなりそうだ〟ということで移転への覚悟を決めました」と語りました。

名東区誕生と甲子園準優勝の夏

バンビ坂本とさわやか東邦野球

名古屋市の人口は1969年に200万人を突破し、1975年2月1日、東邦高校、東邦短大がある千種区猪高町は名東区となりました。天白区とともに名古屋市で最も新しい区として誕生した名東区民を歓喜させたのは1977年夏の甲子園で、1年生投手〝バンビ坂本〟を擁して勝ち続けた東邦高校の準優勝でした。

東邦高校はすでに春の甲子園には15回出場しており3回優勝。夏の甲子園は1977年の第59回大会で8回目の出場でしたが、これまでベスト8が最高で、決勝戦まで駆け上がったのは初めてでした。そして第59回大会は、東邦のさわやかな純白ユニホームでの全員野球、1年生投手としてマウンドに立ち続けた坂本佳一投手の〝バンビ人気〟も過熱しました。

8月20日の決勝戦の対戦校は兵庫県代表の東洋大姫路高校。東邦は2回に1点を先行しましたが、4回に追いつかれ1－1のまま延長戦に。10回裏、東洋大姫路はランナー2人を置いて、4番安井浩二主将の夏の甲子園では史上初となるサヨナラホームランが右翼ラッキーゾーンに飛び込み、劇的な幕切れとなりました。

決勝戦翌日の8月21日の「朝日新聞」愛知県版では、甲子園に乗り込んだ名古屋本社担当記者が東邦ナインの健闘をたたえました。

〈とうとう深紅の大優勝旗は名古屋へ持ち帰ることはできなかった。でも、いいではないか。大会前、だれがこの東邦の活躍を予想しただろう。敗れた選手たちの顔はさわやかそのものだった。「もう、やるだけやったんだ」と。坂本が、大矢が、井上が、そして全選手が精いっぱい戦った。選手諸君、胸を張って名古屋に帰ろう。君たちは全力を尽くして戦ったのだから〉

浅井静男校長も「夏のさわやか準優勝では、高校野球の醍醐味を遺憾なく発揮し、これこそが本当の高校野球であり、これが東邦教育の真髄であることを全国津々浦々に至るまで電波に乗せました」（「東邦」20号巻頭文より）とたたえ、生徒たちに「自信と誇り！」をと訴えました。

第59回大会決勝進出を決め喜ぶ（左から）森田、大矢、井上選手

甲子園への試練

甲子園ファンを沸かせた第59回大会は、東邦高校にとって、初めて体験した「1年間の対外試合禁止」という大きな試練を乗り越えての出場でした。試練の幕開けは、名東区が誕生して間もない1975年6月5日、「中日新聞」朝刊に、「名東区の東邦高校」を世間に知らしめる衝撃的な記事が掲載されたことから始

まりました。社会面の大きなスペースをさき、記事は「東邦高校野球部で集団制裁　1年生19人を殴る」「〝練習怠けた〟鼻血出す者も」のセンセーショナルな見出しとともに報じられました。

〈愛知県の高校野球の名門、私立東邦高校（名古屋市名東区猪高町平和が丘、浅井静男校長）で3日午後行われた野球部ミーティングの席上、参加した1年生部員全員が2年生部員に集団で殴られる事件があった――〉

「対外試合禁止中の１年は心が折れそうだった」と語る大矢さん

東邦高校は平和が丘に移転してからも、1973年には山倉和博捕手（元巨人）らの活躍で春、夏連続出場するなど甲子園出場の常連校でした。〝制裁事件〟の報道で高校野球ファンに衝撃と戸惑いが広がりました。

NHK高校野球解説者を2022年夏まで務めた大矢正成さんは当時、硬式野球部1年生部員でした。入学して間もなく体験したこの事件について、「東邦キャンパス」127号（2017年7月発行）に掲載されたインタビュー記事で苦い思い出を語ってくれました。

一宮市立葉栗中学校出身の大矢さんは、中学時代、市大会で2年連続優勝投手でした。担任からは一宮高校への進学を勧められていましたが、学校まで訪ねてきた阪口慶三監督の熱意に打たれ東邦高校に進学を決めました。

〈愛知県では東邦が一番甲子園に近い学校と見られていましたし、東邦に入れば、ひょっとしたらプロにも行けるかも知れないと思いました。阪口監督から、「俺と一緒に甲子園に行こう」と手を握りしめられ、「お願いします」と頭を下げました。

当時の硬式野球部では、僕ら1年生部員はすごい人数でした。2年生たちは引き締めなければと思ったのでしょう。ゴールデンウィークが明けてから、1年生を教室に集めて説教したんです。それがあたかも暴力事件があった

かのような新聞記事になってしまいました〉

心が折れそうだった

大矢さんが語るように、3日後の6月8日「中日新聞」に事実上の修正記事が出ました。
〈東邦高校野球部で2年生部員が1年生部員を殴った事件は、その後の千種署の調べで、クラブ規律を守るための注意の〝行き過ぎ〟で、いわゆるシゴキやリンチという性質のものではないことがわかった。このため、学校側も、野球部の活動は続けさせる方針〉

名東区は千種区から分離したものの、名東署が誕生するのは1978年で、名東区の所轄はまだ千種署でした。記事は、千種署防犯課が関係者から事情聴取を行ったところ、1年生たちに被害者意識はなく、「当然の注意を受けた」とも言っており、「注意を目撃した野球部員以外の生徒には暴力行為と映ったとみている」とも書かれています。

しかし、最初のセンセーショナルな記事の波紋は大きく強烈でした。日本学生野球協会は東邦高校に対し、「1年間対外試合禁止」の処分を下したのです。大矢さんは、その時の部員たちの無念さを語りました。
〈時間が止まったようでした。阪口先生を始め、甲子園への夢を断たれた3年生たちの嗚咽は今も耳から離れません。僕も心が折れそうでした。もう6月でしたから、3年生たちの高校野球はこの時点で終わりでした。我々1年生と2年生は試合ができない1年間が続きました〉

試練を乗り越えて

1975年6月25日付で下された日本学生野球協会の東邦高校に対する対外試合出場禁止処置が解除されたのは

処分解除後の野球部を特集した「東邦新聞」

1年後の1976年6月2日付でした。甲子園をめざし、練習を再開した硬式野球部員たち。「東邦新聞」95号（1976年7月13日）は、東郷グラウンドで練習に取り組む部員たちの写真とともに「二年分の奮闘を」の見出しを掲げて特集しました。「2年分の試合を選手と共に思い切ってやりたい」という阪口監督の決意とともに、選手たちへのインタビューも紹介されています。

「1年間、どのような気持ちで練習に打ち込んできたのですか」という質問に選手の一人は「本当に長く、重苦しい毎日であった。部員一同、身を切るような厳寒、夏の炎天下のほこりと汗と涙の中で、自らと戦いながら、一途に練習に練習を重ねてきた」と答えていました。

1977年夏の甲子園出場をかけた愛知大会決勝戦は8月1日、ナゴヤ球場で行われました。東邦高校は6－1で名古屋電気高校（現在は愛工大名電高校）を破り、第59回大会出場を決めました。

キャッチャーの大矢さんとともに主将・三塁手としてチームを牽引したのは後の森田泰弘監督（2020年4月から総監督）です。選手だった森田総監督が生徒会誌「東邦」20号（1978年）に思い出を書き残していました。

〈開会式。夢にまで見た甲子園。「栄冠は君に輝く」のマーチに合わせて、胸を張って甲子園の大地を踏む。雨空を突き破るような5万余人の大観衆の海鳴りのように続く拍手。足の先から頭の先まで、何かジーンとしびれて、まるで雲の上を歩いているような気分でした。甲子園へ来るまでの苦しかったこと、悲しかったこと、楽しかったことが、まるで走馬灯のように、次から次へと思い出され、出来ることなら野球部員全員でこの甲子園の大地を踏みたかった。中学から甲子園を夢見て東邦へ。それもつかの間、1年間の対外試合禁止。考えてもみなかった出来事で、当時は何のために毎朝早く起きて東邦に通うのかと、悲しくてさびしかったが、毎日の練習に「勇気と信念」を持って頑張りました〉

大矢さんはインタビューで、「出場禁止明けの次の年に、甲子園に出場できたこと自体が奇跡的でした」とも語りました。

〈普通、1年間の出場停止だと、次に甲子園に出るまでには時間がかかる。それなのに最後の夏で甲子園の頂点に挑んだ。3年生の年に坂本が入ってきてくれた。1年生ピッチャーが投げる時代ではなかったのに見事にマウンドを支えてくれました〉

名東区の歓喜と誇り

名東区では、「新しい町名で、希望と夢のある新しい町づくり」を進めるため、町名変更も推進されました。東邦学園の所在地である「猪高町大字猪子石字栂廻間」は1976年10月10日から「平和が丘三丁目」に変更されました。西側一帯に平和公園があり、「平和が丘」として親しまれていたためで、一帯は平和が丘一丁目～五丁目となりました。

東邦短大卒業生（14回生）の宇野（旧姓加藤）妙子さんは、第59回大会が開かれた夏、高校3年生でした。東邦高校はまだ男子校でしたが、自宅が藤が丘だったこともあり、〝バンビ坂本〟を応援しようと東邦高校の応援バスで甲子園に駆け付けました。「私の叔父も東邦高校野球部だったこともあり、同じ名東区ということで東邦高校を誇りに思いました」。甲子園応援に参加した翌年4月、東邦短大に入学した宇野さんは、歓喜した夏が懐かしそうでした。

男女共学の決断

志願者減少の危機感

1983年10月6日の新聞各紙は東邦高校が1985（昭和60）年度から男女共学を実施することになったと報じました。5日に名古屋市内のホテルで開催された東邦学園創立60周年記念祝賀会での公表を受けての報道でした。「中日新聞」の記事です。

〈男子校として伝統のある東邦高校（名古屋市名東区平和が丘）が60年度から男女共学に生まれ変わる。同校は5日、ホテル・ナゴヤ・キャッスル（同市西区）で創立60周年記念祝賀披露・教育懇談会を開き、その中で浅井静男校長が、今後の教育計画について報告、60年度から女子を募集し、共学を実施することを明らかにした。県下では男子高校が女子部を併設したケースはあるが、共学にするのは珍しい〉（抜粋）

東邦高、男女共学に

60年度から募集

女子の社会進出に対応

男子校として伝統のある東邦高校（名古屋市名東区平和ガ丘）が、六十年度から男女共学に生まれ変わる。

同校は五日、ホテル・ナゴヤキャッスル（同市西区）で、創立六十周年記念祝賀披露・教育懇談会を開き、その中で浅井静男校長が、今後の教育計画について報告、六十年度から女子を募集し共学を実施することを明らかにした。

61年の伝統破る

女性の社会進出が目ざましくなり、男性とともに社会で働ける女子の知識や技術を育てるため、としている。

同高校は大正十二年に東邦商業学校として設立され、この六十年間に約二万五千人の卒業生を出している。

県下では男子高が女子部を併設したケースはあるが、共学にするのは珍しい。

男女共学化を報じた「中日新聞」

浅井校長は同年12月7日付同紙の「校長室」というコラム欄にも登場し、男女共学に踏み切った理由を述べています。この中で浅井校長は、「社会に出て働く女性を育成したい。近くの中学校から女子を採ってくれないかと頼まれます。それに、隣に共学の東邦短大があるが、9割までが女子。保育とか家政ではなく商業科だが、人気がよく、毎年、入試が難しくなり、うち（男子校の東邦高校）からは入りにくいほど。これも社会の要請を反映しているからだろう」と説明しています。

さらに浅井校長は、「中卒者の急減期対策もある。男子だけより、男女で募集するなら市場は倍で集めやすい」と減少に向かう15歳人口に対する危機感もにじませました。

東邦高校は1971年に東区赤萩町から平和が丘に移転しましたが、1970年から5年ごとの志願者数を見ると右肩下がりが続いていました。1970年2829人、1975年1897人、1980年1796人。丙午(ひのえうま)で中卒生徒数が減少した1982年は1278人にまで落ち込んでいました。

生徒会誌が特集記事

学園が男女共学を公表したことを受けて、生徒会誌「東邦」26号（1984年3月発行）で特集記事が組まれました。まず、男女共学の先行事例を調べようと、生徒会執行部員たちが、1958年4月に男女共学校として開校した同朋高校、1983年4月から共学となった中部工業大付属春日丘高校（現在の中部大学春日丘高校）を訪問し、それぞれ生徒会から話を聞きました。

〈女子の立場を考えると「共学」という意識はあまりなく、むしろ「中学の延長」という意識が強い〉（中部工大春日丘高校）など、両校とも共学が自然に受け入れられている様子が報告されています。

東邦高校生徒会では共学1期生が入学する1985年度には最上級生となる1年生全クラスへのアンケートを実施しました。質問と回答の一部です。

▽共学、別学のどちらがよいと思いますか。

・共学65・4％、どちらでも良い24・6％、別学10％

▽どうすれば女子がたくさん来るようになると思いますか。

・今さらジタバタしても仕方がない40％、クラブをさかんにする24・8％などの回答のほか、「不良少年をすべて退学」「校舎をきれいにする」「学力レベルUP」などの提案もありました。

▽初年度は何人くらいの女子生徒が受験すると思いますか。

・50人未満25・4％、来るわけがない24・7％、50～100人20・6％、100～150人12％、200人以上9・3％、150～200人8％。

共学への情熱強し

「男女共学」へのあこがれはあっても、女子生徒に来てもらえるかどうかでは悲観的見方が目立ったアンケート結果。こうした校風は開校以来の伝統でもあるようです。生徒会アンケート実施の25年前、1959年2月25日発行の「東邦新聞」31号に掲載された「月遅れ新春放談」でも共学問題が話題になっていました。下出貞雄校長を始め教員9人、東邦会の林伊佐武会長ら同窓生5人、PTA会長、生徒会正副会長、新聞部員たちによる大座談会です。

司会（新聞部）男女共学にする意志はありませんか。

下出校長　そんな事に関心ないね。（笑）別に賛成でも反対でもないが。

菱田教諭　仮に今、共学にしたって来やしないよ。

中西（新聞部）二千人のうち、三、四人だけなんて見られたものじゃないですね。

菱田教諭　皆が一人一人連れて来てくれるなら共学にしてもいいが。（爆笑）

新聞部員の共学への期待を込めた質問は、下出校長、教員たちには笑い飛ばされていましたが、掲載記事のカットとして使われた挿絵には、「共学への情熱強し！」のタイトルがついています。願書持参の女子受験生を連れてきた生徒に対し、「本当につれてきたのか！」と、驚きの表情も感じさせる学園関係者も登場していました。

共学が実施される前年に、浅井校長からバトンを引き継ぎ第9代校長に就任した久野秀正氏は、この座談会記事について、「新制高校が誕生して10年がたっていたが、私立高校の大半では、共学はまだ思いもよらない時代だった。東邦高校の歴史の中で男女共学が初めて話題になったケースだと思う」と指摘しています。

殺到した女子受験生

「はたして女子受験生たちは来てくれるだろうか」。東邦高校関係者たちが気をもんだ１９８５年度の共学初の入試。フタを開けると女子受験生が殺到し、関係者の心配は吹き飛ばされました。2月19日、愛知県下の私立高校51校で一斉に入試が行われましたが、「朝日新聞」夕刊は、東邦高校入試に注目しました。女子受験生たちの写真とともに〈「禁制」解けて女子殺到　志願、商業科は七割〉の見出しがつけられました。

〈60年余りの「女人禁制」を撤廃して今春から男女共学となる名古屋市名東区平和が丘三丁目の東邦高校（久野秀正校長、生徒約２０００人）に、女子の入学志願者が殺到、学校をあわてさせている。普通科で3割、商業科で7割の女子志願者があって、19日の入試には千人を超す女子中学生が〝花の１期生〟を目指して挑戦、校内には仮設トイレまで設けられた〉

普通科定員５３９人に対する応募者２３０７人中女子は６６３人（28・7％）。商業科は１９６人の定員に対しては、応募者５６３人中３９１人（69・4％）を女子が占めました。

久野校長は、８８６人の共学１期生を迎えた１９８５年度入学式で、万感の思いで式辞を述べました。「４６４名の男子、４２２名の女子の皆さん、

「東邦新聞」の座談会記事で使われた挿絵（1959年２月）

男女共学スタート時の思い出を語る久野秀正元校長

志願者の７割が女子だった商業科共学１期生（1988年卒業アルバム）

入学おめでとう。全校挙げて心から歓迎します。特に記念すべき共学1期生たらんと、本校の門を叩いた女子生徒と、それを支えられた保護者の方々の勇気に敬意を表します」。

ルビコン川を渡る思いで

予想をはるかに超えた女子受験生殺到の背景について久野氏は、男女共学で育った母親たちの意識変化をあげます。「それまで、東邦高校の入学式会場に足を踏み入れ、真っ黒の制服で埋め尽くされた男子生徒ばかりの光景は異様に映ったのでしょう。共学を求める声は親たちからも上がり始めていたのです」。

久野氏はさらに、1977年夏の甲子園大会で、坂本佳一投手の活躍で、東邦高校が準優勝した〝バンビ坂本旋風〟も、共学化を推し進める大きな要因になったと言います。「女子は入学できませんか」「ぜひ入れてください」といった問い合わせや入学希望が相次いだのです。「教員たちの間では、男女共学が生徒募集の切り札になるのではという空気が強まっていきました」と振り返ります。

1978年の男女共学検討委員会発足以来の論議の末に決断された男女共学の実施。決断の決め手となったのは、「男子に限定することなく、女子も含めて教育することこそ、『真に信頼して事を任せうる人格の育成』という本来の建学の精神に合うのではないか」という考えでした。

1985年の東邦高校に続いて、名古屋市内の私立男子校では、愛知工業大学名電高校が1992年、中京大学付属中京高校が1998年、愛知高校が2005年に共学に移行しました。「私立男子校では東邦高校が共学化のパイオニアになりましたが、決断した時は、まさにルビコン川を渡る思いでした」。久野氏は古代ローマ時代、カエサルが「賽は投げられた」と叫び、大軍を引き連れて渡ったルビコン川を例えに、懐かしそうに振り返りました。

1982年に1278人にまで落ち込んだ東邦高校志願者。男女共学に踏み切った1985年には2870人と倍増、国際・理数コースが設置された1990年には6056人と開校以来最高を記録しました。

最後の男子校入学者だった立浪親方

東邦高校出身では初の関取となったのは元小結の旭豊関（現在、東邦会関東支部長でもある立浪親方の本名は市川耐治さん。東邦高校が男女共学に踏み切る前年の1984年4月に入学しました。

卒業した1987年3月に「市川」の名で番付外として初土俵。「旭豊」に改名し、幕下2回の優勝を経て1993年九州場所で十両に昇進しました。1995年1月の初場所で十両優勝し同年春場所で初入幕。殊勲賞、敢闘賞を各1回受賞し、1999年1月に引退、7代目立浪を襲名しました。

校章を縫い込んだ化粧まわし姿の旭豊関

1993年11月25日、東邦学園短大に完成したスチューデントホールでは、十両昇進を確実にした旭豊関を迎え、東邦高校関係者たちによる祝賀会が開かれました。久野秀正元校長を会長とする後援会からは、母校の校章を縫い込んだ化粧まわしが贈られました。

平成元年の歓喜

48年ぶりの甲子園制覇

平成元年の第61回大会で優勝した東邦高校（50年史から）

東邦高校が甲子園で戦後初の優勝に輝いたのは平成元年（1989年）の第61回選抜高等学校野球大会でした。通算20回目の選抜大会出場の東邦は、別府羽室台を6－0（3月29日）、報徳学園を3－0（4月1日）と完封で退け、準々決勝で近大付に延長10回1－0でサヨナラ勝ち（4月3日）。準決勝でも京都西に4－2で勝利（4月4日）し、2年連続決勝進出を決めました。

そして上宮（大阪）との決勝戦（4月5日）では延長10回裏、1－2とリードされた二死無走者から3－2で劇的逆転サヨナラ勝ち。戦後初の全国優勝、1941年以来実に48年ぶりの頂点でした。

「東邦野球讃歌」

通算4回目の栄光に、東邦商業学校草創期の卒業生も含めた関係者の喜びが爆発しました。同年5月、硬式野球部後援会から発行された「闘魂」11号は8ページ編集でこの歴史的な歓喜の大会を振り返り特集しました。

久野秀正校長は48年間待ち続けた喜びと感動を「東邦野球讃歌」として書きました。

〈君たちのこの優勝にはいくつかの形容詞が冠せられる。「平成」年号の初めての優勝。選抜大会の還暦後初の優勝。延長逆転、サヨナラの優勝。本校にとって戦後初の優勝などなどと、全く君たちは途方もなくどでかい仕事を成し遂げた。そこに至るまでにはもちろん、君たちの血のにじむような猛練習があったであろうことは言うを待たない。同時に、勝っても負けても限りなく声援を送り続けて下さった数多くの東邦ファミリーの方々、東邦ファンの皆さまのお陰であることを心に留めておいてほしい〉

ブラジルの「老東邦健児」からも

「闘魂」の記事によると、大会期間中の硬式野球部宿舎や東邦高校に届いた激励、称賛の電報やレターファクスは6000通を超えました。ブラジルからは、サンパウロで発行されている邦字新聞とともに「一老東邦健児、元サッカー部主将」と77歳の自分を紹介した東邦商業学校3回生（1930年卒）の吉田泰正さんからの手紙もありました。

「現地日系1～4世116万人を代表して、東邦部員を遠い地球の裏側からいつも応援しています」。吉田さんが東邦商業を卒業したのは世界恐慌が起こった直後。厳しい就職先探しの中で、仕事を求めて大陸の満州（中国東北部）などに渡る卒業生も相次ぎました。吉田さんも1932（昭和7）年、アマゾン入植に夢を託し海を渡りました。開拓は困難を極め、サンパウロで勤め人となり、日本人女性と結婚し家庭を築きました。

戦前初優勝主将の弟からも

「闘魂」には東邦商業が1934年の第11回大会で初優勝を飾った時の主将だった河瀬幸介さんの弟である澄之介さんの寄稿もありました。11回大会の時、河瀬さんの実家が甲子園に近かったこともあり、河瀬さん一家は連日家族で応援に繰り出しました。この時の優勝決定戦の相手も地元大阪の浪華商業でした。

〈(平成元年の)優勝戦当日は、朝早く起きて、近くの寺の、両親と昭和19年に戦死した兄幸介の墓にお参りしてから甲子園に行きました。あの劇的な逆転勝利は、きっと兄も応援していてくれたからだと思っています。それにしても全く一喜一憂、気疲れのひどい優勝戦でした。が、それだけに勝った瞬間のあの(11回大会以来)55年ぶりの感激はいつまでも忘れることができないでしょう。おめでとう。東邦高校!また夏に甲子園でお目にかかりましょう〉

河瀬さんは慶應大学に進んで野球を続けた後、1944年11月に戦死しました。「河瀬幸介」の名前は東京ドームにある野球殿堂博物館の戦没野球人一覧のモニュメントに刻まれています。

返しに行った優勝旗が戻ってきた

戦後、選手、監督として東邦野球の復活に情熱を注ぎ、阪口慶三監督にバトンを引き継いだ近藤賢一さん(元東邦高校教諭)も万感の思いを寄稿しています。

東邦は戦前最後となった1941年の第18回選抜大会で優勝。戦禍の中、赤萩の東邦商業学校で守り抜かれた紫紺の優勝旗は、戦後の復活大会となった1947年の第19回選抜大会開会式で返還されました。近藤さんも副主将として優勝旗とともに入場行進しました。

〈校歌とともにセンターポールにするすると揚っていく校旗。それに私の人生がある。戦前、最後の選抜優勝とな

戦後初の19回大会での優勝旗返還。左が近藤副主将

る昭和16年。戦後、復活第1回の昭和22年の入場式。そして今、平成元年4月5日の優勝。この甲子園原頭に翻る緑の旗は、私の今までの人生に大きな夢と勇気を与え続けてくれたのだ。さらにこれからの後半生の生きることへの大きな支えともなってくれる旗なんだ。私の頬にはとめどなく涙が落ちた。

　4月6日、桜の花びらの舞う校門を紫紺の優勝旗は42年ぶりに帰ってきた。私たちが返しに行った優勝旗。今のこれは10年ほど前、新調されたものであるが、ずしっとした重々しい感触からは汗と涙の永い伝統が伝わってくる。優勝旗の向こうに阪口監督の晴れ晴れとした笑顔がある〉

「東邦キャンパス」の前身である「東邦学園広報」26号（１９８９年5月15日）は、戦後初優勝までの長かった道のりを振り返り「ようやく全国制覇を果たし、ついに亀は兎を追い抜いて、栄光の頂点に立ったのである」と48年ぶり優勝を紹介しています。

美術科の誕生

愛知県私立高校では初

　東邦高校では学園創立70周年を迎えた１９９３年、美術科が開設されました。１９９１年に設置された普通科美術デザインコースが独立したもので、愛知県内で美術科のある高校は県立旭丘高校のみで、私立高校では県内初の

「美術科新設」が記載された
1993年学校案内

美術科誕生は大きな注目を集めました。

美術科は普通教室を改造してアトリエにしての出発でした。1994年には彫刻棟（7号棟）が完成し、1995年には油絵、日本画、彫塑、デザインの4コースでの教育環境が整いました。

美術科が誕生したのは、東邦高校が赤萩校舎からの移転に伴い建てられた旧校舎の時代です。旧校舎時代の2000年に美術科教員として赴任した小塚康成主任教諭（デザイン）は、「普通教室を改造してアトリエにしていましたが、天井が低く、各専攻の創作活動で必要な水の設備もなく、全てにおいて不十分でした」と振り返ります。

元校長の長沼均俊学園監事は、美術科開設のため、愛知県の公立中学校教員を経て1991年に東邦高校教員に迎えられました。着任した年に普通科に美術コースが新設されましたが、「今ある美術科の発展をみると隔世の感を覚えます」と振り返ります。

「開設時の校舎（旧校舎）は笑い話のようでした。自然光の下で素描ができない教室環境のため、少しでも安定した光を得ようとカーテンを閉め切り、人工光によるライティングに腐心しました。廊下に水道の流しを急きょ作ってもらいましたが、それでも足りなくて、授業によってはトイレの手洗い場を使ったりしたほどです。そのような経験もあって、2007年の新校舎（現校舎）建築の際には、アトリエの考え方をめぐり理事会とは相当やりあいました」

「生徒は集まるのか」

愛知県下の私立高校では初の美術科開設は、生徒募集の面では不安を抱えての決断となりました。『美術科20周年記念誌』（2013年）で榊直樹理事長は「20年の歩みに感謝する」と巻頭文を書いています。（抜粋）

〈高校がまだ旧校舎だった7年前（2006年）、中学校向けの美術公開授業を参観した時の衝撃が忘れられない。教室を来訪された先生方が行き来され、ざわついていた。が、生徒は一心にキャンバスに向き合い、全く動じない。校内の他のクラスではちょっとあり得ない集中度の高さである。「君は幸せかい？」。思わず絵筆を走らす生徒に尋ねてしまった。「ええ」とうなずいてくれた。

20年前に美術科（コース）を創設する際、当時の久野秀正校長は一部から猛反対にあったそうである。生徒は集まるのか。絵やデザインを考える自由奔放な生徒が来たら生徒指導は困難になるぞ、等々。全くの杞憂どころか、夏期講習会には多くの中学生が自作を見てほしいと来校し、評価は年を追うごとに高まってきた。開設に当たっての英明な決断に敬意を表し、この20年間指導してくれた教職員にねぎらいの気持ちを伝えたい。先ずは実利を求め、目的に素早くたどり着いて実現することが競われる時代、東邦の志をこれからも貫けるよう、努力をお誓いする〉

フィジーへの制作旅行

『美術科20周年記念誌』では、開設当初の美術科の課外活動も紹介しています。1993年からは三重県大王崎での制作合宿が始まりました。1期生が1年生の夏休みを迎えるにあたり、体験的に制作を実践する機会を設けようと、実施されました。

1994年には、東邦高校の国際交流室に、ニュージーランド姉妹校関係者から「フィジーの中高生と東邦生が交流できないか」という打診がありました。そこで企画されたのが「東邦ゴーギャンツアー」と名づけられたフィ

17 人が参加したフィジーへの制作旅行（1994年）

ジーでの制作体験旅行でした。3年生6人と2年生11人の計17人が、7月から8月のおよそ半月間、ホームステイしながら制作活動を行いました。
現地ではテレビニュースになったり、日本大使館に招かれたりと驚きの体験もありましたが、生徒たちにとっては、最後の楽園と言われた南太平洋の美しい自然を満喫しながら、多様な人種が暮らす島の文化に触れた貴重な旅となりました。9月にはフィジーからの生徒たちを日本に迎え、京都や名古屋を案内して回るなど互いの異文化を理解する交流が持たれました。

サッカー部が初の全国大会出場

創部74年目での全国選手権

サッカー部が全国高校サッカー選手権大会愛知県大会で優勝し、初の全国大会出場を決めたのは1999年の第78回大会でした。東邦高校は11月13日、瑞穂陸上競技場で行われた2年連続進出の決勝戦で中京大中京を1－1PK5－4で破り初優勝しました。

サッカー部の創部は東邦商業創設3年目の1925（大正14）年にさかのぼり、硬式野球部より長い歴史を刻んでいましたが、全国舞台の経験はありませんでした。「東邦キャンパス」は「サッカー部全国大会出場特集号」（第73号）を発行し、「創部以来74年ぶりの快挙」を8ページで紹介しました。

〈戦前は本県でサッカー部を有する学校は数校しかなく、私学では本校のみ。しかし、愛知一師（愛知第一師範）、刈谷中学校など公立校の厚い壁を破ることはできなかった。戦後も赤萩時代に復活し継承されたが、高校サッカー3大会とされる「選手権大会」「高校総体」「国体」のいずれにも出場していない〉

サッカー部は校主下出民義の三男下出重喜（当時の下出義雄副校長の弟）によって創部されました。重喜の名前は「慶応義塾大学体育会ソッカー部」の前身である「慶應ブルー・サッカー倶楽部」の創立発起人の一人として記録されています。重喜はサッカー部のほか、1930年創部のラグビー部でもコーチとして育成にあたりました。日東紡績常務、東邦製鋼社長などを務め、実業界でも活躍しましたが、1945年9月、ビルマで戦病死しています。

初の全国選権を決めたメンバー。右端が横井監督

硬式野球部からのエール

創部74年目のサッカー部を初の全国舞台に導いたのは横井由弦監督でした。後藤満明監督からバトンを継いで10年目。横井監督は愛知高校サッカー部出身。愛知県選手権優勝校が公立から私学へ移行する流れを作った1975年の愛知高校優勝の時の1年生メンバーでした。東海大学体育学部を経て東邦高校で非常勤講師から専任教員になったのを機に後藤監督から託されての監督就任でした。

初の全国大会出場を決めたサッカー部に硬式野球部から、「お互いに応援の貸し借りを増やし、バランスをよくするよう頑張りましょう」とエールが送られました。部長の丹羽義兼教諭、阪口慶三監督、鶴見良道顧問、森田泰弘コーチの連名です。

昨年末の全国大会出場に際して、壮行会の席上、硬式野球部からサッカー部に下記のメッセージが送られた。今後とも両部の親密な関係を期待したい。

サッカー部関係の皆様へ

全国大会への出場おめでとうございます。

まさに快挙であります。出場を果たした選手・部員はもちろんのこと、サッカーを青春の糧にしてきた東邦男児にとって、これに勝る感激があるでしょうか。戦前戦後を通じての関係諸兄のお喜びはいかばかりかとお察しいたします。

永年の部活動の蓄積のもと、全国大会出場校として、新たなサッカー部の伝統を築かれたことに心から敬意を表すものです。

さて、サッカー部と硬式野球部とは東邦の学び舎のもと、それぞれの応援部隊の主力として兄弟のような関係を築いてきました。兄弟間のこととはいえ、これまでは硬式野球部に若干の借りがあるようです。この場を借りて深く感謝の意を表します。

今後ともお互いに貸し借りを増やし、かつそのバランスをよくすることができるようにお互いの活躍とサッカー部の全国大会でのご健闘を祈願いたします。

1999年12月19日

硬式野球部

部長　丹羽　義兼
監督　阪口　慶三
顧問　鶴見　良道
コーチ　森田　泰弘

「東邦キャンパス」75号（2000年5月5日）に紹介された硬式野球部からのエール

横井由弦副総監督

硬式野球部からの熱いエールについて横井氏は、当時の東邦高校運動部の盛況ぶりを含めて振り返りました。

〈私が赴任した当時は、旧校舎の時代。アメフト部、ラグビーもあり、陸上部もテニス部も頑張っていて、部活の時間になると大半の先生がグラウンドにお見えでした。エールは硬式野球部の阪口先生とサッカー部の後藤先生がともに社会科担当の監督同士で仲が良かったこともあります。後藤先生からは「横井君、東邦は野球あっての東邦だが、サッカー部も全国を目指し、学校の中心的立場になっていくことだよね」と何回も言われていました。私は阪口先生のお姿を見ながら、いつかきっとサッカー部も全国大会に出て活躍してやるぞと自分に言い聞かせていました〉と振り返ります。

横井監督のもと、サッカー部は6回の全国選手権大会出場、8回の全国高校総体（インターハイ）出場を果たし東邦高校サッカー部史に大きな足跡を残しました。2001年の第80回大会では、国立競技場での開会式で村松裕樹主将が選手宣誓を行い、チームは2回戦に進出しました。横井監督は2020年3月で定年を迎えたのを機に、東邦学園サッカー部副総監督として高校サッカー部、愛知東邦大学男子サッカー部を指導しています。

寛斎さんと翔んだ

「愛・地球博」開幕舞台への出演依頼

「自然の叡智」をテーマに、121か国4国際機関が参加した「愛・地球博」(日本国際博覧会)が2005年3月25日から9月25日まで、長久手市を中心に開催されました。185日の開催期間中の来場者が2200万人に及んだ万博開幕を告げるオープニングイベントは、国際的なファッションデザイナーとして活躍する山本寛斎さんがプロデュースし、東邦高校吹奏楽部も出演し晴れ舞台を盛り上げました。

5日間にわたって開催された「とぶぞっ〜いのちの祭〜」

当時の吹奏楽部顧問である保坂秀正教諭は、「東邦キャンパス」96号(2005年5月16日)に、その経緯を、「2004年秋、マーチング全国大会に出場した東邦高校吹奏楽部の演奏ぶりを山本氏が見初めたためらしい」と報告しています。「万博開会イベントに5日間出演しませんか」という打診は12月初め、吹奏楽連盟からの電話でありました。当然、事前の練習もあるし、東邦高校が出場予定の甲子園センバツでの応援とぶつかる可能性もありました。「嬉しいことではあるが、ある程度調整と心配りをして臨まなければならないと考え学校とも相談しました」

吹奏楽部は2004年11月21日、千葉市の幕張メッセで開催された第17回全日本マーチングコンテスト(全日本吹奏楽連盟、朝日新聞社主催)に東海支部代表として出場しました。持ち込んだ演奏曲はテレビの人気ドラマ「暴れん坊将軍」と

「愛・地球博」開幕イベントに出演した東邦高校吹奏楽部

「大江戸捜査網」のテーマ曲でした。整髪料でオールバックに固めた女子部員たちが楽器を手にエネルギッシュに動き回るパフォーマンスは、これまでの大会では見られない光景でした。

ネット上には、〈インパクトがあったのは東邦高校の「暴れん坊将軍」(笑)。みんなオールバックにして(女の子も)振り付けも大げさで……若いからできるんだろうなぁ(笑)〉という書き込みも登場しました。山本さんが「見初めた」のもこの斬新なステージだったようです。

共感してもらえるマーチングめざす

全日本マーチングコンテストは神戸と幕張で毎年交互に開催されていました。東海地区代表の常連校は愛工大名電高校と木曽川高校でしたが、2004年は東邦高校と木曽川高校が出場しました。「暴れん坊将軍」と「大江戸捜査網」のテーマ曲で幕張に乗り込んだ吹奏楽部を率いたのはコーチの白谷峰人さん(東邦高校1993年卒、学園職員)です。東邦の出場は1997年の神戸、2002年の幕張に続いて2004年で3回目でしたが、演奏曲にテレビドラマのテーマ曲を選んだのは初めてでした。

〈審査員から高得点が得られやすい〝勝てる曲〟を選んで勝ちに行くのが常套手段と思いますが、そういう曲では一般のお客さんには伝わらない部分もある。多くのお客さんに共感してもらえるマーチングをしようと、テレビドラマの人気曲を選びました。松平健の「暴れん坊将軍」ならだれでも知っているしカッコいいと思いました〉(白谷さん)

金、銀、銅賞が贈られるコンクールで東邦高校は銅賞でした。そして、出場校には東京ディズニーランドでのマーチング演奏が認められ、東邦高校もシンデレラ城周辺をパレード演奏しました。同行した吹奏楽部顧問の小嶌大介教諭は、〈嬉しかったのは、お客を楽しませるディズニーリゾートのスタッフから「感動で涙が出そうでした」と言っていただけたこと、県外の団体から「ファンになりました。ぜひ定期演奏会の日程を教えてください」と言われたことです〉と、「東邦キャンパス」94号（2005年1月1日）に書き残しています。

山本さんがプロデュースした愛知万博開幕オープニングイベントは「とぶぞっ～いのちの祭～」。地元の熱い「人間力」と「元気力」で185日間の「愛・地球博」を盛り上げ、活気を与えようという企画でした。出演者として和太鼓、津軽三味線、ダンス、吹奏楽などを担う地元の県立長久手高校有志、岐阜市立短大有志、中村民謡会、東邦高校吹奏楽部のほか明治大学応援団など全国の団体、有志に声がかかりました。

ステージで東邦高校生たちを鼓舞した山本寛斎さん

山本さんは東邦高校を訪れ吹奏楽部員たちと交流。旧校舎の音楽棟でDVDを使った過去のイベント例を紹介しながら、「お客さんに元気を伝える演奏をしてください」と吹奏楽部員たちに呼びかけました。東邦高校の出番は、単独マーチング演奏と全体でのフィナーレ演奏の舞台。生徒たちはさっそく白谷さんの指導で平和公園芝生広場での練習をスタートさせました。

「小澤征爾のようにワイルドな指揮を」

オープニングイベント「とぶぞっ」では東邦高校の新2、3年生約50人は「風の衆」という役割でした。白谷さんは東邦高校単独マーチングの指揮をとりましたが、山本さんから直接にかけてもらった言葉を覚えています。自らデザインした出演者たちと同じ法被姿の山本さんは白谷さんに、「小澤征爾なみにもっとワイルドに、躍動感のある指揮をしなさい」とアドバイスしてくれました。

〈寛斎さんに声をかけてもらったのは2日目のリハーサルの時でした。初日は観客の入りも良くなく、終演後の全体ミーティングでは、寛斎さんは、「だめだ、だめだ」とすごく怒っていました。それだけに、2日目からは「やったるぞー」という気だったんでしょう。指導してもらって「なるほど」と思いました。音楽的なセンスというより、イベントの企画力がすごい。一緒にいるプロデューサーの方が寛斎さんの思っていることをしっかりと、具体的に形にしており、これもすごいなと思いました。万博開幕イベントへの出場、寛斎さんとの出会いは自分と生徒たちにとって素晴らしい経験になりました〉と白谷さんは振り返ります。

ベスト8進出の甲子園応援は卒業生部員がカバー

開幕イベントは3月25、26、27日と4月1、2日の5回、夕方6時から愛・地球広場で行われました。甲子園球場では3月23日から4月4日まで第77回選抜高等学校野球大会が開催され、東邦高校は3年連続27回目の出場を果たしていました。出場32校では最多出場で、阪口慶三前監督からバトンを引き継いだ森田泰弘新監督にとっては甲子園デビュー戦でした。

東邦の1回戦は万博3日目の3月27日に行われました。育英高校（兵庫）を相手に3年生エース木下達生（現在、東邦高校教諭で硬式野球部コーチ）が延長10回を無失点で投げ切り、1－0でサヨナラ勝ちしました。3月31日の2回戦も東海大相模を7－3で制し4月2日の準々決勝（ベスト8）に進出しましたが、羽黒高校（山形）に1－5で敗れました。

吹奏楽部が万博イベント出演の合間を縫って甲子園での応援に駆け付けたのは3月31日の2回戦の東海大相模戦だけとなりましたが、1回戦、準々決勝での応援演奏は吹奏楽部出身の卒業生たちがカバーしてくれました。

1回戦で東邦が育英に勝った時は、吹奏楽部員たちは「これで甲子園に行って一緒に応援できる」と喜びを爆発させました。白谷さんは「生徒たちにとってやはり甲子園は特別なんだ」と改めて思ったそうです。

平和公園寄りに新築移転した東邦高校（2007年11月撮影）

36年ぶり新校舎

3大事業の完成

東邦学園は創立80周年にあたる2003年5月、「記念3大事業」基本方針を決定し、4年後の2007年度に完成させました。3大事業は、東邦高校の新校舎建て替え、愛知東邦大学（2001年開学の東邦学園大学が2007年から校名変更）に人間学部を開設、日進グラウンドの新設です。

東邦高校は1971年に東区赤萩町から平和が丘に移転して以来、大学・短大キャンパスに隣接していた校舎を、36年ぶりに校庭をはさんで北側の平和公園寄りの現在地に新築移転しました。新校舎は中庭を囲んで5階建ての普通教室棟、4階建ての特別教室棟、体育施設を配置し、総延べ床面積1万9114㎡。モスグリーンの落ち着いた外観と、陽光がたっぷり差し込むデザインは、生徒たちには自慢の校舎となりました。高校新校舎の誕生で、平和が丘学園キャンパスの風景は一新されました。

生徒たちの成長を見守った学び舎

東邦高校の新校舎建設の推移を見守り続けた高井茂雄校長が、PTA会誌「栂木」35号（2007年3月）に「緑野に槌音高し竣わるを待つ」と題した思いを寄稿していました。（抜粋）

〈この1年間は新校舎の建築を眺め続けていました。長い準備を経て昨年（2006年）4月に着工した時、私はようやくという安堵感と、少しの興奮がありました。基礎固めの杭打ちは241本という多きを数えましたが6月いっぱいで打ち終わりました。昔ならのんびりした「槌音」がもっと長く響いたでしょうが、今は巨大な重機が長いコンクリート杭を持ち上げてそのまま打ち込んでいきます。

工事自体の大がかりさに驚きましたし、また、今まで生徒たちが汗を流した躍動のグラウンドがほじくり返され、打ち込まれていく様に、早々と懐旧の思いを感じました。柱と床を鉄筋で編み上げ、コンクリートを流し込む作業が12月の末まで続きました。

さて、その一方で現校舎とお別れする日が近づいてきました。35年間に多くの生徒たちが学問し、鍛錬し、友情を育んだ学び舎です。若者の成長を優しく、そしてどっしり構えて見守ってくれました。感謝をし、最後の日までいつくしみながらお別れをしたいと思います。

特に今年（2007年3月）の卒業生諸君にとっては、学び舎から巣立つと同時に、思い出多い学びの場がなくなります。感慨ひとしおのものがあると思います。しかし、東邦は私学です。校舎は変わっても83年間結び続けている東邦人の絆があります。寂しさはある。しかし、母校の発展を祝ってほしいと思います〉

高井校長も指摘するように、赤萩から移転してきた学び舎では様々なドラマが繰り広げられました。東邦高校野球部は平和が丘に移転してから6年後の1977年、夏の甲子園で準優勝に輝きました。〝さわやか野球〟の東邦の活躍は全国の高校野球ファンを感動させました。東邦高校では、優勝を記念したLPレコード「東邦高校ー栄光の77」が制作されました。放送部と音楽部が編集録音し、写真部が装丁、東芝EMIが製造したものです。ジャケットには校庭側から撮影された校舎の写真が使われました。

硬式野球部の野球部史には校庭での準優勝報告会の盛り上がりぶりを伝える写真が収録されています。校舎階段に選手たちが並び、階段前に設けられた壇上を取り囲んだ生徒たちや市民たちが熱い祝福を送っています。

準優勝報告会で校庭を埋めた生徒たち（1977年8月）

旧校舎卒業生たちへの「贈る言葉」

高井校長が寄稿した「栂木」35号には、2006年度の3年生担任たちから卒業生たちへ贈る言葉も掲載されていました。

学年主任の保古久志教諭（体育）は「この平和が丘の校舎ともお別れです。オープン廊下から見た景色や、毎日昇り降りした5階までの階段、バタフライを泳いだプール、友達と過ごした教室。多くの思い出を作ってくれた平和が丘の校舎とも別れなければなりません。何度も卒業生を送り出して来ましたが、世間の流行や社会情勢によって生徒集団は、いつも違う顔を持っていました」と書いています。

3年F組担任で、東邦高校OB（1980年卒の31回生）でもある波多野稔久教諭（英語）は、自らが学んだ「3D」の教室での恩師・太地武先生の思い出を書いています。恩師は終戦の年である1945年に前身の東邦商業学校を

18回生として卒業、戦後は教師として母校教壇に立ちました。教え子たちに、勤労動員中の爆撃で同期生を失った悲しい思い出も語った50歳を過ぎていた恩師。数Ⅲの授業中、授業を脱線し、「君たちにゃまだ負けませんよ」と、上着を脱ぐや、教卓の横で腕立て伏せをあっさり50回やってのけました。

生徒として恩師の筋力に驚愕したという波多野教諭は、「戦争を生き残った世代は違うと感心したものだった。自分自身の受験も含めて、その後の人生の中で、生きるために本当に大切なものは何かということを教えられたような体験であった。現役での自分の受験が全て失敗した日以来、私は太地先生の真似を続けている」と書いています。高井校長が指摘した「東邦人の絆」はしっかりと引き継がれていました。

後輩たちに胴上げされる卒業生（2007年３月）

「旧校舎に対しても卒業証書を授与する」

新校舎の新築工事のため、２００６年の高校体育祭は校外の瑞穂運動場の北陸上競技場で行われました。「東邦キャンパス」１００号（２００６年10月17日）は旧校舎での最後の文化祭の様子を伝えています。文化祭は9月27日の体育祭に続いて29、30日、にぎやかに開催されました。

〈36年間世話になってきた校舎で最後となった今年のテーマは「FREEDOM」でした。「様々な青春を見守ってきたこの校舎にふさわしい自由な発想を生み出そう」。実行委員会が選んだ理由です。オープニングセレモニーは、甲子園準優勝投手の坂本佳一さんと立浪親方の両先輩を招いて体育館で行われました〉

坂本さんは波多野教諭と同期の31回生。立浪親方は38回生で、3年生の時の担任が保古教諭で2人とも旧校舎から巣立ちました。

２００７年３月３日に行われた東邦高校の第58回卒業式は旧校舎の体育館で行う最後の卒業式となりました。高井校長は６３６人の卒業生への式辞の最後に「卒業生同様、旧校舎に対しても卒業証書を授与する」と付け加えました。

卒業式から1週間後の３月10日には、取り壊される旧校舎で「ホームカミングデイ」が開催されました。５００人近い卒業生たちが駆け付け、旧教職員たちとともに、青春の思い出の詰まった学び舎に別れを告げました。旧校舎から巣立った卒業生は２万１０００人を超しました。

解体される校舎への郷愁

高井校長が第13代校長に就任した２００３年４月から、第7代理事長には赤萩時代からの高校教員で第11代校長を務めた伊藤時雄が就任しました。伊藤は２００１年４月に法人常務理事に就任、下出保雄理事長の病気退任に伴い理事長代行も務めました。第６代理事長の下出保雄は東邦商業学校が開校した１９２３年生まれ。伊藤理事長にバトンを引き継いだ翌年の２００４年１月19日に永眠、学園の歴史と同じ80年の生涯を終えました。
伊藤理事長は２００８年４月、現在の榊直樹理事長にバトンを引き継ぎましたが、学園90年史に、高校旧校舎解体への郷愁と3大事業に関わった思い出を書いています。旧校舎について伊藤は、建築当時は斬新であったオープン廊下や渡り廊下も、１９９５年1月の阪神淡路大震災の被害状況や建築時の耐震基準を考え合わせると「内心穏やかではなかった」と振り返っています。（以下抜粋）
〈赤萩時代の木造とコンクリートの混在校舎から、壮大で斬新なコンクリート打ちっ放しで、一見頑丈そうな旧校舎への移転。その校舎は詰襟のカラス軍団から、１９８５年に男女共学の学び舎へと変貌した。同じキャンパスに新校舎が完成した後、36年間の役割を果たして2007年に解体された。大学A棟の4階から解体作業を見つめ、事業の進捗状況を確認しつつ、消えゆく校舎で、生徒や教職員とともに生きてきた過去の想い出が蘇り、かすかなノスタルジアが混然と去来したことを思い出す〉

東日本大震災と東邦高校

犠牲者へ黙とう

2011年3月11日に発生した東日本大震災は、岩手、宮城、福島県沿岸部を襲った津波被害を中心に2万人近い命が犠牲となりました。3月11日は金曜日。午後2時46分に発生した巨大地震は国内観測史上最大のマグニチュード9・0を記録し、遠く離れた名古屋でも観測され、千種区で震度4、名東区でも震度3が記録されました。愛知東邦大学や東邦高校でもただならぬ揺れを感じ、「一瞬、めまいがしたのではと思った」という職員もいます。

時間の経過とともに、被災者が撮影した動画も含め、信じられないような光景が次々にテレビ画面に映し出されました。土煙とともに家々をのみ込み押し寄せる津波。逃げ惑う人々。堤防を乗り越え市街地に流れ込む黒い濁流。衝撃的な光景でした。

東邦高校では月曜日の3月14日朝、長沼均俊教頭（2011年4月から校長）が校内放送しました。長沼教頭は生徒たちに、東日本各地に未曽有の被害と犠牲者が出ていることを伝え、「亡くなられた方々を悼み黙とうしましょう」と呼びかけました。3年生はすでに卒業式を終えており、1、2年生たち（1年生530人、2年生587人の1117人）が犠牲者の冥福を祈りました。

5日後の3月19日には校庭で3学期終業式が行われました。生徒や教職員の多くが被災地の凍てつく寒さと重ね合わせて校庭に立ちました。訓話で未曽有の震災被害について語った榊直樹校長（理事長）は校長として臨む最後の終業式でした。

終業式では定年を迎えた教員たちも生徒たちに別れを告げました。高井茂雄元校長（2003〜2009年）もその一人です。高井氏は「東邦キャンパス」112号（2011年7月1日）に掲載された「別辞」に大震災の悲しみを書き残しました。

〈東北、関東の惨状を毎日憂えています。一瞬に奪われた命や日々の営み。先の見えない不安。続いて放射能の恐怖。私自身も、伊勢湾台風では母方の親戚全部が屋根まで水に浸かり、また近いところでは東海豪雨で自宅が浸水するという体験をしています。今回の空前の被害とは比較にはなりませんが、被災者の思いは他人の物ではありません〉

宮城県南三陸町名足地区でのがれき撤去活動

0泊3日弾丸ツアーでのボランティア

被災地には全国から多くのボランティアが駆け付け、がれき撤去などの作業に汗を流しました。東邦高校の生徒たちや愛知東邦大学の学生たちも現地に向かいました。東邦高校生たちは「愛知ボランティアセンター」が企画した夜行バスを利用した被災地支援活動に参加しました。

金曜日午後7時に名古屋市中区の東別院を出発し、車中泊で翌朝、宮城県の被災地入り。土曜日の一日をかけて被災した家々の泥出し、片づけ、がれき撤去作業が続きます。活動を終えた夕方、帰りのバスに乗り込み、日曜日朝に東別院に帰ってくるボランティア活動で、「0泊3日の弾丸バスツアー」とも呼ばれました。

第1隊は6月10～12日、宮城県南三陸町歌津名足(なたり)地区でのがれき撤去活動でした。参加者は生徒24人と教員2人。第2隊は7月8～10日で同県石巻市渡波(わたのは)小学校での泥出し、清掃などの活動で生徒8人と教員1人が参加しました。第3隊は2012年3月30日～4月1日で石巻市の十八成浜(くぐなりはま)仮設住宅で、バトン部員の生徒21人と教員1人が参加し、バトン演技で被災者の激励も行いました。

個人として〝弾丸バスツアー〟に参加し被災地に向かった教員もいました。空手道部監督も務めた村田悟教諭も8月12日夕出発のバスに乗り込み、石巻市に向かい、がれき撤去に汗を流しました。「生徒たちが被災地にどんどん出かけており、教師としてじっとしているわけには行かない気がしたし、やはり自分の目で被災現場を見たかった」と振り返ります。

被災現場での驚きと感動

愛知東邦大学地域創造研究所から2013年3月14日に発行された研究叢書19号『東日本大震災と被災者支援活動』に、ボランティア活動に参加した東邦高校生徒たちの感想記が収録されています。

◇力を合わせると人間の力ってすごい

2011年6月、想像していたよりも衝撃を受けました。生の被災地を目のあたりにした時はショックが大きかったです。家族や友達を亡くした被災者のことを考えると、自分がショックを受けている場合じゃないなと思いました。重機じゃなきゃ撤去できないような家の屋根や電信柱をたくさんの人と引っ張ったりして、人間の力ってすごいなって思います。ボランティアを通して、日頃感じることの出来ないような人の力や気持ちを知ることが出来ました。作業中に見つけた写真を持ち主に渡すことが出来てよかったです。これからも色々なことに協力してい

きたいです。（1年E組　高島千尋）

◇3か月たってもまだこんな状態か

南三陸町志津川に着いて思ったことは、「3か月経った今でもこんな状態なのか。本当に人の力で復興できるのか？」ということでした。女性職員が最後まで避難を呼びかけていた防災対策庁舎は骨組みしかなく、3階屋上のフェンスすら流されていました。周りを見たら立っている電柱が1本もなく、すでに片付いたような「復興」というニュースで見る光景とはあまりの違いに驚きました。

今回のがれき撤去作業は、1軒分の家の瓦を片付ける作業でした。住民が一人でやれば途方にくれるような量でしたが、みんなで協力してやったら1日で片付き、人の力はすごいと思いました。（3年N組　大原一馬）

女性職員が最後まで避難を呼びかけ犠牲となった防災対策庁舎

◇戦争の跡みたいな光景に鳥肌

東北に入ってまず見た光景は、本当にこれが日本なのか？でした。津波の力でここまですごい被害が出ていることを目の当たりにして、テレビとはまた違った衝撃が走りました。町はがれきの山で、電柱は倒れていて、信号もなく、戦争の跡みたいな感じでした。最初にみんなで黙とうした場所で、愛知ボランティアセンターの人の話を聞いたのですが、壮絶な被害者の現状に鳥肌が立ちました。

そのあと、みんなで南三陸町の名足へ移動して、がれきを撤去しました。僕たちは木材を撤去しました。ガラスなどが散らばっていたり、釘や金属片が落ちていて危険でした。屋根の2階部分をロープで結んでみんなで引っ張って撤去したり、ぬれた布団を運んだり、電柱をロープで引っ張って撤去したり、とてもつらかったです。午後は家の瓦などを、車で運んで撤去したりしました。僕は長靴のサイズが小さかったので足がやばかったです。（3年N組　姜昌勲）

◇当たり前の暮らしの貴重さを思う

笑顔で出発した7月8日には、まさか自分がこんな思いで帰ってくるなんて思わなかった。現地の石巻市渡波では涙は一粒も出なかったのに、名古屋に帰ってきて改めて一つひとつを思い出すと、満タンになったタンクからあふれ出すようにポロポロと——。建物が残っている。ハエがいない。クーラーがついている。風呂に入れる。ただ普通にしていたことがありがたくて、幸せで。

家、ないよ？船、何でこんな所にあるの？車、何で水の中にあるの。人、何でいないの。本当にこれが現実？この現実を受け止めることが辛い。胸が痛い。出発前に調べた現地情報では、森があって、野生の鹿がいたはずで、海も広がっていて、本当にいい所だったはずなのに。でも、この海が東北を変えて、海底に思い出を消したんだ。これだけ荒らしておいて、何事もなかったような静けさ。せこいよ——。自然のはかなさも実感した。（2年C組　梅屋舞花）

◇現地の方々から元気もらった

石巻市にはたくさんのがれきが山になっていたり、十八成浜はまだがれきだらけで、言葉が出ないとはこのことを言うんだなあと思いました。渡波小学校では、午前中は支援物資の仕分けと、紅茶の提供に分かれて活動しました。午後はヘドロが入った校舎内の掃除で、東邦隊は1階と仮設トイレの掃除をしました。教室にはまだヘドロが残り、それが乾いて砂ぼこりがひどく、一度掃いたくらいではキレイになりませんでした。

今回、ボランティアに行って何よりも良かったと思うのは、被災地の方々と交流が持てたことです。交流を通じて、私たちボランティアは、被災地の方々を元気づけてあげなくてはいけないのに、私は現地の方々から明るい笑顔やボランティアへのねぎらいの言葉をいただき、逆にたくさんの元気をもらいました。あの笑顔の裏には、きっと暗い気持ちがあるはずなのに、屈託なさそうな笑顔で心が温まりました。ボランティアに参加できて本当に良かったです。本当にありがとうございました。また参加したいです！（3年B組　種田未央）

学校生活にも思わぬ成果

東邦高校では2011年4月、長沼教頭が校長に就任しました。第14代榊校長（2009年～2011年）からバトンを引き継ぎ、第15代校長（2011年～2015年）への就任でした。校長としての初年度、生徒たちの被災地でのボランティア活動を見守った長沼校長は、「生徒たちが体験を通し、得たものはとてつもなく大きいものだった」と振り返ります。

〈生徒たちは出発前のあいさつと、帰ってきてからの報告のために必ず校長室を訪れましたが、報告を受けるたびに、すごい体験をしてきたんだなあということが分かりました。印象的だったのは、被災地の人たちに励まされたという感想が多かったこと。想像を超える過酷な環境の中で、しっかりと生きていることを学んだのでしょう。平穏な日常がいかに大切であるかがわかったという生徒がたくさんいました〉

生徒たちの被災地体験は学校生活にも思わぬ影響として現れました。2010年度には35人だった退学者が2011年度はわずか7人に減りました。2008年度29人、2009年度32人、2010年度35人と増え続けていた退学者が過去6年で最少となったのです。欠席率も全学年平均1％台、遅刻率も1年生0・78％、2、3年生も1％台で近年にない低さでした。保健室を利用する生徒も、前年度までに比べ格段に減少しました。

〈学習成績にも変化がありました。2011年度は進級に抵触した生徒は1年生が0人。2年生も2人だけで、過

南三陸町から東別院に戻った東邦高校生たち
（2011年6月12日）

去5年間の数字と比較しても極めて良好でした。被災地の現場を体験して、自分たちの日常が恵まれていることを強く自覚したことが反映されたのではないかと思いました〉

生徒会では募金活動も行われ、10月の文化祭では、震災で校舎が被害を受け、学年別に他校にも間借りして分散授業が行われていた石巻市立女子商業高校（現在の石巻市立桜坂高校）から3年生生徒と女性教員を招き生徒たちとの対談を企画しました。

PTA会誌「栂木」40号（2012年3月1日）に掲載された長沼校長の寄稿です。（抜粋）

〈日本は今、3・11の大震災がもたらした災厄により、私たち一人ひとりの描く未来像が、震災前とは大きく変わらざるを得ない局面にある。人に対する思いやりと血の通った行動が、これまで以上に望まれている。ボランティア活動で被災地に行った諸君には、体験を通してこそ得られた人間の命の重みを伝えてもらった。社会との接点を、何とか自分たちの力で見つけたいという真摯な姿に、明日の日本のコミュニティを支えるリーダーを見るような思いがした。これまで、この東邦で見せた君たちの無私の精神と笑顔は、まさに困難な時代を生きる上で大きな希望である〉

東邦高校で学び公認会計士になった被災生徒

東日本大震災では、岩手、宮城、福島県を中心に多くの小中学生や高校生たちが学びの場を失いました。文部科学省の方針に沿い、全国で就学機会確保のための支援の動きが活発化しました。東邦学園でも「被災地で塗炭の苦しみを味わい、進学の夢を断ち切られた中・高生が、その夢を実現できるよう支援したい」（理事会記録）との方針を決め、愛知東邦大学と東邦高校で特別入学枠の設置が決まりました。この特別枠で2012年4月、東邦高校商業科に入学したのが宮城県気仙沼市出身の小山憲志郎さんでした。

小山さんは東邦高校2年生の時、商工会議所検定試験である日商簿記2級に合格。専修大学商学部に進学し、2年生で同1級に合格、4年生で難関の公認会計士試験（論文）に合格しました。

巨大地震が発生した午後2時46分。小山さんが通う気仙沼中学校では、翌日の卒業式準備のため、2年生だった小山さんら在校生たちは会場設営の作業にあたっていました。「東北地方では地震はよくあるので、最初はいつもの揺れだと思いました。しかし、すぐに、これはただごとではない。レベルが違う。ヤバイと思いました」。

学校の指示で、校内にいた200人近くの1、2年生はいったん教室に戻った後、校庭に集合させられました。幸い、学校付近には津波は襲来せず、気仙沼中学校と隣接する気仙沼小学校は避難所となりました。親が迎えに来た生徒は一緒に自宅や親類宅などに帰っていきました。小山さんは家族と連絡の取れないまま気仙沼中学校で一夜を明かしました。

東京都内の会計事務所に勤務する小山さん（港区六本木付近で）

家族で避難所暮らし

小山さんの自宅は気仙沼中学校の通学区から離れた同市大峠山地区に引っ越したばかりでした。鹿折中学校の通学区でしたが、年度末でもあったため転校

炊き出しを受ける小山さん（左）と弟たち
（産経新聞社『闘う日本』より）

手続きを延ばし、気仙沼中学校に通う小山さんと気仙沼小学校に通う弟2人、妹1人を母親リナさんが車で送っていました。

鹿折中学校の記録によると、同校も、翌日の卒業式に備え1、2年生たちが式場の装飾作業や、部活動中に地震に遭遇しました。発生直後に停電、緊急放送が使えなくなり、職員が手分けして声かけをしながら生徒たちを校庭に避難させました。午後3時、大津波警報発令。気温が急激に低下し雪が舞い始めていました。そして午後4時ころ、津波が発生し、周辺住民が続々と学校に避難してきました。強い揺れが続く中、午後5時、体育館に避難した人たちは500人を超えていました。

小山さん宅や鹿折中学校は、津波被害は免れましたが津波はすぐ近くまで押し寄せました。JR大船渡線の鹿折唐桑駅近くには、全長約60mの大型巻き網船「第18共徳丸」（330トン）が打ち上げられたほどでした。

大地震の発生時、リナさんはフカヒレ加工工場で働いていました。インドネシアからやってきた同僚たちの通訳役も務めていました。津波から逃れるため、リナさんは同僚たちと高台に逃げました。翌日、気仙沼中学、小学校の避難所に駆け付けたリナさんは子供たちと合流しました。しかし、自宅は地震で半壊し、生活できる状態ではなかったため気仙沼小学校での避難所生活が始まりました。

気仙沼から東京へ

全国各地の自治体が被災者受け入れに乗り出す中、小山さん一家も3月21日、気仙沼市から東京に移りました。

気仙沼市での避難生活最後の日となった3月20日には、市役所前で、ボランティアのパキスタン人たちが炊き出しを行いました。カレーをナンで食べる小山さんと弟たちが、産経新聞社発行の『闘う日本〜東日本大震災1カ月の全記録』に収められていました。

「カメラマンの方から、写真撮ってもいいですかと聞かれました。翌日は東京に向かったので気仙沼最後の日となった感慨深い写真になりました」と小山さんは振り返ります。

東京での最初の避難先は「東京ビッグサイト」（江東区有明）でした。原発事故での避難者も多く大混雑していました。小山さん一家はその後、「赤プリ」の愛称で親しまれ、閉館後、急きょ被災者を受け入れた「グランドプリンスホテル赤坂」で避難生活。6月からは千代田区九段の公務員宿舎に落ち着くことができました。小山さんは区立麹町中学校に転入学し、3年生として東京での中学生生活をスタートさせました。

そして高校受験。第1志望校は受かりませんでしたが、経済的にも大変だった小山さんに担任が紹介してくれたのが、東邦高校の特別入学枠でした。

授業料など学費はもちろん、受験時の交通費、制服、教科書代、諸会費、さらに3年間で180万円の生活費も含めると総額300万円近くを支援してくれる手厚い制度でした。経済的にも大変な時期だったこともあり、小山さんは東邦高校の支援制度に感謝しながら2012年4月、名古屋での高校生活をスタートさせました。

野球部員たちに囲まれて

小山さんは商業科に入学しました。3年間担任だった山本俊秋教諭によると、商業科は3クラスあり、男女ほぼ半数ですが、男子生徒の半分は野球部やサッカー部員でした。小山さんは一時バスケット部に入りましたが、退部し、もっぱら名東区内の下宿に閉じこもっての生活が多かったそうです。

「学校にいる時の友だちは野球部員ばっかり。授業が終われば、彼らは練習や試合が待っており、一人で下宿に帰るしかなかった。部屋に閉じこもって、漫画を読んだり、ゲームをしたり、本を読んで過ごしました」と小山さんは苦笑まじりに振り返ります。

3年生だった2014年夏、東邦高校は甲子園大会に出場しました。仲の良かった同級生の森下良一選手たちや1年生の藤嶋健人投手も出場したこの大会で東邦は2回戦まで戦いました。「同級生たちから一緒に甲子園に応援に行こうと誘われましたが、僕はテレビの前で応援しました」と小山さんは懐かしそうでした。

山本教諭によると、小山さんは商業科では必須の簿記や会計科目と出会ったことで、将来、公認会計士になる夢を膨らませていったようです。「2年生の時には大学推薦入試にも有利な日商簿記2級資格も取り、3年生の時には普通科生徒対象の補習にも積極的に参加していました。商業科でそこまで頑張る子はあまりいませんでした」と山本教諭は言います。

生徒会誌「東邦」57号(2015年2月28日発行)に掲載された3年A組の卒業記念の寄せ書きで、小山さんは、「楽しかった3年間。大学へ向けて頑張るぞ」という決意を書き込んでいました。

小山さんは公認会計士試験対策に力を入れている専修大学商学部会計学科に入学。2年生からは、1年生時代の成績優秀者に大学が学費を負担してくれる制度で大原簿記学校にも通い、公認会計士試験対策に本腰を入れました。そして4年生だった2018年8月に行われた試験で合格を果たしました。

困っている人たちのために役立ちたい

小山さんは、公認会計士を目指した理由について、「人に役立つ仕事だと思ったし、困っている人たちのために専門知識を役立てたいと思いました」と言います。そして、「東日本大震災という未曽有な体験をしたわが家の経済も大変でした。家族のために母親がどれだけ苦労してお金を工面してくれたかも知っています。母親を少しでも楽にさせてあげたいという思いもありました」とも語りました。

小山さんは東邦高校時代、東日本大震災の体験について、聞かれれば隠しませんでしたが、自ら被災者であると語ることはありませんでした。ただ、気仙沼を離れてからも何度も、リナさんらと気仙沼を訪れては、復興の様子を見守り続けています。2019年10月にも、リナさんと一緒に、東京の池袋駅西口を午後11時に出発して翌朝午前6時すぎに着く夜行バスで気仙沼を訪れました。

「新しい建物が目につくようにはなってきてはいるが、かつてのような活気はまだまだ戻っていません」。小山さんは復興の歩みのもどかしさを感じているようでした。

小山さんとはLINEで連絡を取り合っている山本教諭は「東邦高校卒業生での公認会計士誕生は、最近では聞いたことがありません。本人は自分からは言いませんが、私から見ればものすごく頑張った子です。学園としても支援のしがいがありました」と、小山さんの公認会計士試験合格が誇らしそうでした。

「平成」最後飾った5回目全国制覇

平成元年以来30年ぶりの栄冠

東邦高校は2019（平成31）年4月3日、甲子園球場で行われた第91回選抜高校野球大会決勝戦で習志野高校（千葉）に6－0で快勝し、「平成」最後の大会でも優勝を飾りました。平成元年の4度目の優勝以来30年ぶりの栄冠で、中京大中京高校と並んでいた優勝回数は単独最多の5回となりました。

第91回選抜高校野球大会閉会式で行進する東邦ナイン

平成最初の優勝時は阪口慶三監督のもとでコーチを務め、「平成最後の優勝も東邦で」と野球部の指揮をとってきた森田泰弘監督は還暦前日の悲願達成に「果報者です。東邦の伝統に新たな歴史を刻むことができました」と喜びを語りました。東邦高校が優勝に駆け上がった5試合です。

▽**1回戦**（3月26日）
富岡西（徳島）000 001 000—1
東　邦　001 000 20X—3

▽**2回戦**（3月29日）
東　邦　204 000 330—12
広陵（広島）000 000 020—2

▽**準々決勝**（3月31日）
東　邦　002 050 000—7
筑陽学園（福岡）000 100 100—2

▽**準決勝**（4月2日）
明石商業（兵庫）000 000 020—2
東　邦　000 000 31X—4

▽**決勝**（4月3日）
習志野（千葉）000 000 000—0
東　邦　300 020 01X—6

決勝戦で東邦は1回、1死1塁で石川昂弥（3年）がセンター右に2ラン、さらに吉納翼（2年）の3塁打で3点を先制。5回には石川の右中間への2ランで5－0とし、8回も先頭の石川の2塁打、長屋陸渡（3年）のライト犠牲フライで6点目を加えました。石川は投げてもていねいな制球で、習志野打線を打ち取り、97球で完封。バックも堅い守備で石川を盛り立て、決勝戦に完勝しました。

3塁側アルプススタンドは藤本紀子校長や生徒たち、OBらの東邦応援団でぎっしり埋まりました。名古屋市の河村たかし市長も榊直樹理事長と並んで応援。優勝決定の瞬間を待ち続ける応援席では、9回表、習志野の攻撃が2アウトになると、決定的瞬間を収めようと、スマホが次々に掲げられ、習志野の最後の打者が打ち取られた瞬間、応援席は歓喜の叫びに包まれました。

甲子園に乗り込んだ大阪桐蔭高校吹奏楽部の専用車

大阪桐蔭高校が全試合で友情応援

東邦応援席では春の甲子園出場がなかった大阪桐蔭高校の吹奏楽部が5日間にわたって東邦高校への応援演奏を続けました。フロリダ遠征中の東邦高校マーチングバンド部に代わっての友情応援でしたが、大阪桐蔭高校は2018年の第90回大会では2年連続3回目優勝を果たした強豪校、吹奏楽部も全国トップクラスの演奏で知られています。

東邦高校のフロリダ遠征は2年前の2017年から計画されていました。マーチングバンド部の白谷峰人監督は、「もちろん春の甲子園がある時期だということは知っていました。東邦の出場が決まり、あせって愛知県内の学校に甲子園友情応援を打診しましたが、難航しました」と振り返ります。

白谷さんが相談したのは『ブラバン甲子園大研究』（文藝春秋）などの著書があり、親交があった梅津有希子さんでした。「白谷さんから相談を受け、心当たりの学校を何校か当たりましたが、どこまで勝ち進めるか分からず、確実な日程確保が難しいため話がまとまりませんでした。大阪桐蔭のような全日本吹奏楽コンクールで金賞を取るような学校に友情応援を頼んでいいのかなと思いましたが、吹奏楽部総監督の梅田隆司先生に快く引き受けていただきました。野球部の監督さんも部長さんも〝東邦さんには練習試合でもお世話になっているし、ぜひ応援してあげて〟と快諾してくれました」と語ります。

「フロリダ出発前の大阪桐蔭との合同練習では生徒同士で教え合って練習しましたが、振付などすぐ覚えてもらえました。東邦は帰国して準決勝から応援に加わりましたが、一緒に演奏していて何の違和感もない。校旗掲揚では、大阪桐蔭の部員たちが校歌を歌ってくれているんです。すごいなあと思い感動しました」。白谷さんは感謝してもし切れない思いを語ってくれました。

優勝報告会であいさつする藤本校長

女性校長の初仕事は甲子園応援

硬式野球部員たちは4月4日、平和が丘の母校に凱旋し、出迎えた教職員や生徒らに全国制覇を報告しました。

小嶋裕人野球部長は、「3月19日、皆さんに盛大に壮行会をやっていただき、その夜甲子園に向け出発しました。元年に続き、平成最後も優勝で締めくくろうと強い気持ちで戦ってきました。戦う前はセンバツ通算51勝でしたが、

5つ勝って56勝という新記録を達成することができました」と報告しました。

榊直樹理事長は「平成31年4月という、平成最後の月に、平成最後の優勝を見事なしとげてくれた硬式野球部の皆さんに感謝しおめでとうと言いたい。皆さんは高い目標を掲げついに成し遂げました。有言実行でした。よくぞ戦い抜きました」と選手たちを祝福。

4月に校長に就任したばかりの藤本紀子校長も選手たちの健闘を称えました。藤本校長は2019年度、東邦商業学校時代を含め第17代校長に就任したばかりですが、初の女性校長です。愛知県私学協会によると県内の私立高校55校中、共学校での女性校長誕生も初めてでした。藤本校長は愛知県立大学文学部国文学科卒で教科は国語。東邦高校男女共学に踏み切った翌年の1986年4月、一般教員としては2人目の女性教員として奉職しました。

藤本校長は、甲子園から凱旋した選手たちを前に、「校長を拝命し、初仕事が甲子園チームの応援となり、大変幸せな気持ちでおります。平成元年に東邦が優勝した時の試合もスタンドで見ていましたが、その時よりもうんと安心して見ていられた気がします」とあいさつしました。藤本校長は、「決勝戦まで応援し続けてくださった大阪桐蔭高校ブラスバンド部の皆さんには言葉では言い表せないほどの感謝でいっぱいです」とも述べました。

森田監督から山田新監督へ

硬式野球部を15年間にわたって指揮した森田泰弘監督は2020年3月で引退し、コーチからバトンを引き継いだ山田祐輔新監督とともに4月1日、記者会見を行いました。

森田監督は「35年前、阪口（慶三監督）先生のもとで20年コーチしたこと、15年の監督時代がフルカラーでよみがえります。すべてがいい思い出です」と振り返りました。榊直樹理事長は、「東邦学園は今年、創立98年目に入りますが、野球部の活躍なくして学園の歴史は語れません。森田監督は学校では一職員でしたが、野球を通して、

コロナ禍で前年優勝校の東邦高校で行われた優勝旗返還式

教育者として選手たちを立派に育ててくれました」とたたえました。

山田新監督は2008年夏に東邦が甲子園に出場した時のキャプテンで捕手。北海高校の鍵谷陽平投手（日本ハム、巨人）から1回、先頭打者本塁打を記録しました。立教大学、会社員を経て2016年から東邦のコーチに就任。愛知東邦大学で教員免許を取得し、東邦高校の保健体育教員も務めています。「森田監督からは選手時代、野球への熱、愛を教えていただき、私にとっては父親のような存在。森田野球を引き継ぎながら私の色を加え、森田監督を越えられるような野球部を作っていきたい」と力強く抱負を述べました。

戦争に続きコロナ禍で中止となった優勝旗返還式

2020年春開催予定だった第92回選抜高校野球大会は新型コロナウイルス感染拡大のため中止となりました。このため、優勝旗返還式が7月6日、2019年優勝校である東邦高校で行われました。当初は4月14日に行われる予定でしたが、コロナ禍で臨時休校となり延期されていました。

返還式は午後4時半からオーバルランチホールで行われました。感染対策で野球部員たちがガラス越しに見守る中、林泰成主将（3年）から優勝旗、吉納翼副主将（同）から優勝杯が毎日新聞社の高島信雄中部代表に返還され、東邦高校にはそれぞれレプリカが贈呈されました。藤本紀子校長は「無事返還できほっとしています。選手たちは気持ちを切り替え、夏の甲子園を目指して全力で戦っています」とあいさつしました。返還式には山田祐輔監督と優勝時監督だった森田泰弘総監督も参列しました。

センバツ優勝旗が翌年の甲子園球場での開会式で返還されなかったのは大会史上2回目で、いずれも返還校は東邦でした。前身である東邦商業学校は1941年の第18回選抜中等学校野球大会で3回目の優勝を果たしましたが大会は戦争のため5年間中断。東邦商業学校（赤萩校舎）校長室に保管された紫紺の優勝旗は、戦禍の中を守り抜かれ、1947年の第19回選抜中等学校野球大会（旧制最後の大会）開会式で返還されました。この時、甲子園球場には東邦商業の校歌が演奏され、校旗が掲揚されました。優勝旗返還が甲子園での開会式ではなく優勝校校舎で行われるのも東邦高校が初めてとなりました。

四　東邦学園短大の43年

東邦学園短期大学の開学

短大新設計画の新聞報道

「大学、短大　盛んな新増設計画　明春開設めざす五校　進学者の急増に備える」。1964年8月25日「中部日本新聞」（現在の「中日新聞」）は東邦学園の短大新設計画を中心に、愛知県内での大学、短大の新増設計画を伝えました。記事の要旨です。

〈昭和41年度から始まる大学生急増期に備えて、全国的に大学、短大の新、増設計画が多いが、県下でも明春スタートをもくろんでいるところが短大だけで5校もある。これは例年のほぼ2倍の数である。年々増える大学進学希望者、それに高校生が減少していくので、私立高校が施設を拡充して短大開設を目指しているのが特徴で、来春はなかなかの短大ラッシュになりそう。

県や私学関係者から調べたところ、現在、東邦高校（坂倉謙三校長）は経営学科、または商学科（定員150～200人）の短大を千種区猪高町の平和公園近くに作る計画で、一部校舎の建築を始めている。同校はもともと商業学校だったが、最近は普通科の生徒がどんどん増えており、今春の新入生は普通科600人、商業科400人。

昭和39年8月25日

大学、短大盛んな新増設計画

明春開設めざす五校

進学者の急増に備える

東邦短大新設計画が紹介された「中部日本新聞」

年々大学進学率が伸びているので、近い将来、4年制大学に昇格させたいという〉

「東邦短大の建設地。右が建設中の校舎」という写真も掲載されました。ただ、この写真については、当時の東邦高校校長で、短大開学後は副学長、学長を務めた坂倉謙三が、「記事掲載時はまだ地鎮祭前で、建設中の校舎とあるのは高校プール横の部室を兼ねた木造校舎」と記事の〝勇み足〟を指摘しています。（東邦学園短大後援会誌「邦苑」7号に掲載された坂倉の寄稿「東邦学園短期大学の想い出」より）

悲しみと慌ただしさの中で

開設準備が慌ただしく進む学園に大きな衝撃が走りました。心臓系の病に伏していた下出貞雄理事長の急逝です。１９６４年9月26日午後、東邦高校ではＰＴＡ委員会が始まったばかりでした。出席していた坂倉校長のもとに事務からの悲報が飛び込んできたのです。43歳という若さでした。

短大の１９６５年4月開設に向けた申請書が文部省に提出されたのは9月30日午後4時。下出貞雄の学園葬の翌日、提出期限の当日でした。申請を済ませた実務担当者は翌日の10月1日、東京オリンピック開幕を目前に開通した新幹線に初乗りして名古屋に帰りました。

分担して高校訪問

戦後、多くの旧制専門学校が新制4年制大学へ転換を図りました。名古屋でも名古屋専門学校が名城大学に、南山外国語専門学校が南山大学へと生まれ変わるなど相次いで新制大学が誕生しました。一方、新制大学としての設置基準を満たさなかった学校などは短期大学として発足しました。

短大は暫定的な制度として1950年に発足しました。しかし、4年制大学に比べて経済的負担が少ない、短期間に実際的な専門職業教育を受けられるなどの理由で著しい発展を遂げました。このため、1964年には学校教育法の改正によって、短期大学は、恒久的な制度として高等教育制度の中に位置づけられました。

文部省調査によると、1950年に149校だった全国の短期大学は1964年には339校に増加。東邦学園短大が開校する1965年にはさらに30校増えて369校に達しました。短大生数は1950年の1万5098人が1965年には14万7563人と15年間で10倍近い増加となりました。

坂倉が「邦苑」7号に寄稿した「東邦学園短期大学の想い出」によれば、1965年2月1日、坂倉は新理事長に就任した下出保雄、学長就任予定の隅山馨とともに上京し、文部省から短大認可の書類を受け取りました。商業科、男女共学、入学定員150人の「東邦学園短期大学」の誕生が正式に認められました。2月初旬と言えば、既に高校3年生たちの進路はほぼ確定していた時期でした。

東邦学園では教職員が手分けして生徒募集のため愛知、岐阜、三重県の高校訪問に奔走しました。東邦高校教員から短大創設メンバーに加わった元学長の原昭午氏は西三河地区の高校を回りました。「分担地域の高校だけでなく、その地域に住む進路指導の先生の自宅にも足を運び協力をお願いしました。限られた募集活動期間でしたが、知名度のある東邦高校がバックにあったことは大きかった。それがなかったら短大の開学はなかったと思います」と振り返ります。

通学の足として運行された学園バス

原氏は名古屋大学文学部史学科を経て同大大学院文学研究科博士課程を修了。「加賀藩にみる幕藩制国家成立史論」（1982年）で博士号を取得しています。「東邦高校で講師を務めていましたが、貞雄先生が私の学歴に目をとめ、大学教員の資格がありそうだと判断したのでしょう。開校準備役を命ぜられました。貞雄先生というリーダーを失った中での開校準備でしたが、みんな、何としてもこの難局を乗り切ろうと、保雄理事長のもと、全力でそれぞれの役回りを果たしました。そんな強い気持ちがなければ乗り切れなかったでしょう」と語ります。

〝山奥の学校〟へ学園バス

学長には東邦商業学校校長、金城商業学校校長も務めた隅山馨、副学長には東邦高校校長から転じた坂倉謙三が就任しました。開学式は4月22日に、入学式は翌23日に行われました。1期生は96人。61人が東邦高校出身、他の高校出身者が35人（女子5人）でした。

県立熱田高校出身の1期生、長尾博徳さん（豊田市）は「新入生たちの初顔合わせは扇形校舎の階段教室で行ったと思います。東邦高校出身者は別として、残る35人は高校も年齢もばらばら。私は現役入学でしたが、浪人や社会人経験を経たと思われる入学者も多かった。相手が年上のように見えるため、気楽に話しかける雰囲気ではなかった。これでまとまりがつくのか不安でした」と言います。

東邦高校野球部の練習場でもある総合グラウンドを見下ろすように建てられた東邦学園短大。開校当時の通学の足は、1963年4月1日に開業した地下鉄東山線の本山駅か、市バスの終点である猫洞から歩くしかありませんでした。雨が降れば靴は泥にとられてしまう日々もありました。

やがて、本山から学校まで学園バスが運行されるようになりました。長尾さんが開いてくれた卒業アルバムには、立ったまま乗車する学生たちで混み合う学園バスの写真も収められていました。

〝山奥の学校〟を象徴するようなエピソードもあります。開校2年目に赴任し、長尾さんのゼミ指導教員でもあった小津昭司講師（後に教授）が、短大同窓会誌に掲載されたインタビューで次のように語っていました。

「雪の日に、研究室から外を見ると、運動場（現在の東邦高校グラウンド）が一面真っ白だった。それがいきなりザーっと黒くなった。野ウサギが何百羽と走っていました。今の学生に言っても誰も信用しないでしょうが」

長尾さんは熱田高校時代の3年間、バスケットボール部の活動に打ち込みました。「受かるだろう」と思っていた京都の私大受験に失敗。名古屋市南区にあった父親の経営する自動車部品製造工場が豊田市に工場建設を計画するなどお金がいる時期でもあったため、浪人は許されない状況でした。「新しくできる短大があるがどうか」と進路指導の教員に勧められたのが東邦学園短大でした。4年制大学に比べたら学費負担も少ないこともあって長尾さんは受験を決めました。入学後、同期生たちの中には長尾さんと同様に、中小企業の後継者的な立場の仲間たちが多いことも次第に分かってきました。

東邦学園短大時代を語る長尾さん

役だった実務教育

東邦学園短期大学の掲げた教育目標は「実務教育と人間教育」でした。東邦商業学校時代から、独自の商業教育を打ち立ててきた東邦学園ならではの教育方針でもありました。ただ、短大での2年間はあっという間でした。長尾さんは卒業後、父親の経営する長尾工業に勤務するまでの4年間、豊田市にある自動車関連部品工場に就職していました。配属されたのは経理課の原価計算係。パソコンが普及し始めたころで、経理課の隣に電算課ができました。長尾さんはそれまで手書き、電卓に頼っていた原価計算の仕事を、電算機にデータを打ち込んで処理するシステム化に取り組みました。

「短大の経営コースでゼミ担任だった小津先生は中小企業診断士の資格も持っていて、授業は実践的でした。スパルタ的な英才教育とでもいうか、私も含め、中小企業の跡取り息子の学生たちにはとても役立つ内容でした。就職して手掛けた原価計算の電算処理の仕事も、小津ゼミでの教えがあったからこそです」と長尾さんは語ります。

長尾さんの卒業アルバムには経営、事務、会計、貿易の4コースでのゼミ授業の写真が紹介されています。長尾さんらが所属した経営コース小津ゼミの寄せ書きには「10年先を絶えず考えること」という小津講師の書き込みもありました。

短大開学とともに助教授に就任した原氏は、歴史学や社会学など教養科目を担当しました。「政府の貿易振興政策もあったし、名古屋の企業も海外にどんどん進出にしていた時期。貿易コースの設置も時代に合わせた教育方針でした」と語ります。

4人だけの女子学生

開学した東邦学園短期大学には96人が入学しましたが、1967年3月の卒業生は58人しかいませんでした。38人が卒業できなかったわけですが、東邦学園50年史によると、初年度中に14人が退学・除籍（学費未納等）となっています。

入学時に5人いた女子学生も卒業名簿では4人に減っていました。丹下（旧姓加藤）要子さん（名古屋市名東区）、松本（旧姓鬼頭）君代さん（同緑区）、前田（旧姓後藤）年子さん（住所不明）、太田玉恵さん（同）です。

丹下さんは名古屋市立向陽高校から現役で入学しました。丹下さんの父親と初代学長の隅山馨はともに、「モラルジー」と呼ばれる倫理道徳に基づく社会教育活動に関わっていました。「女子の志願者が少ないので、ぜひ娘さんを東邦に進学させてほしい」という隅山の強い要望があって東邦短大への入学を決めたそうです。

丹下さんは向陽高校では商業課程最後の卒業生。「女子ばっかりの高校生活だったので、男子学生がほとんどの短大生活になじむのが大変でした。年輩者が多く、何か意見を言うと、〝そんな青臭いことを言うな〟と相手にされないこともありましたよ」と丹下さんは振り返ります。

会計ゼミで学ぶ女子学生４人

短大時代と同じ扇形校舎を訪れた丹下さん

松本さんは県立愛知商業高校卒。１９３８年生まれで、現役入学の丹下さんよりは9歳上でした。会社勤めをしていましたが、税理士資格を取るには短大卒以上でなければならないことを知り、母校に相談に訪れた際に、開学する東邦学園短大が特待生を募集していることを紹介され、入学を決めました。

「年が離れた同級生が多かったので一緒に遊んだりすることはあまりありませんでした。それでも楽しい思い出もありますよ。男子学生が運転してきた車にふざけて9人で乗り込んだんです。お巡りさんに見つかってしまい、平和が丘の山の中に逃げ込んで振り切りました。今となっては貴重な青春の思い出です」

学生相談室オープン

「4人しかいない女子学生たちのために話し相手になってほしい」。隅山学長からの依頼でカウンセラーに担ぎ出されたのが後に第5代学長（1980～1984）に就任することになる榊文子でした。下出義男の長女で榊米一郎氏（豊橋技術科学大学初代学長など歴任）と結婚。開学前に急逝した下出貞雄理事長、後任理事長となった下出保雄の姉で、現在の榊直樹理事長の母です。

1996年3月発行の短大後援会誌「邦苑」17号で榊が思い出を語っています。

〈扇形の階段教室のある校舎は斬新な感じがしましたが、周囲は西部劇の荒野を連想させるような赤土ばかり。雨の日はぬかるみに靴を取られ大変でした。男女共学とはいえ、大部分が男子で女子はわずか4名。年齢もキャリアも異なり、隅山先生はそのあたりを気遣われたのでしょう。何をどう話し合ったか記憶はさだかではありませんが、相手にした学生さんの一人ひとりの顔は今でも目に浮かびます〉

カウンセリング室にはやがて男子学生も出入りするようになり、現在のB棟正面玄関脇の階段を上った踊り場横に「学生相談室」がオープンしました。〈ほとんど毎日学生が来ました。その頃、私は教科を持っていなかったので、成績とは関係ない教師として、安心して何でも打ち明けられたのでしょう。時には一人で、時にはグループで訪ねて来ました。昭和40年代初めの学生たちの悩みは、急速な経済成長による社会のひずみに関係していることが多く、個人的な努力ではどうにもならない問題を前にして、自分の非力を情けなく感じたことを覚えています〉。

榊が学生相談室の仕事と同じくらいの熱心さで始めたのが短大のPRでした。誕生したばかりの短大を知ってもらおうと、パートナーを組んだ教員とともに愛知県下の高校を次々に訪問しては教科の内容や少人数教育の特色などを訴え続けました。

学生会の発足

開校したばかりの東邦学園短大では、ゼミを中心にした少人数教育のほか、学生同士の交流や対話を活発にしようという試みが相次いで企画されました。5月17日、6月29日には「体育デー」が行われ、ソフトボール、バレーボール、卓球等の球技を中心に、ゼミ対抗戦が行われました。体育デー主催者である学生たちの実行委員会はやがて学生会へと発展していき、同時にクラブ活動の組織化が急ピッチで進められました。

7月5日には学生会結成大会が開かれ、役員選挙で長尾さんが初代会長に就任しました。長尾さんは、「学園側もできるだけ早く、短大としての形を整えたかったのだと思います。学生会規約作りなど細かいことまで、事務部長だった増田繁夫先生が積極的にバックアップしてくれましたし、いろんなことで親身に相談に乗ってくれました」と語ります。

大学祭の開催

学生会が最初の大仕事として取り組んだのが11月の第1回大学祭でした。長尾さんは実行委員長としてあいさつし、大学祭の意義を述べました。

〈7月に学生会が発足して以来3か月余り、私たちは学園ムード作りに努力してきました。昔のことわざに「初心忘るべからず」という言葉がございますが、私たちはこの第1回という意義ある学園祭の精神として、後の学園祭の模範となるよう精進しなければなりません〉

長尾さんがあいさつの中で「初心忘るべからず」の言葉を引用したのは、父親の濵夫さんの教えでした。長尾さんが中学1年生の時、名古屋は伊勢湾台風の襲来を受けました。南区にあった濵夫さんが創業した「長尾工業」も水に浸かり大きな被害を受けました。「初心忘るべからず」は、不屈の精神で工場を再興させた濵夫さんからたたき込まれた信条でした。

第1回大学祭は、名古屋大学講師だった新進経済学者の飯田経夫氏を招いての講演会、ゼミ対抗の催し、京都見学バスツアーなどささやかな企画内容でした。しかし、その後、途絶えることなく、歴代学生たちによって引き継がれ、現在の愛知東邦大学のキャンパスでも秋の大イベントとして開かれています。長尾さんたちが取り組んだ第1回大学祭は、その後、開催年によって「邦大祭」、「大学祭」と名称を変えました。長尾さんによると、平和が丘にある学園ということで「和丘祭」の呼称も使われたそうです。短大史『東邦学園短期大学の43年』に掲載されているパンフレット表紙の変遷によると、1980年の第16回から「和丘祭」として定着しました。

2019年秋、第55回和丘祭が開かれる予定であることを聞いた長尾さんは「そうですか。短大時代の和丘祭が忘れられずに引き継がれているんですか。胸が熱くなります」と感無量の様子でした。短大1回生で、邦友会初代会長も務めた長尾さんはインタビューを受けた翌年の2020年4月13日逝去されました。73歳でした。

クラブ活動の始動

1期生卒業アルバムには7部（空手、文芸、写真、バスケットボール、野球、卓球、ワンダーフォーゲル）と6同好会（園芸、柔道、コーラス、ソロバン、ESS、テニス）の写真が収められています。丹下さん、松本さんら女子学生4人はいろんな部や同好会に引っ張り出されていました。創部にかかわった人たちの思い出です。

◇野球部（準硬式）

作ったのは東邦高校で硬式野球部員でもあった飯田司朗さん（瀬戸市）。飯田さんは1964年春の甲子園に出場しました。投手でしたが先発ではなく、1回戦で報徳学園に敗れたため、甲子園のマウンドには立てませんでした。「野球部がスタートしたのは2年生の時。集まったのは2年生を中心に15人くらい。大学周辺の空き地をグラウンドとして使いました。同好会みたいなものですが、大会に出るためにユニホームも作りました」と飯田さんは懐かしそうでした。

◇バスケットボール部

熱田高校時代から競技経験のある長尾さんの呼びかけで発足しました。現在のB棟前中庭付近にコートが作られましたが、バスケットや支柱は、「長尾工業」を経営していた父濵夫さんが工場で作り、持ち込んでくれました。

◇ワンダーフォーゲル部

東邦高校出身の大野明さん（名古屋市西区）もメンバーの1人でした。「何か部を作らなければならないということだったので7、8人が集まって作りました」と語る大野さん。「富士五湖一周」の走破を成し遂げましたが、その練習のため、名古屋駅付近から岐阜駅まで、夜間に国道22号沿いに歩いたそうです。

◇空手部

長尾さんが持っていた1回生卒業アルバムには短大の看板のかかった建物前で練習する部員たちの写真がありました。中央で構えているのはウイルヘルム・ランゲさん。ドイツ国籍ですがドイツ語は話せず、得意の名古屋弁をまくしたて学生会活動を盛り上げました。長尾さんら卒業生たちによると、ランゲさんは卒業後、ユニークなキャラクターが買われてか、当時人気のあった日本テレビの「11PM」や名古屋の民放テレビ番組に出演したこともあったそうです。

ランゲさんの名前は短大の同窓会名簿にはありませんでした。ただ、ランゲさんとは同じ八事小学校、川名中学校に通っていたという丹下さんから興味深い話を教えてもらいました。2019年1月、丹下さんは名古屋市千種区の病院近くでランゲさんを見かけたそうです。「奥さんと思われる女性をいたわるように歩いていました。私は車を運転していたので話しかけることはできませんでしたが、あの特徴ある顔は間違いなくランゲ君でした」。

台湾から来た劉さん

東邦短大の第1回卒業生の皆さんへの取材を進めたことがきっかけで、1967年3月の卒業以来52年ぶりに再会を果たした人たちがいました。劉家昶さん（名古屋市西区）と松本（旧姓鬼頭）君代さん（名古屋市緑区）です。

劉さんは台湾出身。東邦短大最初の留学生です。入学時は同期生では最年長の28歳でした。松本さんも会社勤めを経て26歳での入学。年齢が近かったこともあり、松本さんは、日本語の授業に苦戦していた劉さんの相談相手にもなっていました。

劉さんから話を聞かせてもらおうと、西区比良にある劉さんが経営する台湾スタイルの中華料理店「龍苑」を訪れたのは2019年5月22日でした。

東邦短大に入学した劉さんは日本語の授業では苦労の連続でした。「ひらがなは読めるが意味が分からない。漢字の意味は分かるが日本語として読めない」。専門用語が飛び交う授業。時にはなえてしまいそうな劉さんを励ましてくれたのは同級生の仲間たちでした。とりわけ、松本さんには、ひらがなを漢字で書いてもらったり、漢字の読みをひらがなで書いてもらったり、助けられ続けたそうです。

52年ぶりの再会

劉さんが松本さんに連絡を取りたがっていると松本さんに伝えると、松本さんは懐かしそうでした。劉さんと松本さんは5月30日、かつて短大のスクールバス発着場所に近い地下鉄東山線本山駅1番出口で待ち合わせ、52年ぶりの再会を果たしました。近くのレストランで、劉さんと松本さんの話は弾みました。

「尾崎久弥先生の『坊ちゃん』の授業は覚えてる？　尾崎先生はだいぶ年とってはいたけど、声はよく通り、格調高い授業だったわ」「ワシにはチンプンカンプンだったよ」「夏目漱石の難しい言葉がどんどん出てくるから劉さんには分からなかったでしょうね」。一般教育科目の国語担当教授だった尾崎久弥は東邦商業学校、東邦高校の教壇にも立った、着物姿の名物教員でした。

「杉本公義先生の経済科目の授業では、先生が読み上げる教科書の内容をノートに書き写さなければならなかった。苦労したよ。人の3倍の時間がかかったかな」。会話の節々に、日本語と格闘した劉さんの苦戦ぶりがにじみ出ていました。

「ホームページの連載『語り継ぐ東邦学園史』を見たという娘から、お母さん、こんな学校に通っていたんだね、という電話がかかってきましたよ。結婚する前のことですからねえ。50年以上もたって劉さんとまた会えるとは思ってもいませんでした」。劉さんと向き合った松本さんも懐かしさがこみ上げてきているようでした。

「あいうえお」教育と空襲

劉さんは台湾の桃園国際空港に近い中壢市出身。日本統治下だった1936年生まれです。小学1年生で「あいうえお」を習うなど日本式教育を受けました。しかし、台湾でも米軍爆撃機による空襲が激化し、劉さんたちも6年生に引率されて防空頭巾をかぶって防空壕に逃げ込む日が毎日のように続きました。

戦争が終わり、小学3年生からは中国語での授業となりました。日本語は禁止され、「あいうえお」を知っていることでにらまれるようになりました。国民党政権が本省人（台湾人）や日本人に発砲して弾圧に乗り出した「2・28事件」も起きて不穏な動きも続きました。

劉さんは台北の中学、高校を卒業し、小学校の代用教員をしました。教員不足で、高校卒で教員資格が取れたからです。劉さんは3年間、小学校教員をしたあと、徴兵制により2年間を軍隊で過ごしました。劉さんの兄は戦前の1941年から日本に渡り、名古屋市中村区で中華料理店を開いていました。日本で兄の仕事を手伝ってほしいという母親の希望もあって、兵役を終えた劉さんは日本の大学に入ることを決めました。「高卒より大卒の方が給料が高いから」というのも大きな動機でした。

劉さんは1964年に来日。翌年に開校した東邦短大に入学しました。劉さんのために中国語による入試が行われました。担当したのは教務部長の古屋二夫教授で、古屋教授は開校前年まで南山大学の中国語教員でした。「入試と言っても中国語で作文を書いただけ。どんな内容だったかは覚えていません。留学生の入学制度などまだ決まっていなかったと思います」と劉さんは振り返ります。入学定員を埋めることが優先課題だった大学側ですが、劉さんが授業についていけるかどうか語学力が心配だったのでしょう。

交流続く同期生たち

劉さんと同じ貿易コースだった同級生の永田安行さん（半田市）は「劉さんはとにかく真面目だった」と思い出を語ってくれました。「ゼミ担当の児島正光先生は、高齢ということもあったのでしょう、学生たちに課題を与えた後、ポカポカ陽気もあって居眠りしてしまった時があったんです。私たちゼミ生たちはこれ幸いと教室から抜け出したんですが、児島先生が目覚めるまで課題に打ち込んでいたのは劉さんだけでした」。

永田さんは南山高校を卒業して名古屋港管理組合に就職。大学で勉強をしたくて東邦短大に入学しました。短大時代から当時の劉さんの住まいと同じ中村区で学習塾を開いていたこともあり、劉さんとは卒業後もずっと付き合いを続けています。

劉さんへの取材で「龍苑」を訪れた際には、同じ西区に住む同級生の大野明さん、あま市に住む山内明利さんも一緒に顔を見せてくれました。2人とも東邦高校出身で、大野さんにはすでに電話でワンダーフォーゲル部の活動の様子を聞かせてもらっていました。

「龍苑」で盛り上がった3人の話の中では、やはり短大時代の劉さんの真面目ぶりが話題になりました。「劉さんは知らなかったかも知れないけど、僕らの東邦高校の校訓も〝真面目〟だったんだよ。短大時代の僕らを見ていたら想像できないだろうけど」という山内さんの話に爆笑が起きました。

当時の車通学も話題になりました。大多数の学生は地下鉄や市バス、スクールバスを乗り継いでの通学でしたがマイカー通学組も何人かいました。山内さんはマツダのキャロル、永田さんはダットサン、学生会長だった長尾博徳さんはカローラで通学していました。岐阜県の郡上八幡からフォルクスワーゲンで通学していた仲間もいました。

山内さんは、「私も父親が須ヶ口で八百屋をしていましたが、車で通学してくる学生は商売や工場など自営業をやっている家の息子が多かった」と言います。

劉さんも永田さんら同級生の車にはよく同乗させてもらいました。台湾時代にブラスバンドをやっていたこともあり、東邦短大ではコーラス部にも所属し、交流の幅を広げる中で日本語の力を磨きました。

短大時代を語り合う大野さん、劉さん、山内さん（左から）

中華航空機墜落事故では言葉の架け橋役も

劉さんは東邦短大を卒業して貿易会社に就職したいと思っていました。短大卒よりは4年制大学卒が有利だろうと、いったん台湾にもどって日本語の勉強をし

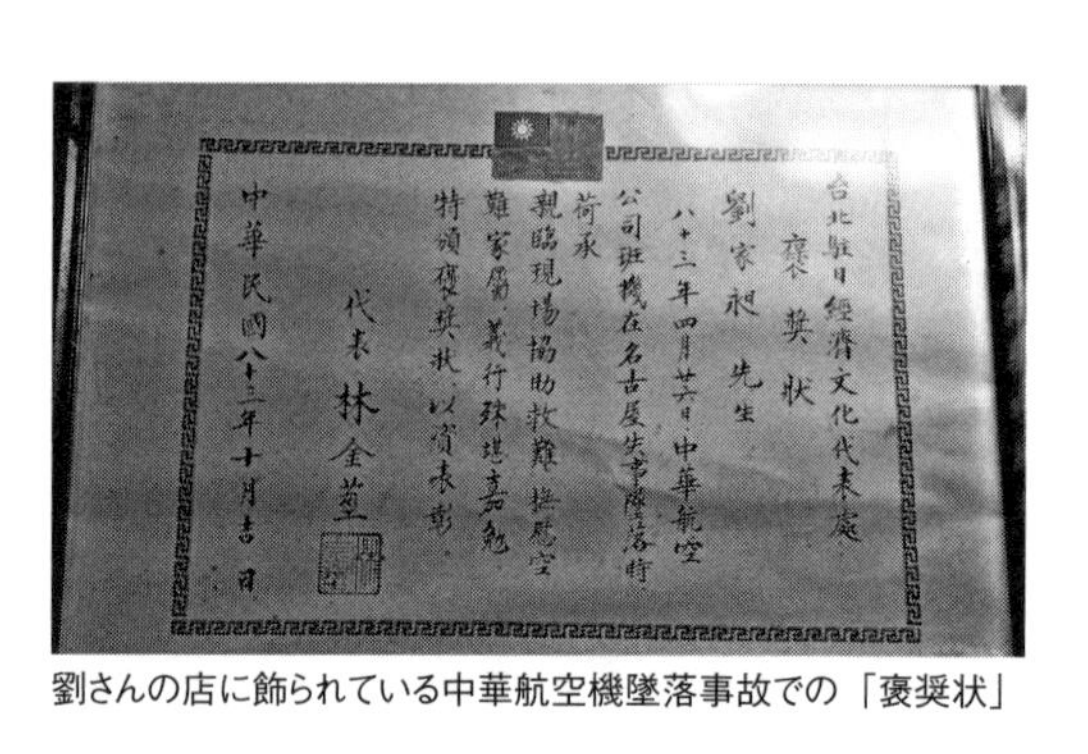

劉さんの店に飾られている中華航空機墜落事故での「褒奨状」

直し、1年後に再来日し、八事の中京大学商学部3年生に編入学しました。それでも言葉での苦労は続き卒業には3年かかりました。

中京大学時代も、劉さんに出席票の提出を頼み、授業を抜け出す学生や、教室の後ろでは、授業中にたばこを吸う学生もいたそうです。「日本の学生の行儀の悪さは本当にどうなっているのかと思いました。台湾の方が、日本の統治時代の教育のいい面での影響が残っていたのかも知れません」と劉さんは語りました。

劉さんは中京大学を卒業し、名古屋の貿易会社に就職しました。しかし、店舗を増やしていた兄の中華料理店を手伝うために5年間勤務して退職。35歳で結婚し、奥さんの姓をもらい日本名を松本家長としました。42歳で独立し、西区に「龍苑」をオープン。大きな店ではありませんが奥さんと2人でコツコツと40年間、店を続けてきました。2人の娘さんがいますが、長女のさくらさん夫婦はともに東邦高校出身です。

劉さん、大野さん、山内さんの話が盛り上がり、東邦高校の「平成最後」の優勝が話題になりました。「平成元年の優勝の時、東邦高校2年生だったさくらは甲子園で応援したよ。あの時はうれしくて、一口5000円の寄付のお願いがあった時は10口寄付した」。劉さんは、〝東邦マインド〟が娘に引き継がれていることが嬉しそうでした。

1994年4月26日、名古屋空港で中華航空機墜落事故が起き、乗員乗客271人中264人が犠牲になりました。乗客63人が台湾人で、名古屋華僑総会理事だった劉さんは連絡を受け、事故翌日から1週間、通訳や救援活動を続けながら犠牲者家族に寄り添いました。「龍苑」店内には台湾政府から贈られた「褒奨状」が飾られていました。東邦短大時代には日本語の壁にもがき、言葉が通じない悔しさが身にしみていた劉さんだからこそできた、大惨事の中での言葉の架け橋役だったに違いありません。

古い皮袋に新しい酒を

女子秘書・商業デザインコースの新設

東邦学園短期大学は商業科（男女共学）のみで1965年4月に開学しましたが、新入生が150人の入学定員を上回るようになったのは開学3年目の1967年度からでした。1年目96人、2年目95人から、一気に200人の大台を突破し257人となり、女子学生の増加でキャンパスに活気と華やかさが訪れました。

志願者、入学者増の大きな要因となったのは、従来の会計、経営、貿易コースに加え、「商業デザインコース」と「女子秘書コース」の新設でした。

商業デザインコース　グラフィックデザインを学び、デッサン、レタリング、商業写真、レイアウトなどを課し、営業マン、宣伝係等としての技能、または商業デザイナーの基礎的教育を行う。

女子秘書コース　人間関係、速記、文書実務、タイプ、会話その他秘書または重役室勤務に適応する選択科目を課し、教養豊かな人材を養成する。

入学案内でこう紹介された2コースについて東邦学園50年史は、「1960年代の激変するわが国経済社会における企業活動は、新たな人材を求めていた。商業学という古い皮袋に新しい酒を注ぎ入れることが必要だったのである」と商業デザイン、女子秘書コースが誕生した社会的な要請のあった背景を指摘しています。両コースとも、名古屋地区の短大ではまだ珍しく、商業デザインコースには96人、女子秘書コースには22人の入学者がありました。

初めて新入生が定員を大幅に上回ったことについて50年史は「模索の中からようやく一つの方向性が切り開けたのである」と書いています。

主任教員は33歳の花形デザイナー

商業デザインコースの主任教員として、33歳で専任講師として就任したのは岡本滋夫氏（名古屋市東区でデザイン事務所経営）です。その後、助教授を経て教授となった岡本氏は愛知学芸大学（現愛知教育大学）美術科を卒業。29歳の時にグラフィックデザイナーの登竜門と言われた日本宣伝美術会（日宣美）展に入選するなど注目されていたデザイナーでした。東邦短大に迎えられてからも自らデザイン事務所を設立し意欲的な創作活動を続けました。

1期生とともに腕を組む主任の岡本講師。前列左は原さん

商業デザインコース誕生当時を語る岡本氏（左は服部さん、右は原さん）

岡本氏によると、デザイナーとして外資系商社に入社し、ニューヨーク勤務中に名古屋の画材店社長を通して、東邦短大から商業デザインコースの主任教員の就任要請があったそうです。帰国し、東邦高校（東区赤萩町）で短大の増田繁夫事務部長を通して説明を受けた後、会社側の了解を得たうえで就任を受諾。増田氏と打ち合わせを重ね、新コーススタート準備を進めました。

開設1年目の専任教員は岡本氏だけでしたが、岡本氏は交流があった名古屋で活躍する日本画家の丹羽和子さんに非常勤講師として応援を依頼。女子美術大卒で、新制作協会を舞台に活動していた丹羽さんによるデッサン授業も行われました。

96人の新入生（女子22人）の1人である服部行晴さん（中区で服部デザイン事務所経営）は名古屋市立工業高校出身。「僕らの世代の多くがグラフィックデザインにあこがれた時代でした。タイムリーに誕生した東邦短大は18歳年齢のハートをぎゅっとつかんだのではないかと思います」と振り返ります。

同級生の原正さん（北区で原デザイン事務所経営）は東邦高校出身。愛知県立芸大受験に失敗しての入学でした。「岡本先生は〝社会に認められないデザインは意味がない〟という方針で、中区伏見にある有名な画廊など、教室から飛び出しての授業もよく行われました。若く行動力のある先生ですからデザインコースは活気にあふれていました」と語ります。

女子秘書コースも始動

女子秘書コースの主任教員として、舵取り役を担ったのは後に短大第5代学長となった榊文子でした。短大後援会誌「邦苑」17号（1996年3月発行）に榊は当時の思い出を寄稿しています。諸般の事情から、ピンチヒッターとして主任を引き受けざるを得なかった経緯を振り返りながら、女子秘書コースの講師の陣容を誇らし気に紹介していました。

「米国領事館の第一秘書の槌谷定子先生、中日新聞記者の河合文子先生、社員研修の第一人者である根岸睦子先生、画家の丹羽和子先生、NHK俳優の津田弥生先生、タイプの市村恵美子先生。それぞれ秘書実務、文章作成、話し方やマナー、接遇などを担当してくださり、私はコーディネーターを務めたと思っています」

槌谷さんは戦後のGHQ体制下、三重県軍政部の日本人スタッフとしても勤務。東海北陸地方民事部経済課で4Hクラブ（農業青年クラブ）の育成にも努めました。津田さんは、NHK名古屋のテレビやラジオに天野鎮雄さんらと出演するなど活躍していました。丹羽さんはデザインコースとの兼務だったようです。市村さんは金城学院OBで同学院との兼務で英文タイプを指導しました。

女子秘書コース1期生となった3回生の田中（旧姓阿部）ひろ子さん（豊田市）は、「行儀作法とか話し方を学べるのでは」という期待で、県立岡崎北高校から入学しました。「津田先生には話し方を教えていただきました。授業回数は多くはありませんでしたが、俳優だけあってきれいな先生でした」と懐かしそうでした。田中さんは卒業後、結婚するまで、名古屋駅前の大名古屋ビルヂング9階にあった大成建設で受付と事務の仕事をしました。

女子秘書コース1期生たちと主任の榊文子講師（前列中央）

同級生の戸澤（旧姓中村）操さん（名古屋市北区）も「秘書コース」という名前にあこがれて東海女子高校から入学しました。「演劇をされていた津田先生は行動的な先生で話がとてもおもしろかった。市村先生から習った英文タイプも役立ちました」と言います。

戸澤さんは栄の丸善に就職し、文具課で働きました。「面接で〝うちは秘書はいらないんですけど〟と言われましたが、〝秘書でなくてもいいですから〟と必死に頼み込みましたよ」と苦笑まじりに振り返りました。入学案内に盛り込まれた「重役室勤務の秘書」への道のりはまだまだ遠かったようです。

榊文子元学長の人脈と行動力

岡本氏は、東邦短大への就任を引き受けるにあたっては「姉が榊文子先生と同じ県一（旧制愛知県第一高等女学校、現在の明和高校）出身であったことも東邦に親近感を感じるきっかけになりました」と言います。岡本氏はさらに、講師陣集めでは、「榊先生の、各界で活躍する〝県一人脈〟が生かされたのではないか」といいます。

下出義雄の長女である榊は県一を経て1939年に聖心女子学院高等専門学校（現在の聖心女子大学）英文科を卒業。翌年、当時、名古屋大学工学部助教授だった榊米一郎氏（豊橋技術科学大学の初代学長）と結婚。カトリック信者でもあり、子育てが一段落すると南山教会を拠点にボランティア活動に参加するとともに、名古屋大学教授となった米一郎氏の秘書役もこなしました。

東邦短大の女子秘書コースの責任者を託された榊は次々に行動力を発揮していきました。その一例が1968年4月に開設された「生活経済コース」の主任教員として招かれ、後に学長を務めた橋本春子氏のスカウトです。

橋本氏は「邦苑」15号（1994年3月）に掲載された「東邦短大と私」という寄稿の中で榊との出会いと就任当時の東邦短大の活気をつづっています。1968年2月、榊は教員の小津昭司氏（当時は講師）とともに、学生募集のため瀬戸市の聖カピタニオ女子高校を訪れました。校長として対応したのが橋本氏でした。橋本氏と小津氏がともに同じ愛知大学の出身であることが分かり、話が弾みました。それから間もなく、榊は橋本氏に東邦短大教員への就任を要請。「嬉しく思いましたが、責任ある立場にあったため退職願いがなかなか聞き入れられず、東邦への移籍が決まったのは3月末ぎりぎりのことでした」と橋本氏が振り返るように、結果的には榊のヘッドハンティングは成功しました。

キャリアウーマン養成への決意

橋本氏は「秘書コースの主任は榊文子先生。粒ぞろいの素晴らしい人たちの集団でした。先生の熱意ある厳しいしつけを受けて、学生たちは礼儀正しく育ちましたが、半面、娘らしい華やかさも備えていました。秘書コース1期生の戸澤操さんは英語の得意な真面目な学生でした」とも思い出を書き残していました。

榊が東邦短大初の女性学長に就任、豊橋技術科学大の夫とともに全国でも珍しい〝おしどり学長〟の誕生を紹介した1980年5月2日の「読売新聞」（当時は「中部読売新聞」）の記事の中で、学園常務理事となっていた小津昭司教授が、女子秘書コース誕生時を振り返っていました。

「全国でも大学で秘書養成コースはほとんどなく、ましてや地元で教える人を探すのは大変でした。文子先生は数少ないキャリアウーマンだったわけです」

記事の中で榊は学長就任から1か月を経ての決意を、「10年前の経済情勢と今とでは大違い。高度経済成長時代は女性の働く意識を甘やかしすぎました。これからは、女性が職を得、働き続けるのは簡単な時代ではない。しっかりしたキャリアウーマンを育てるために、やれるだけのことはやってみたい」と力強く語っていました。

貫いた秘書人生　8回生の福井英利子さんに聞く

8回生として秘書コースを1974年に卒業し大同特殊鋼株式会社に入社、一貫して秘書室勤務だった福井英利子さんは2019年7月に同社を定年退職しました。退職を前に福井さんは、母校の歴史を引き継いだ愛知東邦大学を訪れ、榊直樹理事長に退職のあいさつをしました。榊理事長の母で、短大学長でもあった榊文子は福井さんの恩師でした。榊理事長からねぎらいの言葉を贈られた福井さんは感慨深そうに東邦短大時代と45年の秘書人生を振り返りました。

――東邦短大に入学されたのは1972年ですが、秘書コースを選ばれたきっかけを教えてください。

私は当時の名古屋短大付属高校（現在は桜花学園高校）出身。名古屋短大は保育士養成の伝統校でしたが、母親が「東邦短大に行って、いろんなことを学んだほうが、就職するにしても結婚するにしてもいいのではないか」とアドバイスしてくれました。それで東邦の秘書コースを選びました。

私が入学したころは女子学生がどんどん増えていました。女子学生のための学生寮が日進市岩崎の私の自宅近くに出来ていました。学生たちがバス停に並んでいて、私は車通学だったので、乗せられる時は乗せてあげていました。それでも商業系コースはまだまだ男子学生が多かったですよ。全国的にも男子学生を受け入れる短大が少ないこともあって東邦短大は貴重な存在だったのでしょう。扇形校舎（現在のB棟）は覚えています。

退職あいさつで榊理事長を訪れた福井さん
（絵は下出義雄初代理事長）

――福井さんが東邦短大の学生だった時、母はよく、福井さんの運転する車で、八事の自宅まで送っていただいたと語っていました。

短大周辺に住宅は少なく路上駐車OKの時代でした。帰りに、帰宅途中の文子先生をお見かけした時は、「先生、途中までお送りしましょうか」と声をかけさせていただきました。ご自宅までお送りした時もありましたが、「先生、きょうは一社までですがいいですか」「一社駅でいいわよ」というやりとりで乗っていただいた時もありました。

そんな文子先生から、就職先について、「福井さん、あなたなら大同、中電、大成どこでもいいわよ」と言っていただきました。大同を真っ先にあげられたので迷うことなく大同と決めました。それで、大同特殊鋼とともに歩むことになる私の人生が決まりました。でも、文子先生のお父様が終戦まで大同の社長を務められた下出義雄さんであり、下出家と大同との深いつながりを知ったのは就職してからです。配属された秘書室の年輩の方から「あんたの先生は下出さんのお嬢さんだでなあ」と名古屋弁で教えていただきびっくりしました。

――母は秘書コースを作ったとき、講師陣をどう揃えるかで苦労したようです。企業を回って、総務部や秘書課から社員を派遣してもらい実践的なことを教えてもらうことも考えたようです。

女優さんや新聞記者の方、中部産業連盟の秘書コンサルタントの方など多彩な顔触れの先生方に教えていただきました。NHKテレビの「中学生日記」にも出演されていた女優の津田弥生先生の授業では、NHKが出している「日本語発音アクセント辞典」を生徒が教科書として一冊ずつ用意していました。津田さんは、名古屋弁の私たちに、恥ずかしくない標準語を教えようと熱心に指導してくださいました。

津田さんは、正しい姿勢での歩き方も指導してくださいました。「名古屋の女性は歩き方がきたないのよ」とも言われ、私たち学生は頭の上に本を乗せて、モデルさんのように歩かされました。ホテルオークラレストランでのテーブルマナーの授業もありました。今思うと、秘書コースではとても斬新な授業が行われたと思います。

文子先生は秘書コース全体をマネジメントされていましたが、日本秘書協会から出されている本の記事の紹介もしてくださいました。ある日、いつも持ち歩いている大きなバッグを、「まだ日本では売っていないけれど、これが秘書用バッグなのよ」と見せてくれたことがありました。中にはいろんな物が入っていました。理事会資料とか授業資料とか毎日たくさんの資料をバッグに詰め込まれていたのだと思います。

――福井さんにとっては秘書の仕事が人生そのものであったのでは。

私にとっては全てだったかも知れません。大同特殊鋼秘書室では7人の社長につきました。名古屋はどちらかと言えば古くからの習慣を重んじる土地柄ですが、大同のような〝鉄屋〟は特にそうなんです。これからはどうなるかは分かりませんが、私は女性が配置換えになることはまずない時代に仕事をしてきました。秘書は特にそうかも知れませんが、ベテランがいる方がいいのかも知れません。

ただ、秘書の世界も長い間、男性中心の社会でした。入社して11年目のころ、東邦短大の島本みどり先生に声をかけられ、「秘書教育NEWS」という冊子の座談会に出させていただきました。退職を前にいろいろ整理していましたら、ちょうどその冊子が出てきて、そのことについての私の発言が載っていました。（1985年4月発行の15号より抜粋）

〈私の会社は製造業ですので、やはり秘書室の中では男性に比べて女性の地位が低いという感じは正直いってあります。誠意をもって仕事をしていても、重要なことになると男性に頼むことがよくあります。私のように長く働いていても同じです。例えば電話がかかってきて、「〇〇の秘書をしております」と言って受けても、「男性に代わってください」と言われるんです。そんな時は本当にがっかりしますね。国際婦人年などと言ってもまだまだなという感じです（笑）。やはり男社会ですね〉

細井学長の挑戦

隅山初代学長の勇退

東邦学園短大では1967年4月、女子秘書コースと商業デザインコースの新設を置き土産に隅山馨初代学長が退き、2代目学長に南山大学を退職した細井次郎氏が就任しました。隅山は1894（明治27）年1月生まれ。73歳での学長勇退でした。

細井氏は1897（明治30）年12月9日、東京生まれ。東京帝大哲学科に入学し教育学を専攻しました。カトリック教会の修道会である神言会が経営する北京輔仁（ほじん）大学の教授、副学長にも就任。戦後もカトリック系の清泉女学院学監、上智大学講師、清泉女子大学副学長などを務め、1952年から開学して間もない南山大学教授に。南山大学を70歳で退職し東邦短大学長に就任しました。

研究心の大切さを訴えた細井学長

戦時下の北京輔仁大学で

南山大学紀要『アカデミア』65号（1968年）は「細井次郎教授退職記念号」として発行されました。細井氏は「教育五十年」のタイトルで、1938年8月、北京輔仁大学からの緊迫した招請によってあわただしく赴任、1946年夏まで、「研究、教育、行政の忙しい8年間を送った」と北京時代を振り返っています。

沼沢喜市学長は、「教育学者にして教育者である細井次郎先生」と書いていました。

〈細井先生のお名前を私が初めてお聞きしましたのは昭和17、18年頃のことではなかったかと思います。細井先生というお名前の日本人の教授が北京の輔仁大学におられ、大学の経営者と、当時北京に駐留していた日本の軍部との間に立って、大学のためにいろいろと骨を折っておられたことを、私はドイツで神言会の神父方から聞いていたのでした。その時の先生に関しては人格者としての評判があったのを記憶しております。

先生は、自分はいつも新しく始められる学校に招へいされ、その学校の創立乃至初期の基礎づくりに協力する運命を担っている、ともらされました。確かに清泉でも輔仁でも南山でもそうでありました。そして今度の東邦でもそのようであります。こういう運命のようなものも、先生の教育者にして教育学者としての理想と結びついているのではないかと思われます〉

若き日の瀬戸内寂聴さんと細井氏との出会い

細井氏の輔仁大学在任中、若き日の作家瀬戸内寂聴さんとの出会いがありました。

2021年11月9日に99歳の生涯を終えた作家で僧侶の瀬戸内寂聴さんは、東邦商業学校開校前年の1922年に徳島県に生まれました。東京女子大学在学中に学生結婚しましたが、生まれたばかりの長女を抱え、生活が安定しなかった新婚当時の北京で、細井氏から、家族ぐるみで温かく迎えられていたことが、瀬戸内晴美著として1972年に発表された自伝小説『いずこより』に書かれています。細井氏は「学長」として書かれています。

〈娘の出産の後の1か月ほど、私の過去の中で、自分の時間というものに豊かに恵まれていた時はなかった。その頃、私たち一家は、夫が転任したばかりのカソリック系の輔仁大学の細井学長の家に身を寄せていた〉

〈「家族的」を家憲にしたような細井家では、食事も団らんも、居候の私たちとともにする習慣で、細井家に移って以来、私は自分のベッドルームを掃除する以外に、全く仕事らしい仕事もなくなっていた〉

〈細井教授はカソリック信者で、温厚で自由主義的な人柄なので、学生からも慕われている。夫は細井家に招かれて帰る度、輔仁大学と細井教授の魅力をあげ、一日も早く転任したいというのだった〉

研究心の大切さを訴える

細井氏は東邦短大学長就任のあいさつで、東邦短大を「未熟児」に例え、大学の構えを定着させることによって、大学としての骨格を強化する方針を強調しました。短い開学準備期間で、東邦商業時代からの人脈に頼っての教員集め、最低限必要なだけの建物や施設。細井氏にとってはこれまで関わってきた大学に比べ、開学したばかりの東邦短大は頼りなく見えたのでしょう。

「教員会議」の名称は「教授会」と改められ、教員の自宅研修日が週2日と決められました。細井氏は「短期大学の目標は技能教育」と位置づけつつも、教員には教育活動と同時に、研究活動に力を入れるよう求めました。

学長就任から1年を経た1968年3月には、教員たちの研究紀要『東邦学誌』第1号が発刊されました。細井氏の「創刊の辞」です。(抜粋)

〈大学は教育と研究のための機関であるという考えを短期大学に及ぼすのは至当なのか。或いは短期大学は単なる教育機関であって研究機関ではないというのが正しいのか。これは、短大に与えられた一つの課題である。私には私の言い分がある。高等教育の普及が社会の大きな要求になった今日では、大学の性格にも変容が生じている。何を残し、何を加えるかを誤またぬことこそ、なさねばならぬ私共の仕事である。

時代の要請する技能教育を可能にする短大は、教育の内容や方法において独自の特色を持つべきであるが、この教育に従事する教師の研究的職能は決して軽視されるべきではない。否むしろ、旺盛なる研究心の所有者にして初めて、この課題にみちた短大に於ける技能教育に適する教育者ではあるまいか。開学3年目の今日、私共の研究業績を世に送ることの出来たことを喜ぶとともに、学界先人各位の高教を期待してやまない〉

学長として2年目の1968度年入学式で細井氏は、改めて「大学は教育と研究の場である」と強調しました。教員として赴任したばかりの橋本春子元学長は学園70年史への寄稿で、この時の細井の言葉に「新鮮な感動」を受けたと振り返っています。

『東邦学誌』第1号には、社会科学、自然科学、人文科学の3分野教員7人による計9本の論文が掲載されました。

制服姿の小津ゼミ女子学生（3回生アルバム）

短命に終わった「制服」

細井学長が就任した1967年4月からは「制服」が定められました。3回生で女子秘書コース1期生の戸澤操さん（名古屋市北区）によると、女子の制服はグレーのスーツに水玉模様のブラウスでした。男子は学生服かスーツが制服とされ、スーツなら何でもよかったそうです。

3回生の卒業アルバムを見ると、経営コースの小津講師ゼミの記念写真に中に制服スーツ姿の女子学生たちが並んでいました。戸澤さんは、「スーツは有名なデザイナーがデザインされたと聞きましたが、ボタンが気にいらないとか、秘書コースでは不人気でした。そのうちに、ブラウスもどんどん自分で気に入ったものに変えていく学生が増えていきました」と振り返ります。

結局、「制服」は3回生卒業とともに終わりをつげました。学園50年史は制服制定について、「時代の趨勢からみていささか唐突の感をまぬがれなかったのである」と記しています。

バリケード封鎖の衝撃と細井学長の退陣

商業デザインコース研究科の発足

商業デザインコースには、コース1期生（3回生）たちが卒業した1969年5月から「研究科」が開設されました。主任教員だった岡本滋夫講師は、「デザイナーとしての力量を養うには短大での2年間だけでは足りない。もう1年、制作に専念できる環境が必要」という考えで、研究科の必要性を訴えました。

商業デザインコース1期生として卒業した約90人のうち約20人が研究科に進みました。原正さんも研究科に籍を置き、1年間、作品作りに励みました。岡本氏の、「社会に認められる作品を生み出さなければだめ」というスパルタ指導もあって、研究生たちの中からは、グラフィックデザイナーの登竜門とも言われる日宣美展入賞者も相次ぐようになりました。

東邦短大同窓会「邦友会」が発行した「同窓会名簿」(1997年発行)によると、デザインコース卒業生の中には原さん、服部行晴さんら3回生、小谷恭二さん、新家春二さん、山内瞬葉さんら4回生、鈴木勝さん、都築義幸さんら5回生など名古屋でデザイン事務所を開き活躍する卒業生たちが目立ちます。

東邦短大でも封鎖

文学部案を拒否 〝正常化〟で東教大評議会

大阪市大医学部の封鎖解除

学生に文書で説明

緊急総会で事情聞く 名古屋市議会

東邦短大封鎖の記事が掲載された「中日新聞」

十数人が未明の籠城

1960年代後半、全国で学園紛争の嵐が吹き荒れました。1969年1月には東大安田講堂に立てこもる学生たちの機動隊による強制排除がテレビ中継され、東大入試は中止されました。この年、東邦学園短期大学でも本館がバリケード封鎖される騒ぎが起こりキャンパスに衝撃が走りました。「東邦短大でも封鎖」という3段見出しが踊った9月30日(火曜日)の「中日新聞」夕刊記事です。

〈名古屋市千種区猪高町猪子石梠廻間、東邦学園短大(細井

次郎学長）で30日午前2時ごろ、同大学全学共闘会議の学生十数人が、学長室、研究室、一般教室などがある2号館（鉄筋コンクリート4階建て）に入り、宿直員を追い出して、机などで正面玄関をバリケード封鎖した。このため、29日から始まった前期末試験は30日から1週間延期されることになった。全共闘は学生会館の自主管理、全面的経理公開、入学時の誓約書撤回など8項目要求を封鎖の理由にあげている〉

同じ紙面は全国で吹き荒れる学園紛争の記事で埋まっています。「学生に文書で説明　名市大教養部教授会」「大阪市大医学部の封鎖解除　機動隊、1週間駐留へ」「文学部案を拒否　〝正常化〟で東教大評議会」。

この年、東邦短大では商業デザインコースに研究科が開設されました。同コース主任教員だった岡本滋夫元教授は「学校に行ったら、入口に机や何かがいっぱい積んであって研究室にも教室にも全く入れなくなっていた。授業は出来ないので、僕らも自宅待機になった。学校から呼び出しがあって出かけていきました。封鎖していた学生を説得しようと話し合いもした覚えがありますがデザインコースの学生はいませんでした」。新聞記事のコピーを見ながら岡本氏は50年前の記憶をたどりました。

「学園民主化実行委員長」は野球部マネジャー

大学側は慌ただしく対応に追われました。学園50年史によると、10月1日（水曜日）、教授会は前期試験（10月1～7日）の延期を決定。学長所信が発表され、4原則（紛争の早期・平和的解決、教育的立場を貫く、改めるべき点は誠意をもって改めて学生の意思を大学運営に反映させる、全学の総意を結集して解決に努力する）のもとに紛争解決に全力を尽くすとの表明がありました。

教授会には特別委員会が設置され、学生との折衝窓口となりました。2日（木曜日）には学生会、クラブ連合、学生有志による「学園民主化実行委員会」（実行委）が発足。実行委が占拠学生の意見も反映させて全学生の意思を決定していくことになりました。

「学園民主化実行委員会」の委員長を任されたのは商業デザインコースを卒業し、研究科に在籍していた3回生の岩月（旧姓水谷）茂さんでした。岩月さんは東邦高校出身で、短大入学と同時に野球部（準硬式）に入部しマネジャーを務めていました。研究科生になってからも野球部マネジャーを続けており、封鎖騒ぎがあった時も、合宿のため学生会館に泊まり込んでいたそうです。

野球部は短大が開校した年の秋に創部され、リーグ戦で3連続準優勝するなど活動は活発でした。岩月さんは20人近い部員のため合宿中は食事当番も買って出ていました。親分肌の岩月さんはラグビー部、空手部、柔道部など他の運動部員たちからも〝シゲルさん〟の愛称で呼ばれ、頼られる存在でした。

学生たちのまとめ役を果たした岩月さん

「学園民主化実行委員会という名前がつけられていたなんて全然知りませんでした。学校が記録として残すために後でつけた名称でしょう。私は年齢が上ということで、まとめ役にならざるを得なかっただけです」。岩月さんは苦笑いしながら語ってくれました

自主的に封鎖解除

「革マル派とか中核派とかは忘れましたが、封鎖された建物に入って、ヘルメットの学生たちと話し合いました。連中は大学の自治がどうだとか難しいことを言っていましたが、〝こんなことを続けていたらもう東邦には受験生が来なくなって、学校の経営は行き詰まってしまうぞ〟と説得を続けました」と岩月さんは振り返ります。

岩月さんは、リーダー格の学生に「一緒に来て説明してほしい」と頼まれて、東区車道にあった愛知大学名古屋校舎に出向き、同じセクトと思われる学生たちとも話し合いました。

岩月さんは、バリケード内で話し合った際の学生たちの言い分が伝わるよう、その内容を書いて大学側に渡すとともに粘り強く説得を続けました。封鎖5日目の10月4日（土曜日）になって封鎖学生たちは自主的に封鎖を解除しました。年上であることに気を遣ったのか、岩月さんは封鎖した本館を出る学生たちから「ありがとう」とお礼を言われたそうです。

10月5日（日曜日）と同13日（月曜日）の2度にわたる学生集会で、実行委と特別委が確認書を交換、紛争は収束を見ました。

商業デザインコース1年生だった浅井繁喜さん（名古屋市中川区）も野球部員だったこともあり、岩月さんたちとともに封鎖学生たちの説得にあたりました。

浅井さんによると、封鎖に加わった10数人中、東邦短大生は4、5人で多くが他大学生と思われました。東邦短大生には顔見知りもいました。浅井さんは後日、封鎖に加わった学生の一人から、「俺はお前らにだまされた」と言われたそうです。封鎖に関わった学生たちにとっても、解除は苦渋の選択でもあったのでしょう。浅井さんは封鎖に加わった学生たちについて、「まだ十分整っていなかった大学施設や教学面での不備への不満も引き金になったのでは」と語ります。

浅井さんは美術系大学の受験に失敗し、1浪して東邦短大に入学しました。東邦短大を卒業後、教員免許を取るため武蔵野美術短大に再入学。名古屋市の教員採用試験に合格し中学校での教員生活を送りました。定年退職後も飛騨古川の祭りを描き続けながらトワイライトスクールなどで美術教育に携わっています。

交わされた「確認書」

東邦短大教授会と学園民主化実行委員会が10月13日、体育館で開催された2度目の全学集会で取り交わした確認書は、多少の留保条件は付けられたものの、学生の要求を基本的に受け入れた内容でした。

当時2年生だった商業デザインコース4回生の小谷恭二さん（故人）は『東邦学園短期大学の43年』（東邦学園発行）に思い出を寄せていました。「私も学生会役員をしていましたので、夜遅くまで活動家と話し合いをした思い出もあります。学校で勉強すること以外にも多くのことを経験し、良くも悪くも思い出の多い学生時代でした」。

岩月さんは「学生会館の自主管理といったって、僕ら運動部員たちは2階のクラブ室に合宿のため泊まり込んでいたし、とっくに自主管理していた。看板を立てるのだって自由だった。まだ全校でも400人に満たない2学年だけの小さな短大。みんな仲がよかったんです」と語ります。

岩月さんは、奥さんの実家のある豊橋市で繊維製品卸会社の社長をしていましたが火災に遭い会社を整理。名古屋市内でタクシードライバーとしてハンドルを握り続けています。

学生会館に掲げられた「三無主義の打破」の看板（1969年11月）

「三無主義の打破」掲げた邦大祭

教授会側委員の一人で、学生たちとの折衝にあたった原昭午元学長（名古屋市名東区）は、「立てこもった学生たちはまじめな学生たちでした。よその大学の学生運動の影響を受けるような当時の気風のようなものも持ち合わせていたのだと思います」と語ります。

「確認書」が交わされてから3週間足らずの11月1日から5日まで、「第5回邦大祭」が開催されました。第5回邦大祭パンフによると、「我々の手で創造の場を」のテーマとともに、「無責任、無気力、無関心を打破しよう」という「三無主義の打破」がサブテーマに掲げられました。

第5回邦大祭パンフでは細井学長、嶋田健吉理事長があいさつ文を寄せています。細井学長のあいさつ文です。

〈大学は創立5年度に入ったばかりである。平和塔の背後に現在の大学校舎が出現するまでを想像するならば、そこには全く荒涼たる山野がその沈黙をいつまでも続けていくような姿で横たわっていたであろう。この地が本学建設の予定地となって以来、急速なピッチで変容を始めた。本学の誕生をめぐって多くの人々の精神的、物理的エネルギーが投入され、立ちふさがる障害にいどみ、いわゆる開拓の営みが積み重ねられて今日に及んでいる。そして5年の年月が経過した。創造とは無から有を生み出すことである。伝統の遺産にのみ依存して安住する態度からは見出すことは出来ない。本学もまた、創造期の中に立っている。昨日まで無から有を生み出す努力の連続であったように、今日も、また明日も、このことを必死になって取り組んでいかなければならない〉

バリケード封鎖騒動について細井学長は言及していませんが、嶋田理事長は解決に至ったことへの喜びを表明しています。

〈今回の紛争にあたって、お互いの良識で話し合いにより平和裡に解決へのルートが開かれたことは喜びにたえない。幸いにこのたびの学園紛争も色々の教訓と示唆を残しながらも無事話し合いによる平和的な解決の方向を見出して学園祭を迎えることになった。有意義なフェスティバルにしてほしい〉（抜粋）

細井学長の降板

1969年9月末から10月に起きた学生たちによるバリケード封鎖をめぐる混乱の中、健康に不安のあった細井

嶋田理事長（左）と岩井学長

学長は学生たちと向き合うことなく静養を余儀なくされました。72歳の細井学長は南山大学時代の60歳ごろから緑内障を患っており遭遇した嵐に立ち向かうことはできませんでした。細井学長は第5回邦大祭後の11月13日に辞意を表明。12月4日には教授会に運営委員会が発足し、対外的に教授会を代表する役割は大浜晧教授が学長代行として担い、細井学長は１９７０年3月末で退職しました。

岩井学長の就任

細井学長の後任学長選びは難航を続けましたが、同年6月1日付で、奈良県立短期大学（現在の奈良県立大学）の元学長である岩井良太郎氏が第3代学長に就任しました。岩井氏は東京商科大学（現在の一橋大学）卒。１９２６年に東京日日新聞社（現在の毎日新聞社）に入社。エコノミスト編集長、論説委員等を経て１９５７年に定年退職。「戦争と財閥」「三井・三菱物語」など多数の著書や論文があり、１９６１年から１９６９年までの8年間、奈良県立短大学長に迎えられました。

東邦学園50年史の「回想編」で岩井氏は、名古屋市八事にあった嶋田健吉理事長宅で、嶋田理事長と大浜教授から学長就任を求められたことを紹介しています。いったんは辞退したものの2、3日後、教授会の意を受けた大浜教授からの度重なる要請を受け受諾を決めたと書き残しています。岩井氏の妻は嶋田理事長の妻の姉で、嶋田理事長にとって岩井氏は義理の兄という身内であったことが大きかったと思われます。

東邦学園では東邦短大は開学したものの定員割れ状態で財政はひっ迫していました。手狭になった名古屋市東区の東邦高校（赤萩校舎）の移転問題、教職員組合の要求も強まる中で、強力で実行力のある法人機構・校務機構の確立が急務となっていました。さらに、全国で学園紛争の嵐が吹き荒れる中、東邦高校でも生徒会活動の過激化が目立っていました。

高校の東山移転を決定

嶋田理事長は学園組織の近代化に奔走しました。学園将来計画検討委員会を発足させ、短大のある平和が丘への高校移転を決定しました。学内に、「高校の東山移転について」の告示が張り出されたのは1970年5月16日でした。

「すでに一部新聞報道されたように、このたび本学園では、高校の教育環境の改善と学園財政の健全化をめざして、千種校地を処分して、高校が当東山校地に移転、短大と併存することになった。高校新校舎は45年7月に起工され、46年3月に完成。46年度から短大、高校併存の運びとなる」

嶋田理事長、細井学長が就任した1967年から、岩井学長が退職するまで7年間、東邦短大で講師、助教授を務めた中西達治氏（金城学院大学名誉教授、岐阜県海津市）が、嶋田理事長、岩井学長の思い出を語りました。

「嶋田さんは数字に厳しい経営者の姿勢だった。嶋田さんによって東邦学園は初めて学校経営の現実的な厳しさを突きつけられたのではないか。岩井学長は新聞人らしいセンスがあり、人の使い方がうまかった。嶋田さんが数字づくめで、煙たい存在でもあった時期に岩井さんが入ってきて、ほっとした人も多かったと思う」

海外研修スタート

カリフォルニア大バークレー校

東邦短大が学生たちの英語力を鍛えようと米国カリフォルニア大学（UC）バークレー校での1か月間の海外教育研修制度をスタートさせたのは1977年夏からでした。新東京国際空港（現在の成田国際空港）の開港が翌年の1978年5月で、学生の海外旅行がまだ珍しかった時代でした。

東邦短大後援会誌「邦苑」各号に掲載された海外研修担当教員たちの寄稿によると、制度は、前年の1976年夏、小津昭司助教授（後に教授）が個人の資格で17人の学生たちを引率して実施したアメリカ西海岸旅行がベースとなりました。小津氏はこの西海岸旅行について、日本税法学会研修を学生向けにアレンジした企画だったことを『東邦学園短期大学の43年』に書き残しています。

大学が学生たちを引率してアメリカに研修旅行に出かける試みは、名古屋地区ではまだめずらしく、誕生した制度にあこがれて東邦短大入学を希望する受験生も現れるようになりました。東邦短大の海外教育研修制度は、その後、研修先となる受け入れ校の変遷はありましたが制度として定着していきました。

UCバークレー校での研修は「アメリカ英語研修と商業教育の旅」を掲げ、1981年まで5年間続きました。海外教育研修委員会の委員長に就任した橋本春子教授（後に学長）は「邦苑」15号（1994年）に、「カリフォルニア大学バークレー校との電話や文書による連絡など、事前、事後の準備や整理など全てを担当しました。引率する方も大変でした」と書いています。

参加学生は第1回（1977年）34人、第2回（1978年）59人、第3回（1979年）59人、第4回（198

0年）33人、第5回（1981年）29人です。

海外留学がまだ夢だった時代

14回生（1978年入学）で1年生の時、第2回研修に参加した経営管理コースの田辺（旧姓田口）淳子さんは、海外教育研修に強い関心を持ったのは本人よりも父親だったと言います。「私は入学式の説明会で初めて制度があることを知りました。ところが、説明を聞いた自営業の父親が〝外の文化を知ることは大事だ。素晴らしい〟とすっかり感動してしまい、申し込みを決めてしまったのです。私は英語も自信がなくて、海外留学なんて夢にも思っていなかったので驚きました」。

今のようにカード決済が普及していなかった時代。田辺さんの父親は「現金よりは安全だから」と、TC（トラベラーズチェック）と呼ばれる旅行小切手を持たせてくれました。

15回生（1979年入学）で会計税務コースの花園みどりさん（広島県三次市）は1年生の時に第3回研修、2年生の時に第4回研修（ホームステイ）の両方に参加しました。

「個人負担は30万円以上かかったと思いますが、親も応援してくれました。参加して日米の文化の違いも分かったし、日本の良さも再認識しました。バークレー校の大きな寮を利用した1度目も、ホームステイでの2度目も新鮮でした。参加して本当に良かったです」。花園さんも懐かしそうでした。

University of California
University Extension
Berkeley
This is to certify that
JUNKO TAGUCHI
has satisfactorily completed
ENGLISH LANGUAGE PROGRAM
Short Course
July 26, 1978
Date
Milton R. Stern, Dean

田辺さん（旧姓田口）が受け取ったバークレー校の研修認定証

バークレー校キャンパスの中庭での田辺さん（前左）

英語漬けの日々と観光オプション

経営管理コース14回生で、2年生の時に第3回研修に参加した松井直樹さん、宇野（旧姓加藤）妙子さんが、同期生の田辺さんと3人で、母校を引き継いだ愛知東邦大学を訪ねてくれ、アルバムを開きながらバークレーでの1か月の思い出を語ってくれました。田辺さんは1年生の時の参加ですが、松井さんと宇野さんは、田辺さんら第2回研修組の体験談を聞いたのが参加のきっかけになったそうです。

松井さん、宇野さんら第3回研修組が出発したのは夏休みに入る前の6月30日。東京では前日まで第5回先進国首脳会議（サミット）が開催されたこともあり、松井さんによると成田空港から飛行機に乗り込むまで3、4回のボディーチェックを受けたそうです。

当時はまだ成田空港建設反対運動が収まっていませんでした。田辺さんは「出発の時だったか、帰国の時だったかははっきりしませんが、空港でタイヤが燃やされ緊張したことを覚えています」と言います。

サンフランシスコ空港からバークレーまでバスで1時間。インターナショナルハウス（Iハウス）と呼ばれる寄宿舎での1か月の研修がスタートしました。田辺さんは「Iハウスの食堂は多国籍の利用者であふれていましたよ」と語ります。

英語の授業は、最初に小テストがあり、レベル別に3クラスに分けて行われました。1時間目は午前8時から9時50分、2時間目は10時10分から12時までと110分授業が2コマでした。田辺さんのアルバムには「110分の授業と朝7時の起床は辛かったけど、1日も欠席しなかったもんね」という自筆メモも挟まれていました。

松井さんも、「月曜日から金曜日の朝一番から午前中は全て商業英語の授業。日本人ばかり1クラス10人もいない少人数授業で、初めて体験した英語漬けの日々でした」と振り返りました。

午前中の英語特訓授業を終えた学生たちは、午後は大学周辺のいろんな所に出かけて、英語でインタビューして翌日の授業で発表するプログラムもこなしました。

週末には観光地を訪ねるオプショナルツアーも用意されていました。3人ともアナハイムにあるディズニーランド、ヨセミテ国立公園、グレイトアメリカの遊園地などの観光地に繰り出しました。松井さんたちが広げたアルバムには、バークレーの街並みを散策する田辺さん、映画「卒業」の結婚式シーンに登場するバークレーの教会を背景にした宇野さん、サンフランシスコ市内に繰り出した松井さんの写真もありました。

「1か月は長かった」(田辺さん)という研修旅行の締めくくりは3日間のハワイ滞在でした。

ホームステイも始まる

1980年の第4回研修の参加者は33人ですが、この回からホームステイも始まり、9人が受け入れ先ファミリー宅に滞在しました。15回生の花園さんも「せっかくホームステイが始まったのでぜひ体験したかった」と2度目となる研修に参加しました。

花園さんはミッションスクールの広島女学院高校出身。実家が金物店を営んでおり、店を継ぐため、簿記、会計が勉強できる短大を探し、東邦短大に入学しました。

短大時代はユースホステル研究会に所属し、鈍行列車での旅行も楽しんだという花園さんは、思い出の詰まった短大を卒業する際に配られた「邦苑」2号(1981年)に、アメリカ研修の思い出を書き残していました。

「ある本に、2度目の海外旅行より、初めての海外旅行の方が印象深いというようなことが書いてありましたが、私にとっては、1度目も2度目もその体験は新鮮で非常に印象深いものでした。去年は一日に半分も英語を話さないでも生活できましたが、今年は違います。一日中、ほとんど英語を使い、見るもの、聞くもの新しいものばかり。ファミリーはまだ若い夫婦と7歳、3歳半、2歳半の3人の子供の5人家族。子供たちはとてもよくなついてくれ、私のことを姉だと友達に紹介してくれました」。

第4回研修の引率教員だった石田隆名誉教授は「サンフランシスコの空港に着くと、ホームステイ先の人たちが、それぞれ学生の名前を書き込んだプラカードを掲げて待っていました。これから単独行動になる学生たちの中には悲壮感が漂う学生もいました。みんな必死に自分の名前を探していましたよ」と振り返ります。

石田氏によると、受け入れた学生との別れを惜しんで、ハワイまで見送りについてきたファミリーもいたそうです。

デザイン作品展を開催

第4回研修の際には、「学生たちの作品をアメリカ市民にも見てもらおう」と、東邦短大から送り込んだ商業デザインコースの学生たちの作品展もサンフランシスコで開催されました。商業デザインコース教員でもあった石田氏によると、作品展では「日本の伝統」をテーマに、学生たちから募った30点近いグラフィックデザイン作品が紹介されました。

B1サイズ（723㎜×1030㎜）のパネルに、ポスターカラーで描き上げた原画が展示されました。作品の発送にあたっては、海外教育研修委員会委員長の橋本春子教授らが英訳した各作品の紹介文が添えられました。

商業デザインコースの学生たちは研修には参加しませんでしたが、職員として同行した太田勝久さん（春日井市）は、「現地の有力新聞にも掲載されるなど、東邦短大の名前をPRするいい機会になった」と話しています。

「学生たちにはすごい体験だった」

海外教育研修制度の企画段階からかかわった太田さんによると、商業英語に力を入れた制度をスタートさせるきっかけの一つは、就職受け入れ先である中堅商社からの要請に応えるためでした。ファクシミリや電子メールがオフィス通信の中心となる以前、商社の通信手段は英文テレックスが主力でした。東邦短大でも、中堅商社など企業からは、「専門的なことは理解できなくても、英文内容のポイントを理解し、分類できる社員がほしい」という要望が増えていたそうです。

UCバークレー校はノーベル賞受賞者だけでも100人以上を輩出している超一流大学ですが、太田さんによると、経営戦略上から、語学研修や観光コースも盛り込んだ夏季セミナーも開いていることから、東邦短大でも同校での実施が決まりました。

学生たちの引率を2度経験した石田氏は、「今のように学生の海外旅行が普通の時代と違って、当時、20歳そこそこの学生たちにとって1か月の研修はものすごい体験でした。帰国後に親たちも参加して開かれた懇親会で

アルバムを手に思い出を語る松井さん、宇野さん、田辺さん（左から）

『私のトルコ日記』を書いた千田さん

は、〝子どもの成長ぶりに比べたら30万円、40万円の参加費は安いものです〟と感激する親たちもいましたよ」と感慨深そうでした。

「私のトルコ日記」

1年生の時に第2回研修に参加した1978年入学の14回生で会計税務コースの千田（旧姓中村）里美さんにとって、東邦短大受験の決め手となったのは海外教育研修制度でした。

千田さんは愛知県立丹羽高校出身。「高校の進路指導室の資料棚で、東邦短大の海外研修制度の情報を見つけた時の感動は今でも鮮明に覚えています」と振り返ります。

千田さんは『東邦学園短期大学の43年』への寄稿で、バークレーでの研修の思い出と、40歳で単身トルコに渡ってホームステイした体験を紹介し、『私のトルコ日記』（2001年、文芸社）を出版したこと、さらに、講演活動などの形で「両国の交流に微力ながら貢献することが出来ました」と書いています。

『私のトルコ日記』は千田さんを応援し続けながら亡くなった父正信さんへの感謝も込め、「まさのぶ里美」のペンネームで書かれました。千田さんに頼んで書いてもらった、『私のトルコ日記』執筆の経緯、体験談がつづられた手紙の中からの抜粋です。

〈バークレーに行かなければ今の私はありませんでした。あの1か月間の貴重な体験が、私の人生や生き方、考え方にとても大きく関わっていたのだと、還暦の今、あらためて思います。（『私のトルコ日記』の執筆を契機に）「夢はあきらめなければ必ずかなう」と講演していましたが、そのきっかけになったことこそがバークレー海外研修の意義であると言えるでしょう。東邦短大を選んで本当に良かったと思います。この原稿を書いている間、懐かしいことがあれこれ思い出され、とても幸せな気持ちになれました。このような機会を与えていただいたことに心から

感謝いたします。ありがとうございました〉

女性学長と定員増

第2次ベビーブーム世代

東邦学園短大は１９８５年4月で開学20周年を迎えました。後援会誌「邦苑」7号（20周年記念号）には下出保雄理事長が「平和が丘に蒔かれた一粒の種は20年後の今日、４５００余の立派な果実を結び、社会に家庭にすばらしい花を咲かせています」と祝辞を寄せています。商業科１５０人の入学定員は20年間変わりませんでしたが、４５００人余の卒業生は、１５０人×20年分である３０００人をはるかに上回る人数です。全国的に私立大学の水増し入学が横行した時代でした。

新図書館が誕生した1981年当時のキャンパス

東邦短大が開学した１９６５年ごろからは、第1次ベビーブーム世代が大学進学期を迎え、全国で続々と大学、短大が新設されました。そして20年後の１９８５年ごろからは第2次ベビーブーマーが大学、短大に押し寄せて来ました。文部省は恒常的定員の拡大に加え、臨時定員の拡大で大学進学希望者の急増期を乗り切ろうとしました。

東邦短大でも志願者、入学者が増え続け、１９７５年度は、志願者５２８人に対して入学者３５０人で、入学者が初めて３００人を超えました。１９

78年度志願者は679人、入学者417人で、入学者がついに400人を突破しました。150人の定員の2・78倍です。こうした事態に、文部省は1975年に私立学校振興助成法を設け、入学定員超過率が1・3倍以上になれば補助金を不交付にする水増し入学抑制策に力を入れ始めていました。

東邦短大が、押し寄せる受験生たちを、水増し率を抑えながら受け入れるため、入学定員を拡大する対策は、2人の女性学長のリーダーシップに託されました。第5代の榊文子学長（1980年4月～1984年3月）、第6代の橋本春子学長（1984年4月～1988年3月）です。

榊学長によって発議された150人の入学定員増員計画は1984年12月22日付で文部省から認可され、1985年度から恒常的な入学定員は50％増の225人となりました。さらに橋本学長時代には臨時定員増の申請が行われ、1986年度からは175人の臨時増員計画が認可され入学定員400人が実現しました。

新図書館に夢託した榊文子学長

榊学長が就任した1980年度、東邦短大は開学15年を迎えており、記念事業として新図書館の建設が進められていました。新図書館は1981年8月に完成。地下1階（駐車場）、地上4階建てで、土地を有効活用するため、1階部分を柱だけの空間にしたピロティ方式も採用されました。現在のL棟より正門寄りの場所に建設され、2014年のL棟の建設に伴い一部は取り壊されましたが、大半は現在のH棟として残りました。丸みを持たせた現在の教職支援センターのスペースは館長室、会議室でした。

榊学長は「邦苑」2号（1981年3月）への「学長就任にあたって」という寄稿の中で、自身の学生時代を振り返りながら、図書館に寄せる期待を書き残しています。

〈これを機会に、学生たちの学習方法がより、自発的自主的になることを希（こいねが）っております。私がかつて学んだ学校では、勉強の主体は膨大な量の詩や戯曲の暗誦を含め、「宿題」でありました。宿題を仕上げるためには図書館で関連した書籍を次から次へと調べなければできないようになっていて、否応なしにライブラリーに入りますし、沢山の書物、辞書辞典類は引っ張りだこ、図書館は本当に活きていたと思います〉

榊学長は新図書館が、学生が能動的に学ぶアクティブラーニングを促す役割に期待しました。そして、全力で取り組んだのが150人の学則定員増員対策で、1983年には定員増計画が発議されました。

榊学長からバトンを継いだ橋本春子学長

400人定員調整した橋本春子学長

榊学長からバトンを引き継いだ橋本学長は愛知大学法経学部経済学科（旧制）卒でドイツのフライブルグ大学大学院を修了。1968年から東邦短大教員となり、講師、助教授を経て1979年に教授に、1984年4月から学長に就任しました。

榊学長によって発議された定員増計画の実現は橋本学長に引き継がれ、1984年12月の文部省認可により実現しました。1985年度入試は150人から225人の新入学定員で実施されました。

定員225人では初の入試を控えた1985年2月20日発行の「東邦学園広報」6号に、佐藤健雄企画室長が見通しを書いていました。「実入学者は当初の予定通り280人を目標にしている。（280人は学則定員の約1・24倍にあたり、この超過率は差し当たり社会的に是認される範囲と判断される）」

しかし、フタを開けてみると、志願者は前年の517人から激減し299人だけ、入学者は244人（超過率1・08倍）に留まりました。196

6年の丙午生まれが受験する年であったため、全国的に18歳人口が落ち込んだためでした。

現在は愛知東邦大学経営学部の杉谷正次教授は、この年、愛知学院大学大学院を修了し、職員として東邦短大に就職しました。杉谷教授も、「丙午で18歳人口が25%減っていることは知っていたが志願者のあまりの少なさに驚きました。学校がつぶれるのではないか、転職した方がいいのではとも思ったほどです」と苦笑まじりに振り返ります。

ただ、丙午ショックが去った後の1986年度からは18歳人口は急増期に入ります。橋本学長は225人の入学定員をさらに増やすため、教員間の意見調整を図りながら1985年9月には臨時定員増175人を含む「400人定員」計画を文部省に提出しました。

複数学科視野に「商経科」発足

東邦短大職員となった杉谷教授は総務課に配属され、定員増申請業務にも関わりました。225人の入学定員を400人に増やすにあたって文部省担当者は、「商業科という単科の短大が、400人の金太郎あめを作るような教育をするんですか」と、専攻、教育カリキュラムの見直しの必要性を指摘してきました。「そういう行政指導なのかと思いました」と杉谷教授は振り返ります。

東邦短大では商業科のもとに20年近く、経営、会計税務、商業デザイン、女子秘書の4コースが置かれていましたが、175人の臨時定員増が認可されて入学定員400人となった1986年度からは7コース（経営、情報、会計、税務会計、商業デザイン、女子秘書、英文秘書）に細分化しました。

さらに、文部省側の指導を受けて、橋本学長を委員長とする「学科増設準備委員会」を設置、複数学科の検討を進めました。1986年9月、20年来親しんできた商業科の名称を「商経科」に変更する申請を行い認可されました。1987年度入試からは、400人定員を商業実務専攻125人、経営実務専攻125人、秘書専攻150人の3専攻に分けて実施されました。

しかし、「商経科」発足に到る経緯では学内議論は沸騰しました。杉谷教授は「教授会がもめて深夜まで続き、帰宅の電車がなくなったため、総務課職員として教員にタクシーチケットを配った思い出があります。特に、7コースを3専攻にまとめるにあたっては、商業デザインコースが廃止されることになり所属教員たちの反発がものすごかった」と言います。

杉谷教授も文部省側から、「商経科にはグラフィックデザインとか芸術コースの科目はだめです」と強く指摘されたといいます。教授会では、「文部省の担当者は本当にそういうことを言ったのか」と詰め寄る教員もいました。「そうした中、まとめ役である橋本学長からは、〝短大をつぶしてはいけない〟という使命感を強く感じました」と杉谷教授は言います。

TOPICS!（トピックス）

東邦学園短期大学
第21回商業デザイン
卒業制作展
会期 1989年3月2日(木)〜6日(月) 午前9時30分〜午後5時

第21回商業デザイン卒業制作展

第21回商業デザイン卒業制作展が愛知県美術館に於いて、3月2日(木)〜6日(月)までの5日間開催されました。

デザインコース29名の作品200点余りが所せましと展示され、人々の目を奪いました。

伝統ある商業デザインコースの制作展も今回が最後ということもあり、連日大勢の人が会場を訪れ卒展の終了を口々に惜しんでいました。

平成元年度第25回入学式

桜も満開で美しい4月4日スチューデントホールに於いて平成元年の入学式が行われました。

約5倍の難関を突破して入学した464名の新入生を前に原学長よりお祝いの言葉と励ましの言葉があり、次いで下出理事長・Everett Community College（U.S.A）の来賓ミラ・シンコ教授の祝辞がありました。最後に祝電の紹介があり無事入学式は終了しました。

最後の商業デザイン卒業制作展を紹介した「HOYU」13号（1989年）

最後の商業デザイン卒業作品展

商経科のスタートで、商業デザインコースも含めた7コースは1987年度からなくなり、新入生たちは商業実務、経営実務、秘書の3専攻の所属となりました。しかし、実際には商業デザインコース担当だった教員たちは残り、前年に7コース制で入学した2年生たちもいたため、担当授業が行われました。

1987年度入学の23回生神谷栄作さん（名古屋市天白区）は、「村瀬省三先生のポスター制作や広告デザイン、石田隆先生のイラストなどの授業が行われ、私はどちらも受けました。両先生の授業を受けていた学生は50人もいませんでしたが、1年生の時は商業デザインコース扱いでした。男子生徒は私を含めて3人だけでしたが、デザイン事務所を開いている卒業生もいます」と語ります。

神谷さんら23回生が卒業した1989(平成元)年3月2日から6日まで5日間にわたり、「東邦学園短期大学第21回商業デザイン卒業制作展」が愛知県美術館で開催されました。21回を数えた卒業制作展は東邦短大の恒例行事として定着していました。

邦友会誌「HOYU」13号(1989年10月発行)は第21回卒業制作展の記事を掲載。「デザインコース29名の作品200点余りが所狭しと展示され、人々の目を奪いました。伝統ある商業デザインコースの制作展も今回が最後ということもあり、連日大勢の人が会場を訪れ、卒展の終了を口々に惜しんでいました」と紹介しています。

スチューデントホールの完成

東邦学園短大では商経科(商業実務、経営実務、秘書の3専攻で入学定員400人)となった1987年度、新入生(23回生)490人が入学してきました。前年度から入学定員が400人となっていたキャンパスは収容定員800人を大きく上回る900人を超す学生たちであふれました。

入学式は、バスケットコート1面分しかない、老朽化が目立つ体育館で行われました。愛知県立豊田高校出身で、経営実務専攻に情報コースとして入学した森川(旧姓柴田)早苗さん(春日井市)は入学式で、「この古い体育館での入学式はこれが最後となります。皆さんが卒業する時は、この体育館は取り壊され、新しい〝スチューデントホール〟に生まれ変わっています」と知らされたことを覚えています。

入学式が終わると体育館の取り壊しが始まりました。体育の授業は下出記念館2階での卓球のほか、東山のテニスコート、星ケ丘のボウリング場などに繰り出しました。食堂は下出記念館内にありましたが、薄暗く、昼食時はすぐ満員となり、あきらめて外に食べにいく学生たちが相次ぎました。

総務課長も務めた杉谷正次経営学部教授は「旧体育館では、入学式や卒業式の最中に、雨音がバリバリして学長のあいさつも聞こえない時もあった。食堂、憩いの場も足りず、収容定員が８００人になったのに、学生サービスが全く追いつかず、多目的施設と体育館を備えたスチューデントホールは見切り発車の状態で着工されました」と振り返ります。

右下にテニスコートの一部が見えるスチューデントホール

学園開設65周年事業として建設が進められたスチューデントホール（S棟）は、着工1年後の１９８８年3月25日完成しました。地下1階（駐車場）、地上2階の3階建て、床面積は約５２００㎡。３５０人収容の食堂や体育館、茶道や華道に使う和室も設けられました。

同ホール披露も兼ねて9月24日に開催された65周年記念祝賀会で下出保雄理事長は、「スチューデントホールの完成で、学生の福利厚生施設が飛躍的に充実しました」と、来賓ら約８００人を前に胸を張りました。翌日の「中日新聞」は、下出理事長のあいさつとともに、「ホテルのティールームのような食堂が学生に人気」と伝えました。

胸張る学生たち

「みすぼらしい体育館を見ていただけに、テラスで憩えて、おしゃれな食堂が入ったスチューデントホールが完成した時はおーっという感じでした」。森川さんが懐かしそうに語るように、スチューデントホールは学生たちの誇りであり、

和丘祭に出演した陣内孝則さん（23回生アルバム）

完成!! テニスコート・ゴルフ練習場

学生達の待ちに待ったテニスコートとゴルフ練習場が完成し、平成元年9月11日、理事長・学長始め多数の関係者出席のもとに、始球式が行われ本格的に使用が開始されました。

まず、テニスコートは、ハードコートでナイター設備もあり、学校にテニスコートがなく、他のテニスコートを借りて短い時間しか練習できなかったテニス部にとって、夜遅くまで練習が可能になった事は、この上ない喜びでしょう。

又、ゴルフ練習場は6打席あり、やはりナイター設備が整備されていて、今迄の練習不足が一気に解消されて、ゴルフ部にとっては飛躍の年になると思われます。

学校当局の話では、同窓生の方々にもおおいに利用して頂きたいとの事。

スポーツを通して卒業生と学生との交流が深まり、社会での経験・体験等の話が後輩達の卒業後に少しでも役立つ事ができればこんな結構な事はないと思います。

四枚の写真は、当日の始球式及び練習風景の模様です。

同窓生の皆さんの施設利用については、学生課窓口又は同窓会事務局迄お尋ね下さい。使用可能日等については打合せの上、後日返事致します。

テニスコート、ゴルフ練習場を紹介した「HOYU」紙面

学生生活の拠点となりました。

スチューデントホール1階には学生サービスセンター、多目的ホールが設けられました。短大卒業生の戸澤和三、操さん夫妻（3回生）が経営する校内売店「ＴＪＣショップ」も下出記念館から移りオープンし、お菓子から電気製品までを販売し、にぎわいを見せました。

クラブ活動や自治会活動、和丘祭の準備などで、下出記念館2階のクラブハウスに寝泊まりしていた学生たちは、銭湯に行かなくても、スチューデントホール2階体育館に設けられたシャワールームを使えるようになりました。バスケットコート2面が使える体育館は入学式や卒業式、体育の授業やクラブ活動だけでなく、東邦高校や東邦会（高校同窓会）も利用する学園のイベント会場としても使われるようになりました。

東邦会は1988年6月12日、同ホールで65周年記念総会・祝賀会を開催しました。約500人の参加者の中には、この年3月、東邦高校の男女共学1期生として卒業したばかりの女子卒業生たちも多数が参加。高校19回生（1968年卒）の俳優奥田瑛二さんも駆けつけ、華やかな祝宴を盛り上げました。森川さんによると、テレビドラマでも売れっ子だった奥田さんが来るということで、会場には短大生たちもどっと繰り出しました。森川さんも奥

田さんと一緒の写真を撮ってもらったそうです。

体育館舞台は和丘祭のイベントステージにもなり、第24回和丘祭（1988年）では、「陣内孝則コンサート」が開かれました。森川さんら23回生卒業アルバムには、高校時代からザ・ロッカーズのボーカルとしても人気だったサングラス姿の陣内さんが、マイクをわしづかみにして熱唱するショットが収められています。

テニスコート、ゴルフ練習場も誕生

スチューデントホールがオープンした翌年の1989年9月には、現在のC棟のある一帯にテニスコート、ゴルフ練習場が誕生しました。

短大同窓会誌「HOYU」14号（1990年3月発行）は「完成!!テニスコート・ゴルフ場」の記事を特集しています。

〈学生たちの待ちに待ったテニスコートとゴルフ練習場が完成し、9月11日、理事長、学長始め、多数の関係者出席のもとに始球式が行われ、本格的に使用が開始されました。テニスコートは、ハードコートでナイター設備もあり、これまで他のテニスコートを借りて短い時間しか練習できなかったテニス部にとって、夜遅くまで練習が可能になったことはこの上もない喜びでしょう。ゴルフ練習場は6打席あり、やはりナイター設備が整備されていて、今迄の練習不足が一気に解消されて、ゴルフ部にとっては飛躍の年になると思われます〉

自前コート誕生の成果か、テニス部は1989年11月23日と26日に行われた愛知県私立短期大学体育大会硬式テニスの部（愛知淑徳大、椙山女学園大で開催）で3位に入り健闘しました。テニスコート、ゴルフ練習場の完成を伝える「HOYU」14号には、「難関!!東邦短大入学」という見出しで、1989年度の入学状況を伝えています。2345人が受験、入学者が464人で、入試倍率は5・1倍に達していました。14号には〈現在、短大に入学するのは大変困難な状況です。もし貴方（同窓生）のお子様が、入学を希望されるなら、入学案内・入試資料・進学相談会の案内等、受験に必要な資料が至急お手元に届くよう同窓会としても協力します〉という記事も掲載されました。

冬の時代生き残り作戦

経営情報科開設で445人定員に

第2次ベビーブーム世代が大学や短大に押し寄せた1986年度から1992年度までの7年間は受験産業界では「ゴールデンセブン」の時代とも呼ばれました。文部省は、期間を限った定員（臨時的定員）を認めることで、乗り切りを図りました。しかし、18歳人口は1992年度をピークに下降に転じ、大学関係者からは「冬の時代」の訪れを危惧する声も高まっていました。

1987年度に175人の臨時増が認められ入学定員400人となった東邦短大でも、急減期を前に、400人定員をコンスタントに確保するため、複数学科設置の検討が進められました。

商経科に次ぐ2番目の学科として誕生したのが、「商経科経営実務専攻」を改組した「経営情報科」でした。定員170人（恒常的定員120人、臨時的定員50人）です。

1992年度の経営情報科開設で、東邦短大の入学定員は400人から445人（商経科商業実務専攻125人、秘書専攻150人、経営情報科170人）となり、「定員増を伴う学科増設」が実現しました。職員として担当した経営学部の杉谷正次教授は文部省との折衝を重ねました。18歳人口の減少期をにらむ文部省は新たな学部や学科、定員を増やすことを認めませんでした。「政令指定都市（準制限区域を含む）の認可申請を抑制する」という規制をクリアするために何度も文部省に足を運びました。

「窮地を突破できたきっかけは通産省（現在の経済産業省）通達でした。コンピューター化がどんどん進んでおり、企業にとって情報処理技術者の養成が急務であるという通産省の見解を根拠に、〝産業界で特に要請のあったものについては認める〟という文部省の設置基準例外条項をあてはめて申請書を書き上げました」と杉谷教授は当時を語ります。

経営情報科の校舎として、1次審査パス後、6号館の起工式が1991年2月19日に行われました。1階がピロティ、2階が講義室、3階が研究室の3階建て設計です。現在のB201教室は旧6号館2階にあたります。

理系出身の島津学長

第8代学長の島津氏

経営情報科の学科長に就任したのは名古屋大学を定年退職して1990年に東邦短大教授に就任した島津康男氏です。1994年度からは学長も務めました。

島津氏は東京大学理学部地球物理学科卒の理学博士。名古屋大学理学部地球科学科（現在の地球惑星科学科）の助教授時代には地球物理学講座の発足に関わり、教授時代には大型計算機センター長も務めました。研究対象を比較惑星学から地球の環境保全に移した島津氏は、公共事業などの環境影響評価（アセスメント）の第一人者として知られていました。東邦短大退職後は環境アセスメント学会の初代会長も務めました。

島津氏が名古屋大学理学部教授だった49歳当時、「読売新聞」（当時は「中部読売新聞」）が人紹介コラム欄で島津氏を紹介しています。1976年9月19日付の記事には、

「一転、〝地球の番人〟へ」というタイトルがつけられています。

〈宇宙から一転、今は研究の焦点を地球の「環境保全問題」に絞っている。持論は「学問は個別のジャンルに分離していてはダメ」。政治、経済、化学、工学などすべて学問の情報を整理してコンピューターにぶち込む。これをシステム化して環境保全に役立てる。地震、異常気象、農作物の不作――国土は狂い始めているようだ。異変には目を光らせざるを得ない。島津研究室のスタッフ3人が、3か月前から愛知県西加茂郡三好町の農家に泊まり込んでいる。村人から稲や野菜の作柄、川の汚染について情報を集める。昆虫の生態の異常も調べた。「わかったのは、自然のナワバリに人間が土足で踏み込んではいけないということだ」。みずから「環境の現場監督」と称する。サファリを着て、いつでも研究室を飛び出せる用意をしている〉（抜粋）

東邦短大が島津氏を招いた経緯を「東邦学園広報」31号（1990年4月10日）は、名古屋大学工学部長も務めた学園評議員の榊米一郎氏（榊直樹理事長の父）の仲介があったと紹介しています。

「女性学」の戒能民江氏ら続々新スタッフ

東邦短大では2学科体制スタートに伴い、新たな教員スタッフが続々と加わりました。後に短大、大学学長となる山極完治氏は、島津氏と同じ1990年度に敦賀女子短期大学助教授を経て教授として着任。翌1991年度には、やはり大学学長を務めた成田良一氏が富士通研究所から助教授に迎えられ、コンピューター演習やプログラム演習を担当しました。「女性学」の戒能民江氏（お茶の水女子大名誉教授）も助教授に就任し、法学、民法や女性の自立を促す講義を担当しました。

経営学部の髙木靖彦教授（惑星科学）は1976年に名古屋大学理学部地球科学科に入学。1991年4月、名古屋大助手から東邦短大講師に就任し、自然科学概論や情報処理実務の授業を持ちました。1992年度には、島津氏の後任学長となる牟礼早苗氏が大阪産業大学から教授として迎えられ、経営学総論、中小企業論などを担当しました。杉谷正次氏も1992年に職員から教員に転出し、講師として情報処理実務を担当しました。

「短大生き残り作戦」

島津氏は経営情報科長を2年務めた後、1994年4月から原昭午学長に続く第8代学長に就任しました。初の理系出身学長となった島津氏が取り組んだのは前年度（1993年度）にまとめられた「短大生き残り作戦」の実行でした。作戦は「TANDAI SURVIVAL SYSTEM」を略して「TANSUS」（タンサス）と命名されました。

東邦短大のパソコン貸与を紹介した東芝の新聞広告（中日新聞）

「東邦学園広報」が改題された「東邦キャンパス」47号（1994年5月1日）巻頭で島津氏は、学長就任にあたっての「生き残り作戦」への決意を明らかにしています。

〈「不況」「短大冬の時代」とダブルパンチの時期に学長をお引き受けすることになり、なまなかのことではダメと覚悟しております。昨年度にまとめた、「短大生き残り作戦」の実行しかありません。それは「実務に強く、真面目」の伝統を如何に21世紀につなげるかにつき、教育内容で勝負することが必要でしょう。各自の能力と志望に応じて付加価値をつけてやるのが教育であり、「やる気のある学生を売れる学生に育てる」のが私学の使命であります〉

島津氏はこう指摘したうえで、「地球社会に生きる」を軸に据えた基礎科目の導入と、新入生全員にパソコンを持たせて「情報の読み書き」の浸透に全力を挙げる点を強調しました。

1994年度から始まった新入生全員へのパソコン貸与では、東芝の「ダイナブックSS」が選ばれました。ノートパソコンでのシェア世界1位を堅守しようとする東芝は、1994年9月22日の「中日新聞」に「600台のサブノートパソコンが東邦短大のパートナーに」というキャッチコピーを盛り込んだ全7段広告を掲載しました。広告では「東邦学園短大」の校門プレートが見える正面入り口前で、東芝社員から経営情報科の女子学生たちにパソコンが手渡される写真が掲げられました。広告コピーは「パソコンをカリキュラムに加えている学校は珍しくありませんが、学校のパソコンを家に持ち帰って使わせようという所はまだ珍しいのではないでしょうか。名古屋市の東邦学園短期大学では今年から、新入生約600人全員に、パソコンを貸与して自由に使わせるようにしています」と紹介しています。授業でノートパソコンが利用できるよう、講義室には電源も整備されました。

インターネット時代到来を実感

島津学長による生き残り作戦「TANSUS」は、学長在任中の3年間計画として実施され、島津学長は1997年3月に退任し、東邦短大を去りました。

島津氏の東邦短大時代について成田元学長は「TANSUSを提案された島津先生は、経営と情報の教育をどう融合するか苦労され、学内の意見をまとめようとされました。パソコンの全員貸与も島津先生の提案で、私もインターネット時代の到来を実感しました」と振り返ります。杉谷教授も「アセスメントが専門だっただけに、18歳人口の急減期を真剣にシミュレーションしようとしたのが、TANSUSだったのだと思います」と指摘します。

女性自立と地域活動を支援

東邦短大が開学30周年を迎えた1995年は、1月に6300人が犠牲となった阪神・淡路大震災が発生、3月にはオウム真理教による地下鉄サリン事件が起きるなど、騒然とした年明けとなりました。30年間で女性を中心に1万人を超す卒業生を送り出していた東邦短大が30周年記念事業として打ち出したのは、「女性の自立」と「地域活動」の支援を基本に据えた「東邦学園名東コミュニティ・カレッジ」（TMCC）の開講でした。

TMCCは1996年度からスタートしました。受講生募集の案内書で島津康男学長は「東邦短大は名東区唯一の大学として、地域に密着した大学になりたいという思いがあります」と書いています。

NHKディレクターだった津田正夫氏は、島津学長を先頭にTMCCの方向性をめぐる論議が続いていた1995年、東邦短大に教授として転身しました。日夜続けられた議論で津田氏が思い出したのは、NHKでの番組制作時代に転換期の労働運動を取材中、労働団体幹部が語る「これからは、〝女と緑の時代〟」という言葉でした。

受講生用に作成されたTMCCの案内パンフレット

「もはや、イデオロギーでぶつかる時代ではない。女性の権利や自立、ジェンダー、そして環境に真っ向から向き合わなければ」というのがその著名幹部の主張でした。

〈TMCCの方向性をめぐる議論で、東邦がめざしているのは「女性と環境」だと思いました。「地球社会に生きる」「コミュニティに生きる」というコピーもとても新鮮でした〉と津田氏は振り返ります。

原点となった「東邦女性学」

TMCCは「女性の自立支援」と「地域活動支援」の2コースでス

「東邦女性学」を育てた戒能氏

タートしました。託児サービス付きで、前期（5～6月）、後期（10～11月）の開講で、前期は女性自立支援コースが「私が一歩踏みだすとき」、地域活動支援コースが「インターネットを使おう」の計2講座。後期は女性自立支援コースが「女性のための再就職応援講座」「小さな会社を作ろう」、地域活動支援コースが「インターネットを使おう」「市民からの環境アセスメント」の計4講座が開講されました。

TMCCで「女性自立」が基本に据えられたのは、戒能教授を中心とした東邦短大の「女性学」が注目されていた背景がありました。1979年からの非常勤講師時代を経て1991年に助教授に就任した戒能氏を中心に、「女性学」の授業が活発に展開されました。

1993年発刊の学園70年史に掲載された助教授時代の戒能氏の寄稿です。（抜粋）

〈本学では現在、一般教育の総合科目として「女性を考える」、専門科目として経営情報科に「女性論」、商経科秘書専攻に「現代社会と女性」「ことばと女性」「女性史」と五つの「女性学」関連科目が置かれ、演習でも複数の「女性学ゼミ」が開かれています。東邦学園ならではの、自由な雰囲気と、異なるものを受け入れて自らの変革のエネルギーにしていく進取の精神が「東邦女性学」を育ててきたのではないかと自負しています。

「東邦女性学」の第一歩となった「女性を考える」が始まったのは1989年の後期から。原昭午、坂田千鶴子、安田尚道の各先生と戒能に、学外から大脇雅子弁護士を迎えて、オムニバス方式で学際的なアプローチを試みました。受講者も教室からあふれんばかりの大盛況。1991年度からは前後期リピート開講に変え、学内からは山極完治、長南仁の両先生が参加され、学外ゲストには卒業生や男性も加えて充実を図っていきました〉

「女性自立支援コース」では戒能教授のほか山極完治教授（企業論）ら男性教員たちも「小さな会社をつくろう」

（「ウィルあいち」と連携）の講師に加わりました。戒能教授をセンター長に、ＴＭＣＣ開講と同時に開設された「女性自立支援センター」では専門相談員による「女性のためのひとりだち電話相談」が月１回行われ、大きな反響を呼びました。

島津学長も後期講座「市民からの環境アセスメント」を自ら担当しました。受講者たちに地域の環境診断マップを作成してもらい、住民監視の役割を考えながら、環境アセスメントを読み解くノウハウを学んでもらおうという講座でした。受講した環境行政担当の公務員、環境問題に取り組む市民らに、「地域診断のプロになろう」のテーマで土曜日6回の講座が開かれました。津田氏も講師を務めましたが、「島津学長の、大学や短大が地域に開かれたコミュニティカレッジを開くのは世界的にも常識であり、グローバルスタンダードなのだという信念を感じました」と言います。

先駆的な電子メールやウェブ活用も指導

「インターネットを使おう」の講座では前期のホームページ作成に続き、成田良一教授のほか教員４人が電子メールの作成や活用を指導しました。成田氏は、「めざしたのは現在の〝東邦プロジェクト〟の社会人版・遠隔版というものでした」と振り返ります。

〈単にＷｅｂページや電子メールの使い方を身につけるのではなく、その先にある「活用」の部分がカナメでした。インターネットが個人の生活に浸透していくのはもっと後の話ですが、我々インターネット関係者は、既にそのような使い方を始めていました。そこで講座では、メーリングリストを活用して、実際に対面して話し合わなくてもプロジェクトを進めていけるという、インターネットの、当時としては先進的な使い方をやろうとしました。Ｗｅｂページの方は、プロジェクトとして取り組んだ課題の成果を、形としてまとめるためのものです。講師の先生たちには、「それぞれのテーマを提示して、参加者のグループのメーリングリストで議論を支える」ということでお願いしました。夜中になると多くのメールが飛び交い、活発な議論が進み新しいコミュニケーションの場を形成できたことに喜びをおぼえました〉

授業も市民に開放

ＴＭＣＣスタートに合わせ、それまでも一部で行われていた学生への授業の一般市民への開放も本格的に行われました。修了受講生には「科目等履修生」の制度により単位が認定されました。

１９９６年度の開放授業は8講座でしたが、１９９７年度は18講座に拡大されました。案内パンフで紹介された開放授業と担当教員です。

【基礎課程】地球と市民（原昭午）▽市場経済のしくみ（中山孝男）▽地球環境と生物の進化（髙木靖彦）【経営情報科】金融環境論（津田正夫）▽労務管理論（長南仁）▽生産管理論（小野隆生）▽事務・文書管理（杉谷正次）▽金融論（山極完治）

【商経科秘書専攻】現代メディア論（津田正夫）【商経科商業実務専攻】経営実務概論（加古進）▽経済原論（中山孝男）▽コンピューター演習2（西村弘之）▽所得税法（小津昭司）▽法人税法（小津昭司）▽会計監査論（後千代）▽民法（戒能民江）▽マスコミ論（石田隆）▽ＣＩ論1（石田隆）

続々とメディア発信

ＴＭＣＣの活動や、担当教員たちの活動はメディアを通して続々と発信されました。１９９５年〜１９９８年に新聞各紙への掲載の実績です。

▼①読売新聞㊧1995.12.12

女性の自立を応援

東邦学園短大

地域社会人に門戸

コミュニティカレッジ構想

来年5月に開講

起業講座やインターネット

「大学の生き残り」へ

▶①朝日新聞㊨1995.12.12

東邦学園短大

女性の自立を手助けします

新年度 支援センター設立

TMCC計画を報じた「読売新聞」（左）と「朝日新聞」（右）

〈地域社会人に門戸　コミュニティカレッジ構想　来年5月開講　起業講座やインターネット〉読売新聞（1995年12月12日）

〈女性の自立を手助けします　新年度 支援センター設立〉朝日新聞（1995年12月12日）

〈女性の自立相談　電話鳴りっぱなし〉朝日新聞（1996年5月11日）

〈女性、起業へ盛り上がる　養成講座や電話相談も〉日本経済新聞（1996年7月29日）

〈環境アセス　市民の側から鋭い指摘〉中日新聞（1996年11月17日）

〈「悩みの電話」殺到　相談員養成講座、開設へ〉毎日新聞（1997年1月9日）

〈大きな山だが、時代の追い風が〉日本経済新聞（1997年12月13日）

〈メディアに市民参加を　東邦学園短大の津田教授ら問題提起の出版〉読売新聞（1998年9月2日）

〈男性支配社会を考える　東邦学園短大 法女性学　戒能民江教授〉朝日新聞（1998年6月8日）

求められた市民や地域の力

ＴＭＣＣの１９９６～１９９７年度の運営委員会委員長は戒能教授が務めました。戒能教授は短大後援会誌「邦苑」19号（１９９８年３月）でＴＭＣＣの２年間を、「幸い、全国的にもユニークな試みとして注目されており、受講生もリピーターが目立ち、市民の学び舎として定着の兆しが出てきた」と振り返っています。

東邦短大時代の思い出を語った津田氏（岐阜市で）

戒能教授は、「卒業生たちを始め、様々な世代の市民たちが行き交い、学生たちの間をよちよち歩きの子どもたちが通るというキャンパスの風景もなかなか楽しいものだ」という感想も書き残していました。

津田教授も1998〜2000年度の運営委員長を務めました。「邦苑」20号（1999年3月）で「開かれた大学」をめざしたTMCCの3年間を振り返っています。（抜粋）

〈受講者は3年間でおよそ500人にのぼり、短大の1学年分に相当する。起業支援講座を受けて実際に起業した人は12人になる。講座が一定の社会的ニーズを満たして定着してきたのは、市民中心の公正な社会をつくろうという世論の動きや、ボランティア志向という時代の流れがあった。他方で、「市民の地域活動を支援する」というコンセプトが明確であったことが大きな要素だろう〉

「メディア論」「企業環境論」の授業を担当しながらTMCCからのメディア向け発信にも関わった津田氏は2002（平成14）年3月、東邦短大を退職し立命館大学産業社会学部に移りました。立命館大時代は、メディア志望の学生の育成にも努め、現在は自宅のある岐阜市で、市民ラジオ局「てにておラジオ」の活動に関わっています。

TMCCが「時代の要請」に応えられた背景について津田氏は、1995年に阪神・淡路大震災があり、1998年にはNPO法（特定非営利活動促進法）ができて市民活動の法的根拠が与えられたこと、さらには情報公開法が1999年に成立し2001年から施行されたことなどを指摘。「市民や地域の力を借りないと公正な市民社会ができない時代に入ったことも大きかった」と語りました。

駆け足でやってきた短大冬の時代

「ＴＡＮＳＵＳ」（短大生き残り作戦）の一環として取り組まれたＴＭＣＣ。島津学長は１９９５年12月、ＴＭＣＣ準備室長としてまとめたＴＭＣＣ実施計画で、「コミュニティ・カレッジ＝地域大学」としての生き残る決意を強調しています。（抜粋）

〈短大の生き残り作戦として、四大への転換を考えている所が多い。しかし、大都市での新設を禁止している現在の制度があり、名古屋市外に出て行かねばならない。本学ではその代わりに、小規模校の特徴と立地の有利性を生かして、「学生の年齢を上げること」を考えた。これは、社会人教育の積極的導入であり、いわゆる短期大学（ジュニア・カレッジ）から地域大学（コミュニティ・カレッジ）への転換の第一歩である。最近、大きく叫ばれている生涯教育のニーズに応えるものといってもよい〉

ＴＭＣＣは、市民に開かれた大学として社会的評価を高めることで、短大生き残りへの活路を切り開こうという挑戦でした。しかしＴＭＣＣに対する評価や人気にもかかわらず、危惧した「冬の時代」は予想した以上の駆け足でやってきました。18歳人口の減少に加え、女子受験生たちの四大志向の高まりもあり、全国で短大生は急激に減少に向かいました。文科省学校基本統計によると、短大学生数は１９９３年に53万２９４人とピークに達した後、急カーブで減少を続け、２０１６年は12万８４６０人と23年間で4分の1以下に減りました。短大数もピークだった１９９６年の５９８校から２０１６年には３４３校に激減しています。

東邦短大志願者の減少もＴＭＣＣがスタートした１９９６年度以降、右肩下がりが継続しました。１９９２年度の経営情報科の開設で４４５人の入学定員となっていましたが、１９９９年度からは入学者がついに定員割れに転じました。２０００年度は定員の半分を埋めるのがやっとでした。志願者（入学者）の推移です。

１９９６年度１７８８人（５５３人）▽１９９７年度１４３７人（４８１人）▽１９９８年度１２３０人（４７６

人）▽1999年度963人（389人）▽2000年度600人（228人）

五　愛知東邦大学の挑戦

東邦学園大学の開学

21世紀初の新設大学

愛知東邦大学は2001（平成13）年4月、「東邦学園大学」として開学しました。経営学部地域ビジネス学科（定員200人）としてのスタートで、2007年度に人間学部を増設したのを機に愛知東邦大学と校名変更しました。

21世紀初の大学として誕生したのは東邦学園大学を含めて全国で20校。大都市での大学新設を抑制する国の方針が続いていたこともあり、名古屋市名東区の東邦学園大学は市内では久し振りの新設大学となりました。初の入学式は4月6日、スチューデントホール体育館で、同じキャンパスの東邦学園短期大学（東邦短大）と合同で行われました。大学1期生となった新入生は297人（男子260人、女子37人）です。

丸山惠也（よしなり）学長は式辞で、東邦学園大学設立の意義を述べました。

〈かつて民義翁が数々の近代産業を興し実業界で活動された体験から、一番重要なものはそれを担う人間を形成することと、しかもその人間は真に信頼され、仕事を任すことができる人物、このような人材を育成することであると認識されました。本学の設立理念は、真面目な人格者の育成にあります。明晰な頭脳なうえに温かい心、思いやりの精神が必要です。

新しい大学は偏差値教育ナンバーワンとなるような学校を目指していません。地域を担う人材育成のうえで、日本で最も特徴のあるオンリーワンの大学を目指します。皆さんは本学の第一期生です。この地で学び、大志を抱いて日本の社会のリーダーを目指してください。皆さんの中から第二第三の民義翁が生まれることを心から期待しております。

皆さんがいま座っている椅子は、本学の若い職員が、皆さんを温かく迎えようと、長い時間をかけて一つひとつ並べたものです。この温かい心を皆さんにお伝えしたい。ともに新しい大学をつくって行こうではありませんか〉（2001年6月15日「東邦キャンパス」開学記念特集号より抜粋）

開学した東邦学園大と東邦短大の合同入学式（2001年4月6日）

入学式に臨む新入生たち

丸山学長は立教大学経済学部での28年間に及ぶ教育・研究活動を経て2000年4月に、東邦学園大学初代学長就任を前提に東邦短大学長に就任していました。

「短・四併設」で生き残り

合同入学式に臨んだ東邦短大37期生となった新入生は127人。東邦学園大学の開設に伴い、商経科の募集は停止され、経営情報科（定員150人）のみの募集となりましたが、入学者は定員に達しませんでした。女子受験生の短大離れ、4年制大学志向が一段と加速していました。

東邦高校の1999年3月卒業生は、4年制大学に477人、短期大学に218人が合格。女子は初めて4年制大学への進学が短大進学を上回りました。さらに2000年3月卒業生は4年制大学合格者460人、短期大学合格者は135人（東邦短大合格者は13人）で、女子の短大離れがさらに顕著になりました。

高校進学指導室の福井宏室長は「現役男女生徒の四大への進学率はそれぞれ51%、39%であり、男子は昨年よりやや減少、女子は過去最高数値を示した。また、女子生徒の短大進学率は23・5%（昨年度比マイナス9ポイント）と過去最低となった」と分析しています。（「東邦キャンパス」75号）

東邦短大志願数は右肩下がりを続けました。1997年4月に就任した牟礼（むれ）早苗学長は、「18歳人口が減少傾向で推移するなかで、女子の4年制大学志向が高まるといった短期大学をめぐる状況の変化は著しく、それを踏まえた対応が必須になっている」と改革推進の決意を訴えました。

東邦学園は1998年3月25日に開かれた理事会・評議員会で、「新しい大学づくり」として、4年制大学を併設して生き残りを図るとする1998年度事業計画を承認。9月21日には大学設置準備委員会（委員長・下出保雄理事長）を発足させて、全学的な合意を得ながら構想を具体化させ、文部省への設置申請を図ることとしました。申請は1999年9月に行われました。

短大の1999年度入学者は389人（定員450人）とついに定員割れに追い込まれました。短大商経科を改変して4年制大学を設置する「短・四併設」での生き残り作戦は待ったなしの状態となりました。

短大学長を経て着任した丸山学長

地域を担う人材育成を

大学設置準備委員会は4年制大学の設置学部を、東邦商業学校からの伝統を継承した経営学部とし2001年4月の開学を目指すことを決めました。初代学長には立教大学教授だった丸山氏に就任を要請。2000年度から短大学長に着任してもらい開設準備にあたってもらうことになりました。

丸山氏は明治大学政経学部経済学科卒で専修大学大学院修士課程を修了。東洋大学などを経て1972年から立教大学経済学部に助教授、教授として2000年3月まで在籍。経営学研究者の大半が参加する日本経営学会やアジア経営学会などの理事も務め、学会経験を生かしての専門教員集めも期待されました。

初代経営学部長に就任したのは日本福祉大学教授だった森靖雄氏です。森氏は母校である愛知大で研究所講師（専任）を務めた後、大阪府立商工経済所研究員を経て日本福祉大学で教壇に立ちました。全国各地から招かれての講演では「日本経済の再生は地域から」と訴えていました。

大学設置準備委員会では新設大学のコンセプト、教育プログラム、カリキュラム、施設などについて、短大教員を中心とするワーキンググループでの検討が進められました。「新たに創る大学にはどんな学部が望ましいか相談にのってもらえませんか」。牟礼学長から森氏に電話がありました。牟礼学長は大阪市立大学出身で、大阪繊維経済研究所の研究員を経て熊本商科大学、大阪産業大で教鞭をとり、1992年から東邦短大教授に就任していました。

「牟礼先生とは中小企業研究の仲間。1970年代にはともに大阪府政のシンクタンクとしての役割を担った研究員だったこともあり、〝大阪をどうするか〟で悩み合った仲でした」と森氏は振り返ります。設置準備委員会にアドバイザーとして招かれた森氏は「地域を活性化する役割を担う中小企業経営者育成を目指す学部にしてはどうか」と提案しました。

設立準備委員会は、森氏の提案をもとに、新設学部構想を「経営学部地域ビジネス学科」としてまとめました。2000年度で日本福祉大教授の定年を迎える森氏も2001年度から学部長就任を求められ受諾しました。

消えた「地域ビジネス学部」案

森氏によると設立準備委員会では当初、新学部名は「地域ビジネス学部」とする案が有力でした。「他大学にはない学部名で新鮮さがある」という意見が多かったからですが、森氏は「経営学部」案を主張しました。「当時、中部地方の大学では、愛知県を筆頭に経営学部は乱立気味でしたから、新設申請ではユニークな学部名にした方がいいという考えもあったようです。ただその時は新鮮に見えても、10年もすると、〝あの頃はやった学部か〟と懐かしがられることにもなりかねない。学部名の変更は容易ではなく、時代を通して安定している〝経営学部〟を掲げ、学科名として〝地域ビジネス学科〟を採用してはどうかと提案しました。委員会で決定は保留となりましたが、次回委員会で〝経営学部〟案に決まりました」

開学から2007年3月まで経営学部長を務めた森氏

東邦学園大学が開学した2001年、文部省は省庁再編に伴い文部科学省となりました。文科省によると2001年度に開設が認められた大学は20校（公立2校、私立18校）でした。

下出記念館あとにA棟が完成

東邦学園大学の新校舎として建設されたのはA棟です。東邦短大時代には〝夢の学生会館〟として1973年に完成した「下出記念館」（4号館）を取り壊して建設されました。地上4階、地下1階建てのガラス張り校舎は、4年制大学として新たな船出を象徴するかのような斬新なデザインでした。

完成したA棟前で初の新入生を迎えた満開の桜が、短大37期生の卒業アルバムに収められていました。桜は短大が開学した1965年に、初代理事長である下出義雄夫人であるサダさんが植えたものでした。L棟建設に伴い撤去される予定でしたが、枝を伐採し正面脇に植え直されました。〝サダさんの桜〟は植樹から58年を経た2023年春も見事な花を咲かせました。

東邦学園大学の開校を前にした2000年3月、東邦短大で学長を務めた2氏が学園に別れを告げました。第7代学長の原昭午氏（1988年4月～1994年3月）と第9代学長の牟礼早苗氏（1997年4月～2000年3月）です。短大は2000年7月10日、2氏に名誉教授の称号を授与しその功績を称えました。

新設大学からの発信

入学式3日後のオリエンテーション合宿

2001年度に開学した東邦学園大学では入学式から3日後の4月9日、新入生オリエンテーション合宿が行われました。1年生250人余と教員20人が8台のバスで向かったのは滋賀県長浜市。1泊2日の合宿は、これから始まる学生生活を円滑に送れるよう、学生同士や教員とのコミュニケーションを図るとともに、合宿のメインである「見学会」を通して、「実態に触れて自分で考える」という東邦学園大学での学びの姿勢を体験してもらう狙いがありました。

参加者たちには「ガラスをテーマにした商店街の復活に成功した長浜市中心商店街」と「街づくりの理念が疑問視されている彦根市中心商店街」というタイトルが掲げられた「見学の手引き」が配られました。森靖雄経営学部長が執筆したもので、森学部長はオリエンテーション合宿と見学会の目的を新入生たちに語っています。（抜粋）

〈皆さんはこれから「地域ビジネス」について学びます。「学ぶ」方法はいろいろとあります。本を読んだり、資料を調べたりするのは有力な方法ではありますが、それがすべてではありません。実際に「地域」へ出かけて、「現場から学び取る」ことも重要です。そこで、今、全国的に注目されている二つの「まち」を見学して、皆さんに「地域の見方」を学んでもらうことにしました。

そうは言っても、「見方」には個人差があり、「これが正しい」と言い切れるものではありません。「いろんな見方がある」というのが正解です。だから、あまり堅苦しく考える必要はありませんが、「自分はこういうふうに考えた」という意見は持つ必要があるでしょう。そうした自分の見方を友達と話し合ってみるところから、意見や見方の違いを学ぶことができ、「自分の見方」が確立できるようになります。これこそが「大学で学ぶ」目的です〉

訪れた長浜市の商店街

学生17人の「見学記」を発行

オリエンテーション合宿に参加した学生17人のレポート・感想文を収録した商店街見学記が7月28日付で発行されました。『2001　オリエンテーション合宿　商店街見学記』（A5版80ページ）で、高校生たちに向けた東邦学園大学からのメッセージ発信でもありました。

冊子にまとめられた見学記

新入生たちのレポートには、「合宿を通して友人ができました。右も左も分からなくて不安な大学生活に明るい灯がともりました」（高橋真一さん）など、学生同士や教員との交流の成果をあげる感想が目立ちました。鈴木浩平さんは「商店街の良さ、悪さ等の、普段あまり見ることがないものごとを見ることができてとても勉強になった。入学して間もない合宿だったけどすぐに友達もできた」と振り返っています。

新入生297人のうち女子は37人ですが、参加した女子学生たちも合宿での手応えを書いています。「商業のことが学びたくてこの大学に入学し、3日目でこんなに貴重な体験が出来るとは思ってもいませんでした。さびれた街を復興することは不可能に近いと思っていた私の考えを見事に壊してくれました。商売人側と観光客側の考えで歩いてみて、今まで気づかなかった小さな事にも気づくことができました」と書いたのは北條里佳さん。土屋好美さんは「女子が少なく不安で、はっきり言っておもしろくない商店街見学と思ったが、レポートを書き終えたら現地の人たちは大変苦労していることが分かった」と振り返っています。

「東邦学園大学式教育」の実践

岩田啓志さんは「高校と違って大学は自由でもあるけど、自分の責任がすごくあるんだなあと改めて分かりました。本当に合宿があってよかったと思いました」。家里明さんも「ホテルでは履修登録などをやったりして先生ともいろんな話ができたし、とてもいい経験やったと思う。先生がこんなにも生徒と接してくれるとは高校ではとても考えられないことやし」と関西なまりで合宿での収穫を報告しています。

　種村亮太さんは、「新入生たちはいつまでも子供ではないのだから、ルールも守らないで大人面をしてもらいたくない」と、参加した学生たちへの不満を述べながらも、「合宿では学生よりも先生方とお話しさせていただいた感が強い。ちょっとしたこともお話を伺うことができ、高校とは違う新鮮な感覚があった。少なくともこれからの学生生活に期待と不安を両方抱かせる合宿であったことは間違いない」と書いています。

『2001　オリエンテーション合宿　商店街見学記』で、森学部長は「東邦学園大学式教育」について述べています。

〈東邦学園大学では、すべての講義で現地見学できるわけではありませんが、可能な限り、「実態に触れて」「自分で考える」勉強方法を追求しています。その意味ではこの見学会は「東邦学園大学式教育」の見本みたいな行事でもあります。

　私たちはこういう「現場を重視する」勉強の仕方に参加したいと考える皆さんに入学してほしいと考えています。現場や社会は日々変化していますから、教える私たちも毎日が勉強です。地下鉄の駅に近く、名古屋の様々なタイプの商店街や工場にも出向きやすい「東邦学園大学」で皆さんと会えるのを楽しみにしています。ぜひ一緒に勉強しましょう〉

　編集責任者の深谷和広助教授（現教授）も編集後記で、「編集を通じて、この合宿研修が、実態にふれて自分で考えるという東邦学園大学教育の実践の場であったと強く感じました」と書き残しています。

高校生向け新書本も

　誕生したばかりの東邦学園大学を紹介する新書本も刊行されました。開学早々から編集作業に取りかかり、就任

出版された『地域ビジネスが世界を変える』

予定者も含めて27人の専任教員たちが1年生の教材用、高校生たちのへの大学紹介用に執筆した『地域ビジネスが世界を変える』（本文182ページ）で、7月20日に発行されました。

丸山恵也学長は巻頭の「はじめに」で、「地域発展を担う革新者（イノベータ）」と東邦学園大学の目標を書きました。創設者である下出民義について紹介したうえで、民義が「真に信頼して仕事を任せることのできる人」として求めた人材育成を建学の理念としたことなどを紹介。そのうえで、「東邦学園大学の全体像をかなり詳しく紹介する手引書を作成しました。広く全国の高校の先生方に、本学に関心を寄せてくださる受験生、保護者、企業の皆さんに本書を役だてていただければ幸いです」と結んでいます。

目次で紹介された各章テーマと担当教員です。

授）／3　開発途上国の経済発展を考える　游仲勲（教授）／4　経済を異なる理論で比較する　水谷謙治（教授）／5　「働く」とはどういうことだろう　浅生卯一（教授）／6　生活に直結する自治体の資金を調べる　野呂昭朗（教授）

第4章　経営システム

1　システム論でグローカル思考　一楽信雄（教授）／2　ビジネスに不可欠となった統計分析　平尾秀夫（教授）／3　文化、歴史を視野に入れてモノづくり解明　田村豊（助教授）／4　戦争のための情報システムではない／5　あなたはコンピュータ・ファイリングができますか　杉谷正次（助教授）

第5章　会計

1　「簿記のすすめ」と『学問のすすめ』　後千代（助教授）／2　「会計ビッグバン」今後の行方　深谷和広（助教授）／3　商品の国際取引にもルールがある　丹羽克治（教授）

第6章　起業・後継者育成

1　自立型の人間を目指す時代　安保邦彦（教授）／2　イノベーション時代の後継者育成　酒向武（教授）3　アメリカNPOとコミュニティビジネス　岡部一明（助教授）／4　「雇う・雇われる」関係を解明する　長南仁（助教授）

第7章　総合基礎科目から

1　マスメディアの功罪を探る　津田正夫（教授）／2　私たち人類の存在は偶然か　高木靖彦（助教授）／3　「市場原理」で動く経済のからくりを知る　中山孝男（助教授）／4　多様な語学や学び方が選べる　西部真由美（講師）、竹越美奈子（同）ほか

「東邦学誌」と「要覧」

東邦学園短大が開学して4年目の1968年3月に創刊された『東邦学誌』は東邦学園大学との合同編集で刊行を継続しました。新たなスタートを切った2001年6月発刊の第30巻第1号は論文7本、研究ノート2本が集録されました。論文2本は短大教員のものですが他は大学教員が執筆しました。丸山学長は「東邦学園大学の開学を記念して」という巻頭文で、船出した大学の決意を述べています。

〈近年の少子化にともなう18歳人口の減少のなかでの大学激増により、日本の大学は、厳しい冬の時代を迎えていることは周知のことであります。本学もこういう厳しい環境のなかで、教育の新たな実践と新たな地域ビジネス学の確立に取り組んでいかなければなりません。そのためには、教職員をはじめ学園全体が、この目標に向かって全力をあげて進んでいくことが必要であると考えております〉

一方、2003年度には『東邦学園大学・東邦学園短期大学要覧2003』も発刊されました。A4版折りたたみ8ページで、建学の理念や大学・短大を主とした簡単な年表のほか、大学と短大の現状が、数字や簡潔な文章で網羅的に紹介されています。要覧発刊は初めてで、以降毎年発刊され、現在の『東邦学園要覧』(愛知東邦大学と東邦高校を紹介)に至っています。

米西海岸から着任した国際交流委員長

「君も真面目に生きる気になったか」

東邦学園大学では開学2年目の2002年、海外4大学と姉妹校提携を結びました。東邦短大時代からの姉妹校であるエベレット・コミュニティ・カレッジ（ＥｖＣＣ、米国ワシントン州）に加え姉妹校は一挙に5校になりました。

東邦短大のアメリカへの語学留学は１９７７年からスタートしました。留学先は１９８１年まではカリフォルニア大学バークレー校、１９８２年から１９８６年まではワシントン州エドモンドコミュニティカレッジ、同年からＥｖＣＣとなっていました。

初の国際交流委員長を務めたのは２００１年4月に就任したばかりの岡部一明助教授（後に教授、経営学部長）です。岡部氏は１９５０年栃木県生まれ。１９７９年にカリフォルニア大学バークレー校自然資源保全科卒業後、

A棟前でゼミ生たちと岡部氏（2007年３月卒の３回生と）

日米でフリージャーナリストとして活動し、ＮＰＯ団体にも関わりました。

岡部氏と東邦学園大学の橋渡し役をしたのは津田正夫元教授です。１９９８年のＮＰＯ法（特定非営利活動促進法）成立を前に、ＮＨＫから東邦短大教授に就任した津田氏がアメリカのＮＰＯ事情を視察に訪れた際、案内してくれたのが岡部氏でした。これが縁で、大学新設にあたり教員スタッフとしての就任要請が行われました。

岡部氏の東邦学園大学での初仕事は、着任した4月2日、来学したＥｖＣＣ関係者11人への応対でした。東邦短大は、毎年語学研修のために学生を送り込んでいたＥｖＣＣと１９９０年4月に友好提携協定を締結。スチューデントホールが完成した１９８８年からはＥｖＣＣの学長、理事ら関係者一行が来名し、入学式参列が恒例化していました。

東邦学園大学も開学した２００１年4月1日、ＥｖＣＣと改めて交流協定

を結びました。来学したＥｖＣＣ一行に岡部氏が、自分がサンフランシスコから赴任したばかりだと説明すると、「君も（浮かれたサンフランシスコを去り、日本で）真面目に生きる気になったか」と米国流ジョークの洗礼を受けたといいます。

5大学と姉妹校に

２００２年に新たに姉妹校となった4大学とＥｖＣＣについて岡部氏は元国際交流委員長として90年史用に執筆しています。

リンカーン大学（ニュージーランド）

ニュージーランド南島の最大都市、クライストチャーチの近郊（カンタベリー郡リンカーン村）に位置し、ニュージーランドにある8つの国立大学の一つ。１８７８年に農業大学として設立され、現在は商学、コンピュータ科学などを含め3学部11学科1別科の総合大学。「学生総数約３５００人のうち１０００人が60以上の異なる国から来ている留学生」であり、ニュージーランドでは最も国際化の進んだ大学として知られる。

雲南大学（中国）

中国の雲南省の省都・昆明市にあり、中国88の「国家重点大学」（エリート大学）の一つ。１９２２年設立の総合大学で、学生数は約4万人。学科は76に及び、中でも民族学、生態学、専門史、微生物学の4学科は国家重点学科に指定されている。留学生は１９８６年から受け入れ始め、現在は日本人を含め３５０人余りの留学生が学んでいる。現在、昆明市南の呈貢県に広大なキャンパスをつくり順次移転中である。

イエテボリ大学（スウェーデン）

スウェーデン南西部の港湾都市イエテボリ市（ヨーテボリ、イェーテボリなどとも表記）にある総合大学。１８９

1年設立。スウェーデンの6つの国立大学の一つであり、スカンジナビア全体で1、2位を争う有名校とされる。学生総数は学部生だけで3万9000人におよび、授業の中にはディベートや企業訪問が頻繁に取り入れられている。本学はこの教育学部内教育学科と提携した。イエテボリ市には自動車会社ボルボの本社もあり、職業教育その他この方面の研究が盛ん。

ミドルセックス大学（イギリス）

ロンドンの北に位置する学生数2万4000人の大学。うち外国人学生は約6000人。「ミドルセックス」はロンドン周辺地域のかつての古い郡名で、中部サクソン人の民族名に由来する。1873年設立のホーンゼイ工芸短大など3校で1973年にミドルセックス高等専門学校を設立、さらに他の教育機関を合併して1992年にミドルセックス大学となった。5週から30週の留学準備英語クラス、1年間の留学生別科プログラムがある。全世界に21の海外事務所をおき国際展開に力を入れる。2000年以降、ドバイとモーリシャスに海外分校を開校し、インド、中国での分校設立の予定も。

エベレット・コミュニティ・カレッジ（EvCC、アメリカ）

短大時代からの交流協定校であるが、四大開学に伴い新たに協定を結びなおした。アメリカには、実学を重視した公立短大コミュニティ・カレッジの制度が普及している。EvCCはワシントン州エベレット市（シアトル郊外）に位置し、1941年に設立された同州で最も古いコミュニティ・カレッジ。社会的ニーズから東邦と同じく四大への転換を迫られたが、短大のまま、他の公立四大と提携してキャンパス内で四大教育を提供するユニークな制度を開発した。東邦短大と1986年から交流があり、1990年に正式な交流協定校となっている。

人的交流を頼っての提携校探し

岡部氏は90年史に自らが関わった4大学との交流協定について、「国際交流は人が基本。新たな提携校も、それまでの本学教職員の人的交流に頼って探す戦略をとった」と書き残しています。

リンカーン大学との橋渡し役は元東邦高校校長の伊藤時雄氏（2003年4月〜2008年3月まで理事長）でした。東邦高校はクライストチャーチ市のシャーリーボーイズ高校と姉妹校関係にあり、活発な交流を行っていました。そのつてで同校出身者が国際関係の責任者になっているリンカーン大学に白羽の矢が立ったのです。伊藤氏は2002年5月、単身同大学に乗り込み、協定をまとめました。

雲南大学との交流のキーパーソンは森靖雄経営学部長でした。森氏は日本福祉大学教授時代から雲南大と長い交流がありました。時間をかけたやりとりの後、森学部長と平尾秀夫副学長が2002年3月に雲南大学を訪問し協定を結びました。外国語学院（学部に相当）、経済学院とそれぞれ個別の提携となるはずでしたが、先方の意向が最終段階で変わり、雲南大学全体の提携となりました。雲南大学では副学長の林超民教授が署名し、同大とはその後も活発な研究者間の交流が続きました。

イエテボリ大学と協定締結は、田村豊助教授（現教授）を始めとした本学の自動車産業研究者と、レナント・ニルソン助教授などイエテボリ大学研究者との研究交流の蓄積があったからでした。2002年3月、研究交流のために本学を訪問したニルソン助教授との間で最終的な協定の調印が行われました。協定書を持ち帰り、後日代表者の署名を得て、同大教育学部教育学科との協定が成立しました。

ミドルセックス大学との提携は一楽信雄教授と先方コンピュータ科学部門のノーマン・レベル教授との交流関係に依拠して進められました。2001年7月9日、東京を訪れていた同大学コンピュータ科学部の研究ディレクター、アン・ブランドフォード氏と、一楽教授、岡部国際交流委員長が話し合いを行い、同25日に、マイケル・ドリスコル同大副学長（実質学長）、ノーマン・レベル・コンピュータ科学部長、スティーブンG・W・リー東アジア事務所ディレクターが本学を訪れ、提携に向けた協議が行われました。

その後も調整が続き、翌2002年6月にミドルセックス大学マーケティング担当のマリー・キルゴア氏が来学し最終調整。同7月、丸山恵也学長と岡部委員長がミドルセックス大学を訪問し、協定調印を行いました。同大学からはドリスコル副学長、レベル副学長代理兼コンピュータ学部長ら4人が出席し、日英関係について活発な意見交換の場ともなりました。

大学としては初のアメリカからの留学生８人（2002年９月）

アメリカ人留学生の受け入れ

東邦短大が1991年からほぼ隔年で行っていたＥｖＣＣの「日本語及び日本企業研究プログラム＝ＮＢＩ（Nippon Business Institute）」研修生の受け入れは東邦学園大学に引き継がれました。開学して初の受け入れとなった留学生たちは2002年9月3日に来日した8人のアメリカ人学生たちでした。10日間にわたって滞在し、学内研修を行いました。東邦短大時代からの通算では6回目の来学でしたが参加学生8人は最多人数でした。

アメリカ人学生たちは日本人家庭にホームステイしながら、東邦学園大学で空手、書道、茶道などの日本文化を体験。名古屋城、徳川美術館、さらには足助、高山なども訪れ日本の歴史的遺産に触れました。七宝焼き、ノリタケカンパニーなどものづくり現場も体験。留学生たちは、東邦学園大学のボランティア学生の協力も得て、無事、研修日程を終えました。2002年のＮＢＩ研修生受け入れは夏季休暇中の9月に行われましたが、それ以降は授業が行われている6月前後に行われるようになり、学生間交流が活発化しました。

再び海外へ

津田氏は、「岡部氏は国際交流のほか、発足したばかりの大学に学生スポーツを根付かせる面で大きな功績があった」といいます。岡部氏自身も「研究室に入ってすぐ目につくのはツーリング車（自転車）でしょう。毎日これで八事から通っています。エコ・健康志向です。でも、本当はこれに留まらず、バスケ、フットサル、卓球、マラソンなど、毎日学生と一緒に体力を振り絞っています」と後援会誌「邦苑」32号に書き残しています。

岡部氏は２０１０年度から２０１２年度まで第3代経営学部長を務めました。初代学部長の森靖雄教授（２００1年度～２００６年度）、2代目の長南仁教授（２００7年度～２００9年度）に続いての就任でした。学部長時代の２０１１年3月には東日本大震災が発生。岡部氏は担当していた後期「ボランティア論」の授業で学生たちにボランティア支援を呼びかけ、総勢23人で10月23日から4日間、宮城県石巻市で復興支援の汗を流しました。

岡部氏は学部長任期を終えた２０１３年に大学を退職し、再び、海外に旅立ちました。同窓会「邦友会」に寄せた岡部氏の「退職の言葉」です。（抜粋）

〈70歳の定年まであと7年ありますが、余力のあるうちに次の人生を始めようと思い、わがままを許して頂きました。本学就任以前はアメリカでフリージャーナリストをしており、またその生活に戻るつもりです。今度はまず、躍動著しいアジアを目指したいと思います。教員をすることの良い面は、常に若い人からエネルギーを頂けることです。勉学、スポーツ、海外研修、ボランティアと学生諸君と活動するうち、身も心も若返りました。

そして教員をすることの悪い面は、必要以上に若返ることです。本当はあと2、3年でお迎えが来るかも知れないのに、人生まだ40、50年あるような気になる。青雲の志に突き動かされ、まったく新しい人生をゼロから始める野望に燃えています。国と国との間の対立が深まる東アジアですが、とりあえず中国あたりで日本語教師を始められれば。新生の躍動著しいミャンマーも魅力的ですね。卒業生の中には、海外で活躍中の方も多いと思います。遅まきながら私も皆さんに加わり、そのうちアジアかどこかの横町で再会しましょう〉

岡部氏は2013年から2015年まで時事通信ハノイ支局に勤務しました。

経営学部長も務めた岡部氏

岡部氏のブログによると、その後も南米を経てニューヨークに滞在（1年半）。ヨーロッパを経て2019年から米西海岸サンフランシスコに生活拠点を移しました。

岡部氏には数多くの著書がありますが、学部長就任の前年である2009年8月にはカリフォルニア州ロサンゼルスの自転車交通事情を体験的に調査・取材、『車社会を自転車でinロサンゼルス』（アマゾン電子出版、2015年）という本も書いていました。

ゼミ仲間も応援した後継への道

伝統技能「竹屋町」の家業を継ぎたい

「地域を担う人材育成」を掲げて開学した東邦学園大学では入学時から学生十数人に1人ずつ教員がつく「演習システム」（ゼミ）体制が整えられました。2年生からは、「企業経営」「地域経済」「経営システム」「会計」「起業・

後継者育成」の5つの専門分野（履修モデルコース）が設けられました。学生たちは100ほどある科目の中から講義を選び、専門性の高い知識を身に着けていく仕組みです。

開学4年目の2004年5月26日、「私たちは社長を目指します」と銘打った「事業プラン・後継者発表会」が開かれました。ゼミ単位で17件の発表が行われましたが、安保邦彦教授（ベンチャービジネス論）のゼミからは2組が発表を行いました。3年生の坪井隆将さん（名古屋大学教育学部付属高校卒）もゼミ仲間9人の応援を受けながら、「竹屋町裂」と呼ばれる伝統技能に関わる家業を継ぐ決意を報告しました。

竹屋町裂は、もともと京都の竹屋町で作られていた裂。竹屋町縫紗と呼ばれる縫い方で作られていたことから、竹屋町裂と呼ばれるようになりました。古くから仏具や茶道具などに珍重されて、僧侶の袈裟にも使われています。

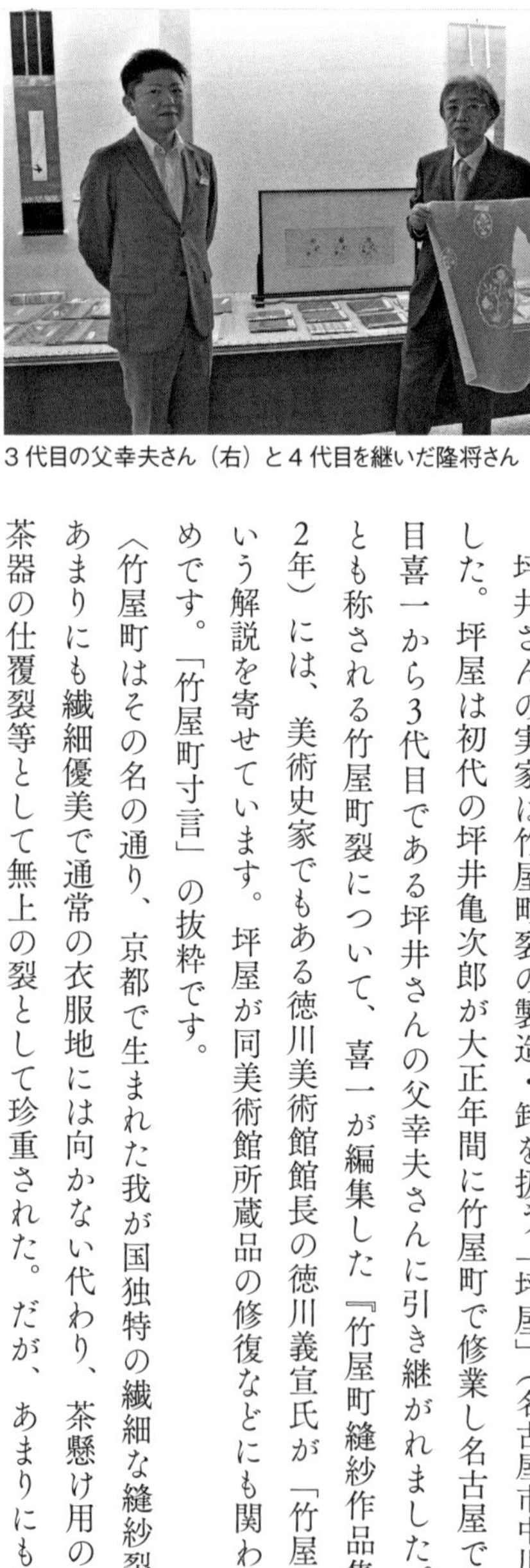
3代目の父幸夫さん（右）と4代目を継いだ隆将さん

坪井さんの実家は竹屋町裂の製造・卸を扱う「坪屋」（名古屋市中川区戸田）でした。坪屋は初代の坪井亀次郎が大正年間に竹屋町で修業し名古屋で創業。2代目喜一から3代目である坪井さんの父幸夫さんに引き継がれました。「竹屋町」とも称される竹屋町裂について、喜一が編集した『竹屋町縫紗作品集』（1992年）には、美術史家でもある徳川美術館館長の徳川義宣氏が「竹屋町寸言」という解説を寄せています。坪屋が同美術館所蔵品の修復などにも関わっていたためです。「竹屋町寸言」の抜粋です。

〈竹屋町はその名の通り、京都で生まれた我が国独特の繊細な縫紗裂地である。あまりにも繊細優美で通常の衣服地には向かない代わり、茶懸け用の軸物表具裂、茶器の仕覆裂等として無上の裂として珍重された。だが、あまりにも繊細で精緻な裂であるがために、今日では用途は限られ、縫紗の技術の継承も危ぶまれていた。その数少ない技術継承者坪井喜一氏の作品集がこのたび刊行された。私たちの祖先が拓き伝えた〝日本の美〟の世界に対する認識が、これを機会に深められ広まられて、さらに広く力強い流れとなって次の世代に継がれて行くことを切望してやまない〉

「事業プラン・後継者発表会」で坪井さんは竹屋町裂について、「発祥の地である京都ではすでに途絶えてしまっており、全国でこの技術を残しているのは名古屋のわが家（坪屋）のみとなってしまいました」と父親を継いで4代目継承への決意を語りました。

ゼミぐるみで振興策

坪井さんは安保ゼミで、「竹屋町」の現状を説明しました。竹屋町裂の製造は、布地に金糸や銀糸などを用いて模様を刺繍していきます。図案を型紙にし、型紙をもとにして布地に下絵を描き、下絵に従って刺繍をしていく作業で、全ての工程が手作業。坪屋では職人である年輩女性10人がそれぞれ自宅で手作業に取り組んでいました。

販売方法はデパートの美術画廊などでの個展販売が多く、仏具店や個人ギャラリーなどにも納入しています。ただ、特殊な業種のため、新たな客を得るのは非常に難しく、さらに、見た目には類似した格安商品が中国などアジア諸国から入ってきて一般美術品などとして売られており、「竹屋町」の本物の良さを理解してもらうことが年々困難になっていました。長引く不況で取引先の倒産も相次いでいました。

「父の後を継ぐにしても、売り上げの長期低迷、職人の後継者不足、新規顧客の開拓など、様々な課題があります。これからどうやって乗り切っていくか安保ゼミの皆さんの力を貸してください」。坪井さんを応援しようと2004年度、ゼミでは徳川美術館を訪問し江戸時代の世界を学んだり、実際に坪屋を訪問して製作工程を見たりと、様々な調査を行いながら、アイデアを出し合いました。

7月20日に行われた中間報告会では、丸山学長から、「有松絞りとのコラボを検討してみてはどうか」との助言もあり、ゼミ生たちは安保教授とともに、有松絞りの竹田嘉平衛商店（名古屋市緑区）を訪ね、絞り作家の竹田耕三氏から示唆にとんだ話を聞くことができました。

安保ゼミを始めとする経営学部の取り組みは2004年12月24日、名古屋テレビ（メ～テレ）の30分番組「未来の社長育てます～東邦学園大学の挑戦」として放映されました。

2004年5月開催の「社長を目指します」報告会

卒論に込めた決意

安保ゼミが最終的にまとめた坪屋の振興策は7点でした。

①アンテナショップを開設し、商品紹介と展示を常設する②ホームページを開設し、既存需要家の要望を探り、若い層の新規顧客開拓を図る③ロゴマークを設定し会社の印象を強く訴える④既存の顧客カードを見直し新たな需要開拓を図る⑤有松絞りとの共同作品づくりの検討⑥犬山の国宝「如庵」での茶会で見本展示し茶人の需要を探る⑦価格表とモデル品を収録したパンフレット制作。

坪屋の振興支援策に取り組んだ10人のゼミ生たちの1年に及んだ活動について、安保氏は「仲間の家業をどうするのかについて考える機会を持ったことは、世の中を知るうえで随分と勉強になったと思う。茶の世界を知るために信長や秀吉を学んだり、江戸時代の知識を得るために徳川美術館を訪れたりもした。知の世界が広がった1年だったと思う」と振り返りました。

坪井さんは、2006年3月の卒業にあたって、ゼミ活動を振り返りながら「たけやまち坪屋の振興策」という卒論を残していました。A4版で9枚にまとめた卒論の「おわりに」の要旨です。

〈取引先の会社経営者の後継者が少ないのも事実であり、私と同世代の後継者が減少している。事実、現在の代で店を閉めるといった所も数店あり、私としてはとても悲しく思う。数少ない伝統技術をぜひとも後世に残したい。今回の卒業論文を一つのきっかけとして坪屋の振興策を実行し、それをぜひとも成功させ、坪屋の復活を早く迎えたいと思っている。これから先、自分が坪屋の後継者となる日までの第一段階となりそうな土台づくりが出来たと思っている〉

教授時代を語った安保氏

新たな屋号で4代目に

坪井さんは東邦学園大学を卒業後、4代目を継承したのか、継承していたとしたら大学時代の「後継者育成」の教育は実際にどれくらい役立ったのか。坪井さん父子から話を聞くことができました。

2020年6月12日、名鉄百貨店10階にある美術サロン。幸夫さんの個展である「数寄の縫織遊び展」（6月10日〜16日）の会場で、竹屋町裂など美術裂表装品や色紙短冊などの作品が出品されていました。いただいた2人の名刺には「坪屋」の名前はなく「坪井美術」とありました。

「『坪屋』はブランド名の一つとし、屋号を『坪井美術』に変えました。2015年1月からです。屋号を変えた段階で一応代替わりということで、私が4代目になりました。父もまだ頑張っていますので私の4代目はまだ名前だけですが」と隆将さんが説明してくれました。2人の名刺には「徳川美術館認定　竹屋町縫元・美術裂織元」の肩書と、坪井幸夫、坪井隆将の名前がありました。

「4代目を継ぐことを目指した夢はかなえられましたね」という質問に、隆将さんは、「ちょっと時間は経っていますがかなえましたね」と卒業してからの14年間を振り返ってくれました。

隆将さんは大学を卒業後、名古屋のスポーツ用品店の外勤の仕事をしながら家業を手伝ってきました。しかし、リーマンショック（２００８年）に続いて起きた東日本大震災（２０１１年）。「この先どうなるのだろうということが続き、後継者になるとは言っていたものの、本当にやれるのかと心配でした。現実の厳しさに迷った時期も当然ありました。ただ、いろんなジャンルの世界を見ていくうちに、家業を継ぎたいという思いは消えることはありませんでした」と振り返ります。

中川区にあった坪屋は、あま市七宝町に引っ越しました。女性職人さんたちが高齢で引退する時期だったこともありました。職人さんが手掛けていた仕事の一部は幸夫さんが担っています。

「今回の個展タイトルの〝数寄の縫織〟とは父のことです。数寄（すき）＝風流人といった感じで少しかっこよく言ってみました」。スポークスマン役が身についている感じの隆将さんは、「うちは企業でもないし特殊な職種。学生時代に振興策として提案してもらったホームページとかアンテナショップとかには縁遠い、特殊な世界の顧客が多く、理想と現実のギャップをかみしめています。でも、安保ゼミの仲間たちは1年間、よくぞ一緒に考えてくれたと思います。懐かしさと感謝の思いでいっぱいです」と笑顔で振り返ってくれました。

ＣＢＣクラブ文化賞の受賞

坪井さんは父幸夫さんとともに「竹屋町」の伝統技能の振興に努めました。２０２０年2月、その努力が報われる日が訪れました。「一芸一能に黙々と従事し、人知れず東海地方の文化に貢献している人たちを発掘して顕彰する」という中部日本放送の文化事業「第61回ＣＢＣクラブ文化賞」に坪屋3代目の幸夫さんが選ばれたのです。１９６０年の第1回以来、幸夫さんは98人目の受賞者となりました。

「茶人大名の古田織部が、中国から招いた職人に京都竹屋町で行わせた独特の刺繍仕事が竹屋町縫い。茶掛け用の軸物表具裂、茶器の仕覆裂等として珍重されてきました。初代が大正年間に京都の竹屋町にて修業し名古屋にて創業、この伝統ある刺繍の技法を受け継ぎ、文化財等の修復にも携わる全国でも貴重な職人、それがあなたです」。幸夫さんの受賞理由です。

同賞は「くちなし章」とも言われています。「口に出して大仰に伝えられなくても、その一芸一能の芳しい香色は世の中に認められるところとなる」という意味合いがクチナシの花に重なるからでした。幸夫さんにもクチナシの花を図案化した七宝焼きの徽章が贈られました。

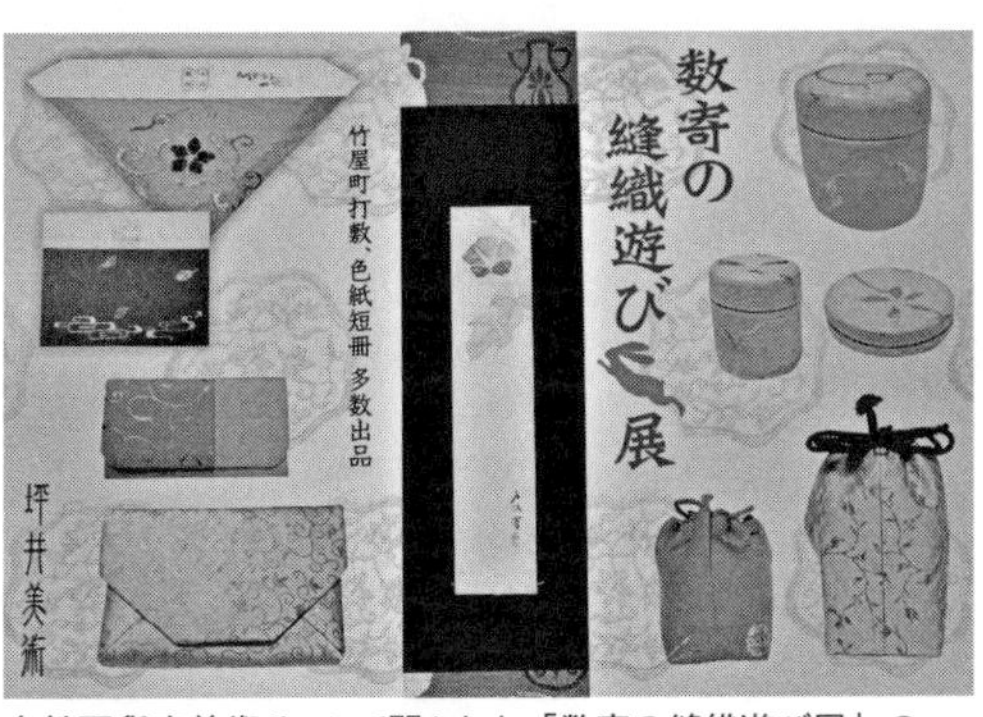

名鉄百貨店美術サロンで開かれた「数寄の縫織遊び展」の案内状

贈呈式は2月3日、名古屋市中区丸の内の名古屋銀行協会内にあるホテルオークラレストランで開かれました。幸夫さんは受賞のあいさつの中で、「作品のうわべだけを見ないで、奥深く見てください。そうしないと感動は伝わりませんから」といった趣旨のスピーチをしました。

式には、緊張しどおしの幸夫さんを支えるように、4代目を継いでいた隆将さんが付き添いました。幸夫さんのスピーチについて隆将さんは「父は緊張しまくっていました。掛け軸などの絵の周りに表現された裂のすばらしさもぜひ見てくださいということを言いたかったんですよ」と補足してくれました。

「年寄りなので、倒れたらいかんと思って、息子について来てもらいましたが、周囲は私より息子の話を興味深く聞いていました」。幸夫さんも4代目の長男隆将さんが誇らしそうでした。2020年6月に取材した時点で幸夫さんは69歳、隆将さんは36歳。4代目としての隆将さんの挑戦はこれからが本番です。

部活動を支えた教職員たち

硬式野球部の創部

東邦学園大学が開学した2001年度、スポーツ系15、文化系11のクラブが誕生し登録されました。部員13人の硬式野球部（以下野球部）の監督に就任したのは入試広報室職員だった袴田克彦さんです。袴田さんは東邦高校野球部OB（41回生）で、1989（平成元）年、東邦高校が戦後初のセンバツ全国制覇を飾った時の3年生マネジャーでした。

強化指定クラブ制度もなく、全ての部活動はゼロからのスタート。野球部の創部も新入生たちが自発的に名乗り出ることに期待するしかありませんでした。産声を上げた13人の野球部でキャプテンを務めたのは名古屋市立山田高校出身の杉山裕一さんでした。学生時代までは玉野姓でしたが、卒業翌年の2006年に結婚して杉山姓になりました。自動車部品メーカー株式会社スギヤマ（愛知県蟹江町）の取締役で、インドネシアに設立した「スギヤマ・インドネシア」の代表もしています。杉山さんが野球部発足時の思い出を語ってくれました。

「僕は公立高校の野球部副主将格でキャッチャー。大学では野球をするつもりはありませんでしたが、体育のソフトボールの授業などで、自分と同じ高校球児たちが何人かいることを知りました。東邦高校で野球部員だったという学生もいることが分かり、強豪私立の東邦OBもいるなら、野球部を作って一緒にやってみたいという気になりました。杉谷正次先生のゼミ生が多かったこともあり、杉谷先生が部長を引き受けてくれました」

杉谷部長、袴田監督のもとに集まった13人の野球部1期生です。（敬称略）

▽投手　永原敬規、田内誠▽捕手　玉野（杉山）裕一▽内野　南條延明、小林大誠、加藤雄一郎、小島敬裕、白

石展康▽外野　長縄仁、村松大輔、宮崎貴夫、横道紀彦▽マネジャー　岡本千佳

13人の中には高校には野球部がなくラグビー部だったという部員もいましたし、6人いた東邦高校出身者も、2人が軟式野球部出身、硬式野球部出身の4人も正選手の経験はありませんでした。女子マネジャーを買って出た岡本さんは東邦短大1年生で野球経験はゼロでした。

創部当時の思い出を語った袴田さん、杉山さん、杉谷教授（左から）

晴れ舞台初打席での涙

キャンパスには野球の練習場はありませんでした。野球場、サッカー場がある日進グラウンドができるのは1期生たちが卒業後の2007年です。杉山さんたちは昼休みに、現在のS棟横にあったコンクリートのテニスコートでの守備や投球練習、C棟が出来る前にあったゴルフ練習場では、ゴルフボールを使いトスバッティングの練習もしました。

それでも東邦高校野球部の東郷グラウンドを、高校野球部の練習が始まるまで使わせてもらえたのは大きな励みになりました。高校野球部は阪口慶三監督。平成元年のセンバツ優勝時のマネジャーだった袴田さんが、6人の東邦高校出身も含めて旗揚げした大学野球部を応援してやろうという心遣いとも言えました。発足したばかりで練習用ボールも足りない状態でしたが、杉山さんによると、高校野球部にはプロ入りしたばかりの朝倉健太（中日）選手、岡本浩二（阪神）選手から練習用ボールの差し入れがあり、その一部も回してもらうことができました。

東郷グラウンドはあくまで使わせてもらう立場。高校生たちを乗せたスクールバスが到着するまでには整備を終えて明け渡しました。その後は、事前に利用手続きをして、ナイター設備のある日進市総合運動公園に移動をして

練習を続けました。袴田監督は大学職員としての仕事を終えた後、練習場に駆け付けノックのバットを握りました。

愛知大学野球連盟への加盟手続きが認められ、開学初年度ながら2001年秋季リーグから4部リーグ出場が決まりました。実は当時の4部では連盟史上、異例の状態が起きていました。4部リーグ参加校は愛知大学、愛知工業大学、名城大学、名古屋大学、東邦学園大学、愛知文教大学、名古屋産業大学の7校。東邦、愛知文教、名古屋産業以外の4校はかつて1部リーグ所属でしたが、運営方針を巡る連盟の分裂騒ぎがあり、4部リーグからの再出発を余儀なくされていたのです。

このため、本来なら4部リーグでは参加校グラウンドが試合会場となるところを、1部校が使用していた岡崎、豊田、春日井など設備の整った市民球場での試合が続きました。9月1日、瑞穂球場での開会式に続く翌2日の、東邦学園大学の記念すべきリーグ戦初の試合は春日井市民球場で行われました。相手は名古屋産業大でした。

東邦のトップバッターは村松。「1番センター村松君。東邦高校出身」。名前は場内アナウンスだけでなく電光掲示板にも表示されていました。監督として初采配を振るった袴田さんは、「村松は泣いて帰ってきた。東邦高校では3年間、一度も公式戦の打席に入ったことがなかったから感動したんです。2番バッターの南條も名門の静岡商業出身ですがマネジャー。どの選手たちにとっても初めて体験する晴れ舞台でした」と振り返ります。杉山さんも「みんな野球ができる喜びや感動でいっぱいでした。僕もジーンと来るものがありました」と懐かしそうでした。

初出場の2001年秋季リーグ戦で東邦は旧1部4校には完敗したものの4勝4敗の5位でした。2年目のシーズンとなった2002年春季4部リーグは、2001年秋に優勝した愛知大学と2位の愛知工業大学が昇格したため、名城大、名古屋大、東邦学園大、愛知文教大、名古屋工業大、名古屋産業大の6校でのリーグ戦となりました。名城大が優勝、名大が2位で東邦は3位に終わりました。

「野球部新聞」で応援した野球部長

２００２年秋季４部リーグで、東邦学園大学は初優勝に輝きました。旧１部４校が全て昇格したため、リーグ戦は東邦学園大、名古屋工大、大同工業大（２００９年から大同大）、愛知淑徳大、名古屋市立大、愛知文教大、名古屋産業大の７校で行われました。東邦は部員がまだ２年と１年生だけでの優勝でした。しかも入れ替え戦に勝って３部昇格も決めたのです。

秋季リーグ閉会式では、２年生の小林大誠が４部リーグ最優秀選手とベストナインに、やはり２年生の宮崎貴夫が４部打撃賞とベストナインに、１年生の寺沢翔太がベストナインに選ばれ連盟から表彰されました。

〝愛知大学野球春季リーグ（4部）全日程終了〞

2002年5月30日（木）発行　No.3

愛知大学野球
春季リーグ速報

東邦大春季リーグ（4部）は3位。

平成十四年度愛知大学野球春季リーグ（4部）の全日程が終了した。

東邦大は、4部で勝点3をあげ6チーム中3位（昨年の秋季リーグは、7チーム中5位）という結果であった。野球部設立2シーズン目での3部昇格を目指してきた東邦大は、残念ながら入替え戦に出場することができなかった。

なお今シーズンの4部の順位は、1位名城大、2位名大、3位東邦大、4位愛文大、5位名工大、6……

新人戦で「東邦」旋風を起こせるか？
6月開催の新人戦に出場！

6月中旬より開催される愛知大学野球新人戦（トーナメント）に、東邦大野球部が出場する。この新人戦は、原則1・2年生が出場する大会であり、大学開設2年目の東邦大は、野球部員全員がこの大会に出場できる。

昨年の秋季リーグ、今年の春季リーグなど、これまで上級生の3・4年生を相手に戦ってきた東邦大野球部は、はじめて同一学年との試合にチャレンジする。新人戦で、「東邦旋風」を起こせるか、期待したいところだ。

◎愛知大学野球春季リーグ（4部）星取表

	名城大	名　大	東邦大	愛文大	名工大	名産大	勝点
名城大		●○○	○○	○○	○○	○○	5
名　大	○●●		○○	○○	○○	○○	4
東邦大	●●	●●		●○○	●○○	○○	3
愛文大	●●	●●	○●●		●○○	○○	2
名工大	●●	●●	○●●	○●●		○●○	1
名産大	●●	●●	●●	●●	●○●		0

◎東邦大試合結果

第2週	1日目	●東邦大	0－1	○名　大	（4月13日：名大山の上G）
	2日目	●東邦大	0－5	○名　大	（4月14日：名大山の上G）
第4週	1日目	●東邦大	0－18	○名城大	（4月27日：岡崎市民球場）
	2日目	●東邦大	0－19	○名城大	（4月28日：岡崎市民球場）
第5週	1日目	○東邦大	10－4	●名産大	（5月4日：名大山の上G）
	2日目	○東邦大	10－3	●名産大	（5月5日：名城大日進G）
第7週	1日目	●東邦大	1－2	○名工大	（5月19日：名城大日進G）
	2日目	○東邦大	7－1	●名工大	（5月20日：名城大日進G）
	3日目	○東邦大	10－8	●名工大	（5月21日：名城大日進G）
第8週	1日目	●東邦大	4－8	○愛文大	（5月25日：岡崎市民球場）
	2日目	○東邦大	10－6	●愛文大	（5月26日：岡崎市民球場）
	3日目	○東邦大	5－4	●愛文大	（5月27日：名城大日進G）

通算成績　12試合　6勝6敗　勝率 .500　勝点3

◎監督総評

開学と同時に第一期生によって創部された野球部も、はじめての新入部員を迎え、ようやく2学年体制でリーグ戦に挑んだ。現在のリーグ構成は、強豪大学が下部リーグに所属する形になっており、若いチームの将来を考えれば、実戦がこれ以上ない勉強の場にもなっている。この経験を活かし、新人戦で旋風を巻き起こし、さらには秋季リーグ戦では優勝と入替戦からの昇格を目指したい。

野球部長だった杉谷教授が発行し続けた新聞（2005年５月）

袴田監督は後援会誌「邦苑」24号（２００３年３月）にこの〝快挙〟を書き残しています。

〈創部２年目でのリーグ優勝、リーグ昇格は、昭和24年発足の愛知大学野球連盟史上においても快挙である。１、２年生の若いチームが、このような成績を残せたのは、恐らく昨シーズンまで愛知大、愛工大、名城大、名大といった旧１部強豪校との試合の中で、彼らが勉強し、また厳しい練習に耐えて努力したからであろう〉

杉谷部長は毎試合の結果を「野球部新聞」にまとめ、学内周知に努めました。マネジャーの岡本さんが記録した試合データ、自らが撮影、執筆した写真や戦評をパソコンで編集した新聞は、部員たちによって学内の掲示板など各所に張り出されました。大学ホームページがまだ速報態勢がなかったこともあり、杉谷部長の発行する「野球部新聞」は力強い応援メディアでした。

発行された「野球部新聞」は部員の家族たちも見られるよう、CDRディスクに収められ、卒業時に部員たちに配りました。杉山さんによると、杉谷部長は東郷グラウンドや日進市総合運動公園での練習のあった寒い日は、寸胴鍋に入れた豚汁とガスコンロを持ち込んで部員たちを激励してくれました。

神宮で見た全国大学野球に衝撃

2002年秋の4部リーグ優勝、3部リーグ昇格。わずか2年目での〝快挙〟を杉山さんは、「野球が出来る喜び、野球をやらせてもらえる環境への感謝。それが袴田監督の教えてくれた野球でした。〝袴田野球は間違っていない〟と確信しました」と言います。

しかし、袴田監督は、「東邦野球部はさらなる飛躍を目指さなければならない。これからはもう野球が好きだからでは勝てない」という思いを強くしていました。3部リーグから2部リーグへ、さらに頂点である1部リーグへと駆け上がらなければならない階段を見据えてのことでした。杉山さんは、「袴田さんが、ミーティングで〝明日から俺のことを監督と呼べ〟ときっぱり言いました。それまでは仲良しチーム感覚で〝袴田さん〟とか〝ハッカー〟と呼んでいましたから、袴田さんの強い決意を感じました」と言います。

11月17日、日曜日の東京・神宮球場。スタンドには袴田監督と東邦野球部員18人（2年生13人、1年生5人）の姿がありました。「大学野球の頂点をかけた全国レベルの野球がどんなものか、しっかりと目に焼き付けてこよう」という袴田監督の提案で、第33回明治神宮野球大会2回戦、亜細亜大学（東都大学野球連盟代表）対九州国際大学（九州3連盟代表）の試合を観戦するためです。袴田監督は東邦高校から進学した青山学院大学でも野球部のマネジャーを務め、神宮球場での東都大学野球リーグ戦を体験していました。

亜細亜大学のエースは4年生の木佐貫洋（巨人、オリックス、日本ハムを経て巨人コーチ）。春の第51回全日本大学選手権では、決勝で東京6大学代表の早稲田大学に2対1で勝利し、亜細亜大学を優勝に導きました。そして4年生最後となった第33回明治神宮野球大会でもエースとして投げ続け、東邦の野球部員たちが見守った九州国際大学戦も1－0で勝って決勝戦に進み優勝。亜細亜大学に春秋連覇での大学日本一をもたらしました。

「同じ大学野球とは思えないほどすごかったです。動き一つひとつが全然自分らの野球レベルと違っていました。ベンチからグラウンドに出るまでも全力疾走。ノックでも、ボールが何個あるのかと思うほどでした」と杉山さんはため息まじりに振り返りました。

部員18人の往復新幹線代は、大学教職員たちが応援を込めて出し合ってくれました。杉山さんによると神宮から帰った部員全員が、本部棟前に整列し、丸山惠也学長らにお礼を兼ねて報告を行いました。

最終試合に集まった1期生たち

初の3部リーグで迎えた創部3年目の2003年春季リーグから、東邦野球部は地獄を見ることになりました。3学年までそろったとはいえ格上チーム相手に2勝10敗で最下位。入れ替え戦でも敗れ再び4部に降格となりました。しかし、秋季リーグ戦は踏ん張り2位で終了、入れ替え戦で何とか3部への再昇格を果たしました。

そして杉山さんらが4年生となり、最後のシーズンとなった2004年。東邦は春季3部リーグでまたも苦杯をなめ4部に降格。4年生たちにとっては文字通り学生野球最後となった秋季4部リーグも4位で終わり、3部リーグ浮上は5期生となる新入生たちが加わる2005年度シーズン以降に託されることになりました。

杉山さんら1期生のラストゲームは東海市にある大同工業大学グラウンドで行われました。4年間、最後まで残ったのは13人中マネジャーの岡本さんを含めて5人でしたが、就職活動などで引退していた4年生も、途中で大

4年生最後の試合に集まった１期生たち（2004年10月）

学を去った元部員たちも、選手の家族たちも応援に駆けつけてくれました。学生コーチを引き受けてくれていた小林選手も袴田監督の計らいで代打として登場、4年間の野球部生活を締めくくりました。

杉谷教授の保存写真データの中に、試合終了後に撮影された1期生たちの写真がありました。最後まで残ったユニホーム姿の4年生4人（杉山、加藤、小林、宮崎）、東邦短大を卒業後、大学3年生に編入、4年間マネジャーを務めあげたジャージ姿の岡本さんの笑顔もありました。写真は後列左から南條、田内、玉野（杉山）、村松、横道、小林、永原。前列左から加藤、長縄、小島、岡本、宮崎の皆さんです。

「邦苑」26号（2005年3月）で袴田さんは杉山さんら野球部1期生たちにエールを送っていました。

〈彼らは間違いなく東邦学園の新しい歴史を築いた。第1期生として野球部を創ったことを誇りに思ってほしい。4月には野球部の第5期生がまた入部してくる。第1期生がそうであったように、共に泣き、共に笑い、共に汗を流すだろう。そして同じようにこう伝えたい。真剣勝負ができる喜びを感じろ。かけがえのない仲間に感謝しろ。親に感謝。マネジャーに感謝。そして大学に感謝〉

杉山さんは2012年から2017年まで、「スギヤマ・インドネシア」を立ち上げて軌道に乗せるためインドネシアに滞在しました。トヨタ系の会社や商社など進出企業には、甲子園や社会人野球を経験した駐在員も多く、ソフトボールでの親睦交流が盛んでリーグ戦もあるほどでした。「僕らもお客様のチームに入れていただき、ソフトボールを通して仕事のチャンスもいただくこともできました。袴田監督のもとで大学時代4年間野球をやっていなかったら出来なかったでしょうね」。杉山さんはしみじみと振り返りました。

26クラブ、サークルが誕生

東邦学園大学が開学した2001年度、26のクラブ、サークルが誕生しました。1年生だけの大学生たちに、同じキャンパスの東邦学園短大生（1、2年生）たちも加わりましたが、先輩もいない、クラブ運営のノウハウもない学生たちをサポートしたのは大学教員や職員たちでした。1人で3部の顧問に就任し、部活以外でも良き相談相手となった職員もいましたし、1年生男子部員たちを親身になって叱咤激励し続けた職員もいました。

後援会誌「邦苑」23号（2002年3月発行）に掲載された創部26クラブ・サークルと顧問（監督など指導者）、部員数は以下の通りです

【スポーツ系】

硬式野球部（袴田克彦）13人（大学12、短大1）▽空手道部（小林信之）2人（大学2）▽サイクルスポーツ部（新村健）2人（大学2）▽男子バスケットボール部（三浦寿美、増田貴治）10人（大学3、短大7）▽女子バスケットボール部（谷川智代）8人（短大8）▽フットサル（サッカー）部（小野隆生、増田貴治）23人（大学4、短大19）▽バドミントン部（二宮加代子）32人（大学11、短大21）▽陸上部（二宮加代子）1人（大学1）▽ゴルフ部（袴田克彦）5人（大学5）▽スキー部（西村弘之）4人（大学4）▽バレー部（杉本宗夫）7人（大学6、短大1）▽ボウリング部（山本正彦）2人（大学2）▽フリースタイル部（二宮加代子）11人（大学10、短大1）▽ビリヤード同好会（深谷和広）23人（大学23）▽アウトドア同好会（阪口将史）19人（大学11、短大8）

【文化系】

簿記部（山本正彦）17人（大学6、短大11）▽茶道部（所智子）2人（短大2）▽軽音部（成田良一）10人（大学7、

短大3）▽旅とカメラを楽しむクラブ（平尾秀夫）6人（短大6）▽乗り物研究部（津田正夫）3人（大学3）▽ベンチャークラブ（安保邦彦）4人（大学4）▽サークル計（後千代）4人（大学4）▽スポーツ応援観戦同好会（柴田千登勢）6人（短大6）▽クラシック音楽同好会（中山孝男）1人（大学1）▽つり同好会（小林信之）1人（短大1人）▽漫画同好会（井上秀次郎）4人（大学4）

フリスタ部も旗揚げ

「フリースタイル部」（現在のFREE STYLEサークル）も開学間もなく旗揚げされました。初代部長で、「HONEY WAXX AYA」（ハニーワックスアヤ、以下はアヤさんと表記）の名前で名古屋を中心にダンス活動をしているアヤさんが2020年6月、卒業後15年振りに母校を訪れ、顧問だった総務課長の二宮加代子さんとともに創部当時を語ってくれました。

アヤさんは母親が音楽が大好きだったこともあり3歳ごろからダンスを始め、桜花学園高校時代も、授業後は名古屋市中区にある「スタジオZOO」に通い続ける日々でした。東邦学園大学の入学者297人中女子は37人だけ。9割近い男子学生に圧倒されたそうでしたが、アヤさんは入学前からダンスを通して知っていた梅原美智子さんや開米宜隆さんら男子学生たちとサークルづくりに動きました。「ダンスサークルをつくりたいんだけど一緒にやる？」という誘いに、「経験ないけど踊ってみたい」と応じる学生たちが相次ぎました。

顧問は、学生課職員だった二宮さんに引き受けてもらい、ヒップホップ、ガールズヒップホップ、ロック、グレイキングなど、〝オールジャンルOK〟という気持ちを込め、「フリースタイル部」を立ち上げました。登録部員は短大生1人も含め11人でした。

練習拠点はS棟地下。現在は吹奏楽団が練習に使用しているフロアです。「私とかウメ（梅原さん）、ダンス経験

久し振りに母校を訪れ二宮さんと思い出を語ったアヤさん

のあるノリ（開米さん）がダンスを教えたりしているうちに、部員たちはどんどんダンスが好きになり、はまっていきました。授業が終わるとS棟地下に直行する部員が増え、練習の中身も濃くなっていきました。大学祭の時はメチャクチャ練習したせいか、和丘祭の舞台はものすごい人気でしたよ」。アヤさんは懐かしそうに振り返りました。

翌2002年度の部員は14人（大学生のみ）。二宮さんが、後援会誌「邦苑」24号に活動を報告していました。

〈我が東邦のフリースタイル部は、ジャンルにこだわらず、自分たちのスタイルでダンスを目いっぱい楽しんでいるクラブです。本学の大学祭出場はもちろん、他大学の大学祭やイベントにも参加して活発に活動しています（イベントでは優勝経験もあり！）。2001年は夏に合宿を行い、大学祭に向けて寝ずの練習をしていました。その成果は大学祭での彼ら、彼女らのステージを見た方はもうお分かりだと思います。最高のステージでした。これからさらに磨きがかかりバージョンアップすること間違いないでしょう〉

ダンス人生まっしぐら

名古屋の都心ビジネス街には夜遅く、ストリートダンサーたちが集まる人気の練習スポットが2か所あります。伏見の日土地ビル前と栄の中区役所前です。午後9時、10時ごろから社会人も含め若者たちが建物のガラスをミラー代わりに練習に汗を流します。アヤさんも高校、大学時代は中区役所前広場で「セクシー系だけどパワフル」

創部以来、大学祭の華だったフリスタ部のダンス（2002年度和丘祭）

なダンスを磨きました。

アヤさんは大学3年生のころから「スタジオFORCE」でキッズを対象にダンスを教え始めました。大学を卒業するころには教えるレッスンは徐々に増え始め、自分のチームを作り活動の幅を広げ始めました。「就職活動はどうするの」と心配する二宮さんには、「私、ダンスで食べていくから大丈夫だよ！」と胸を張りました。

1期生たちの卒業式が行われた2005年3月16日、袴姿で式典に参加したアヤさんは二宮さんにディズニーキャラクターの封筒に入れた手紙を手渡しました。（抜粋）

〈にのさん！今日は卒業式だよ。東邦に来て4年も経っちゃったんだネ。1年生の時がついこないだだと思うもん。ayaにとって、この4年間はすごく充実していたんだ。一番大きかったのは、大学へ来て、自分の時間があった中で、danceで生きていくことを決意したこと。ゼミの子やまわりが就活したりした中、いろいろ迷いもあったけど決めれたんだ。世間から見たら大学→就職ってのが普通なのかも知れない。でもayaはこれしかないんだ。イベントとレッスンと昼のバイトも始めて、この1、2年、本当に忙しい毎日で、一息ついて考える時間もなかった。卒業も近く、自分を見つめなおしたりしてたんだ。今、ayaがいるこの環境も自分の位置も全部自分で作りあげてきた。ayaはこの大学に通うことができて本当に良かった。最高の4年間でした。これから先もどんどん前を向いて進んでいきます〉

卒業後のアヤさんは、名古屋を拠点に活動する人気ヒップホップグループ「HOME MADE家族」を始め、様々なアーティストのバックダンサー、メディア出演など活動エリアは全国に広がりました。一方、名古屋では最大規模の「ストリートコンテスト　ダイナマイト」の審査員も10年続けました。

二宮さんが、「私は現場で直接指導しているわけじゃないけど、最近のフリスタは2年連続で全国舞台出場だよ」と、ＦＲＥＥ ＳＴＹＬＥ部の「マイナビDANCE ALIVE HERO'S 2020 FINAL」への連続出場を紹介すると、アヤさんは「19年前の創部から、歴史はしっかり引き継がれているんだ」と嬉しそうでした。

開学2年目に創部のサッカー部

サッカー部（男子）が産声を上げたのは開学2年目の2002年4月です。「サッカー部がないのなら、自分で創ってやろう。俺がこの大学の伝説をつくってやると闘志がわいてきました」。先頭に立ったの望月崇伸さんです。小学2年生からサッカーを始め、名古屋グランパスユースでプレー。日進西高校から開学2年目の東邦学園大に入学しました。

「初代監督には大学職員で東邦高校時代にサッカー部員だった増田貴治さんにお願いし、部員集めに奔走しました。幸運だったのはサッカー経験のある松井慶太君、江崎誠君（2人とも卒業後は愛知東邦大学に職員として就職）という力強い同期生が創設メンバーに加わってくれたことです。1年生だけで約20人が集まり船出することができました」と振り返ります。

グラウンドもない、サッカーボールもそろわないまま体育館やS棟横テニスコート（現在はC棟クラブ室付近）での練習からのスタートでした。8月になって、尾張旭市や守山区の市営、企業グラウンド、中学校校庭を借りてのグラウンド練習に取り組むことができました。送迎バスもなく、移動は全て車に乗り合うなど自前でした。

9月から始まった愛知県学生リーグ戦（東海3部リーグ）。初戦は愛知大学名古屋校に2－5で敗退。愛知学院大

サッカー部の男子部員たちと三浦さん（2004年８月）

Bに0－6、名古屋外国語大に1－3と敗れ3連敗。しかし、4戦目の名古屋市立大に3－2で勝利をおさめ初勝利。部長の小野隆生教授は「東邦キャンパス」86号（2003年1月10日）に「その時の選手たちの嬉しそうな顔を忘れることができない」と書いています。小野教授はさらに、「総務部職員三浦寿美さんの献身的な協力のもと、ユニホームの用意、連盟への登録が進んだ」とも書き残しています。

三浦さんは男子バスケットボール部監督でしたが、新たに顧問を引き受けたサッカー部では女子部員がいなかったため、実質的な女子マネジャー役もこなしました。硬式野球部など発足間もない運動系クラブに対し、三浦さんは支援を惜しみませんでした。

三浦さんは1994年の東邦短大卒業生（28回生）で、母校に職員として就職しました。短大生時代はバスケットボール部マネジャーだったこともあり、大学職員になってからも学生目線での気配りを忘れませんでした。「失敗したらやり直せばいいのよ。つまずいたら立ち上がればいい。スタートラインは自分で引けばいいんだよ」と学生たちにエールを送り続けました。

硬式野球部が発行していた「野球部新聞」にならってサッカー部も新聞を作成、学内掲示板に張り出しました。「サッカー部の活動を学内に発信していこう」という三浦さんの提案でした。編集を担当した松井さんは、「試合が終わるごとにパソコンを使って発行しました。おかげでサッカー部の活動を部外に紹介することができました」と言います。

三浦さんの急死と悲しみの衝撃

2期生の4年生部員にとって2005年9月4日から始まった第4回愛知学生サッカーリーグ後期戦は学生時代最後のリーグ戦となりました。しかし、初戦に大同工業大に3－0で勝ち、9月18日の第2戦を前にした11日、部員たちに悲しい衝撃が走りました。三浦さんが急死したのです。休日を利用して職員仲間らと山に登ることになっていた三浦さんは、集合場所だった大学近くの駐車場で心室細動という心臓のけいれんに見舞われ、32歳の若さで帰らぬ人となりました。

「東邦キャンパス」98号に、サッカー部主将の高橋禎人さん（2年生）は悲しみを書き残しています。（抜粋）〈私たちサッカー部は創部以来、2部昇格を目標に掲げ、全力で駆け抜けてきました。初代創部メンバーの引退をかけた大事な大会になっていたのですが、大会中、大切な人を失いました。創部以来、ずっと支援していただいた三浦寿美さんです〉

サッカー部は残り2試合に全勝しましたが、10月の決勝トーナメントで準優勝に終わり、4年生たちは最後の戦いを終えました。2部リーグ昇格を決めたのは2010年度。創部から9年目のことでした。

B棟扇校舎前では、三浦さんの家族から贈られた桜の木が学生たちを見守っています。木には仲の良かった同僚職員によって、毎年、新しいパウチカバーに収められた新聞記事コピーが架けられています。母親の房代さんが綴った手紙を紹介したコラム記事（2006年4月11日中日新聞）です。桜が大好きだった三浦さんは、「桜はね、寒い冬の間、幹にいっぱいエネルギーを蓄えて、春には人を和ませ、人に幸福な気分を残して散っていくの。いい花を咲かすには、今、頑張る時なの。人は必ず、花を咲かす時が来るのよ」と学生たちを励まし続けていたそうです。

ＡＥＤ（自動体外式除細動器）とともに贈られた桜の木は、Ｓ棟前テラスの芝生に植えられましたが、キャンパス改装に伴い2019年春からB棟扇校舎前に移植されました。

サッカー部の創部メンバーの松井さんは、「入学したばかりの僕らはいわばやんちゃ坊主。寿美さんはそんな僕らを学生としてしっかり育てようとしてくれました。大学職員の経験を積み、年齢を重ねるうちに寿美さんの存在の大きさを痛切に感じます」と語りました。

三浦さんを偲ぶ桜の木には今も記事パウチが（扇形校舎前）

新たな船出と短大閉学

人間学部開設、日進グラウンドオープン

東邦学園大学は2007年度、「愛知東邦大学」に校名変更し、経営学部と人間学部の2学部体制で新たな船出をしました。入学式は4月1日、体育館で行われました。入学定員350人で経営学部200人、人間学部150人（人間健康学科100人、子ども発達学科50人）。「東邦キャンパス」102号（2007年5月21日）によると新入生は346人。経営学部186人、新設の人間学部が160人（人間健康学科102人、子ども発達学科58人）でした。

開学以来43年目を迎えた東邦学園短大はこの年から人間学部定員に相当する経営情報科150人の募集を停止したことで新入生はなく、短大・大学合同で行われてきた入学式は愛知東邦大学のみでの開催となりました。

山極完治学長は式辞で「4年間・1460日かけて自分だけの地図をデザインしてください。そのためのサポートは教職員が全力で行います」とあいさつ。新入生を代表して経営学部の生駒久智さんが「学生と先生方の距離がとても近いところにひかれて入学しました。社会から信頼される人格を身につけたいと思います」と宣誓しました。

人間学部の初代学部長には短大の経営情報科長だった山本正彦教授（福祉会計システム論）が就任。「健康、心理、福祉、幼児保育という4分野から人間の抱える課題を考える学部」を掲げ、人間健康学科、子ども発達学科とも10人の専任教員を配置しての船出でした。

人間健康学科の開設に合わせ、キャンパス内にはC棟が新設され、入学式の後、テープカットが行われました。専門科目の講義、演習、実技がC棟トレーニング施設で実施されるようになりました。

2002年10月に創設された「東邦学園大学地域ビジネス研究所」も人間学部の開設に伴い、研究・活動範囲が大幅に広がったことで2007年4月から「愛知東邦大学地域創造研究所」と改称し、研究叢書名も「地域創造研究所叢書」と変更されました。

日進グラウンドで開かれた第１回愛知東邦大学杯少年サッカー大会

日進市の東名高速道路沿いには野球場とサッカー場を備えた日進グラウンドがオープンしました。経営学部スポーツマネジメントコースの学生たちは、杉谷正次准教授の指導で、夏休み中の8月4日、日進グラウンドを会場に、「スポーツを地域振興に役立てよう」と12歳以下を対象にした「愛知東邦大学杯少年サッカー大会」を企画、運営し開催しました。関わった経営学部2年生の長田直之さんの手記が「スポーツで地域貢献」というタイトルで8月21日「中日新聞」に掲載されていました。

〈学生はプレー経験はあるものの、スポーツ大会を企画・運営したという経験者は一人もいなかった。全国規模のスポーツ大会を何度もマネジメントされたことのある杉谷准教授の指導のもと準備を進めることとし、4月に完成した大学サッカー場に会場を確保した。元気にプレーする子どもたち、指導する学生たちの姿を見て「開催してよかった。来年もぜひ開催しよう」という意見で一致した〉(要旨)

「常に次のチャレンジへ」

2007年度は5回のオープンキャンパスが開催され、高校生への新校名アピールが行われました。正門から入ったS棟前には「2007年4月校名変更 旧校名：東邦学園大学」という説明付きの「愛知東邦大学ing。常に、次のチャレンジへ。」のキャッチコピーの看板も掲げられました。

オープンキャンパスは7月29日(日)、8月10日(金)、同22日(水)、9月22日(土)、10月13日(土)に開催されました。施設の紹介や在学生が就職活動体験や海外留学体験などを語りかける「キャンパスボイス」、模擬授業、総合説明会などが行われました。11月24、25日に開催される大学祭「和丘祭」の実行委員会が例年より早く、新年度早々に立ち上がり、36人のメンバーたちがオープンキャンパス運営の学生スタッフとして積極的に加わりました。

2007年度大学祭実行委員長の西川佳介さん(経営学部3年生)は「2007年は、私たちにとって、新たな歴史を生み出す記念となる年。実行委員全員のモチベーションは高く、それぞれの個性とバイタリティを集結させた大学祭を開催できると自負しています」「大学の重要なイベントであるオープンキャンパス(計5回)にもスタッフとして加わり、見学に来た高校生たちのホスト役を買って出る超積極派です」と決意を語っていました。

(10月15日発行「東邦キャンパス」103号)

人間学部模擬授業では、人間健康学科で「スポーツと心について」「若さを保つ筋力アップトレーニング」、子ども発達学科では「幼児の身体表現」「心理テストで自分の心の中をのぞいてみよう」などの模擬授業が行われました。5回のオープンキャンパスの参加者は約700人で前年より200人強の増加でした。

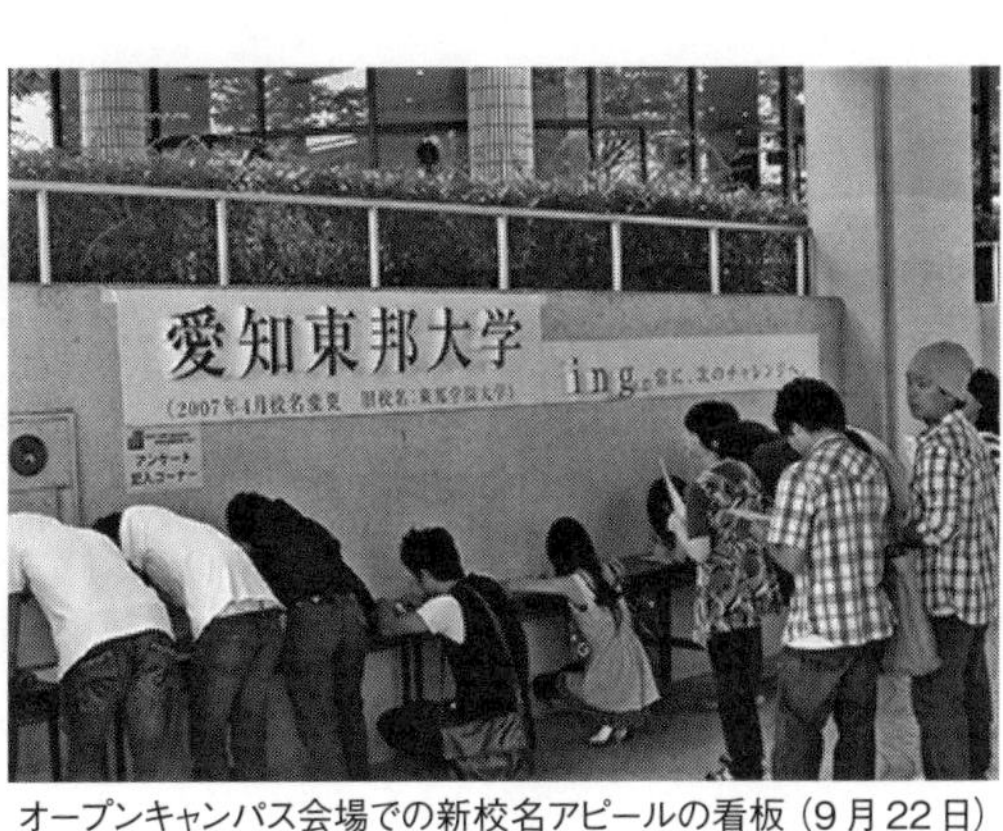

オープンキャンパス会場での新校名アピールの看板（9月22日）

「Re:Start」掲げた和丘祭

2007年度「和丘祭」で実行委が掲げたテーマは「Re:Start」でした。校名変更、人間学部誕生に加え、2年生が卒業すれば43年の歴史に終止符を打つことになる東邦学園短大の伝統を引き継ぎ、新たな和丘祭として再出発する決意が込められていました。

祭りは餅まきならぬアメまきでスタート。4月に新しく出来たC棟の一室では目玉企画「カラオケ王座決定戦」の予選が開始されました。校門からC棟に続く〝和丘祭ロード〟には店開きした模擬店での呼び込みの声が飛び交い、〝出張配達〟の学生たちが駆け回りました。夜のイベントでは、大学祭初の試みとして、ZIP-FMとのタイアップによる「エイジアエンジニア」（4人組ヒップホップグループ）、「KAME&L.N.K」（豊田市出身のヒップホップグループ）、「RSP」（女性ボーカルユニット）の3組のゲストライブが行われ、祭り初日の盛り上がりは最高潮に達しました。

2007年4月、経営学部教員に着任した大勝志津穂講師（その後人間健康学部教授）は初めて体験した愛知東邦大学の大学祭について後援会誌「邦苑」29号（2008年3月）に書き残していました。（抜粋）

〈この2日間、地域の人々やOB・OG、さらには教職員の家族など、多くの人々が大学に足を運んでくださったと思います。私自身は、講義では見られない学生の一面を見ることができ、新たな発見をすることができました。また、学生も学園祭を通して新たな発見をし、成長したと思うので、今後の大学生活にこの経験を生かしてもらえればと願っています〉

東邦学園短大にとっては第 43 回で最後となった「和丘祭」

着飾って、晴れやかな笑みに包まれる学生（写真）たち――。愛知東邦大学と東邦学園短期大学で、３月 19 日に行われた卒業式と、教室での風景です。
上の写真は短大生総代となった田上可奈子さん。卒業証書を山極完治学長から授与されました。高校、短大、大学の卒業式は恒例のことでしたが、今春は 43 年の歴史を重ねた東邦学園

短大最後の卒業式を伝えた「東邦キャンパス」105 号

１万２５７０人が巣立った東邦学園短大で最後の卒業式

１９６５年の開学以来、最後の卒業生を送り出した東邦学園短大の第42回卒業式と愛知東邦大学の第４回卒業式が２００８年３月19日、S棟体育館で行われました。開学以来の短大卒業生は1万２５７０人を数えました。卒業生数が最も多かった１９９４年度は５６２人でしたが、最後となった２００７年度は98人でした。

短大総代として山極学長から卒業証書を授与されたのは田上可奈子さん。答辞を述べた山路優子さんは「私たちを育ててくれた短大は姿を消します。寂しくないと言えば嘘になりますが、たくさんの経験をして、大切な友人も増え、濃い学生生活を過ごした場所でした」と思い出を語りました。

経営情報科の定員１５０人を愛知東邦大学人間学部に引き継ぐことで43年の歴史に幕を下ろした東邦学園短期大学。短大最後の卒業式を伝えた「東邦キャンパス」１０５号（２００８年５月20日）に、第7代学長の原昭午氏（１９８８年4月～１９９４年3月）が万感の思いを寄せています。

短大という教育遺産

元学長・原昭午

2008年3月をもって東邦学園短期大学の歴史が閉じられた。その創立に関わったものとしては、名残り惜しさと共に一つの時代の終わりを感じざるをえない。それにしても、短期大学という教育システムが過去のものとなっていく事実をどう受けとめたらよいのであろうか。近年の大学教育をめぐる厳しい状況は、外部にいる我々にも伝わってくるが、40年近く短大で学生らと学園生活をともにしてきた者として、そこにおいて培われ、また伝えられてきた教育遺産は、今後に継承されるべき意味を有していると考える。

卒業生のその後の歩みと各分野における活躍ぶりをみるとき、ここ数十年にわたる日本社会において短期大学の担ってきた教育の役割は十分実証されていると考えるのであるが、しかし、近年の進学動向において、四大志向偏重と企業側の求人状況などにおいて、現状はやむをえぬところであろうか。こうして筆をとりながらも、1回生に始まる卒業生諸君の顔を思い浮かべながら、今後とも同窓生としての友好と信頼の関係を保ち続けたいものと願っている。

短大教員として最後の卒業生を見送った小野隆生教授（名誉教授）も記念誌『東邦学園短期大学の43年』に「最後の1年間」の思いを書き残しています。

母校の名が消えることを学生に伝えるつらさ

人間学部教授・小野隆生

私が前任校を辞して、東邦学園短期大学経営情報科に奉職したのは1995年4月。それから13年後の2008年3月、東邦学園短期大学は役割を終えることになりました。想えばこの間、東邦学園大学（経営学部）の創設、短大の縮小など様々なことがありましたが、最も心に残っているのは、短大最後の年のことです。自分の母校の名がなくなることを学生に伝達するつらさを初めて味わいました。

さらに、「最後の一人まできちんと教育して学校を閉じる」方針を貫徹するために、成田（良一）経営情報科長を先頭に、ほとんどマンツーマンに近い教育に取り組みました。幸い落伍する学生も出ず、卒業式を迎えましたが、学生の気持ち等、様々な点に配慮した1年でした。

全国舞台へ先陣切った軟式野球部

「楽しむ野球」めざして

愛知東邦大学が人間学部を開設し、経営学部と2学部体制で新たな船出をした2007年度、日進市の東名高速道路沿いに日進グラウンドがオープンしました。野球場は両翼92m、中堅115m。人工芝サッカー場は97m×60mで観戦用スタンドも設けられました。いずれも夜間照明で日没後の活動も可能になりました。

3部リーグの硬式野球部は、専用野球場の完成で2部リーグ昇格、サッカー部も愛知学生リーグから東海2部リーグ昇格への期待が高まりました。女子サッカー部も新規クラブとして産声をあげ、2007年6月から日進グラウンドで活動を開始しましたが、全日本大学女子サッカー連盟への加盟を目指し部員集めに力を入れている段階でした。

2007年度には軟式野球部も発足しました。創部メンバーは保健体育教員をめざして入学してきた人間学部人間健康学科1期生たちが中心で、「野球を楽しむ」ことを主眼にした同好会でした。初代キャプテンの風間拓也さんも、高校時代には硬式野球部に所属していましたが、「楽しみながら野球を続けたい」と、入学して間もなく軟式野球部員を募ったところ10数人が集まりました。顧問は人間学部長だった山本正彦教授が引き受けてくれました。

創部２年目の軟式野球部。前列右から４人目が風間さん

練習は硬式野球部の練習がない月曜日は日進グラウンドで行いましたが、それ以外は自分たちで使える公園を探して行いました。日進グラウンドには専用の用具保管場所もなく、置き忘れた野球用具が行方不明となり、再度買いそろえるため、山本教授に声をかけてもらい、教職員に寄付を募ったこともありました。

それでも創部2年目の2008年秋季2部リーグでは2位に輝きました。2位を決めた時の部員たちの笑顔が「東邦キャンパス」108号（2009年6月24日）に掲載されていました。紺地に赤の「TOHO」文字の初代ユニホーム。部員は18人。この軟式野球部紹介記事の中で風間さんは、「仲良く楽しみながらの野球に取り組み、学生会や他の部活への参加、実習授業のサポートなどの学校活動にも積極的に関わっています」と書いています。

全日本学生軟式野球選手権大会に初出場で優勝

軟式野球部には、硬式野球部の退部組も増え始めていました。風間さんが主将を引退し、2008年入学の樋口右季さん（人間学部）が新たに主将に就任し、「これからは同好会ではなく部として強いチームをめざそう」という方針が打ち出されました。

2009年に人間学部に入学した河本拓也さんは大阪市出身。小学生から野球を始め、甲子園にあこがれ、熊本県の秀岳館高校に進学。3年生夏の県大会では準決勝まで勝ち上がりましたが甲子園出場の夢は果たせませんでした。愛知東邦大学へは高校の保健体育教員になる夢をかなえようと入学しました。

硬式野球部は2009年、愛知大学野球連盟3部リーグから2部リーグ昇格をめざして厳しい練習が続いていました。その一方で、チーム運営や指導方針への反発から退部し、軟式野球部に合流する選手も相次いでいました。秀岳館時代の河本さんの捕手としての活躍を知っている軟式野球部員から、「本格派速球投手の球を受けるキャッチャーがいない。ぜひ入ってほしい」と声がかかりました。河本さんは一度断ったものの、「どんな練習をしているか見てみよう」と月曜日、日進グラウンドを訪れました。軟式野球部員たちの予想以上に真剣な練習ぶりを見て、河本さんは入部を決めました。

2010年春季リーグが終わった段階で2年生の河本さんは主将に推されました。軟式野球部は中部日本学生軟式野球連盟2部に所属していました。春季リーグが3位に終わり、1部入替戦に進出できませんでした。上級生たちから、「何かを変えないと秋季も同じ結果に終わってしまう。チームを強くするために下級生だが河本に任せよう」という声が上がったためでした。

主将を引き受けた河本さんはチームスローガンを「勝ってなんぼやろ」と決めました。「勝つことによってチームは前に進む。大阪弁の方が鼓舞しやすい」と考えたからでした。

河本さんが主将として初めて迎えた２０１０年２部秋季リーグで愛知東邦大は5勝0敗で優勝。入替戦でも藤田保健衛生大を８－０で下し１部リーグ昇格を決めました。そして最初の１部リーグ戦となった２０１１年春季リーグも5勝１敗で優勝。2位の名城大学とともに第34回全日本学生軟式野球選手権大会（下関球場）に初出場し、堂々の優勝を決めました。

第34回全日本学生軟式野球選手権大会で優勝（2011年8月）

１回戦で岡山商科大学に３－０で勝利。準決勝、決勝に進んだ大会結果は２０１１年8月26日「中日スポーツ」にも掲載されました。

〈第34回全日本学生軟式野球選手権大会が25日、山口県下関市の下関球場で行われ、中部地区代表の愛知東邦大が準決勝で福岡国際大に2－0で勝ち、引き続き行われた決勝戦では広島工業大に4－0で快勝。優勝を決めた。大会は全国8地区の代表12校が出場。愛知東邦大は3試合とも無失点で勝利を収めた〉

表彰式では3年生の河本さんに最高殊勲選手賞、4年生の粥川信太朗さんに最優秀投手賞が贈られました。

カフェテリアで大学主催の祝勝会

河本さんは全日本学生軟式野球連盟の選考で、２０１１年10月5日から11日まで北京で開催された第16回日中友好学生軟式野球大会に日本チームキャプテンとして参加しました。「東邦キャンパス」１１４号（２０１２年1月1日）に掲載さ

A 棟カフェテリアで行われた祝勝会。右端が河本さん（2011年10月26日）

れた河本さんの大会報告です。

〈日の丸を背負って戦うことや、日本代表のキャプテンを務めることに対して不安や緊張は全くありませんでした。それは愛知東邦大学軟式野球部でキャプテンを務め、夏に行われた全日本学生軟式野球選手権大会で優勝し、全国制覇を成し遂げたという自信が心のどこかにあったからかも知れません。〝負けたらあかん〟〝ミスしたらあかん〟。そんなネガティブな考えを一切持たず、野球が出来る〝幸せ〟を感じながら、今、この一瞬を〝楽しむ〟ことだけを考えて大会に臨みました。愛知東邦大学で軟式野球をしていて本当によかったです。ありがとうございました〉

河本さんが中国から帰国後の10月26日、A棟カフェテリアでは、大学主催による軟式野球部の日本一を祝う祝勝会が開かれ、成田良一学長、榊直樹理事長が部員たちの快挙を祝福しました。

これより先の9月、「東邦キャンパス」は軟式野球部全国優勝と、全国高校ダンスドリル選手権ヒップホップ部門2位となった東邦高校ダンス部の活躍をたたえ、「大学・高校祝勝特別号」（113号）を発行しました。軟式野球部については、大会成績、26人の顔写真入りチーム紹介、成田学長のお祝いメッセージと主将・河本さんの優勝報告が掲載されました。

自主的自発活動は大学クラブ活動の神髄　学長　成田良一

「軟式野球部諸君、大会出場おめでとう。限られた練習環境の中で大きな成果を出したことに、喜びと、諸君への尊敬の念を感じます。これも君たちの厳しさと自由さを兼ね備えた日頃の努力の賜でしょう。この大会で、君たち一人ひとりが持っている力を思う存分発揮してきてください」――こう言って送り出したところ、初出場にして優勝という快挙を聞き、心から喜びを感じました。自主的自発的な活動を積み重ねて優勝に結びついたところに大学におけるクラブ活動の神髄があると思います。最後に、夜間の練習にグラウンドを貸していただいた東邦高校に感謝します。

間違っていなかった「勝ってなんぼやろ」野球　主将　河本拓也

私たち愛知東邦大学軟式野球部は第34回全日本学生軟式野球選手権大会において悲願の全国制覇を成し遂げ、日本一になりました。「勝ってなんぼやろ」を合言葉に過ごしてきた日々が間違っていなかったことを証明できたことをとても嬉しく思います。これからは追われる立場になりました。好成績を維持できるよう、常に挑戦者の気持ちを忘れず、夏秋連覇に向けて再スタートします。今後とも応援よろしくお願いします。

「最高の仲間とでっかい花火打ち上げたったで！」

軟式野球部は2011年秋季リーグ戦も優勝。東京都八王子市の上柚木公園野球場で開催された第32回東日本学生軟式野球選抜大会に出場しましたが、残念ながら1回戦で中央大学に0－1で敗退しました。

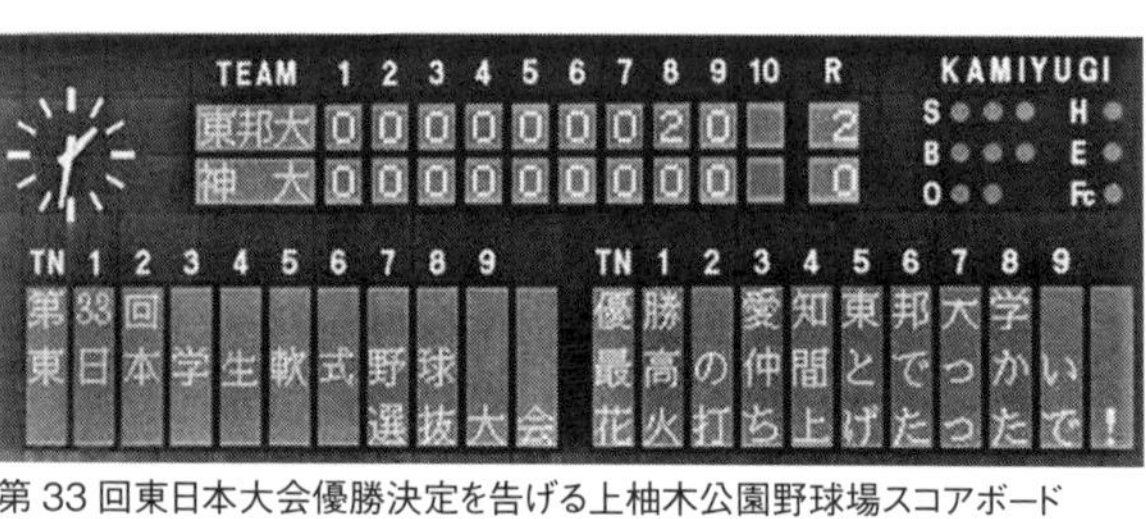

第33回東日本大会優勝決定を告げる上柚木公園野球場スコアボード

しかし2012年も快進撃は続きました。春季、秋季リーグで優勝。夏の下関球場での第35回全日本学生軟式野球選手権大会では準決勝でやはり中央大学に2－6で敗れましたが、11月に上柚木公園野球場で開催された第33回東日本学生軟式野球選抜大会では準決勝で中央大学を4－0で退けて決勝に進出。強力打線を誇る神奈川大学を2－0で下し、堂々優勝を決めました。2年越しの全国舞台〝夏秋制覇〟となりました。

試合終了後の上柚木公園野球場スコアボードには「優勝　愛知東邦大学　最高の仲間とでっかい花火打ち上げたったで！」の電光文字が輝きました。「4年生という就職活動でそれぞれが忙しくなる中、誰一人退部することなく、最後まで自分を信じてついてきてくれた最高の仲間たちと有終の美で終われたことが本当にうれしかった。その仲間たちへの恩返しの意味も込めて、大会本部に書き込んでいただきました」。河本さんは楽しそうに振り返りました。

「東邦キャンパス」116号（2013年1月7日）で顧問の村松芳紀さん（学園職員）が東日本大会優勝を祝福しています。

〈今回の優勝では宿敵中央大学にも勝利し、なおかつ優勝できたことで、学生たちからはとびきりの笑顔と喜びがあふれました。今回の大会に向けてチームは、キャプテンの河本君を中心に全て学生たちで運営し活動してきました。その中で培われた自主性とチームワークが今回の大会で存分に発揮できたと感じています。学生たちには素晴らしい経験となりました。今後も引き続き学生主体の、自由な軟式野球部を続けていきたいと考えています〉

交流続く軟式野球部の仲間たち

河本さんは2013年3月に卒業しましたが、軟式野球部の仲間たちとは卒業後も交流は続いています。新型コロナ感染が拡大する前の2020年1月にも名古屋駅前で旧交を温めましたが、北海道から駆け付けた仲間もいました。「東邦キャンパス」113号に掲載された2011年優勝チームメンバー26人です。

部長　山本正彦（人間学部教授）、顧問　村松芳紀（大学職員）

選手　▽河本拓也（人間3年）捕手・秀岳館▽粥川信太朗（経営4年）投手・明徳義塾▽ポージン・ルーク（人間1年）投手・南山国際▽本田竜也（人間4年）投手・北海▽伊藤隆介（人間4年）投手・犬山▽田村拓摩（人間2年）投手・高知農業▽龍田洋平（経営4年）内野手・和歌山商業▽佐野稔晃（経営4年）内野手・静清工業▽南詩音（人間2年）内野手・金沢▽竹田幸泉（経営2年）内野手・浜北西▽榊原広志（人間2年）内野手・岡崎東▽中村賢太（経営4年）内野手・三重▽大城雄太（人間3年）内野手・宜野座▽阿部裕也（経営1年）内野手・新潟青陵▽山岡恒允（人間4年）外野手・浜北西▽後藤純季（人間4年）外野手・横浜▽野中貴弘（人間3年）外野手・清水西▽大堀聖也（経営1年）外野手・日本航空▽川口直斗（経営2年）外野手・栄徳▽上村勝太（経営4年）外野手・金沢学院東▽市川和志（経営1年）外野手・岡崎東▽樋口右季（人間4年）外野手・稲生　▽皆川夏美（人間2年）マネージャー・西菱▽清水美咲（経営1年）マネージャー・いなべ総合学園

愛知県教員採用試験で現役合格第1号

河本さんは2013度の愛知県公立学校教員採用選考試験（高等学校保健体育科）に合格し、5年間、県立西春高校で保健体育の教員を務めました。2018年3月に退職。同年4月からは、新たに受験した2018年度の大阪府公立学校教員採用試験（同）に合格していたため、府立寝屋川高校（定時制課程）で教壇に立ちました。

愛知県教員採用試験に現役で合格したのは愛知東邦大学では河本さんが第1号です。採用試験が行われたのは4年生の7月でしたが、河本さんは当時S棟に教務課が設けてくれた学習室で試験対策に打ち込みました。教務課職員だった松井慶太さんは、「軟式野球部での活躍も選考上大きなプラス要因にはなったと思いますが、合否の決め手は何といっても筆記試験。当時は教務課もS棟にあったのでよく見ていましたが、河本君は学習室をフルに活用し試験勉強に集中していました」と振り返ります。

採用試験合格を知った時、河本さんは真っ先に教務課に飛び込み、松井さんに報告。松井さんからの連絡で榊理事長、成田学長も駆けつけて祝福してくれたそうです。

河本さんは、「友人たちに叱咤激励され、高いモチベーションで試験勉強に取り組めました。軟式野球での実績も評価していただいたとしたら、チーム一丸となっての実績なので、仲間たちのおかげということになります」とも言います。

高校教員となってからの河本さんは、西春高校では硬式野球部顧問として、それまで尾張地区大会止まりだったチームを県大会出場常連校に育てあげました。寝屋川高校でも軟式野球部顧問でしたが、定時制ということもあって部員は3人だけ。「キャッチボールの相手をする程度だけですよ」と苦笑しますが、生徒からのボールをしっかりと受けとめながら、励ましのエールが込められたボールが投げ返されていたに違いありません。

2011年3月に卒業した初代キャプテンの風間さんも講師を続けながら京都府の教員採用試験に挑戦を続け、2016年度試験で合格し、現在は中学校での教員生活を送っています。風間さんも軟式野球部時代を振り返り、「協力し合いながら、多くを自分たちで解決しなければならなかった軟式野球部時代があるからこそ、教員としての今があると思っています」と懐かしそうでした。

東日本大震災被災地へ

生協ボランティアで宮城県七ヶ浜町へ

東日本大震災の復興支援では愛知東邦大学でも動きが活発化しました。2011年6月には、「教職員・学生ボランティア活動支援委員会」(ボランティア委員会)が発足し、参加ルートを問わず、被災地支援に赴いた学生には交通費の一部として5000円を補助する制度が設けられました。また、学生たちの体験を教育研究活動に生かそうと、地域創造研究所主催による研究会なども相次いで開催されました。

学園バスで東京に向かう学生たち

全国大学生活協同組合連合会(生協連)は4月5日、東京の生協連本部に「大学生協ボランティアセンター」を立ち上げ、全国の大学に参加者を募りました。「被災地に足を運んでボランティア活動をしたい」という学生たちからの申し込みが殺到。愛知東邦大学でも、ボランティア委員会委員長の宗貞秀紀人間学部教授(地域福祉論)と、「ボランティア論」の講義を担当し、2010年度から経営学部長を務めていた岡部一明教授が話し合い、学生たちに夏休みでの生協ボランティアへの参加を呼びかけました。

約30人の申し込みがありましたが、参加には生協組合員であることが条件であったため、加入手続きが遅れ、募集ターム(期限)の締め切りに間に合わない学生も続出しました。結局、愛知東邦大学にとって第1陣となる12ターム(9月2日~6日)、13ターム(9月6日~10日)への参加学生は計8人にとどまりました。12タームには岡部教授と地域創造研究所顧問の森靖雄・元経営学部教授が、13タームには宗貞教授が学生たちに同行しました。

学生たちは参加費1万円（4泊の宿泊費・食費・現地移動費など）を払い、夜行バス（自費）などで東京に集合。生協の用意した新宿～仙台（往復3000円）のバスで仙台に入り、宮城県七ヶ浜町でのボランティア活動を行いました。

仙台市北東に隣接する七ヶ浜町は人口約2万人、約6000世帯。町面積の4分の1が津波被害に遭い600戸が全壊、200戸が半壊し、1000人が避難所暮らしを余儀なくされました。

学生たちは被災家屋の残材片付け、流木の運び出し、被災地から収集された写真の洗浄、支援物資の整理、子供たちへの学習支援などのボランティアに追われました。

同行した森氏は「往路のバスでは、大丈夫かなと心配した学生もいましたが、現地では全く違和感なく活動してくれました。被災地の実情にとどまらず、被災者の生活の一端にも触れて、理解の仕方が明らかに変化していく学生たちの様子が興味深かった」と振り返ります。

「ボランティア論」の学生たちは牡鹿半島へ

岡部教授が担当する「ボランティア論」「非営利組織論」の受講学生たち21人（1人は他大学生）は、10月23日から26日まで、宮城県石巻市の牡鹿半島の漁村で農地復旧や漁業支援の活動に汗を流しました。国際交流NGO（非政府組織）ピースボートが設立した「ピースボート災害ボランティアセンター」（PBV）が呼びかけたツアーに参加しての支援活動でした。東京までは大学にバスを出してもらい、高田馬場から石巻市の現地まではPBVの無料チャーターバスを利用。学生たちは参加費1000円と、解散後の東京から名古屋までの帰路の交通費を負担するだけで済みました。

同行したのは岡部教授と森氏です。森氏は1995年の阪神淡路大震災直後にも、在職していた日本福祉大学の学生たちに呼びかけて25人ほどのチームを編成し、長田区を中心に神戸市内の被災中小企業の経営被害・要支援実態調査に乗り込んだ体験がありました。東日本大震災でも、発生直後からすでに被災地調査に何度か出向いていました。「東京までのバス車内では岡部先生がボランティア活動での注意点を、私が被災の現状を説明し予備知識を与えました」と言います。

参加学生の一人、経営学部地域ビジネス学科2年生の小林将吾さんが「東邦キャンパス」114号（2012年1月1日）に体験を書き残しています。

〈参加したのは傍観者でいたくなかったから。募金なども一つの手ですが、自分の中では、直接手伝いたいという気持ちが強かった。一人ではなかなか行けずにいた時、身近な大学でボランティアに行けることになったので即決意しました。牡鹿半島の被災した漁村で1日目は農業支援、2日目は漁業支援でワカメの養殖を手伝いました。畑の修復にしても、10人が一日がかりでも終わらないのに、一人だったらと思ったら、やめたくなる被災者の気持ちが分りました。被災者はボランティアの手伝う姿を見て、漁業を続ける気になったそうです。「ボランティアは積み重ね。きょうやったからこそ次のステップに行ける」とピースボートの人に言われ納得しました〉

牡鹿半島被災漁村ではワカメ養殖を手伝う

大学生協のボランティア参加率が全国1位に

後援会誌「邦苑」34号（2013年3月）に岡部教授が、2012年までの大学生協主催の東日本大震災被災地支援ボランティアへの大学別参加者に関連し、驚きの報告をしていました。

参加学生数の多い順では①早稲田大65人②鹿児島大64人③東京大61人④立命館大35人⑤首都大学東京30人⑥名古屋大28人⑦愛知東邦大21人⑧東京学芸大、埼玉大、千葉大各19人でした。10校中、愛知東邦大学の学生数は1121人で、4万5000人近い早稲田大、3万2000人余の立命館大など他校に比べると〝超小規模校〟でした。このため、学生1000人当たりの参加率を算出すると18・7％となり、2位鹿児島大（学生数約9000人）の7・2％を大きく引き離してトップでした。岡部教授は「東邦大生の心意気が現れた統計結果」と胸を張っています。

〈あくまで大学生協主催のボランティアだけですから、全体のことは分かりません。が、すごい数字です。2011年10月に私の授業で募った20名の学生はこれには入っていません。その他いろんな市民団体主催のボランティア派遣で、おそらく計60名程度の学生が東北ボランティアに行っています。学生によるボランティアにはいろんな意見があります。危険だから行かせない、という考えもあります。しかし、本学では理事会、大学執行部を始め、希望する学生がいればこれを積極的に支援するというスタンスを取ってきました。

「テレビを見て、かわいそうと思うだけではいけない」「行動することが大切と思った」。参加学生の言葉に感動させられたのも一度や二度ではありません。現地に行って実際に現場を見、がれきの片付けに汗を流すことで、学生は座学だけでは学べない多くのことを学んだと思います。その東邦生の心意気が現れた一つの結果が今回の統計だったと思います。教室での勉強も大切ですが、人に共感する力、行動する力、そういう何ものにも代えがたい大切な点で、本学学生はすばらしいものを持っている。そう確信しました〉（抜粋）

4年間で9回のボランティアに参加

震災翌年の2012年4月に人間学部人間健康学科に入学した岡本早葵（さき）さんは、1年生の時から卒業までの4年間で9回、延べ43日間、被災地でのボランティア活動に汗を流しました。岡本さんは静岡市の県立清水西高校出身。2018年に亡くなった「ちびまる子ちゃん」の著者さくらももこさんは高校の大先輩ですが、中学生の時から福祉系の仕事にあこがれ、福祉コースのある清水西高校を選びました。

愛知東邦大学では、ボランティア関連の科目を担当していた宗貞教授の授業を選んでいたこともあり、1年生の夏、大学生協が募集する東北復興支援ボランティアに参加し、宮城県七ヶ浜町を訪れました。

七ヶ浜町にはすでに、大きながれきはありませんでしたが、岡本さんは、「緑が少なく、土色の風景が広がっている」と感じました。水田や畑のがれき拾い、子供たちの学習支援に取り組みました。2年生の夏には620人の死者、200人を超す行方不明者が出た南三陸町にも出かけました。七ヶ浜町に比べ、まだがれきが片付いておらず、漁具の補修も手伝いました。

岡本さんは生協主催で7回、名古屋のNPO主催で2回の計9回のボランティアに参加し、七ヶ浜町、南三陸町のほかに石巻市、名取市も訪れました。生協主催だと参加費が1万円。夜行バス（往復1万円）で東京に出て、新宿からバスで被災地に向かいましたが、費用を捻出するために授業後、コンビニでのアルバイトを続けました。

学生時代、最後のボランティア活動となったのは、震災から5年を経た2016年3月11日、七ヶ浜町で開かれた町主催の追悼式にも参加した活動でした。七ヶ浜町では津波で108人が犠牲になりました。追悼式では、岡本さんと同世代の女性が、遺族代表として追悼の言葉を述べました。女性は自宅から祖母と高台に避難中、迫ってきた濁流にのみこまれました。

「自分は奇跡的に助かったものの、握っていた手を離してしまった祖母が犠牲になってしまいました」「成人式や結婚式の姿を見せられなかった。助けられなくてごめんね」。女性の肉声から、肉親を助けられなかった無念さがひしひしと伝わってきました。岡本さんにとって、3月16日の卒業式を目前にした最後のボランティア活動でしたが、「震災から5年という節目の追悼式に参加できてよかった思いました」と振り返ります。

岡本さんは被災地でのボランティア活動を通じ、「行動する勇気」を学んだと言います。3年生だった2014年夏には、宗貞ゼミの仲間たちとボランティアサークル「COCORO」を発足させました。「心の温かみを」の願いを込めてのサークル名でした。

岡本さんは卒業後、川崎市で福祉系の会社に勤務。在宅ヘルパーとして、朝8時半から自転車で動き回る日々を送っています。電話で近況を尋ねると、「学生時代にボランティア活動に取り組んで、行動する勇気をもらいましたが、今は仕事がおもしろく、さらに行動的になったような気がします。卒業したら、ボランティアとは離れて、被災地を旅してみたいと思っていましたが、職場の人手が少なく忙しいのでまだ果たせていません」と元気そうでした。

カナダ留学で奏でた鎮魂曲「花は咲く」

2011年4月に人間学部人間健康学科に入学した濱野梓さん(イープロ職員)は、東邦高校時代に続いて大学でも吹奏楽団に所属し、2、3年生の時は団長を務めました。濱野さんは大震災が発生した3月11日、高校の卒業式を終え、星が丘自動車学校(名古屋市千種区)に通っていました。友人と近くのカフェで休憩中だった午後2時46分、大地震が発生しました。

濱野さんは3年生を終えた時、英語力を磨くため大学を休学し、2014年6月から2015年1月までの8か月、カナダに語学留学しました。トロントの語学学校では韓国、ブラジル、コロンビア、ロシア、アラブ系の国々から来た学生たちと一緒に学びましたが、どの学生たちも東日本大震災被災地の復興具合を心配してくれました。ホームステイ先の家族たちも気遣ってくれました。

濱野さんは週末、ホストファミリーとともに教会に通っていました。ホストマザーを通して、滞在最後の礼拝となった日、「1曲でいいからトランペットを演奏させてほしい」と教会に頼みました。濱野さんは小学生の時からずっとトランペットを吹き続けており、現在はプロ奏者としてリサイタルも開いています。東日本大震災の被災者たちを気遣ってくれているカナダの人たちへの感謝の思いをトランペット演奏で伝えたいと思ったからでした。

濱野さんが選んだ曲は「花は咲く」。「これは日本では、東北の復興支援ソングとして歌われている曲です。復興への願いを込めて演奏します」。英語での説明後、濱野さんが奏でたメロディーに、教会信者だけでなく、駆け付けた留学生仲間たちも耳を傾けてくれました。

「遠く離れたカナダの人たちでもこれだけ心配し、復興を祈ってくれているのに、自分が知っている被災地の情報はメディアを通じて得たことばかり」。濱野さんは帰国し、4年生に復学と同時に被災地に足を運びました。利用したのは愛知ボランティアセンターが企画する0泊3日「弾丸夜行バスツアー」。4月24日夜、東別院発のバスに乗り込みました。

ボランティアは25日朝に到着した石巻市の「十八成浜(くぐなりはま)仮設住宅」での活動でした。濱野さんは食堂班でした。事前に主催者側から、「それぞれの立場で自分のできる応援活動をしてほしい」との呼びかけもありました。濱野さんは、仮設住宅暮らしのお年寄りたちのために、持参したトランペットで演奏しました。「上を向いて歩こう」に続いて奏でたのは、カナダでも演奏した「花は咲く」。仮設住宅の集会室に集まったお年寄りたちの中には、一緒に口ずさみながら涙ぐんでいたおばあちゃんもいました。濱野さんはその姿をしっかりと胸に焼き付け帰路のバスに乗り込みました。

2015年度卒業式で学長表彰された岡本さん（左）と濱野さん

学長表彰で称えられた「行動の勇気」

愛知東邦大学は２０１６年3月16日に行われた２０１５年度卒業式で5人の学生を「成績優秀で学生生活でも他の学生の模範として実績が認められる」として学長表彰しました。濱野さん、岡本さんも選ばれました。

宗貞教授も自宅がある神奈川県逗子市から2回、大学から4回、被災地支援に学生たちと足を運びました。人間学部開設と同時に着任した宗貞教授にとっても、濱野さん、岡本さんと迎えたこの日の卒業式は、9年間勤務した愛知東邦大学での教員生活にピリオドを打つ、自身の〝卒業式〟でした。宗貞氏が逗子市の自宅から、東日本大震災と愛知東邦大学の学生たちとの思い出をメールで寄せてくれました。

〈まだ遺体が収容し切れないでいる震災初期の被災地に出かけた学生もいました。昼休みを利用して、支援参加学生の報告会を数回開催し、被災状況を共有する時間も設けました。遠方の名古屋から被災地での支援活動に参加するにはなかなか勇気のいることです。行動を起こした学生たちの、心の基本部分にあった「見て見ぬ振りができず、支えになりたい」という気持ちが行動に移させたのだと思います。最初に一人で参加した勇気は、後の人生にも役立っていると思います〉

硬式野球部の試練と1部昇格

遠い2部リーグ定着

2001年の開学とともに創部された硬式野球部は、2004年春に2度目の3部昇格を果たしたものの3勝9敗1分でまたも最下位となり再び4部に落ち、低迷が続きました。

大学ブランドのアピールにつなげようと、硬式野球部を強化しようとする傾向は多くの大学に見られ、有力選手を集めるための推薦枠を設ける大学も一般化しています。愛知東邦大学でも2006年度から硬式野球部を強化指定クラブとしました。監督も職員の袴田克彦さんに代わって、袴田さんの後輩世代で、東邦高校時代に3度の甲子園出場、東北福祉大時代には全日本大学野球選手権も体験している高木雄二氏が就任しました。

高木監督のもと、強化指定クラブとして再出発した硬式野球部は、2006年は春、秋とも4部2位で入替戦に出場。春は敗退しましたが秋は勝って2007年春には3度目の3部復帰を決めました。しかし苦難は続きました。春が6勝5敗で3位、秋が6勝6敗で3位に終わった2008年度の活動報告が掲載された「邦苑」30号の記事（要旨）です。

〈本学は3部に所属し、まずは2部昇格を目指し、さらに1部昇格・全国大会出場を目標に一歩ずつ、着実に力を伸ばして活動しています。2部昇格には春季・秋季の年2回開催されるリーグ戦で2位以内に入らなければなりません。ここ2年間（4季）はすべて3位にとどまり、あと一歩のところでリーグ戦を終えています。目標の全国大会には1部優勝を成し遂げることが条件です。チーム一丸となり、厳しい道のりをくぐり抜け、本学の希望の光となれるよう鍛錬を積んでいきます〉

17 連敗目となった名古屋大学との入替戦（2012年 11 月 4 日）

２０１０年にはやっと２部リーグに上がりました。しかし、春、秋とも５位に終わり、秋には入替戦にも敗れ、２０１１年からは３部に逆戻り。２０１２年春は後半５連敗し４位でした。ただ、秋からのリーグ再編で２部リーグが６校から12校（A・Bリーグ）に拡大されたことで愛知東邦大学は２部Bリーグに〝昇格〟となりました。しかし、結果は０勝10敗で最下位（①中京②至学館③名古屋産業④名古屋経済⑤愛知学泉⑥愛知東邦）。春季後半からでは15連敗という惨敗でした。

２部残留をかけた２部・３部リーグ入替戦の対戦校は３部１位の名古屋大学でした。第１戦は瑞穂球場で行われ２－３で敗退。後がない第２戦は名古屋商科大学グラウンドで11月４日に行われました。榊直樹理事長ら大学関係者、女子サッカー部員らも応援に駆け付けましたが１－３で敗れました。春季後半からだと17連敗で３部陥落が決まりました。

横道監督の緊急登板

硬式野球部が３部リーグ、２部Bリーグでもがいていた２０１１年春から２０１２年秋までの間に、軟式野球部は中部日本学生軟式野球連盟１部リーグで４季連続優勝。２０１１年には全日本大会、２０１２年には東日本大会で優勝に輝きました。硬式野球部より先に全国舞台で躍動した軟式野球部の主力メンバーは硬式野球部を退部して移った選手たちでした。

高木監督は２０１２年秋の入替戦を最後に降板し、後任はやはり東邦高校ＯＢで61歳だった横道政男監督に託されました。横道監督は東邦高校、中央大学卒。東邦高校３年生だった１９６９年夏には、愛知県大会準決勝の中京戦で逆転サヨナラ本塁打を決め、主将としてチームを、阪口慶三監督にとって初となる甲子園出場に導きました。

横道氏は愛知東邦大学の初代後援会長（当時は東邦学園大学）も引き受けていたこともあり、「大学全体が落ち込んでいたピンチを救ってくれるのは横道さんしかいないと思った」と振り返る職員も少なくありません。

創部20年目の2部優勝

横道監督は2013年2月から日進グラウンドで練習を開始しました。春のリーグ戦、愛知東邦大学は3部リーグ（愛知東邦、名古屋市立、愛知淑徳、大同、豊橋技術科学）を8戦全勝で優勝し、名古屋学院大との2部入替戦にも連勝して10連勝で2部復帰を決めました。

2部リーグに移ってからは2016年秋Aリーグ、2017年秋Bリーグ、2018年秋Aリーグでいずれも1位となり2部優勝を決めるプレーオフに出場。2016年は愛知大、2017年は名古屋商科大、2018年は愛知工業大に敗れ、1部昇格につながる入替戦には進めませんでした。

2020年4月からは東邦高校球部監督を退任した森田泰弘氏が、東邦学園野球部総監督に就任し、高校、大学野球部のバックアップ体制が強化されました。4度目の1位となった2020年秋Aリーグではプレーオフでも日本福祉大を破り初の2部優勝に輝きました。1部昇格をかけた入替戦では残念ながら1部6位の東海学園大に連敗し、創部20年目にしての悲願の1部リーグ昇格はなりませんでした。

2021年で70歳を迎える横道監督は2020年シーズンを最後に勇退。2021年1月からは田中洋コーチが第4代監督に就任しました。田中監督は愛知学院大学で監督を5年、コーチを10年経験。2018年7月に愛知東邦大コーチに就任し、横道監督のもとで初の2部優勝に貢献しました。

横道監督は、8年間の監督時代を、「毎日が楽しかったが、最大の思い出は何と言っても就任1年目。4年生たちが燃え出した。1年間の最後の試合が終わった時、一人ひとりが抱きついて泣いてくれた。女子マネジャーの子も。横道監督に出会えてよかったと言われた時は、監督を引き受けてよかったと感動しました。監督をさせてくれた榊先生に感謝です」と笑顔で振り返りました。

横道監督から田中監督へ

横道監督は2020年12月25日、大学スチューデントホールで開かれた硬式野球部納会で、選手たちに引退のあいさつをしました。卒業する4年生たちには「君らは初の2部優勝という歴史を創ってくれた。ありがとう。社会人になっても、愛知東邦大学硬式野球部で学んだこと生かしほしい。日本一の練習をしてきた、日本一の苦労もした。入替戦は負けたが、2部優勝という目標は達成したことに自信に持って頑張ってほしい」とねぎらいました。

森田総監督、田中監督、横道前監督、深谷部長（前列左から、2020年納会で）

後輩部員たちへのあいさつでは「1部リーグに上がって優勝し、大学野球日本一を決める神宮大会に行こう」と言い続けてきた〝横道節〟がさく裂しました。「田中新監督は勝ち方を知っている。田中新監督を信頼、信用して、ついていかなきゃいかん。一人もこぼれずに頑張ってほしい。1部に上がって、俺を神宮に連れて行ってくれ。あとは応援団に回る。頑張って、俺を神宮に連れて行ってくれ」。

田中新監督は「2年間で横道監督からたくさんのことを学ばせていただきました。ブレーキ、アクセルのようなコンビでしたが、これからは森田泰弘総監督の強力なバックアップを得ながら、超アクセルになることを選手諸君は覚悟してください」と決意を述べました。

6年ぶり学長交代　鵜飼学長が就任

2021年度が始動した4月1日、学校法人東邦学園の辞令交付式が行われました。愛知東邦大学の新学長に鵜飼裕之前副学長が就任し、榊直樹理事長から辞令が交付されました。愛知東邦大学の新学長就任は2015年に榊学長が就任して以来6年ぶり。榊理事長、鵜飼学長、藤本紀子東邦高校校長による学園新体制がスタートしました。

コロナ禍で2年ぶり開催の入学式は4月2日S棟2階アリーナで行われ、感染防止のため学部ごと開催となりました。式典の様子は、参列できない家族や中国で待機中の編入学予定学生らのために大学ホームページでライブ配信されました。

鵜飼学長は式辞で、「建学の精神を受け継ぎ、きらりと光る独創性を如何なく発揮し、人材育成と学術で地域社会の活力を生む創発大学として新たな時代を切り拓いていきます」と愛知東邦大学の長期ビジョンを語り、各学部新入生たちにエールを送りました。

辞令交付式を終えた鵜飼学長、榊理事長、藤本校長（右から）

硬式野球部は春季リーグ開幕を前に、入学式当日の2日、田中洋監督、金原瑶主将（経営学部4年）、真柄直人マネジャー（人間健康学部2年）、深谷和広部長が鵜飼新学長を訪れ、2部リーグ優勝、1部リーグ昇格への決意を述べ、鵜飼学長の激励を受けました。

1部昇格を決め喜びを爆発させる選手たち
（愛知学院大グラウンドで）

胴上げされる田中監督

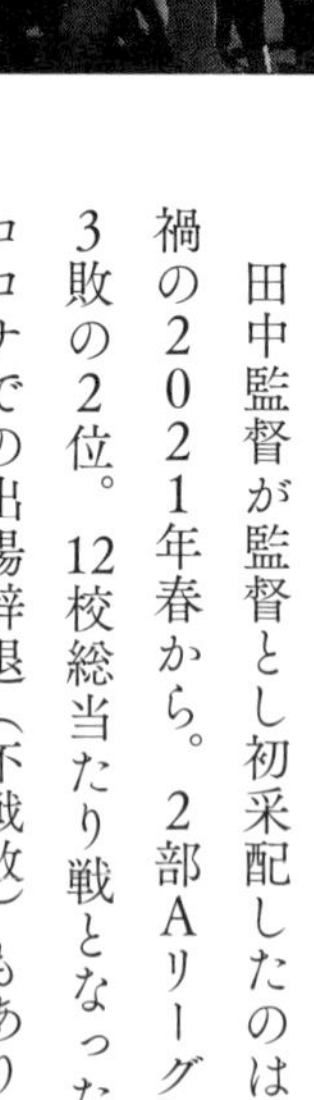

たどり着いた1部リーグの扉

田中監督が監督とし初采配したのはコロナ禍の2021年春から。2部Aリーグで7勝3敗の2位。12校総当たり戦となった秋は、コロナでの出場辞退（不戦敗）もあり2勝9敗で9位でした。しかし、就任2年目の2022年春、堂々の2部優勝。入替戦でも1部2校（愛知産業大、東海学園大）に4戦4勝しついに1部リーグの扉にたどり着きました。

1部昇格を決めた東海学園大学との第2戦は6月12日正午から、愛知学院大日進グラウンドで行われ、多くの卒業生や選手の家族、学園関係者たちが見守り応援しました。東海学園大学を7－3で制し、ついに1部昇格が決まりました。ベンチ前の選手たちを前に榊直樹理事長は感動の思いを熱く語りました。

「22年間、本当にこの日を待ちました。君たちは歴史を創った。容易なことではなかった。2年前も同じ相手で、勝てずに悔しい思いをした。きょうのゲームはみんなの執念があったと思う。22年かかったというのは先輩たちの一つひとつの歩みがあったということを忘れないでほしい」

1部リーグ校に名前を連ねるのは名城大学、愛知学院大学、愛知工業大学、中部大学、中京大学。榊理事長は「ほかの5校は私たちよりずっと規模が大きい大学。あえて言えば、こんな小さな大学で、君たちは本当によく偉業を成し遂げてくれました。最終目標は全国大会に行くこと。そのためには1部で優勝しなければならない。頑張れ。全国に行くぞ」と力を込めて語りました。

田中監督はグラウンドで共同取材に応えました。「3年生たちは1年生の時にも東海学園とやらせてもらった。3年生になって戦力がそろってきた。そこが大きい。チーム力が上がった。勝負できる年になった。見ていて分かるように、へたくそな集団が練習してここまできた。彼ら、学生たちの努力です。すばらしい練習量と努力です。練習はうそをつかない」。

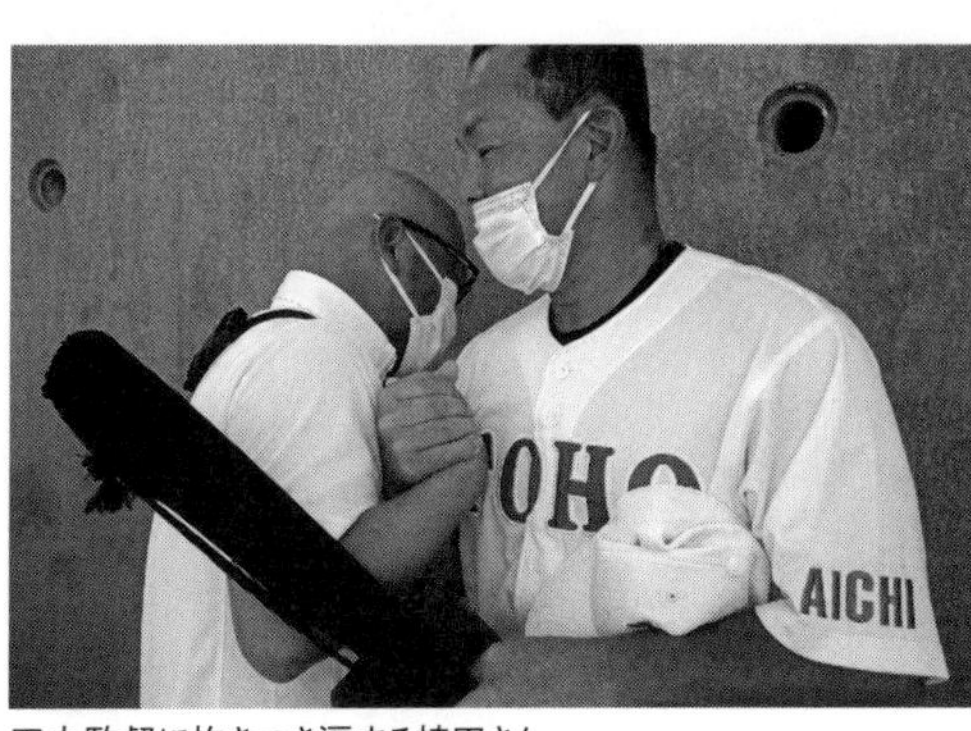

田中監督に抱きつき涙する袴田さん

初代監督の涙

試合終了後、グラウンド、1塁側ベンチ周辺では選手や応援に駆け付けた関係者たちの歓喜が爆発しました。2001年創部の時の初代監督の袴田克彦さん（東邦高校事務部長）は涙で歓喜の輪に加わりました。田中監督に「ありがとう、ありがとう」と抱き着いた袴田さん。球場で見るのが怖くて、試合の様子は名東区の自宅で、ネット速報を見守り続けました。7回、東邦が追加点し6－3となった時点で自宅を出て愛知学院大近くの駐車場へ。しかし、車の中で見守ったネットがなかなか更新されず、たまらずキャンパス内に。引き上げる東学大の選手たちを見て、初めて東邦の勝利を確信したそうです。「見事に歴史を創ってくれました。これはすごいことなんです」。袴田さんの目から涙が止まりませんでした。

女子サッカー部キャプテンたちの葛藤

人間学部開設と女子サッカー部の誕生

女子サッカー部が創部されたのは人間学部が開設され、日進グラウンドがオープンした2007年の6月でした。初代監督を務めたのは、人間学部専任講師で、男子サッカー部顧問でもあった長谷川望氏（その後准教授。東京家政大学特任准教授）。女子学生の増加にも関わらず、女子が参加できる運動部は女子バスケットボール部とバレー部だけで、長谷川氏によると、男子サッカー部の指導スタッフ、若手大学職員らとも意見を交わしながら、スポーツや健康について学ぼうと人間学部に入学してきた女子学生たちのために、女子サッカー部をつくろうという話が進められました。

初代キャプテンを務めたのは長谷川（旧姓横田）理央さんです。長谷川さんは創部当時を次のように振り返ります。

〈入学して女子バスケ部に入部しましたが、その後女子サッカー部を立ち上げようと同級生に誘われて入部しました。7人程度しか部員がおらず、練習で集まりが悪いとコーチの方が多い日もありました。1年の終わりには部員は2人となり、新入生の入学が本当に嬉しかったのを覚えています。グラウンド練習は週に一度しかできず、体育館での活動が主体でした。ボールも男子サッカー部のお下がりでユニホームもありませんでした〉

「東邦キャンパス」105号（2008年5月20日）で長谷川監督が、「最初はボールを蹴ることも、止めることもままならなかった学生たちが、フットサルの大会や8人制サッカーの大会に参加し初得点、初勝利、そして2月には準優勝を経験することができました」と書いています。「11人」に満たない女子サッカー部では、サッカー経験のある東邦高校の女子生徒、２００７年に経営学部教員として着任したばかりの大勝志津穂専任講師らにも加わってもらい練習に汗を流しました。

初のインカレ予選には９人で出場

創部1年目に加わった高校生は東邦高校2年生だった鈴木（旧姓木村）麻希さんです。小学4年生からサッカーを始めた鈴木さんは東邦高校時代にはクラブチームに所属していましたが、2年生の時に膝をけが。担任教員から大学に女子サッカー部ができるという話を聞き、リハビリを兼ねて参加をさせてもらったそうです。翌２００８年にはクラブチームの後輩で、東邦高校に入学した西本あみさんも練習に誘いました。鈴木さんは２００９年に、西本さんは２０１１年に愛知東邦大学に入学しました。

初のインカレ東海予選では９人で中京女子大に挑戦

全日本大学女子サッカー選手権大会（インカレ）東海地区予選に初めて挑んだのは創部3年目、強化指定クラブとなった２００９年でした。この年、愛知県女子サッカーリーグ2部（5チーム）に初参加して1部昇格を目指しましたが3位に終わり昇格はできませんでした。初挑戦のインカレ予選は11人のメンバーが足りず9人で戦いましたが、1回戦で中京女子大学（現在の至学館大学）に０－１で敗れました。

「愛知県リーグでは高校生や大勝先生にも出てもらいましたが、インカレ予選となると大学生だけでメンバーをそろえなければならない。ルール上9人でも試合はできますが、普通は選手がけがで出れなくなった時などの場合。うちは9人しか登録できませんでしたが出場を認めてもらいました」と長谷川氏は振り返ります。

キャプテンで3年生だった長谷川さんは、〈初めてのインカレ予選に11人で出場したくて、ミーティングでは他の部の女子を借りてくる案も出ましたが、「いつも一緒に頑張っている仲間と一緒に出場したい」という結論に至りました。結果的には負けてしまいましたが、9人で出場したインカレ予選は、愛知東邦大学女子サッカー部の最初の一歩になったのではないかと思います〉と懐かしそうです。

女子サッカー部は2010年度には愛知県リーグ1部昇格を果たし、2011年には1部リーグで優勝、着実に戦いのステージを上げていきました。インカレ東海予選でも当時は最後の出場枠だった西日本プレーオフに2010年、2011年と連続出場し、本戦出場へもう一歩と迫っていました。

女子サッカー部が初めて部員だけでイレブンをそろえることができたのは2010年でした。キャプテンの長谷川さんが4年生の時でした。〈最終学年で念願の大学生だけで11人のサッカーをすることができました。サッカー未経験から始めた私にとって、経験者の後輩たちと肩を並べて活動し、まとめるということは試練ばかりでしたが、楽しいことも悔しいこともみんなで経験できたこと、未経験から始めた私がプレーオフ出場までできたことはサッカー人生で最高の出来事でした〉

創部6年目でつかんだインカレ舞台

「東邦キャンパス」116号（2013年1月7日）の表紙ページは東邦高校サッカー部が第91回全国高校サッカー選手権大会に9年ぶり4回目の出場を決めた写真とともに、第21回全日本大学女子サッカー選手権大会に出場を決めた女子サッカー部員たちの笑顔の写真を掲載しています。創部6年目でのインカレ初出場。日進グラウンドでVサインを掲げて喜び合う部員たちの中にはグラウンドでともに汗を流した大勝講師の笑顔も見えます。

成田学長にインカレ初出場を報告する女子サッカー部（2012年11月）

東海予選では、静岡産業大に0－6で敗れたものの、中部学院大には16－0で圧勝、至学館大とは0－0で引き分け、中京大には1－0で勝利。2勝1敗1分で勝点7、得失点11点、総得点17。東海第2代表としてのインカレ初出場でした。

記事では4年部員の平松宏美さんの喜びの声が紹介されています。

〈これまで、出場一歩手前で負け、悔しい思いを何度も経験してきました。創部当時は7人で始めた女子サッカー部だったので、まともにサッカーの試合が出来ませんでした。それでもインカレに出場したいという大きな目標に向かって日々活動し、成長してきました。今では部員26人になり、思い切りサッカーができるこの環境に感謝の気持ちでいっぱいです。笑顔で東邦らしいサッカーを貫き通し、ベスト8を目標に、チーム一丸となって挑戦していきたいと思います〉

兵庫県三木市で12月26日から始まった第21回インカレ。4年生でキャプテンの鈴木さん率いるチームに3年生MFで出場した嵯峨根（旧姓寺田）真有さんは「三木市に向かうバスは男子サッカー部のコーチだった現在の米澤好騎監督が運転してくださったと思います。前日に出発して、緊張感も、ワクワク感もありましたが、バス車内はいつも通り明るかったですよ」と記憶をたどってくれました。

唯一の1年生としてスタメン出場した仲里紗弥さんから届いたメールです。

〈東海予選でインカレ出場を決めた時は、多くの人にお祝いをして頂き、4年生への思い、応援してくれている人の思いも背負って試合に臨みました。1年生としてスタメン出場を言われた時は緊張しました。主将のマキさん（鈴木さん）にかけてもらった、「いつも通りで大丈夫」という言葉で思いっきりプレーをすることができました。初出場の全国大会を1年生で経験できたのは、私の大きな財産になりました。みんなで勝ち取り、みんなの全力で戦ったとても大切な思い出です〉

全国舞台への階段上がる

第21回インカレで、愛知東邦大学は12月26日の1回戦で札幌大学（北海道）に3－1で快勝しました。午後1時半キックオフでしたが、試合会場には大学教職員や学生たち、吹奏楽団も駆け付け応援を盛り上げました。2回戦は12月28日に吉備国際大学（中国第1代表）と対戦、0－8で完敗しました。

2回戦では吉備国際大に0-8で完敗。19番はキャプテンの鈴木さん

吉備国際大学女子サッカー部は2000年創部の強豪で、2012年も早稲田、日体大などとともにベスト4、2013年度には日本一を達成しています。

監督として初のインカレを指揮した長谷川氏は「貴重な体験だった」と振り返ります。

〈札幌大も十分力はありましたが、まだまだ全国舞台で戦うには難しい面があったのでしょう。大敗した吉備国際大とうちとでは相当差がありました。2回戦で違う相手と当たっていたらもう1試合できたかも知れませんが、学生たちにはとってはこうした強豪校と対戦できたことは貴重な経験だったと思います。4年生たちに来年はないわけですが、後輩たちにとっては、全国大会に出られたということで階段を一段上がったことになる。足りないところもあるということを肌で感じることが出来た点は大きかったはずです〉

選手たちの力も着実に評価され始めていました。鈴木さんは愛知県サッカー協会（ＡＩＦＡ）から２００９年度大学優秀選手として表彰されています。嵯峨根さんも２０１２年10月に岐阜県で開催された第67回国体女子サッカー競技に１学年下の田中菜月さんとともに愛知県チームに選ばれました。

各地から集まってきた選手たち

初出場のインカレ１回戦の札幌大戦に臨んだ愛知東邦大学の先発イレブンです。４年生３人、３年生３人、２年生４人、１年生１人という布陣で、11人中７人が愛知の高校出身です。

ＧＫ宮崎真由２年▽ＤＦ大竹花苗２年▽ＤＦ仲里紗弥１年▽ＤＦ塚本奈々２年▽◎ＤＦ木村麻希４年▽ＭＦ松浦エリ３年▽ＭＦ川島みく４年▽ＭＦ寺田真有３年▽ＭＦ平松宏美４年▽ＦＷ南埜美香３年▽ＦＷ西本あみ２年

３年生で出場し、翌年４年生でキャプテンを務めた嵯峨根さんは生まれも育ちも大阪府。小学３年生の頃にサッカーを始め、小中は地元のクラブチームに所属し、大阪桐蔭高校に進学、創部２年目だった女子サッカー部に入部しました。

〈高校時代はけがが多く、試合には出たり出なかったりです。同期の南埜美香とともに愛知東邦大学に進みましたが、私は大学でサッカーを続けるにあたっては、出来上がっているチームではなく、今から作っていくチームを中心に探し、愛知東邦大を選びました。高校の時にけがが多かったので、リハビリとかトレーナーとかについて学べる環境が整っていることもありました。練習にも参加しに行って、グラウンドの環境とかも見て、ほかとも比べて愛知東邦大に決めました。

愛知東邦大は強化指定クラブになったばかりで、インカレ出場を目指し、これから創り上げていくというチーム状況でした。強化指定クラブになる前から在籍していた先輩方もいらっしゃいましたし、全国大会出場という大きな目標に向けての意識の差は当然ながらありました。学年が上がるにつれ、様々な地域から選手が来るようになったものの、ある程度自由のきく大学生活、まだまだ歴史の浅いチームだったので、目標への想いの強さの差を感じ、私自身たくさんの葛藤がありました。学年ごとにそれぞれのカラーがあり、一人ひとりにもカラーがあり、それを生かしながらチームとして強くなること、全国を目指すチームを創っていくことは決して簡単なことではないと痛感しました〉

嵯峨根さんは愛知東邦大を卒業後2年間、社会人チームのNGU名古屋FCレディース（現NGUラブリッジ名古屋）でプレー。今は生まれ育った大阪府寝屋川市での生活を送っています。

いつだって「笑顔」と「感謝」

2007年度に創部された女子サッカー部では2020年度（取材時点）まで11人のキャプテンがチームを牽引しました。

【卒業年度ごとの歴代キャプテン。姓は現役時代】

2010年度　横田理央（人間）
2011年度　加藤優（人間）
2012年度　木村麻希（人間）
2013年度　寺田真有（人間）
2014年度　田中菜月（人間）
2015年度　仲里紗弥（人間）
2016年度　吉原知里（人間）

２０１７年度　中村陽（人間健康）
２０１８年度　大城穂香（人間健康）
２０１９年度　早川このみ（人間健康）
２０２０年度　田中梨華（教育）

２０１２年度の第21回インカレに初出場を果たしたものの、２０１３年度の第22回インカレ予選で愛知東邦大は4位に終わり連続出場はなりませんでした。キャプテンだった嵯峨根（寺田）さんは、「キャプテンとして何をするべきなのか、どうすればチームを引っ張っていけるのか、悩む時間はとても多かった。前年の成績を上回れるよう努力しましたが残念ながらインカレ出場を逃してしまいました。しかし、たくさんのことを学び、かけがえのない仲間ができ、貴重な経験をさせていただくことができました。濃く、とても充実した時間でした」と言います。

２０１４年度から現在の米澤好騎監督がコーチとして加わり、長谷川望監督を作戦面で支えました。田中菜月さんがキャプテンを務めたチームは、掲げた3目標「愛知県選手権優勝、東海リーグ1部昇格、インカレ出場」を全て実現させました。とりわけ第23回インカレへは2年ぶり出場を果たし、前年の悔しさを晴らしました。田中さんは「沖縄からの学生も多く、とてもにぎやかな陽気なチームでした」と振り返ります。

〈皇后杯予選につながる愛知県選手権で名古屋ＦＣ（現ラブリッジ）を１－０で倒し優勝できたことはすごく嬉しかったですし、その勢いで前年果たせなかったインカレ本選にも出場することができました。ただ皇后杯予選では敗れ、インカレ本戦でも1回戦で大阪国際大に０－４で敗退するなど新たな課題が見つかる年でもありました〉

田中さんによると、女子サッカー部ではこの年から応援歌が一気に増え、振り付けも加わり、太鼓とともに大声で応援するスタイルが定着しました。他チームからも、「東邦の応援はすごい」と言われるほどでした。田中さんは、「支え合いのできるチーム力の強さが発揮された年だったと思っています」とも言います。

2015年7月の 東海リーグ。後列左から３人目が神谷さん

中学生の神谷選手も部員に

２０１４年度からの2年間、女子サッカー部には中学生選手も加わっていました。聖カピタニオ女子高校を経て２０19年に愛知東邦大学に入学し、U－20日本女子代表候補にも選ばれた神谷千菜さんです。兄の神谷拓也さん（２０１5年経営学部卒）が東邦高校、愛知東邦大学時代にサッカー部員だったのが縁でした。

3年生だった仲里紗弥さん（２０１5年度キャプテン）は、「練習生として加わっていた神谷千菜が、その後日本代表候補になったと聞いて、自分のことのように嬉しかったです」と懐かしそうでした。

神谷さんは中学生時代から、愛知東邦大学の頼れる戦力として活躍しました。大学生ではないのでインカレ予選には出られませんでしたが、仲里さんがキャプテンだった２０１5年愛知県選手権大会決勝戦の対聖カピタニオ女子高校戦に中3だった神谷さんが途中出場。同点ゴールを決めて愛知東邦大の2連覇に貢献しました。２０１4年夏には、10人の沖縄県出身者を中心に29人の選手が参加して沖縄遠征も行われました。２０１4年8月24日「琉球新報」に「初の沖縄遠征　交流も　愛知東邦大学女子サッカー部」という記事が掲載されました。（抜粋）

〈県出身選手10人が所属する愛知東邦大学（名古屋市名東区）の女子サッカー部が19日から初の沖縄遠征に取り組

んだ。同大女子サッカー部は現在、東海2部リーグトップで、強豪チームの中核を県出身選手が担っている。女子サッカーの裾野を県内で広げようとの目的で、遠征期間中、県内高校女子サッカーチームなどとの交流試合に臨んだ。選手らは女子サッカーの県内での隆盛に期待を懸ける。

愛知東邦大学女子サッカー部は所属選手31人で、3分の1を県出身選手が占める。今回の遠征には29人の選手が参加した。19日に読谷村内の子どもたちとのサッカー交流をはじめ、名護、小禄、美里の各高校と交流試合をした。また琉球デイゴスやヴィクサーレとの練習試合に臨んだ。

琉球デイゴスへの入団が決まった稲国彩芽さん(4年生)は、那覇市泊出身。サッカーに取り組む兄弟に触発されて高校から始めた。2013、14年と国体選手にもなった我部志季さん(2年生)は、南城市大里の出身。父や兄弟がサッカーをやっていたこともあり、小学生から始めた。将来的には「県内の女子サッカー選手になりたい」と目標を据える〉

愛知東邦大学では女子サッカー部の沖縄遠征のほか、硬式野球部が読谷村でキャンプを実施していたこともあり読谷村と包括連携協定を結び、2016年8月4日、榊直樹学長が読谷村役場を訪れ協定書調印式に臨みました。

W杯決勝戦のなでしこ応援でPVを開催

女子サッカー部は2015年7月6日、前年12月にオープンしたばかりのLCホールで、パブリックビューイング(PV)を開催しました。女子サッカーワールドカップカナダ大会決勝戦で、アメリカと対戦する日本代表(なでしこジャパン)を応援するためです。テレビ中継スクリーンに映し出された決勝戦は午前8時キックオフでしたが、新聞社4社(朝日、毎日、読売、中日)とテレビ局4社(NHK、CBC、東海、中京)が訪れ、応援の様子を追いました。

完成翌年のLCホールで開催されたPV（2015年7月6日）

PV会場でインタビューを受ける仲里さん

沖縄出身部員からは指笛も飛び出す熱い応援が続きました。ハーフタイムでは部員たちがボードを使い試合を分析し、テレビカメラが追いました。惜しくもなでしこジャパンは2－5でアメリカに敗退。試合終了後、会場のあちこちで部員たちに報道各社が感想を求めました。キャプテンの仲里紗弥さんは「たて続けに4失点を許したにもかかわらず、あきらめず全員で戦い続けたなでしこに感動しました。技術だけでなく最後まで頑張ることが自分たちにも必要だと痛感しました。選手の皆さんは、胸を張って日本に帰ってきてほしいです」と向けられたマイクを前になでしこの健闘をたたえました。

仲里さんは「チームとして自分たちの目指すところを共有し、そのためには何が必要か、そしてチームで戦うとは何か、W杯の決勝からの学びを生かしていきたいという思いからPVを企画しました」と振り返ります。

サッカーに携わり続けることの幸せ

2015年度は監督を大勝志津穂・経営学部准教授が務め、チームは掲げた「インカレ出場、愛知県選手権2連覇、東海リーグ1部残留」の目標はすべて達成しました。

2年連続出場となった第24回インカレでは、1回戦は福岡大学・九州国際大学（九州第1代表）に3－0で快勝しましたが、2回戦では姫路獨協大（関西第2代表）に1－9で完敗しました。仲里さんにとっても、全国上位チームのスピードや、プレーに対する質の違いを見せつけられた学生時代最後の試合でした。

〈いまだに、あの試合（姫路獨協大戦）を思い出します。率直に感じたことは全国との差。全国上位チームの一つ一つのプレーの質やスピードを痛感しました。試合が終わった時は、お世話になった監督やコーチとともに戦えたことの思いがあふれていました。最後まで足を止めずに全員で勝ちに行ったことは誇りでした〉

仲里さんは卒業後、故郷である沖縄に戻り、小学校の教壇に立ちながらサッカーと関わり続けています。

より高みをめざして

皇后杯大会東海予選への出場権がかかる愛知県女子サッカー選手権大会。愛知東邦大は2014年度、2015年度に連続優勝し東海予選に進みました。しかし、2016年度は聖カピタニオ女子高校との決勝戦で0－0、PK戦10－11で敗退しました。相手チームには、かつて中学生選手として女子サッカー部に加わっていた神谷さんがいました。GK吉原知里さんは2年生で初優勝、3年生で連続優勝を経験、4年生ではキャプテンとして3連覇をかけて臨んだ愛知県選手権でした。守護神でもあった吉原さんからのメールにはPK負けの悔しさがにじんでいました。

〈先輩たちと作り上げてきた連覇を私たちの代で逃してしまいました。悔しさで言うとこれまでにない経験だったと思います。選手権敗戦からインカレ予選までの期間が1週間しかなく、自分自身、そしてチーム自体を切り替えて立て直し、チーム一丸となりインカレ連続出場までにもっていけたのは今でも印象に残っていますし誇りに思います〉

雨中の皇后杯１回戦での勝利

なでしこ１部リーグのちふれとの２回戦を前に（左端が中村さん）

キャプテンとして愛知東邦大を3年連続4回目のインカレ出場に引っ張った吉原さんはＡＩＦＡ（愛知県サッカー協会）の２０１６年優秀選手にも選ばれました。

3度目挑戦で果たした皇后杯大会

愛知東邦大学は２０１７年度に開催された第39回皇后杯全日本女子サッカー選手権大会に初出場を果たしました。キャプテン中村陽（みなみ）さん、副キャプテン竹林佑真さん、ＭＦ岩田あかりさんたち4年生がチームを引っ張りました。出場を決めた東海予選は10月7日、岐阜市の長良川球技メドウで行われ、ＪＦＡアカデミー福島に１－０で勝利し、3度目の予選挑戦で初の皇后杯大会出場を決めました。岐阜城を見上げるグラウンドで会心のゴールを決めたのは岩田さんでした。

大勝監督は全教職員にメールで、「創部11年目にして初の皇后杯出場を決めることができました。皇后杯大会は日本の女子サッカーチームの頂点を決める大会。この大会の本戦に出られるチームは限られています。新たな挑戦となります」と勝利を報告しました。

第39回皇后杯大会1回戦は10月29日、台風22号の接近に伴う強い雨の中、四日市中央緑地公園陸上競技場で行われました。愛知東邦大は神村学園高等部（鹿児島）に２－２でのＰＫ戦に勝利（４－３）し、皇后杯大会での記念すべき1勝目を刻みました。

1回戦を突破したことで11月4日に、長野県佐久市の佐久総合運動公園陸上競技場で行なわれる2回戦では、なでしこ1部リーグのちふれASエルフェン埼玉と対戦することになりました。学内は、〝ジャイキリ〟（番狂わせを意味するジャイアントキリング）への期待が高まりました。

佐久総合運動公園陸上競技場ポールには、田中菜月さんがキャプテンだった2014年度卒業生たちが贈った「元気全開　Best performance」の応援旗が掲げられました。残念ながらジャイキリは実現せず、愛知東邦大は0－1で敗れましたが、後半89分まで、ちふれに点を与えなかった健闘が光りました。ちふれが放ったシュートは21本。嵐のような猛攻に、愛知東邦大は3年生GK川上日菜乃さんを中心にチーム一丸でしのぎ続けました。大会公式記録によると愛知東邦大のシュートはキャプテン中村さんの1本だけでした。中村さんからのメールです。

〈皇后杯大会はチャレンジャーだったので、何も恐れるものなく戦いに挑めました。1回戦では雨の中、応援してくれているBチームのメンバーの事を考えると何が何でも勝ちたい！という気持ちでした。2回戦では何本もシュートを打たれましたが、みんなが体を張って守り切っていました。私たちも最後の最後まで、恐れることなく、岩田あかりの裏から抜け出し、竹林佑真を起点にゴールに向かいました〉

皇后杯大会での激闘に続く第26回インカレでは1回戦で四国大学（四国第1代表）に2－1で勝利しましたが、2回戦では神奈川大学（関東第5代表）に0－2で敗れ、またも初のベスト8進出はなりませんでした。

「インフル」とも戦った

2018年度は大城穂香キャプテンのもとで第27回インカレに5年連続出場を決めました。しかし、2回戦では5人がインフルエンザに感染し、負傷者も含め7人が試合に出られなくなるという苦境の中での戦いとなりました。

1回戦は明治国際医療大学（関西第3代表）に2－1で勝利し、2回戦の対戦相手は徳山大学（中国第1代表）でした。12月25日午前11時のキックオフを前に、大城さんらチームは大きな試練に立たされました。主力メンバーで副キャプテンの宮里留依さん（4年）、1回戦で得点をあげた大瀧まゆうさん（2年）ら5人がインフルエンザでダウンし、出場できなくなったのです。

ゲームは徳山大にボールを支配される苦しい展開が続きました。0－2で迎えた後半の71分、井上莉那（2年）がゴールを決め1－2と反撃。攻勢に転じましたが、終了間際の87分、痛恨の3点目を奪われて突き放されてしまいました。

大城さんは「一晩でたくさんの部員がインフルエンザにかかってしまい、ウイルス感染の怖さを痛感しました」と振り返ります。大城さんと同じ沖縄出身で副キャプテンとして大城さんを支えてきた宮里さんも「東海予選ではPK戦ながら初めて静岡産大に勝ってのインカレ出場だったのに、ベスト8がかかる2回戦に出られなかったのは悔しい経験でした」と振り返りました。

2年生だった山田聖乃さん（2020年度副キャプテン）は大会直前にインフルエンザに感染してしまい1回戦から出場できませんでした。「インフルにかかったことを泣きながらヨネさん（米澤好騎コーチ）に電話しました。2回戦の徳山大戦でやっとグラウンド応援席に駆け付けましたが、自分が感染源だったのではという申し訳なさと悔しさで、祈るような思いで声援を送り続けました」と無念そうでした。大城さんからのメールです。

〈主力メンバーがインフルにかかってしまい、厳しい試合になると覚悟はしていました。試合前の円陣では、今いるメンバーで闘うしかない！だから、楽しんでやろう！と声をかけました。インフルエンザで負けたとか言い訳にしたくなかったし、インフルエンザで出られなかったメンバーの分まで最後まで全力で闘ってやる！東邦として恥じないプレーをする！という気持ちで試合にのぞみました。吹っ切った感じでした〉

早稲田との空中戦にひるまず

２０１９年度の第28回インカレには早川このみキャプテンのもとで6年連続出場を果たしました。１回戦の対戦相手は姫路獨協大学（関西第3代表）でした。２０１５年度の第24回インカレで、仲里キャプテン率いるチームが1－9で大敗し涙をのんだ相手です。愛知東邦大はその姫路獨協大を2－0で退け、4年ぶりに雪辱を果たしました。

そして2回戦で対戦したのは早稲田大学（関東第2代表）でした。早稲田は前年の第27回インカレ決勝で日本体育大学にインカレ4連覇を阻まれ、王座奪回を狙う強豪校です。早稲田はコーナーキックから長身を生かしてのヘディングシュートや、セットプレーを着実に決めてきました。愛知東邦も1点を先制された直後の11分、1年生の千賀夏希が初得点、後半の76分には1年生神谷千菜が、2得点目となるゴールを決めましたが及ばず、2－5で敗退しました。早稲田大はこの年も決勝戦に進みました。

早稲田の激しい攻撃に立ち向かうGK 早川さん
（2019年12月26日）

応援席では駆け付けた吹奏楽団や選手の家族とともに、初代監督の長谷川望氏やOGたちも声援。試合後、２０１９年度から監督となった米澤好騎監督が、「選手たちは早稲田を相手にひるむことなく堂々と立ち向かいました」と選手たちの健闘をたたえていました。

キャプテンでGKとして早稲田の空中戦に立ち向かった早川さんからのメールです。

〈早稲田大学は基礎もしっかりしているうえに、体の強さ、スピードも兼ね備えているチームだと感じました。私たちは失うものは何もない、挑戦者としてがむしゃらに戦い抜くことが出来ました。1年生のナツキ（千賀夏希）がゴールを決めた時、みんなが走って駆け寄っていく姿を後ろから見ていて、本当にこのチームっていいなと思いました。失点もセットプレーからがほとんどで、崩されることがほとんどなかっただけに、より悔しいと思いました。試合が終わった瞬間、もちろん悔しさもありましたが、最後までやり切れたこと、このチームでここまで来られたことが嬉しく、達成感、そして支えてくださった皆さんへの感謝の気持ちでいっぱいでした〉

インカレ出場をかけた静岡産業大戦を前に。前列中央が田中さん（2020年11月）

7年連続8回目インカレ出場ならず

歴代キャプテンたちが寄せてくれたメールの最後は2020年度キャプテンの田中梨華さんからです。歴代11人のキャプテンでは初の教育学部生です。新型コロナウイルスが猛威を振るう中、インカレ東海予選も無観客、変則日程となり、選手たちにとっては厳しい環境の中での対応が求められました。愛知東邦大学は残念ながら予選4位に終わり7年連続8回目のインカレ出場はなりませんでした。田中さんから届いた無念の思いがつまったメールです。

〈新チームの方針や、どうやってチームをつくっていくかたくさん話し合い、考えました。しかし、いざチーム始動というときに新型コロナ感染症が広がり始め、新1年生を迎えて間もなく、活動は自粛せざるを得ない状況になりました。約2か月間の活動自粛が明けてもチーム練習をすることが難しく、個人や小グループでの練習が続きました。予定されていた対外試合や遠征などがほとんど中止になり、自分たちの中で高め合うしかない状況でした。でもそれは、どのチームも同じで、言い訳できないことは分かっていました。

インカレ予選が始まりました。勝たなければいけない試合に勝ちきれず、本戦出場への条件はどんどん狭まっていきました。勝てば出場の可能性が残る静岡産業大学戦。全力を尽くしましたが0－1で負け、先輩方が築き上げてきてくださったインカレ連続出場の歴史を途絶えさせてしまいました。これまでに経験したことのない悔しい気持ちでいっぱいでした。現実を受け入れられない日々が続きました。とても辛い1年間でした。グラウンドで時には楽しく、時には真剣にサッカーと向き合い、仲間と一緒に目標に向かって頑張れた日常がとても幸せだったと感じています〉

全国舞台への挑戦と開学20年

全国舞台に立つことの自信

2001年開学の大学は、20周年を前に、スポーツ系以外でも全国舞台への挑戦が活発化しました。2019年1月12日、東京・六本木のニコファーレで開催された学生ビジネスコンテスト「キャリアインカレ2018」（マイナビ主催）決勝大会には愛知東邦大が初出場。決勝進出5チーム中、他は東京理科大、早稲田大、明治大、東京都市大のチームでした。

愛知東邦大学からの出場チーム名は「かしこ」。学生寮（TOHO Learning House）の寮生を中心に2018年にスタートした「地域活性化部」のメンバーである経営学部地域ビジネス学科2年生の山本玲子さん、水野真衣さんのチームです。「まだ、東京で夢見てんの?·地方で夢叶えよう構想」のテーマで13分間のプレゼンに挑みました。

プレゼンに先立ち、送り込んだ団体・企業代表がチームを紹介。「かしこ」を送り込んだ自民党広報本部長の松

キャリアインカレ決勝舞台に立った山本さん（左）と水野さん

島みどり衆議院議員は、「60大学のチームが自民党のテーマを選んでくれましたが、残ったのが名古屋の愛知東邦大学の女性コンビ。5チームでは東京以外唯一のチームです。キーワードである地方創生を軸に、東京オリンピック後の2020年以降の日本が豊かに発展できるよう願いを込めた提案です。山本さんはガッツある人ですし、水野さんは分析力の優れた学生。年末年始に磨きをかけたプレゼンをお楽しみください」と2人を紹介しました。大会は動画共有サービス「ニコニコ生放送」がライブ中継。4897件のコメントが寄せられ、コメントの一部は会場でも次々に紹介されました。

総合優勝は逃しましたが、「地方で活躍することが最先端なんだというカルチャーづくりが絶対必要」と訴えた山本さんの主張には、審査員から「プレゼンの仕方も今までとは違う新鮮さがあった」とのコメントも加えられました。

全国舞台に立ったことについて山本さんは、「可能性の範囲を勝手に狭めることはしないで絶対チャレンジし続けるべきです。ネガティブはダサいです。愛知東邦大学では地域連携とか東邦プロジェクトとか、思いを実践に移せる環境が年々充実しています。これからもどんどん発信していければと思っています」と語りました。

水野さんも「準決勝大会では東京の有名な大学にも負けず、決勝進出権をもぎ取りました。強い気持ちがあれば前に進めると思います」と振り返りました。

「海外卒業旅行企画コンテスト」でベトナム人留学生が優秀賞

日本旅行業協会（JATA）が主催し2019年10月25日に開催された「海外卒業旅行企画コンテスト2019」では、ベトナム人留学生である経営学部国際ビジネス学科2年生のファムティ・チャンさん（宮本佳範准教授ゼミ生）が見事、グランプリに次ぐ優秀賞（2チーム）に輝きました。

最終審査会は、大阪市住之江区の国際展示場・インテックス大阪で開催された「ツーリズムEXPOジャパン2019」ステージで行われました。出場したのは、応募335件の大学生チームの中から2次審査を通過した6チーム。チャンさんは、同じベトナム人留学生の同級生ルォンティ・ハウさんとチーム「青春」を組み、2次審査まで勝ち進みましたがハウさんが都合で最終審査に参加できなくなり、1人での出場となりました。

明治大学（左）と対戦した「FREE STYLE」（右）

発表したテーマプランは「スローライフを感じ、冒険旅に出よう～ Our Adventure」。チャンさんは、「限られた日数で最大限に楽しむ、若いうちにしかできない貴重な、印象深い体験を共有することで一生忘れない思い出となります。卒業旅行にピッタリです」と胸を張ってプレゼンを締めくくりました。

チャさんは2022年3月に卒業し、愛知県内の製造業企業に勤務。総務の仕事ですが、「大学2年生の時のゼミ活動で、海外卒業旅行企画コンテストに参加したことは大きな自信となり、成長することができました」と話しています。

フリスタもダンス全国舞台で躍動

ダンスサークル「FREE STYLE」（フリスタ部）の5人も2019年4月21日、東京・両国国技館で開催された「マイナビ DANCE ALIVE HERO'S 2019 FINAL」に出場し、熱いダンスバトルに挑みました。5人は人間健康学部4年生の野村晃大さん、教育学部4年生の大神三奈さん、人間健康学部3年生の児玉亮太さん、同2年生の伊藤一輝さんと同年3月に人間健康学部を卒業した伊藤達真さん。1回戦で明治大学と対戦。初出場とは思えないほど気合十分のステージで、自分らの持てる技と力、そしてチームワークを発揮しました。残念ながら勝ち上がることはできませんでしたがＦＲＥＥ ＳＴＹＬＥらしさを存分に発揮した5人の健闘ぶりはさわやかでした。

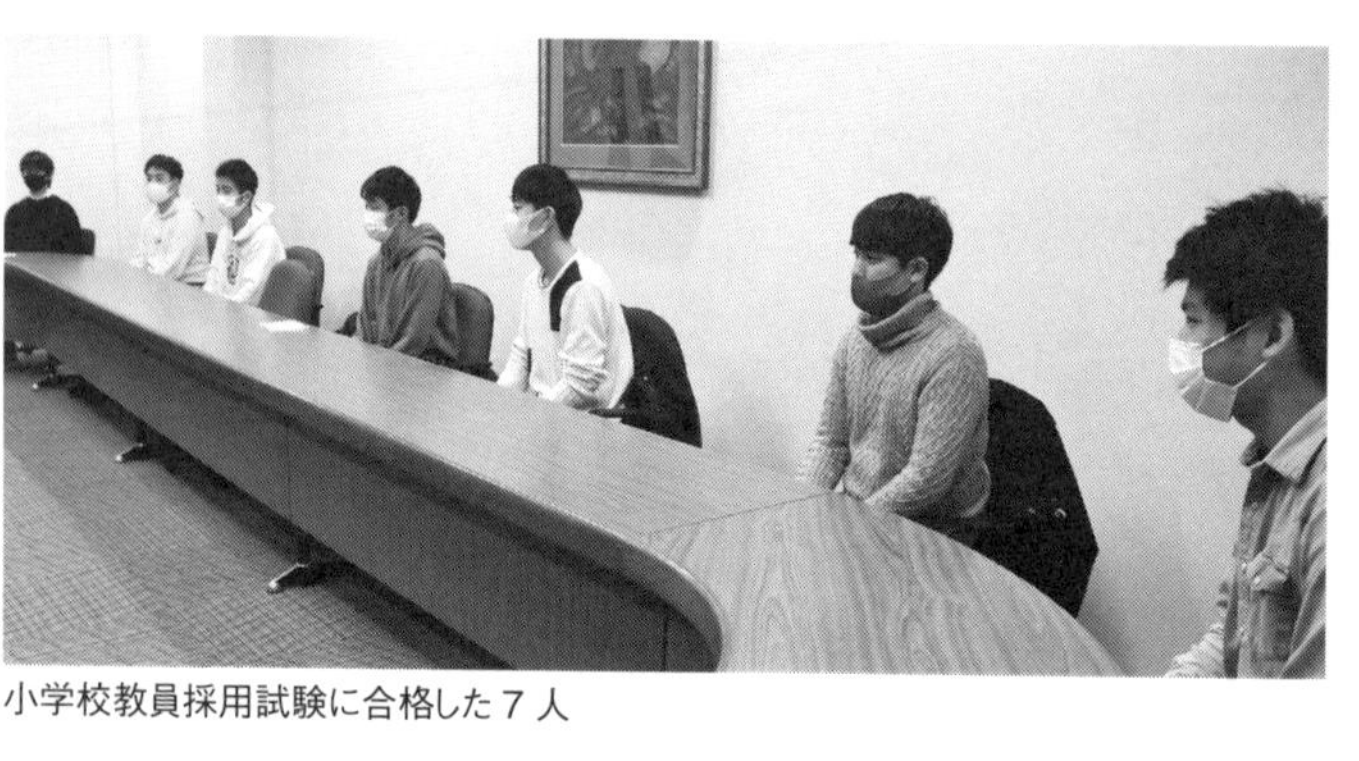

小学校教員採用試験に合格した７人

小さな大学が刻んだ大きな足跡

愛知東邦大学は２０２１年度で開学20周年を迎えました。同窓会「邦友会」調べによると、２０２０年度までの卒業生は３８１５人（経営学部２３１９人、人間健康学部字４０５人、人間学部８３１人、教育学部２６０人）です。

学生たちの活躍はゼミ、部活動などだけでなく、２０２０年度実施の教員採用試験では小学校教員をめざす教育学部4年生7人が11自治体への合格を決めるという快挙としても現れました。２０２１年4月には初の卒業生教員もデビューしました。２０１３年人間学部卒の芝純平助教です。芝助教は２００９年入学で、軟式野球部が愛知東邦大学に初の全国優勝をもたらした時の軟式野球部キャプテン河本拓也さんと同期世代です。

「東邦キャンパス」１３４号（２０２１年7月）は「開学20周年」を特集しました。掲載された記念座談会で、田村豊経営学部長は「経営学部2年生の女子学生2人がビジネスコンテスト全国大会の舞台に立った時は嬉しくて、家族で見ていました。

対外的にいろんなことに興味を持ってやっていくような学生が育ってきました」と、20年の教育の手応えを語りました。

短大時代の1988年から教員を務め、元経営学部長でもある中山孝男教授は、「小さい大学ながらやってきたことは結構大きい」と愛知東邦大学の20年を振り返り、感慨深そうでした。締めくくったのは進行を務めた榊直樹理事長（前学長）です。

〈私は大学が歩んだ20年のうち、2006年から15年間関わりました。学長としては6年間です。学生一人ひとりが、誇りを持てるよう育てて、社会の様々な分野で活躍できる人材になってもらいたい。苦労した20年間でした。その結果、思いもかけない成長を遂げてくれる学生も現れました。学生の可能性を摘むこと、可能性を信じない姿勢は絶対にいけません。全国で600の私立大学がある中、愛知東邦大学は、中山先生が言われるように、送り出した学生はまだ少なくても、着実に役割を果たしてきたと思います〉

エピローグ　記憶を紡ぐ

100周年に花添える東邦スポーツの躍動

下出民義によって創設された東邦学園は2023年で100周年を迎えました。1923（大正12）年4月に開校した旧制東邦商業学校に入学した一期生は98人でしたが、赤萩時代から平和が丘時代へと舞台を移しながら、100年間に羽ばたいた学園卒業生は6万6000人を超えました。東邦高校卒業生が4万9258人（東邦会調べ。東邦商業、東邦中学を含む）、東邦学園短大1万2570人、愛知東邦大学4475人で、総数は6万6303人です。

100周年に花を添えるように、〝東邦スポーツ〟の象徴ともいえる野球、サッカーでの躍動が続きました。東邦高校は2023年春の第95回記念選抜高校野球大会に31回目の出場。3回戦で準優勝の報徳学園高校（兵庫）に惜敗しましたが、春の甲子園最多タイ58勝の記録を残しました。サッカー部も2022年12月、第101回全国高校サッカー選手権大会に4年ぶり7回目の出場を果たしました。

愛知東邦大学でも女子サッカー部が同年秋、5年ぶり2回目となる皇后杯 JFA 第44回全日本女子サッカー選手権大会、3年ぶり8回目となる第31回全日本大学女子サッカー選手権大会（インカレ）に出場。同年秋に創部22年目で愛知大学野球1部リーグに昇格した硬式野球部も2023年春季リーグで健闘しました。

発掘と新たな気づき

本書は東邦学園ホームページに96回（2016年12月13日〜2021年3月30日）にわたり連載した「語り継ぐ東邦学園史」に加筆、再編集したものです。インターネットを通して誰でも見られることもあり、ホームページでの「語り継ぐ東邦学園史」には思わぬ反響や問い合わせも相次ぎ、学園史の発掘と新たな気づきにもつながりました。

「東邦商業新聞」記事をもとにした第5回「帝大にも挑んだ籠球部」（2017年5月17日）では、2025年に100周年を迎え、記念誌製作のため資料を収集中という東京大学バスケットボール部ＯＢの方から、該当記事が掲載されている「東邦商業新聞」13号（1928年10月1日）の紙面を送ってもらえないかと相談がありました。紙面コピーを送ったところ、〈「帝大チームは最後の1秒まで真面目に元気に戦い、スポーツマンシップの発露は東邦チームに偉大なる感化を与えずにはおかなかった」という記述は、現在の学生にも伝えたいと思います〉と、お礼のメールをいただきました。

高校野球ブラバン応援研究家ライターとして知られ、様々な文献で甲子園でのブラバン応援のルーツを探っていた梅津有希子さんは、第24回「吹奏楽日本一から軍楽隊へ」（2018年2月1日）の記事を見つけてくれました。甲子園球場では戦前最後の大会となり、東邦商業の3回目優勝となった1941年春の第18回選抜中等学校野球大会には、東邦商業音楽部が応援に繰り出していました。当時の音楽部員で、戦後、教員として東邦高校音楽部を育てあげた稲垣信哉さんの「甲子園での吹奏楽応援はこの時の東邦が最初だと思う」という証言記事から、甲子園で最初のブラバン応援の可能性が高いことを突き止めました。

新たな気づきもありました。東邦商業は労働大臣を務めた浦野幸男氏（1931年卒）、通産大臣、防衛庁長官などを歴任した江崎真澄氏（1933年卒）を輩出していますが、1930年秋に開催された運動会では将来の2大臣が赤萩校舎の運動場を駆け抜けていたことが、東邦商業新聞に掲載された「運動会プログラム」の名簿を読み解く中から明らかになりました。

野球とともに全国強豪校だった東邦商業の剣道部については、卒業生たちにお話を聞かせていただく中で衝撃的な事実とも遭遇しました。1970年11月25日に作家の三島由紀夫が自衛隊決起を訴えて割腹自殺した事件で、剣道部OBの隊員が日本刀を持った三島と木刀で対峙していました。

東邦学園短期大学第2代学長の細井次郎氏は、戦時下の北京にあった輔仁大学在任中、若き日の作家瀬戸内寂聴さんとの出会いがあり、そのことを瀬戸内さんが著書『いずこより』に書き残していました。

社会的記憶として

早稲田大学政治経済学部4年生の丹羽ありささんからは卒業を目前にした2023年3月22日、取材対応へのお礼のメールが届きました。

丹羽さんは名古屋の旭丘高校出身で、大学では理論と実践を通してジャーナリズムのあり方を学ぶゼミに所属。卒業作品記事として、母校である旭丘高校の前身で起きた「愛知一中予科練総決起事件」をテーマに取材に取り組みました。取材の過程で、東邦学園ホームページの「語り継ぐ東邦学園史」第23回「予科練志願の夏」の記事を見つけてくれました。

「旭丘高校にも取材のご依頼をしましたが、特に伝承活動も行っておらず詳しく話せる人もいないと断られた中で、当時の在校生のインタビューまで行い、学園の歴史として記録に残されていることに嬉しい驚きを覚えました」。丹羽さんは取材のため東邦学園を訪れました。丹羽さんの卒業作品記事のタイトルは「『愛知一中予科練総決起事件』伝承を問い直す」。丹羽さんは東邦商業19回生たちが発行した追悼誌『思い出』にもしっかりと目を通し、その内容も盛り込んだ記事は1万7000字を超す労作でした。

記事の中で丹羽さんは、東邦学園の歴史と向き合う姿勢と意義の一つとして、「何十年が経ってからも当事者にインタビューを行い、貴重な証言を残したことだ。時が経ってからも戦争体験を見つめ直す機会を度々設けることで、個人の体験を社会的な記憶として紡いでいくことができたのだ」と締めくくっていました。

6万6000人を超す卒業生たちによって紡がれてきた東邦学園100年史。本書は、それぞれの時代に関わった人たちへのインタビューや刊行物、資料に残された言葉も集め、読み解きながら、7年がかりでまとめました。丹羽さんに指摘いただいたように「社会的記憶として残せる100年史になれば」との思いも込めました。インタビューに応じ、東邦時代を熱く語ってくださった卒業生や教員、職員、ご遺族も含めた関係者の皆さんに心より感謝致します。ご協力いただきながら本書に目を通していただくことなく旅立たれた方々もたくさんいらっしゃいます。謹んでお礼を申し上げ、ご冥福をお祈りします。合掌。

参考文献

校友会誌「東邦」　東邦商業学校　1925、1926年
「東邦商業新聞」「東邦商業学校校報」　東邦商業学校新聞部ほか　1928～1941年
「春の甲子園に於ける初陣の優勝を顧みて」　東邦商業学校　1934年
「健児音楽隊史」　東邦商業学校　1935年
校友会誌「金城」　金城商業学校　1937年～1940年
「追憶の記」　東邦会　1953年
「東邦新聞」　東邦高等学校新聞部ほか　1953年～1978年
生徒会誌「東邦」　東邦高校　1959年～
「大同製鋼50年史」　大同製鋼　1967年
「東邦PTA」「栂木」　東邦学園PTA　1973年～
「法政大学新聞」第128号　法政大学新聞学会発行「法政大学新聞縮刷版1」　1974年
「金城商業学校卒業生名簿」　金城商業学校名簿作成委員会　1977年
「鯱光百年史」　愛知一中（旭丘高校）創立百年祭実行委員会　1977年
「東邦学園五十年史」　東邦学園　1978年
「邦苑」　東邦学園短期大学・愛知東邦大学後援会　1980年～
「東邦学園広報」「東邦キャンパス」　東邦学園　1983年～
「ほほえみにつつまれて～佐藤操追悼集～」　メルヘンハウス出版部　1985年
「飛翔―東邦高等学校軟式野球部史―」　東邦高等学校軟式野球部SMOK会　1987年
「名古屋の街　戦後復興の記録」　伊藤徳男著、中日新聞本社開発局　1988年
「中京法律専門学校80年校史」　中京法律専門学校　1989年

「写真でみる大同学園50年のあゆみ」　大同学園　１９８９年
「東邦商業学校第十九回生　思い出」　東邦辰巳会　１９９１年
「真面目の大旆　東邦学園七十年のあゆみ」　東邦学園　１９９３年
「東邦商業学校東邦高等学校野球部史」　東邦高等学校　１９９４年
「東邦商業剣道部　思い出文集」「赤萩道場の歩み」　東邦剣友会　１９９５年
「東邦学園75年記念誌　真面目の系譜」　東邦会　１９９８年
「哀惜一〇〇〇人の青春―勤労学徒・死者の記録」　佐藤明夫著　風媒社　２００４年
「東邦学園下出文庫目録」　愛知東邦大学地域創造研究所　２００８年
「東邦学園短期大学の43年」　東邦学園　２０１１年
「東邦高等学校美術科20周年記念誌」　東邦高等学校美術科　２０１２年
「名古屋空襲と空爆の歴史」　戦争と平和の資料館ピースあいち　２０１２年
「下出民義自傳（注釈版）」　東邦学園　２０１３年
「東邦学園九十年誌」　東邦学園　２０１４年
「愛知大学野球連盟　創立70周年記念誌　継続と挑戦」　愛知大学野球連盟　２０１９年

学園関連定期刊行書等

「東邦学園要覧」、東邦会誌「東邦の和」、邦友会誌「ＨＯＹＵ」、卒業アルバム（東邦商業学校、東邦高等学校、東邦学園短期大学）、地域創造研究所研究叢書、研究紀要「東邦学誌」

［取材・執筆］
中村康生（なかむら・やすお）
1949年生まれ。岩手県出身。法政大学文学部史学科卒。読売新聞記者、名城大学職員を経て2015年から東邦学園職員（新たな百年事務局・広報室）。ホームページに学園ニュース、連載企画「語り継ぐ東邦学園史」「TOHOインタビュー」を執筆。名城大学在職中に同大学大学院大学・学校づくり研究科修了。著書に「東日本大震災、私たちは忘れない～名城大学きずな物語」（風媒社）。

旧制商業学校からの百年
語り継ぐ東邦学園史

2023年6月26日　第1刷発行　（定価はカバーに表示してあります）

編　者　　東邦学園記念誌編纂委員会

発行者　　山口 章

発行所　名古屋市中区大須1丁目16番29号
電話 052-218-7808　FAX052-218-7709
http://www.fubaisha.com/　風媒社

乱丁・落丁本はお取り替えいたします。　＊印刷・製本／シナノパブリッシングプレス
ISBN978-4-8331-5446-8